**Worte der Weisheit
Band II**

Die Botschaften der Aufgestiegenen Meister

Worte der Weisheit
Band II

Die Botschaften, die durch die Gesandte
Tatyana Nikolaewna Mickushina
übermittelt wurden

12. Dezember 2005 bis 10. Juli 2007

Bibliografische Information der Deutschen Nationalbibliothek: Die Deutsche Nationalbibliothek verzeichnet diese Publikation in der Deutschen Nationalbibliografie; detaillierte bibliografische Daten sind im Internet über dnb.dnb.de abrufbar.

Über die fünfbändige Buchserie „Worte der Weisheit"

Dies ist der zweite Band einer fünfbändigen Buchserie, die die Botschaften der Aufgestiegenen Meister aus den Jahren 2005 bis 2021 durch ihre russische Gesandte Tatyana N. Mickushina enthält.

In ihren Botschaften geben die Meister Empfehlungen für die gegenwärtige Situation in Russland und in der Welt – Empfehlungen, die für heute lebenden Menschen so notwendig sind wie die Luft zum Atmen. Des Weiteren wird in den Botschaften völlig einzigartiges Wissen über Karma (das Gesetz von Ursache und Wirkung), den Weg der Einweihungen und über die Besonderheiten des neuen Entwicklungsabschnitts gegeben, an dessen Schwelle die Menschheit heute steht.

Viele Aufgestiegene Meister und Kosmische Lichtwesen geben ihre Botschaften, darunter Sanat Kumara, El Morya, Kuthumi, Lanello (Mark Prophet), Nicholas Roerich, Gott Surya, Gott Alpha, Gott Shiva, Gott Maitreya, Buddha Vairochana, Buddha Amitabha, Gautama Buddha, Jesus, Saint Germain, Hilarion, Djwal Khul, Mutter Maria, Kwan Yin, Serapis Bey, Zarathustra, Babaji und viele andere.

Copyright © Tatyana. N. Mickushina, 2024. Alle Rechte vorbehalten.
Druck: Libri Plureos GmbH, Friedensallee 273, 22763 Hamburg
Verlag: Danuih Verlag, 39 Darwin Street, Sunderland SR5 2EJ, United Kingdom; info@danuihverlag.net

ISBN 978-0-9553596-4-4 [printed book]
ISBN 978-0-9553596-5-1 [e-book]

Inhalt

Buch II
Zyklus II: Botschaften der Aufgestiegenen Meister vom 12. Dezember 2005 bis zum 7. Januar 2006

Wir möchten euch auf die Erfüllung neuer Aufgaben einstimmen
Sanat Kumara, 12. Dezember 2005 21

Neue göttliche Gnade
Der Geliebte Surya, 13. Dezember 2005 26

Ich komme, um euch um Hilfe zu bitten, die euer kranker Planet braucht
Der Geliebte Alpha, 14. Dezember 2005 30

Eine Lehre über die Verantwortung für die erhaltene göttliche Energie
Gott Shiva, 15. Dezember 2005 33

Ein Gespräch über den Weg der Einweihungen
Gott Maitreya, 16. Dezember 2005 37

Die Ebene des Bewusstseins Christi müsst ihr jeden Tag bestätigen
Der Geliebte Lanello, 17. Dezember 2005 42

Lasst euer geschäftiges Treiben für die festlichen Tage. Befasst euch mit der wahren Arbeit, den Planeten ins Gleichgewicht zu bringen
Der Geliebte Maha Chohan, 18. Dezember 2005 47

Eine Lehre über die Rückkehr des Karmas am Ende des Jahres
Der Geliebte Kuthumi, 19. Dezember 2005 51

Verrichtet selbstlos die schöpferische Arbeit, strebt nach der göttlichen Welt ohne zurückzuschauen, und ihr werdet erhalten, was ihr verdient
Der Geliebte Jesus, 20. Dezember 2005 56

Der Glaube ist das Heilmittel, das ihr braucht
Der Geliebte El Morya, 21. Dezember 2005 60

Über Briefe an den Karmischen Rat
Gautama Buddha, 22. Dezember 2005 64

Ich bin gekommen, um euch zu warnen, dass diese Botschaft die letzte sein könnte
Der Geliebte Serapis Bey, 23. Dezember 2005 68

Wir freuen uns, dass unsere Aufrufe in euren Herzen Anklang gefunden haben
Der Große Göttliche Lenker, 30. Dezember 2005... 70

Möge euer Fest einem Besuch in den höheren, ätherischen Oktaven ähnlich sein
Der Geliebte Melchisedek, 31. Dezember 2005 74

Ihr seid in diese Welt gekommen, um eine Lektion in der Unterscheidung zu erhalten
Gott Shiva, 1. Januar 2006 78

Ihr müsst selbst lernen, euer Handeln und eure Gedanken zu bewerten und euch von allem Nichtigen und Menschlichen zu befreien, was euer Fortschreiten auf dem Weg behindert
Der Geliebte Zarathustra, 2. Januar 2006.. 84

Eine Lehre über die Demut
Der Geliebte Surya, 3. Januar 2006.. 89

Wir warten darauf, dass ihr erwachsen werdet
Der Geliebte Vairochana, 4. Januar 2006.. 93

Wir suchen diejenigen, die in ihrem Bewusstsein über die Grenzen der euch umgebenden Illusion hinausgehen können
Gott Shiva, 5. Januar 2006 98

Ich gebe eine Möglichkeit, und Ich eröffne eine Perspektive
Der Geliebte Alpha, 6. Januar 2006 102

Ich habe euch zwei Nachrichten mitgebracht. Die eine ist traurig und die andere erfreulich
Der Geliebte El Morya, 7. Januar 2006... 105

Botschaften der Aufgestiegenen Meister zwischen dem zweiten und dem dritten Zyklus

Wenn auf der physischen Ebene ein Kelch erscheint, den wir mit Licht füllen können, so tun wir dies immer
Der Geliebte Shiva, 23. Januar 2006 111

Nutzt die Hilfe, die der Himmel euch gibt, und verschmäht diese Hilfe nicht
Gott Shiva, 13. März 2006 115

Wir rufen euch auf, eine neue Art von Beziehungen zwischen Guru und Chela aufzubauen
Gott Shiva, 15. März 2006 119

Eine Lehre über die göttliche Dankbarkeit
Gott Maitreya, 10. April 2006 123

Ihr müsst in eurem Bewusstsein zu ständigen Veränderungen bereit sein
Gott Maitreya, 11. April 2006 127

Buch III
Zyklus III: Botschaften der Aufgestiegenen Meister vom 15. April bis zum 30. April 2006

Gebt euren Mitmenschen euer Licht, eure Liebe, eure Unterstützung
Sanat Kumara, 15. April 2006 133

Der Prozess der Rückkehr zur Realität, der Prozess der Zusammenziehung der Illusion wird bis zum Äußersten beschleunigt werden
Der Geliebte Alpha, 16. April 2006 138

Eine Lehre über göttliche Wunder
Der Geliebte Surya, 17. April 2006 141

Der Schlüssel zu eurer Zukunft und zur Zukunft des ganzen Planeten ist euer Bewusstsein
Gautama Buddha, 18. April 2006 145

Ein Gespräch über den Weg der Einweihungen
Gott Maitreya, 19. April 2006 149

Eine Unterweisung, wie ihr euch gegenüber allem verhalten müsst, was euch in eurer dichten Welt und in den feinstofflichen Welten umgibt
El Morya, 20. April 2006 153

Eine Lehre über außerirdische Zivilisationen
Der Geliebte Zarathustra, 21. April 2006 158

Eine Lehre über den Weg der Lehrzeit
Gott Shiva, 22. April 2006 163

Ich gebe euch einen garantierten Weg nach Hause
Gott Maitreya, 23. April 2006 167

Die natürliche Entwicklung für eure Seelen ist der Weg, den wir die Menschheit der Erde lehren
Gott Surya, 24. April 2006 172

Wir können niemanden zwingen zu gehen, doch wir rufen euch auf den Weg
Sanat Kumara, 25. April 2006 177

Setzt euch dem Wind der Veränderungen aus, und habt keine Angst davor, euch zu erkälten und krank zu werden
Gautama Buddha, 26. April 2006 181

Wir bitten euch, in eurem Leben gemäß dem Wissen und den Lehren zu handeln, die ihr erhalten habt
Der Große Göttliche Lenker, 27. April 2006 186

Nur wenn ihr das Gesetz aus der Tiefe eures Herzens erhaltet, werdet ihr zu jemandem, der das Gesetz erfüllt
Der Geliebte Kuthumi, 28. April 2006 191

Einige Erklärungen zum Weg der Lehrzeit
Gott Maitreya, 29. April 2006 195

Wir rufen euch auf, unserem Weg zu folgen
Der Geliebte El Morya, 30. April 2006 199

Botschaften der Aufgestiegenen Meister zwischen dem dritten und dem vierten Zyklus

Lasst euer Bewusstsein über die Grenzen eurer Familie, eurer Stadt und eures Landes hinausgehen, und nehmt die ganze Erde als euer Zuhause wahr
Gott Maitreya, 5. Juni 2006 205

Über den bevorstehenden Tag der Sommersonnenwende und die göttlichen Gnadengaben, die mit diesem Tag verbunden sind
Gott Maitreya, 15. Juni 2006 210

Gerade ihr seid dazu verpflichtet, Veränderungen auf der Erde herbeizuführen, die den göttlichen Vorbildern entsprechen
Gott Maitreya, 18. Juni 2006 213

BUCH IV
Zyklus IV: Botschaften der Aufgestiegenen Meister vom 1. Juli 2006 bis zum 21. Juli 2006

Ihr bildet in eurem Bewusstsein eine neue Realität
Sanat Kumara, 1. Juli 2006 219

Die Ebene eures Bewusstseins wird von den göttlichen Eigenschaften bestimmt, die ihr auf eurem Weg erlangt
Der Geliebte Große Göttliche Lenker, 2. Juli 2006 223

Ich biete euch diese Methode in der Hoffnung an, dass ihr sie in eurer täglichen spirituellen Arbeit einsetzen könnt
Gott Shiva, 3. Juli 2006 228

Wie sehr ihr die Eigenschaft der göttlichen Liebe in euch entwickeln könnt, davon hängt es ab, wie erfolgreich ihr die Evolution auf eurem wunderschönen Planeten fortsetzen könnt
Der Geliebte Surya, 4. Juli 2006 232

Nur die Unwissenheit und Begrenztheit eures Bewusstseins hindern euch daran, in eurem Bewusstsein eure Einheit mit jedem Teilchen des Lebens zu akzeptieren
Gott Maitreya, 5. Juli 2005 236

Ein erweitertes Verständnis des Gesetzes des Karmas
Der Geliebte Kuthumi, 6. Juli 2006 240

Es wird diejenigen geben, die ihre Beständigkeit und Hingabe manifestieren und uns bei der Verwirklichung unserer Ziele helfen können
Meister Morya, 7. Juli 2006 246

Ich bin bestrebt, von Herz zu Herz mit denen zu kommunizieren, die für eine solche Kommunikation bereit sind
Der Geliebte Jesus, 8. Juli 2006 250

Eine Lehre über die karmische Verantwortung für euer Handeln bei der Übersetzung der Botschaften und beim Verfügen über Geldmittel
Sanat Kumara, 9. Juli 2006 255

Eine Lehre über das Glück
Gautama Buddha, 10. Juli 2006 260

Verfolgt nicht die Suche nach der Wahrheit, die dem menschlichen Bewusstsein entstammt; strebt nach der Wahrheit, die aus den höheren Oktaven des Lichtes in eure Welt kommt, und ihr werdet eine lichte Zukunft für den Planeten Erde manifestieren
Der Geliebte Cyclopea, 11. Juli 2006... 264

Eine Lehre über den Weg der Lehrzeit
Der Geliebte Lanello, 12. Juli 2006 268

Eine Lehre über Propheten und Prophezeiungen
Johannes der Geliebte, 13. Juli 2006 273

Ich wünsche mir, dass eine immer größere Anzahl von Menschen über unseren Weg informiert wird und auf die Stufen der Hierarchie steigt
Der Geliebte Serapis Bey, 14. Juli 2006 278

Ich und meine Engel sind bereit, auf euren ersten Ruf hin zu kommen!
Der Heilige Erzengel Michael, 15. Juli 2006 282

Nur von euch selbst hängt es ab, ob ihr für euer Höheres Selbst günstige Gesprächsbedingungen gewährleisten könnt
Der Geliebte Hilarion, 16. Juli 2006 287

Ich wünsche euch, dass ihr in eurem Leben nur positive Eigenschaften manifestiert und unentwegt zu den erhabenen Gipfeln der göttlichen Welt strebt!
Der Geliebte Lanto, 17. Juli 2006 292

Wir geben euch das lebendige Wort, die lebendige Lehre, und wir erwarten, dass ihr unser Wort und unsere Lehre durch konkretes Handeln auf der physischen Ebene ins Leben tragt
Sanat Kumara, 18. Juli 2006... 296

Über die Dispensation am 23. eines jeden Monats und andere Möglichkeiten, die vom Himmel gegeben werden
Der Geliebte El Morya, 19. Juli 2006 301

Verpasst eure Chance nicht, und bemüht euch, im Korridor der evolutionären Möglichkeit zu bleiben
Der Geliebte Zarathustra, 20. Juli 2006 306

Der Sommerzyklus von Botschaften, den wir in Bulgarien durch unsere Gesandte übermittelt haben, geht jetzt zu Ende
Der Geliebte El Morya, 21. Juli 2006 310

Botschaften der Aufgestiegenen Meister zwischen dem vierten und dem fünften Zyklus

Die Eigenschaft der Veränderung des Bewusstseins ist die wichtigste Eigenschaft in diesem historischen Zeitabschnitt
Gott Maitreya, 13. September 2006 317

Ich bin gekommen, um die Eigenschaft der Freude, des Strebens und des Sieges für euer Bewusstsein zu bejahen
Gott Maitreya, 9. Oktober 2006 321

Zyklus V: Botschaften der Aufgestiegenen Meister vom 20. Dezember 2006 bis zum 10. Januar 2007

Ihr werdet die ganze Kraft eures Willens brauchen, um nicht den Energien der Vergangenheit zum Opfer zu fallen, sondern nach dem neuen Tag zu streben
Sanat Kumara, 20. Dezember 2006 327

Jetzt, zum Wechsel des Jahreszyklus, ist es besonders nützlich, den Entschluss zu fassen und sich von allem zu befreien, was in eurem Bewusstsein unnötig ist
Der Geliebte Surya, 21. Dezember 2006 331

Nehmt unsere Hand und lasst sie nicht los, bis der Glaube zu euch zurückkehrt und eure Zweifel sich wie ein Herbstnebel auflösen
Serapis Bey, 22. Dezember 2006 335

Wir kommen, um euch über die Grundsätze aufzuklären, auf denen die Gemeinschaft aufgebaut ist
Babajl, 23. Dezember 2006 339

Es ist an der Zeit, nicht von Gott zu reden, sondern in eurem Leben in Übereinstimmung mit dem göttlichen Gesetz zu handeln
Meister Lanello, 24. Dezember 2006 343

Der Dispensation am 23. eines jeden Monats wird noch ein weiterer sehr wichtiger Punkt hinzugefügt
Gautama Buddha, 25. Dezember 2006 348

Ihr müsst ständig die Folgen eures Handelns analysieren und solltet nicht versuchen, dort zu lehren, wo eure Lehre sofort in den Schmutz gezogen wird
Der Geliebte Kuthumi, 26. Dezember 2006 352

Jetzt, an der Schwelle des neuen Jahres, beeilen wir uns, eurem Bewusstsein neue Aufgaben nahezubringen, die ausgeführt werden müssen
Der Geliebte El Morya, 27. Dezember 2006 357

Wir bereiten euer Bewusstsein auf das Kommen des neuen Zeitalters vor
ICH BIN WAS ICH BIN, 28. Dezember 2006 361

Ich bin gekommen, um euch an euren göttlichen Ursprung zu erinnern und an die Notwendigkeit, den Sieg über euren unwirklichen Teil zu erringen
Das Kosmische Lichtwesen Mächtiger Sieg, 29. Dezember 2006 365

Konzentrieren wir uns gemeinsam auf die Erfüllung unserer Aufgaben
Gott Lanto, 30. Dezember 2006 369

Je schneller ihr euer Verhalten und eure alten Gewohnheiten ändert, desto schneller wird die ganze Welt in das neue Zeitalter eintreten
Der Geliebte Zarathustra, 31. Dezember 2006 374

Eine Botschaft zum Jahresbeginn
Gautama Buddha, 1. Januar 2007 378

Ein Gespräch über Gott
Gott Shiva, 2. Januar 2007 383

Eine Nachricht von der Sitzung des Karmischen Rates
Der Große Göttliche Lenker, 3. Januar 2007 387

Ein Gespräch über die Heilung von Seele und Körper
Der Geliebte Hilarion, 4. Januar 2007 391

Eine Lehre darüber, wie ihr Angst durch göttliche Liebe ersetzen könnt
Der Heilige Erzengel Michael, 5. Januar 2007 396

Eine Lehre über eure Seele
Der Geliebte Kuthumi, 6. Januar 2007 400

Die Zeit der Wahl
Sanat Kumara, 7. Januar 2007 404

Eine Lehre über den wahren Glauben
Der Geliebte Jesus, 8. Januar 2007 409

Eine Warnung an die, die den Weg gehen
Gott Maitreya, 9. Januar 2007 414

Eine Lehre über die Hingabe
Der Geliebte El Morya, 10. Januar 2007 418

Botschaften der Aufgestiegenen Meister zwischen dem fünften und dem sechsten Zyklus

Über die aktuelle Situation auf der Erde
Gautama Buddha, 7. März 2007 425

Zyklus VI: Botschaften der Aufgestiegenen Meister vom 20. Juni bis zum 10. Juli 2007

Freudige Nachrichten
Sanat Kumara, 20. Juni 2007 431

Empfehlungen für die Menschheit der Erde
Der Geliebte Surya, 21. Juni 2007 435

Eine Unterweisung für den heutigen Tag
Meister Morya, 22. Juni 2007 439

Eine Lehre über die Einweihung der Kreuzigung
Der Geliebte Zarathustra, 23. Juni 2007 443

Eine Unterweisung zur rechten Zeit
Der Geliebte Serapis Bey, 24. Juni 2007 448

Über die spirituelle Mission Russlands
Die Geliebte Mutter Maria, 25. Juni 2007 453

Unterweisungen für jeden Tag
Der Geliebte Kuthumi, 26. Juni 2007 457

Eine Warnung vor der Gefahr von Kontakten mit der feinstofflichen Welt
Gott Maitreya, 27. Juni 2007 462

Über den Schutz vor den niederen Ebenen der feinstofflichen Welt
Der Heilige Erzengel Michael, 28. Juni 2007 467

Eine Lehre über das Handeln auf der physischen Ebene
Gautama Buddha, 29. Juni 2007 472

XI

Eine Lehre über unseren Weg
Babaji, 30. Juni 2007 476

Die Zeit der Wahl
Meister Nicholas Roerich, 1. Juli 2007 480

Ein Gespräch über das Gesetz des Karmas
Der Geliebte Lanello, 2. Juli 2007 485

Eine Lehre über den Wechsel der Epochen
Der Geliebte Jesus, 3. Juli 2007 489

Eine Lehre über die Notwendigkeit, eure niederen Körper reinzuhalten
Der Geliebte Kuthumi, 4. Juli 2007 493

Letzte Warnung
Der Geliebte Alpha, 5. Juli 2007 498

Ein Gespräch über das Streben zum Sieg
Das Kosmische Wesen Mächtiger Sieg, 6. Juli 2007 501

Ein Gespräch über die Veränderung der physischen Ebene durch die Veränderung des Bewusstseins
Der Geliebte Surya, 7. Juli 2007 505

Eine Lehre über den Übergang
Gott Shiva, 8. Juli 2007 509

Eine Lehre über das Buddha-Bewusstsein
Gautama Buddha, 9. Juli 2007 513

Abschließende Botschaft des Sommerzyklus
Der Geliebte El Morya, 10. Juli 2007 517

Anhang zum sechsten Zyklus

Aufruf der Meister an das Volk Russlands
(Auszug aus einer Rede von Tatyana N. Mickushina
am 27. März 2007 in Moskau) 524

Erklärung zum „Aufruf der Meister an die Menschen in Russland 527

Buch II

Zyklus II: Botschaften der Aufgestiegenen Meister

vom 12. Dezember 2005 bis zum 7. Januar 2006

Wir möchten euch auf die Erfüllung neuer Aufgaben einstimmen

Sanat Kumara
12. Dezember 2005

ICH BIN Sanat Kumara. ICH BIN gekommen, um einen neuen Zyklus von Botschaften zu eröffnen, die wir durch unsere Gesandte geben wollen.

Ihr wisst, dass wir dieses Jahr bereits Botschaften durch unsere Gesandte gegeben haben. Und es war eine wichtige Bedingung, dass diese Botschaften unter den Einwohnern Russlands und in der ganzen Welt weit genug verbreitet werden.

Wir freuen uns, dass unsere Bedingung erfüllt wurde. Tausende Menschen, nicht nur in Russland, sondern auch in der ganzen Welt, konnten sich mit unseren Botschaften vertraut machen und Informationen von den Aufgestiegenen Lichtwesen erhalten, die für viele im gegenwärtigen Abschnitt der evolutionären Entwicklung so notwendig sind.

Wir möchten mit Zufriedenheit sagen, dass unsere Anstrengungen und unsere Energie nicht umsonst aufgewendet wurden. Ihr habt euren Teil der Arbeit erfüllt, und jetzt können wir das, was geplant wurde, fortsetzen und einige weitere Informationen zu den Ereignissen dieses Jahres und des nächsten Jahres geben, worauf ihr euch vorbereiten, worüber ihr euch Gedanken machen und welche Maßnahmen ihr ergreifen sollt.

Deshalb komme ich wieder, und ich möchte euch mitteilen, dass wir, wie schwierig es auch sein mag, die Verpflichtungen erfüllen werden, die wir gegenüber der Menschheit der Erde auf uns genommen haben, und alle notwendige und mögliche Hilfe leisten werden, die die Menschheit in diesem Abschnitt ihrer evolutionären Entwicklung benötigt.

Jedes Mal, wenn wir unsere Unterweisungen geben, werden wir ein Teilchen der göttlichen Energie in unsere Botschaften hineingeben. Und ihr werdet erneut den Nektar der göttlichen Energie trinken und ihn genießen. Wie auch beim letzten Mal werden wir unsere Gesandte bitten, dafür zu sorgen, dass diese Botschaften am selben Tag auf der Webseite erscheinen, an dem sie gegeben werden. Das gibt euch die Möglichkeit, beim Empfang dieser Botschaften tatsächlich dabei zu sein, an welchem Ort der Erde ihr euch auch befindet. Ihr müsst nur euren Computer einschalten und ins Internet gehen.

Für jene Menschen, die keinen Zugang zu einem Computer haben, werden wir die Möglichkeit geben, sich mit diesen Botschaften etwas später in der gedruckten Ausgabe vertraut zu machen.

Und jetzt möchte ich zum Wichtigsten übergehen, wofür wir wieder zu euch gekommen sind. Dies betrifft den Jahreswechsel und den Beginn eines neuen Jahreszyklus. Wir möchten euch auf die Erfüllung neuer Aufgaben und neuer Ziele einstimmen, die ihr euch im nächsten Jahr setzen und erfüllen müsst. Daher nehmt die Informationen ernst, die euch jetzt und in den nachfolgenden Botschaften gegeben werden.

Zunächst ist es also notwendig, die Ergebnisse des vergangenen Jahres 2005 zusammenzufassen. Wir tun dies mit großer Freude, denn trotz aller Wechselfälle und allen Unheils dieses Jahres konnten wir dennoch das Hauptziel erreichen – den Übergang des Bewusstseins einer großen Anzahl von Menschen auf eine neue, höhere Ebene. Und dies hat stattgefunden, und es ist vollbracht! Daher sind die Ergebnisse dieses Jahres beeindruckend, und diese Ergebnisse werden sich unverzüglich auf die physische Illusion auswirken, die euch umgibt.

Ihr werdet diese wohltuenden Veränderungen spüren können, die ihr durch eure harte Arbeit, eure Gebetswachen und euer Handeln auf der physischen Ebene verdient habt.

Ich muss sagen, dass ihr in eure Welt gekommen seid, um zu handeln. Ihr seid gekommen, um vor allem konkrete Taten auf der physischen Ebene zu vollbringen. Deshalb müsst ihr euch zuallererst um das sorgen und kümmern, was euch umgibt. Lasst auf sich beruhen, was außerhalb eures Planeten geschieht, in anderen Welten und Räumen. Glaubt mir, im Kosmos gibt es eine ausreichende Anzahl von Lichtwesen, die ihre Arbeit auf der richtigen Ebene erfüllen. Ich lege euch nahe, euch auf die Bedürfnisse eures Planeten zu konzentrieren. Und konkret – auf die Bedürfnisse jener Menschen, die euch umgeben. Übernehmt die Kontrolle über alles, was ihr kontrollieren könnt. Strebt danach, dass sich die göttlichen Verhaltensmuster in allem manifestieren, was euch umgibt. Und das betrifft nicht nur die Reinheit in eurem Zuhause und an eurem Arbeitsplatz. Es betrifft die Reinheit eurer Gedanken und eures Verhaltens in allen Dingen. Ihr seid die Menschen, die Einfluss auf die ganze Welt ausüben. Mit eurer Hilfe können wir diese Welt verändern. Sehr wenige Menschen, im Verhältnis zur Gesamtzahl der auf der Erde lebenden Menschen, lesen diese Botschaften. Ihr werdet mir vielleicht nicht glauben, doch es reichen bereits einige Tausend Menschen jeder Nationalität, die Zugang zu diesen Botschaften bekommen und mit Hilfe dieser Botschaften ihr Bewusstsein ändern, damit sich die Situation in ihren Ländern und in allen Ländern auf dem Planeten verändert. Denn es ist sehr wichtig, Punkte des Lichts zu haben, Unterstützung, durch die wir unsere Handlungen vollbringen können. Und ich muss euch sagen, dass wir dieses Jahr eine solche Unterstützung erhalten haben.

Glücklicherweise gilt dies nicht nur für Russland, sondern auch für viele andere Länder der Welt, insbesondere für Bulgarien, die Ukraine und einige andere Länder, die die Möglichkeit haben, den russischen Text zu lesen und zu verstehen. Daher ist die vorrangige Aufgabe in diesem Zeitabschnitt, die Botschaften in andere Sprachen der Welt und vor allem ins Englische zu übersetzen. Denn die Hurrikans und Naturkatastrophen, die Amerika in diesem Jahr erlebt hat, sind eine direkte Folge davon, dass Amerika den Fokus des Lichts nicht halten konnte und wir gezwungen waren, ihn nach Russland zu verlegen. Daher hängt es davon ab, in welchem Maße Amerika unsere Informationen wahrnehmen kann, die wir durch die russische Gesandte geben, ob Amerika sich in naher Zukunft als zivilisiertes und hochentwickeltes Land halten kann.

Deshalb bitte ich jeden, der diese Botschaften liest und die Möglichkeit hat, sie ins Englische zu übersetzen. Ihr seid an der Reihe, der Welt zu dienen. In euren Händen liegt das Schicksal und das Leben von Millionen Menschen, die unsere Energie und unsere Informationen nicht erhalten können, und aus diesem Grunde sind ihre Länder jenen schrecklichen Naturkatastrophen ausgesetzt und werden ihnen auch weiterhin ausgesetzt sein, die sie sich vorher in ihrem Bewusstsein nicht einmal vorstellen konnten. Ich bitte auch diejenigen Menschen in Amerika, die in der Lage sind, ihre Voreingenommenheit zu überwinden und die Informationen wahrzunehmen, die von uns durch unsere russische Gesandte gegeben werden: „Werft alle Vorurteile und Dogmen eures Bewusstseins zur Seite. Vertraut eurem Herzen. Tut alles, was in eurer Macht steht, damit die von uns gegebenen Informationen in den englischsprachigen Ländern Verbreitung finden werden".

Jetzt sind konkrete, praktische Taten und Handlungen auf der physischen Ebene an der Reihe, und ihr müsst euch bewusst sein, dass alles, was ihr in naher Zukunft tun müsst, darin besteht, unsere Pläne für die physische Oktave zu verwirklichen. Sucht nicht nach jemandem, der irgendwo am anderen Ende der Welt zu finden ist und euch führen wird. Ihr erhaltet alle Führung, alle Unterstützung und alle notwendige Energie aus eurem Inneren. Dafür geben wir euch das Wissen über den inneren Weg. Den Weg, den alle Eingeweihten zu allen Zeiten gegangen sind. Den Weg, den ihr gehen müsst, denn es gibt keine Zeit mehr, abzuwarten und die

Umsetzung unserer Pläne für den Planeten Erde aufzuschieben. Beginnt, etwas Konkretes gerade dort zu tun, wo ihr jetzt seid. Es mögen Kleinigkeiten sein, es mag das Wissen sein, das in diesen Botschaften enthalten ist und das ihr einigen Menschen in eurer Gegend geben könnt, oder es mögen die Vorträge sein, die ihr in der Schule oder im Betrieb halten werdet. Nutzt jede Möglichkeit, um unsere Informationen, unsere Energien und unsere Schwingungen in eurer Welt zu verbreiten.

Das ist es, was ihr gerade jetzt tun müsst, und das ist es, was euer wichtigster Dienst im nächsten Jahr sein wird.

Verschwendet daher keine Zeit mit aufwendigen Vorbereitungen für die bevorstehenden Weihnachts- und Neujahrsfesttage. Der beste Dienst, den ihr uns leisten könnt, wird sich in euren Taten und Handlungen manifestieren, die ihr unter unserer Führung vollbringen werdet, welche aus eurem Inneren kommt.

Lernt, auf die Stimme der Stille zu hören, die aus eurem Inneren kommt und euch die Möglichkeit gibt, erneut die Glückseligkeit der väterlichen Liebe des Himmels zu erleben, die der Himmel unermüdlich in eure Welt ergießt.

ICH BIN Sanat Kumara,
und ich verbleibe in unendlicher Liebe zu euch.

Neue göttliche Gnade

Der Geliebte Surya
13. Dezember 2005

ICH BIN Surya, und ich bin erneut durch unsere Gesandte zu euch gekommen.

ICH BIN gekommen, um euch noch einmal auf die Wahrnehmung der Informationen einzustimmen, die heute und in den nächsten Tagen gegeben werden. Ihr wisst, dass sich die Situation auf dem Planeten Erde jedes Mal zum Ende des Jahres zuspitzt. Dies hängt mit dem jährlichen Zyklus zusammen, den der Planet durchläuft. Und jedes Mal sind die letzten Tage des Jahres sehr angespannt in Bezug auf die Energien, die nicht transmutiert worden sind und die nach einem Ausweg, nach einer Manifestation auf der physischen Ebene suchen.

Eine solche Freisetzung negativer Energien kann zu einem weiteren Kataklysmus führen oder auch nicht dazu führen, weil der größte Teil der negativen Energie auf der Ebene der Gedanken und Gefühle transmutiert wird.

Daher ist es am Jahresende so wichtig, die innere Harmonie und eine tiefe Ehrfurcht vor dem Schöpfer zu bewahren.

Sind viele Menschen auf dem Planeten Erde dazu imstande?

Und was kann man tun, damit so viele Menschen wie möglich über ihre Verantwortung gegenüber allem Leben auf dem Planeten Erde nachdenken? Deswegen kommen wir immer wieder, um euch an eure Verantwortung zu erinnern, und wir hoffen, dass ihr unsere Informationen möglichst vielen Menschen nahebringen könnt.

Erinnert ihr euch an den schrecklichen Kataklysmus im Dezember des vorigen Jahres[1], bei dem Hunderttausende Menschen ums Leben kamen?

---

[1] Es geht um den Tsunami in Südostasien im Dezember 2004 (Anm.d.Ü.).

Könnt ihr euch vorstellen, dass ein solcher Kataklysmus erneut hereinbricht? Und wie realistisch ist es, einen solchen Kataklysmus abzuwenden?

Ich bin gekommen, um euch über die Möglichkeit zu informieren, die euch der Himmel an diesem Dezembertag bietet. Wir haben heute, noch vor dem Beginn der Sitzung des Karmischen Rates, die Entscheidung getroffen, das Karma des Planeten Erde zu mildern, wenn nur einige hundert Menschen auf der ganzen Welt die Last auf sich nehmen, das Karma des Planeten Erde für diesen Zeitraum bis Ende des Jahres zu tragen.

Was wird von euch verlangt, meine Geliebten, die ihr in dieser schwierigen Zeit die Last des Weltkarmas auf euch nehmen werdet?

Die Aufgabe, die ihr erfüllen müsst, wird euch sehr einfach vorkommen. Lasst euch jedoch von der äußeren Einfachheit der gestellten Aufgabe nicht täuschen. Denn selbst die einfachsten Handlungen, die ihr unternehmt, werden so starken Widerstand seitens der uns entgegengesetzten Kräfte hervorrufen, dass jede eurer Handlungen große Anstrengungen erfordern wird. Und dennoch bitten wir euch, jeden Tag bis Ende dieses Jahres genau eine Stunde der Gebetspraxis nach einer bestimmten Methodik zu widmen, die ich euch jetzt geben werde.

Eure ganze Aufgabe besteht also darin, einen so harmonischen Zustand eures Bewusstseins wie möglich zu erlangen.

Ihr übt verschiedene spirituelle Praktiken aus und gehört verschiedenen religiösen Gruppen und Strömungen an. Wir haben dies berücksichtigt.

Ihr widmet jeden Tag genau eine Stunde jener Gebetspraxis, die euch vertraut ist. Es kann das Lesen von Gebeten, Rosenkranzgebeten, Dekreten oder einfach eine Meditation sein.

Das wichtigste Ziel, das ihr während eurer Gebetspraxis erlangen müsst, ist die Harmonisierung eures inneren Zustands. Ihr müsst in einen Zustand der vollkommenen Harmonie und Einheit mit Gott kommen.

Und am Ende eurer spirituellen Praxis bitte ich euch, eine einfache Sache zu tun. Stellt euch vor, dass eure Aura sich ausdehnt und die Größe eines Hauses erreicht. Dann dehnt sie sich weiter aus und umfasst eure Stadt, euer Land und die ganze Erdkugel. Und jedes Lebewesen, das in das Wirkungsfeld eurer Aura gelangt, spürt ihre Wirkung.

Und jedes Lebewesen wird von dem Zustand der Harmonie und des Friedens erfüllt, den ihr während eurer spirituellen Praxis erlangen konntet.

Es reicht aus, wenn nur einige hundert Menschen die Pflicht übernehmen, ab heute und bis zum Ende des Jahres diese unsere Bitte zu erfüllen, und ich garantiere euch, dass die Erde einem solch schrecklichen Kataklysmus entgehen wird, wie er sich am Ende des vorigen Jahres ereignete.

Lasst uns alle unsere Anstrengungen in dieser Richtung vereinen, welchem Glaubensbekenntnis oder welcher religiösen Gruppe ihr auch angehören mögt.

Möge dieser einfache Schritt der erste Schritt zu eurer Einheit auf der irdischen Ebene sein.

Es war mir eine Freude, an diesem Tag zu euch zu kommen und euch eine neue Möglichkeit und eine neue Dispensation anzukündigen, die in dieser dunklen Jahreszeit gelten wird.

Ich bin sicher, dass wir mit eurer Hilfe alle unharmonischen Manifestationen auf dem Planeten leicht überwinden werden, die in der Regel zu verschieden Arten von Kataklysmen und Naturkatastrophen führen.

Der erste Schritt, den ich euch zu tun gab, wartet darauf, dass ihr eure Anstrengungen unternehmt.

Und jetzt möchte ich euch einige weitere wichtige Informationen geben, die unverzüglich den Einsatz eurer Kräfte erfordern.

Am Ende des Jahres, ab dem 23. Dezember, wird die Sitzung des Karmischen Rates stattfinden. Daher vergesst nicht, in euren jährlichen

Briefen an den Karmischen Rat auch jene nützlichen gedanklichen Entwicklungen eures Geistes darzulegen, um die euch Gott Shiva in seiner Botschaft vom 27. November 2005 gebeten hat.

Je größer die Anzahl wichtiger Projekte ist, die ihr in dieser bis zum Jahresende verbleibenden Zeit in die Wege leiten könnt, desto größer ist die Wahrscheinlichkeit, dass der Karmische Rat bei seiner Sitzung eure Wünsche in Betracht ziehen und sich dafür einsetzen kann, jene karmischen Hindernisse zu beseitigen, die der Verwirklichung eurer Projekte im Wege stehen können.

Ihr seht, meine Geliebten, wie der Himmel sich um euch kümmert. Können wir darauf hoffen, dass auch ihr die Anstrengungen unternehmt, um die wir euch bitten?

Ich hoffe sehr darauf.

Wir bitten euch um so wenig, und die Zeit, um die wir euch bitten, für das Wohl der Menschheit auf dem Planeten Erde zu arbeiten, steht in keinem Vergleich zu der Zeit, die ihr täglich vor dem Fernseher und mit leerem Geschwätz verbringt.

In der einen Waagschale liegt wie immer das Allgemeinwohl und das Wohlergehen des Planeten, in der anderen Waagschale – die Befriedigung der Launen eures Egos.

Denkt über eure Wahl nach, und trefft entschlossen eure Entscheidung zugunsten der unvergänglichen göttlichen Realität, indem ihr alle illusorischen Entscheidungen in euch selbst aufgebt.

Ich habe mich gefreut, euch wieder zu treffen, und es war mir eine Freude, euch die neue göttliche Gnade zu verkünden.

ICH BIN Surya, und ich war an diesem Tag bei euch.

Ich komme, um euch um Hilfe zu bitten, die euer kranker Planet braucht

Der Geliebte Alpha
14. Dezember 2005

ICH BIN Alpha. Ich bin an diesem Tag zu euch gekommen, um euch eine kleine Lehre zu geben, wie ihr in nächster Zeit handeln und wie ihr euch auf das Bevorstehende einstimmen sollt.

Jedes Mal, wenn ich mit Menschen kommuniziere, die in der Verkörperung sind, erlebe ich eine unvergleichliche Glückseligkeit. Ich spüre eure Bedürfnisse und eure Nöte, und ich nehme euch so zärtlich und liebevoll wahr, wie kein Vater in eurer Welt seine Kinder behandeln kann.

Weil ich tatsächlich euer Vater bin, euer wahrer Vater, der sich um euch kümmert und jede Möglichkeit nutzt, um zu kommen und euch eine Unterweisung und Unterricht zu geben, und euch zu liebkosen.

Deshalb komme ich heute, um meine väterliche Pflicht gegenüber der Menschheit der Erde zu erfüllen.

Euer Heimatplanet braucht eure Fürsorge und eure Obhut. Stellt euch vor, dass die Erde eure Mutter ist. Und die Mutter ist krank und braucht eure Hilfe.

Wenn ihr liebende Kinder seid, müsst ihr dem Ruf eurer Mutter folgen, wie sehr ihr auch von den Problemen eures Lebens mitgerissen seid und wie schwer es euch auch fällt. Denn es ist eure Mutter. Und sie ist krank und braucht eure Hilfe.

Daher bin ich an diesem Tag zu euch gekommen, um euch zu eurer Mutter zu rufen und euch zu sagen, dass sie eure Hilfe, eure Fürsorge und eure Obhut braucht. Jetzt. Wie niemals zuvor.

Ihr habt das Alter erreicht, in dem ihr in der Lage seid, Verantwortung für eure Mutter zu übernehmen, die jetzt eure Hilfe braucht.

Es gab eine Zeit, in der ihr Hilfe von eurer Mutter erhieltet. Es gab eine Zeit, in der ihr alles erhieltet, was ihr brauchtet: Essen, Wärme, Fürsorge.

Und jetzt ist die Zeit gekommen, eure Schulden zu begleichen und eurer Mutter – eurem Heimatplaneten – für alles zu danken, was sie für euch getan hat.

Eure Mutter hat viele Kinder. Und nicht alle Kinder sind in der Lage, dem Ruf zu folgen. Denn sie haben die Verbindung zu ihrem Elternhaus verloren. Weil sie den Weg gewählt haben, der nirgendwohin führt.

Aber ihr, diejenigen, die mich hören und meine Schwingungen wahrnehmen können, ihr werdet eure Mutter nicht in der Not allein lassen.

Kann ich mich auf euch verlassen? Kann ich das wirklich? Deshalb komme ich, um euch um Hilfe zu bitten, die euer kranker Planet braucht. Jetzt, wie niemals zuvor.

Ihr wisst, dass die Krankheit eures Planeten mit den Folgen jener Gedanken, Gefühle und Handlungen zusammenhängt, die die Kinder der Erde zulassen. Ihr wisst, dass eure Mutter Erde sich große Sorgen um ihre unvernünftigen Kinder macht. Deshalb ist sie krank. Deshalb müsst ihr der Mutter Erde die Hilfe geben, die sie braucht. Und sie braucht eure Liebe. Es gibt keine wertvollere Medizin, die ihr eurer Mutter anbieten könntet, als die Liebe eurer Herzen.

Bitte macht es euch ab heute zur Regel, nur einige Minuten am Tag zu finden, um eurem Heimatplaneten Liebe zu senden. Bitte erinnert euch an die schönsten Momente, die ihr in der Natur verbracht habt – in den Bergen, am Fluss, im Wald. Erinnert euch an die Momente der Freude, die ihr durch die Kommunikation mit der Natur erlebt habt.

Erinnert euch an ruhige Sommertage und Sommerabende. Erinnert euch an Sonnenaufgänge und Sonnenuntergänge.

Erinnert euch an einen heißen, klaren Sommertag und einen kühlen Abend. Erinnert euch an alles, was mit den besten Erinnerungen verbunden ist.

Dankt Mutter Erde für alles, was sie euch in der Vergangenheit gegeben hat. Und wenn ihr jetzt Mutter Erde Liebe senden könnt, wird sie ihre Gesundheit, ihre Lebenskräfte wiederherstellen und noch vielen weiteren Generationen von Menschen als Ort der Zuflucht und des Schutzes dienen können.

Betrachtet euren Planeten nicht als etwas Dauerhaftes, was euch ein für alle Mal gegeben ist. Euer Planet, in welchem Zustand er sich heute befindet, ist eine Widerspiegelung eurer Gedanken, eurer Gefühle und eurer Bewusstseinsebene, auf der ihr euch jetzt befindet.

Von euch selbst und niemand anderem hängen daher die Zukunft eures Planeten, das Klima eures Planeten und alles andere ab, was euch auf eurem Heimatplaneten, eurer Mutter, umgibt.

Ich bin gekommen, um euch ein klares Verständnis dafür zu geben, dass die Erde eure Hilfe braucht. Und ihr wisst, wie ihr diese Hilfe leisten könnt.

Ich bin gekommen, um euch an eure Pflicht zu erinnern, und ich bin gekommen, um zu sagen, dass die Zeit für die Erfüllung eurer Pflicht gekommen ist. Die kosmische Möglichkeit ist noch nicht erschöpft. Aber ihr müsst euch ständig für alles verantwortlich fühlen, was euch umgibt.

Denn alles, was euch umgibt, wurde von eurem Bewusstsein geschaffen. Und mit der Erhöhung eures Bewusstseinsniveaus wird sich die illusorische Realität um euch herum verändern, denn sie wird göttlicher werden, der göttlichen Realität näher kommen.

Ich bin gekommen. Und ich habe gesprochen.

ICH BIN Alpha, euer Vater im Himmel. Om.

Eine Lehre über die Verantwortung für die erhaltene göttliche Energie

Gott Shiva
15. Dezember 2005

ICH BIN Shiva! ICH BIN an diesem Tag durch diese Gesandte zu euch gekommen.

ICH BIN gekommen, um euch noch einmal an die Dispensation zu erinnern, die ich euch am 27. November dieses Jahres gegeben habe.

Ihr müsst noch einmal darüber nachdenken und die Möglichkeit in die Praxis umsetzen, die euch der Himmel gewährt. Denkt nicht, dass solche Möglichkeiten wie Manna vom Himmel auf euch fallen werden. Wir geben eine Möglichkeit, dann beobachten wir aufmerksam, wie ihr die gegebene Möglichkeit nutzt. Und wenn ihr so sehr in eurer Illusion versunken seid, dass ihr das Gegebene nicht wertschätzen könnt, dann hat es keinen Sinn, euch weiterhin Möglichkeiten, Wissen und Informationen zu geben.

Versteht, es ist kein gewöhnliches Ereignis, dass der Himmel erneut beschlossen hat, sich durch diese Gesandte an die Menschheit der Erde zu wenden, und es ist nicht mit jenen Fällen vergleichbar, in denen sich viele Menschen an Gott wenden und gewisse Anweisungen und Belehrungen erhalten. In diesem Fall beabsichtigen wir, für die ganze Welt zu arbeiten. Und wir geben unser Wissen und unsere Informationen noch einmal durch unsere Gesandte.

Ich möchte, dass ihr den Unterschied versteht zwischen der Art und Weise, wie manche Menschen die Möglichkeit haben, eine bestimmte Art von Informationen zu empfangen, indem sie diese Informationen von bestimmten Ebenen der feinstofflichen Welt ablesen, und der Art und Weise, wie wir euch Informationen durch unsere Gesandten geben.

Es gibt einen großen Unterschied. Und dieser Unterschied ist vor allem mit einer höheren Glaubwürdigkeit der übermittelten Informationen verbunden, da die Übermittlung der Information nicht spontan, von Fall zu

Fall, sondern ganz gezielt erfolgt. Für die Übermittlung von Informationen wird eine sehr große Menge göttlicher Energie aufgewendet. Schätzt daher, was euch gegeben wird, und vergesst die Verantwortung nicht, die ihr unmittelbar nach Erhalt dieser Information übernehmt.

Wenn ihr das, was euch gegeben wird, nicht in eurem Leben anwendet, und euch von unseren Ratschlägen und Empfehlungen nicht leiten lasst, die wir in diesen Botschaften durch unsere Gesandte geben, dann schafft ihr automatisch Karma, weil ihr die göttliche Energie, die euch gegeben wird und die in diesen Botschaften enthalten ist, nicht für den vorgesehenen Zweck verwendet.

Und der Zweck, zu dem wir diese Energie geben, ist eindeutig. Wir möchten das Bewusstsein der Menschheit erhöhen und es für den Übergang auf eine neue Ebene vorbereiten, die einem neuen Abschnitt der kosmischen Evolution entsprechen wird.

Denkt daher noch einmal gut nach. Und vielleicht solltet ihr diese Botschaften überhaupt nicht lesen, und das wird für euch die bessere Lösung sein, als wenn ihr die Energie dieser Botschaften aufnehmt und keine der euch gegebenen Empfehlungen befolgt. In diesem Fall werdet ihr das Karma der Untätigkeit schaffen, das der geliebte Kuthumi in seiner Botschaft[2] ausführlich beschrieben hat.

Ihr dürft nicht die Energie aufnehmen und sie dann für andere Zwecke verwenden als die, für die sie gegeben wird. In diesem Fall wird sie für die Erhöhung des Bewusstseins der Menschheit gegeben und damit für die Abwendung jener Kataklysmen und Naturkatastrophen, die mit dem unvollkommenen menschlichen Bewusstsein verbunden sind.

Aber ich muss euch sagen, wenn ihr Zugang zu diesen Botschaften erhalten und sie gelesen habt, bedeutet dies, dass ihr an der Reihe seid, der Menschheit der Erde zu dienen. Und wenn ihr euch jetzt weigert, diese Botschaften zu lesen, in der Hoffnung, das Karma der Untätigkeit zu vermeiden, dann werdet ihr damit eine Wahl treffen, die euch vom Weg

---

[2] „Eine Lehre vom Karma der Untätigkeit". Der Geliebte Kuthumi, 24. Juni 2005.

abbringen wird. Und wer weiß, welche Art von Karma schwerer für euch sein wird.

Versteht, dass es im Kosmos nichts gibt, was nicht dem Gesetz unterliegt, das in diesem Universum gilt. Und die Zeit ist vorbei, als die Menschheit die göttliche Energie allzu frei verwenden konnte. Wir haben euch gesagt, dass der freie Wille, der der Menschheit gegeben wurde, durch einen zeitlichen Rahmen begrenzt ist. Und wenn die Menschheit, nachdem sie die Grenze erreicht hat, die für das Experimentieren mit dem freien Willen zugelassen war, nicht selbst zur Einhaltung des Gesetzes zurückkehren kann, das in diesem Universum existiert, so wird die Menschheit grob zur Umkehr gebracht und belehrt werden, selbst wenn dafür die ganze Erde auf den Kopf gestellt werden muss. Seid deshalb vernünftig. Und steigt endlich auf die Stufen der kosmischen Hierarchie, die euch im jetzigen Abschnitt der evolutionären Entwicklung entsprechen.

Je mehr ihr zweifelt und zu dem Verhalten zurückkehrt, das mit dem Missbrauch des freien Willens verbunden ist, desto härter werdet ihr auf den Weg gestellt, der für euch vorbereitet ist und der dem bevorstehenden Abschnitt der kosmischen Evolution entspricht.

Es mag euch so vorkommen, dass ich zu hart mit euch bin und euch einschüchtern möchte.

Ja, ich bin ein sehr entschlossener und unerbittlicher Meister. Ich scherze nicht gerne, und ich mag es nicht, wenn man mir nicht gehorcht.

Und ich tue, was ich tun muss, denn mein Status in der kosmischen Hierarchie erlaubt es mir, sehr hart mit euch zu sprechen. Die Zeit ist abgelaufen, in der wir es uns leisten konnten, euch zu überzeugen und Komplimente zu machen. Jetzt werden wir strenger reden, und diese Strenge und Härte sind durch die bevorstehenden kosmischen Fristen gerechtfertigt. Und es ist besser für euch, wenn ich euch schärfstens zurechtweise, als wenn zum unpassendsten Zeitpunkt ein globaler Kataklysmus über euch hereinbricht.

Und wenn es nicht die Wahrscheinlichkeit dieser schrecklichen Entscheidung gäbe, die mit jeder Minute zunimmt, dann könnte ich euch auch weiterhin Komplimente machen und euch mit unserer Aufmerksamkeit und unseren Zeichen der Aufmerksamkeit belohnen.

Jetzt rate ich euch, die Möglichkeit sehr ernst zu nehmen, die euch von dem geliebten Surya und dem geliebten Alpha in den vorherigen Botschaften gegeben wurden.

Es mag euch scheinen, dass das, was euch angeboten wird, nicht ausreicht, um das Gleichgewicht auf dem Planeten aufrechtzuerhalten und einen Kataklysmus abzuwenden. Aber wenn nur ein paar hundert oder tausend Menschen unserem Aufruf ganz aufrichtig folgen, dann garantiere ich euch, dass das Resultat sehr bald seine Folgen haben wird, und es wird ermöglichen, das Ungleichgewicht auf dem Planeten zu beseitigen, das zurzeit noch weiter zunimmt.

Und es ist besonders wichtig, dies jetzt, vor dem Ende dieses Jahres zu tun.

Wir haben einen neuen Zyklus von Botschaften begonnen. Und ihr seht, dass wir euch in jeder Botschaft vor der drohenden Gefahr warnen. Findet ihr das nicht merkwürdig? Und ist dies nicht ein Beweis dafür, dass es an der Zeit ist, endlich aus eurer Illusion auszubrechen und wirkliche Arbeit zu leisten? Entscheidet euch, ob ihr euch auf die Festtage vorbereiten oder mit aller Kraft und Entschlossenheit das tun möchtet, worum die Meister euch bitten. Es gibt genug andere Menschen, die an diesen Festtagen das Boot ins Wanken bringen werden. Jemand muss das Gleichgewicht halten. Und ihr seid diejenigen, die dies tun müssen. Denn nichts in dieser Welt geschieht zufällig. Und dass ihr diese Botschaften lest, zeugt davon, dass gerade ihr diejenigen Menschen seid, auf die der Himmel in dieser entscheidenden Zeit zählt.

ICH BIN Shiva!
Und ich glaube, dass kaum ein anderer Meister eindeutiger und strenger über die dringenden Aufgaben zu euch sprechen könnte.

Ein Gespräch über den Weg der Einweihungen

Gott Maitreya
16. Dezember 2005

ICH BIN Maitreya, ich bin zu euch gekommen, um eine wichtige Botschaft für die Menschheit der Erde zu übermitteln. ICH BIN heute mit einem bestimmten Ziel gekommen, das gerade zu dieser Zeit verwirklicht werden muss, wenn der Wechsel der Jahreszyklen stattfindet. Ihr wisst, dass, als ich letztes Mal zu euch kam, ihr die Möglichkeit hattet, euch eine Vorstellung vom Weg der Einweihungen und von meiner Schule zu machen, in die ich alle einlade, die kommen möchten; doch nicht alle, die es möchten, können in dieser Schule lernen, geschweige denn, sie erfolgreich abschließen.

Das Geheimnis ist sehr einfach. Die Menschenstreben nach den Einweihungen als etwas Geheimnisvollem und Unzugänglichem. Für sie ist das Studium in der Schule der Einweihungen dem Studium in einer angesehenen Bildungseinrichtung vergleichbar, wie bei den weltbekannten Universitäten oder Ausbildungszentren, in denen ihr eine Ausbildung erhaltet, die euch den Weg in eine Karriere ebnet.

Es gibt einen grundlegenden Unterschied zwischen der Schule der Einweihungen und jeder angesehenen Bildungseinrichtung auf der Erde. Und dieser Unterschied besteht gerade darin, dass ihr jede Karriere im allgemein anerkannten irdischen Sinne verliert. Darüber hinaus verliert ihr nicht nur eure Karriere, sondern auch alles, was euch am Herzen liegen mag und wozu ihr noch rein menschliche Bindungen habt.

Daher bleiben bereits auf den ersten Abschnitten des Weges der Einweihungen nur sehr wenige Menschen, die ihre Ausbildung fortsetzen möchten, wie prestigeträchtig die Ausbildung in meiner Schule der Mysterien in den Augen der Uneingeweihten und Profanen auf dem Gebiet des esoterischen Wissens auch erscheinen mag.

Nach einem alten Gesetz, das dem breiten Publikum nicht bekannt war, wurden die Einweihungen in den Schulen für Eingeweihte hinter verschlossenen Türen abgehalten, und der Zugang zu unseren Schulen der Einweihungen wurde sorgfältig bewacht. Und selbst diejenigen unserer Schüler, die sich bereits auf den Weg gemacht und die ersten Einweihungen erhalten hatten, wurden zu den innersten Geheimnissen und Mysterien nicht zugelassen. Warum? Weil die Bewusstseinsebene der meisten Schüler nicht zulässt, viele Dinge wahrzunehmen, die hinter verschlossenen Türen stattfinden und zu denen nur eine sehr geringe Anzahl von Menschen Zugang hat.

Wenn ihr mit eurem unvorbereiteten Bewusstsein versehentlich in den Raum geraten würdet, in dem Einweihungen der höchsten Stufe gegeben werden, so würdet ihr höchstwahrscheinlich im selben Moment die Schule der Einweihungen verlassen und nie wieder einen Blick über ihre Schwelle werfen. Außerdem würdet ihr allen erzählen, dass diese Schule schlichtweg die Ausgeburt der Hölle sei und dass niemand auch nur daran denken sollte, über ihre Schwelle zu treten.

Nun, es hilft uns, wenn gescheiterte Schüler solche obskuren Gerüchte über uns verbreiten. Denn wenn sich ein Mensch von seinem unwirklichen Teil befreit, ist dieser Prozess wirklich so schmerzhaft und verläuft manchmal so dramatisch, dass der Eindruck entstehen könnte, ihr befändet euch in einer Folterkammer.

Und in der Tat, wenn ihr mit eigenen Augen, von Angesicht zu Angesicht mit dem unwirklichen Teil eurer selbst konfrontiert werdet, dann bekommt ihr das Gefühl, dass ihr dem Teufel selbst begegnet seid. Nur wohnt dieser Teufel, im Gegensatz zum allgemein anerkannten Glauben, nicht irgendwo in der Unterwelt, sondern in eurem Inneren.

Ja, meine Geliebten, sowohl Gott als auch der Teufel wohnen in eurem Inneren. Und dies ist das verborgenste Geheimnis, das den Eingeweihten enthüllt wurde, als sie ihre Prüfungen durchliefen. Während ihrer Vorbereitung hatten sie die Möglichkeit, ihrem unwirklichen, fleischlichen Teil zu begegnen, und dann hatten sie das deutliche Gefühl, dem Teufel begegnet zu sein. Und sie hatten die Möglichkeit, ihrem göttlichen Teil gegenüberzustehen, und dann spürten sie ihre göttliche, unvergängliche Natur.

Und nachdem sie die Dualität ihrer Natur erkannt hatten, mussten sie ihre endgültige Entscheidung treffen und sich vollständig ihrem göttlichen Teil hingeben, Gott, der in ihrem Inneren wohnt, und Gott, der im Inneren ihres Lehrers wohnt.

Und diese Wahl ist so schwierig, weil diese Wahl die wichtigste Entscheidung ist, die jeder Mensch trifft, der sich in der Verkörperung befindet. Und jeder von euch geht intuitiv davon aus, dass die wichtigste Frage, die ihr für euch selbst entscheiden müsst, die Frage der Wahl zwischen Gott und dem Teufel ist, zwischen dem wirklichen und dem unwirklichen Teil eurer selbst. Ihr wisst, dass ihr diese Wahl treffen müsst und deshalb habt ihr Angst, einen Fehler zu machen. Denn es gibt so viele Menschen, die euren Wunsch zu dienen und euren Wunsch, dem Weg der Einweihungen zu folgen, ausnutzen wollen. Es ist sehr leicht, unter ihren Einfluss zu geraten, und es kann viel schwieriger sein sich loszureißen. Und all das ähnelt tatsächlich dem Aufenthalt in einer wirklichen Schule der Einweihungen, aber die Wahl, die ihr trefft, veranlasst euch, nicht Gott im Menschen zu dienen, sondern dem Ego eines Menschen.

Habt daher keine Eile, euch dem Einfluss eines Menschen zu unterwerfen, wie lichterfüllt und gütig er euch auch erscheinen mag.

Unsere Aufgabe ist es, euch die feinsten Facetten der Unterscheidung zu zeigen. Während ihr auf eurem Weg immer weiter voranschreitet, müsst ihr auf einer immer feineren Ebene unterscheiden. Und wenn euch am Anfang des Weges alles klar war – ihr musstet nur die Zehn Gebote befolgen, die schon zu Zeiten Moses gegeben wurden, und eure Erlösung schien euch garantiert zu sein – so wird mit dem Voranschreiten auf dem Weg selbst die Einhaltung der Gebote für euch zum Test.

Und wenn ich euch jetzt von den feinsten Facetten und feinsten Schattierungen erzählen würde, in denen ihr euch verirren könnt, selbst wenn ihr die zehn biblischen Gebote einhaltet, dann würdet ihr mich nicht verstehen können.

Daher ist die göttliche Wissenschaft sehr kompliziert. Und der Unterricht in dieser Wissenschaft muss unter der Anleitung eines erfahrenen Lehrers erfolgen.

Und die erste Wahl, die ihr trefft, ist die Wahl des Lehrers, der Autorität, der ihr folgt.

Viele von euch befinden sich auf einer so niedrigen Ebene des Bewusstseins und der Wahrnehmung der Wirklichkeit, dass das, was ich euch heute zu sagen versuche, einfach an eurem Bewusstsein vorbeigeht und nicht die geringste Spur darin hinterlässt. Es gibt jedoch Menschen, die alles, was ich gesagt habe, als sehr wichtige Informationen wahrnehmen, ohne die ihr weiterer Weg einfach undenkbar wäre. Ich spreche für diese wenigen. Und diejenigen von euch, die nicht verstanden haben, wovon ich rede, werden sich an meine Worte erinnern, wenn eure Zeit kommt und ihr mit Umständen in eurem Inneren und außerhalb von euch konfrontiert werdet, in denen ihr euch nicht zurechtfinden könnt. Und ihr werdet euch an die Hinweise erinnern, die ich euch heute im Laufe unseres Gesprächs gegeben habe, und ihr werdet zu ihnen zurückkehren und sie erneut lesen. Und ihr werdet verstehen, dass nichts umsonst gesagt wurde. Alles, was gesagt wurde, enthält sehr wichtige Informationen für diejenigen, die sie wahrnehmen können.

Ich komme mit meiner Lehre kurz vor dem Wechsel des Jahreszyklus. Denn gerade jetzt beginnt die Zeit, in der ihr ohne Eile die Ergebnisse des Jahres auswerten und verstehen könnt, was ihr im nächsten Jahr anstreben solltet. Der Jahreswechsel ist ein sehr wichtiger Zeitabschnitt, und die stereotype Weise, wie der größte Teil der Menschheit den Jahreswechsel feiert, ist eines der wichtigsten Stereotype, das ihr in eurem Bewusstsein überwinden solltet.

Denn anstatt euch in einer lauten und betrunkenen Gesellschaft aufzuhalten, erfordert der Wechsel des Jahreszyklus von euch genau das Gegenteil.

Ihr könnt viel mehr für die Entwicklung eurer Seele erhalten, wenn ihr den Beginn dieses neuen Jahres allein oder im Kreise eurer Familie verbringt. Und anstatt euch mit Musik und Alkohol zu betäuben, versucht, ruhig über das zu Ende gehende Jahr nachzudenken und Pläne für die Zukunft zu machen.

Alle großen Errungenschaften nahmen ihren Anfang in der Stille, in einem stillen, ruhigen Gespräch am heimischen Herd.

Kein einziger vernünftiger Gedanke wurde jemals in einer Menschenmenge bei einem lauten Fest geboren.

Ich habe heute von einem Punkt überaus großer Liebe zu euch gesprochen, die ich für jene von euch empfinde, die zu meinen Schülern wurden, die diese Entscheidung nach dem Lesen meiner Botschaft getroffen haben, in der ich sie in meine Schule der Mysterien[3] einlud, und die mich seither keinen Tag vergessen haben, und auch nicht ihre Absicht, unter meiner Anleitung Unterricht zu erhalten.

Ich habe aufmerksam beobachtet, wie fest euer Streben ist.

Viele von euch haben am nächsten Tag vergessen, dass sie mich gebeten haben, in meine Schule aufgenommen zu werden. Aber es gab auch diejenigen, die bis heute ihre Absicht nicht vergessen haben. Und mit ihnen werde ich meine Arbeit fortsetzen.

Sechs Monate sind Zeit genug, damit ihr spüren könnt, wie ernsthaft eure Absichten sind. Und jetzt werden wir weitergehen. Und diejenigen, die zurückgeblieben sind, können ihre Absichten erneut, auf einer ernsteren Ebene analysieren und aufs Neue darum bitten, in meine Schule aufgenommen zu werden.

ICH BIN Maitreya, mit Liebe zu euch.

---

[3] „Ich lade euch in meine Schule der Mysterien ein". Gott Maitreya, 28. März 2005.

Die Ebene des Bewusstseins Christi müsst ihr jeden Tag bestätigen

Der Geliebte Lanello
17. Dezember 2005

ICH BIN Lanello, und ich bin erneut durch unsere Gesandte zu euch gekommen. ICH BIN gekommen, um euch noch einmal an die Verantwortung zu erinnern, die gleichzeitig mit der erhaltenen Energie und den erhaltenen Informationen auf euch zukommt. Ihr habt vielleicht bemerkt, dass sich dieser Zyklus der Botschaften vom vorherigen Zyklus unterscheidet.

Tatsächlich durften wir mehr von euch erwarten, nach all den Informationen und der Energie, die ihr während des vorigen Frühlings- und Sommerzyklus der Botschaften von uns erhalten habt.

Es ist gelungen, im Bewusstsein der Menschen etwas zu ändern, aber diese Veränderungen sind äußerst gering im Vergleich zu den Veränderungen, die wir zu erwarten berechtigt waren.

Ja, eine recht große Anzahl von Menschen, die in der Verkörperung sind, hat die Ebene des Bewusstseins Christi erlangt, und wir durften von ihnen mehr aktives Handeln auf der physischen Ebene erwarten.

Jedoch begannen die Trägheit und Stumpfheit der Materie, sich sofort nach Beendigung des Zyklus von Botschaften auf ihr Bewusstseinsniveau auszuwirken. Ohne die ständige geistige Stärkung und Nahrung, die sie mit der Energie der Botschaften erhalten hatten, ließen viele Menschen, die das Bewusstsein Christi bereits erlangt hatten, ihr Bewusstseinsniveau wieder absinken. Ich kann euch sagen, meine Geliebten, wodurch ein Mensch, der die Ebene des Bewusstseins Christi erlangt hat und es aufrechterhält, sich von anderen Menschen unterscheidet, die diese Ebene noch nicht erreicht haben. Der wichtigste und grundlegende Unterschied besteht darin, dass ein solcher Mensch nicht mehr so weiterleben kann wie zuvor. Er kann nicht anders als zu handeln, und er ordnet sein ganzes Leben und alle Umstände seines Lebens der Ausführung konkreter Taten und Handlungen auf der physischen Ebene zur Verwirklichung unserer Pläne unter.

Ihr könnt nicht die Ebene des Bewusstseins Christi erlangen und euch bis zum Ende eurer Verkörperung auf euren Lorbeeren ausruhen. Nein, ihr müsst die Ebene des Bewusstseins Christi jeden Tag und von Tag zu Tag bestätigen. Es ist tägliche harte Arbeit.

Zu unserem Bedauern sahen wir, dass, sobald der Zyklus der Botschaften beendet war, die wir durch unsere Gesandte gegeben haben, viele von denen, auf die wir gezählt und unsere Hoffnungen gesetzt hatten, nach und nach in ihrem Bewusstsein auf die frühere Ebene zurückfielen.

Und das ist eine sehr traurige Tatsache.

Keine der Errungenschaften im spirituellen Bereich, die ihr während eurer Verkörperung erreicht habt, können auch nur einige Monate beibehalten werden, wenn ihr euer Bewusstseinsniveau nicht durch eure täglichen Anstrengungen aufrechterhaltet.

Es kann keine Erholung in der physischen Oktave geben. Nur tägliche Arbeit und tägliche Anstrengung.

Ich gebe euch das Beispiel eines Sportlers, der ein herausragendes Ergebnis erzielt und den Titel des Weltmeisters gewonnen hat. Wenn er aber aufhört, jeden Tag zu trainieren, und sich stattdessen auf seinen Lorbeeren ausruht, so wird er sehr bald seine sportliche Form nicht mehr aufrechterhalten können. Und andere werden kommen, die seinen Weltrekord brechen werden.

Wenn ihr mit dem Titel des Champions, den ihr errungen habt, zufrieden seid und euch jetzt auf euren Lorbeeren ausruhen möchtet, so wollen wir, die Aufgestiegenen Lichtwesen, nichts mehr mit euch zu tun haben, und ihr könnt nicht mehr mit unserer Unterstützung rechnen.

Versteht, dass von euch tägliche Anstrengungen verlangt werden.

Viele Lichtträger befinden sich in der Verkörperung, aber wie schwierig ist es, diejenigen unter ihnen zu finden, auf die man sich voll und ganz verlassen kann.

Wir sehen, wie die Herzen vieler Menschen aufleuchteten, nachdem sie den Zyklus der vorherigen Botschaften gelesen hatten, die wir durch unsere Gesandte gaben. Und wie schmerzhaft war es für uns zu beobachten, wie die Flamme, die in ihren Herzen brannte, allmählich schwächer wurde, bis sie anfing zu rauchen, zu qualmen und schließlich ganz erlosch.

Ihr könnt euch nicht vorstellen, wie bitter es für uns ist, eure traurigen „Erfolge" zu beobachten. Es ist damit vergleichbar, als würdet ihr viele Menschen um euch herum sehen, eure Städte sind buchstäblich mit Menschen überfüllt. Wenn ihr aber auf die Straße geht, spürt ihr eure völlige Einsamkeit, denn selbst wenn diese Menschen dieselbe Sprache sprechen wie ihr, könnt ihr einander nicht verstehen. Und dies geschieht genau deswegen, weil eure Bewusstseinsebenen so unterschiedlich sind.

Und wenn ihr in eurem Bewusstsein ein Zurückfallen zulasst, werden die Informationen, die euch Freude bereitet und inspiriert haben, jetzt von euch als etwas wahrgenommen werden, was uninteressant ist und eure Aufmerksamkeit nicht erfordert.

Ihr begebt euch auf die Suche nach neuen Informationen und neuen Informationsquellen und vergesst jene stille Freude im Herzen und jenen Freudentaumel, mit dem ihr den heilenden Balsam der göttlichen Energie getrunken habt, der in unseren Botschaften enthalten ist.

Und da die Ebene eures Bewusstseins gesunken ist, könnt ihr die wahren Schwingungen nicht mehr erkennen und seid gezwungen, die Surrogate zu konsumieren, die die Regale eurer Geschäfte füllen.

Jetzt könnt ihr unsere Traurigkeit besser verstehen, und warum sich der Ton unserer Botschaften geändert hat.

Wir hatten mehr erwartet. Und jetzt sind wir gezwungen, uns nur auf diejenigen zu verlassen, die den Funken der Göttlichkeit in ihrem Inneren nicht verloren haben, und die in der Lage waren, die Flamme weiter am Brennen zu halten, die nach dem Lesen unserer Botschaften in ihren Herzen entzündet wurde.

Nun, jeder von euch hat das Recht, seine eigene Wahl zu treffen. Wir können die von euch getroffene Wahl nur bedauern, aber wir können euch in keiner Weise helfen.

Der Zustand eures Bewusstseins kann nur durch eure täglichen Anstrengungen auf dem notwendigen Niveau gehalten werden. Ihr müsst jeden Tag unermüdlich nicht nur eure fleischlichen Muskeln, sondern auch eure spirituellen Muskeln zur Arbeit zwingen. Sonst atrophieren sie einfach.

Und wenn ihr keine selige Begeisterung beim Betrachten der Natur erlebt habt, beim Lächeln eines Kindes, wenn ihr einen Tag ohne Liebe gelebt habt, so habt ihr den Tag völlig umsonst gelebt.

Ihr müsst euch jede Minute eures Aufenthalts auf der Erde an euer wahres Zuhause erinnern, von woher eure Seelen in die Verkörperung kamen, und ihr müsst euch bei all euren täglichen Entscheidungen ständig von Ratschlägen des höheren Teils eurer selbst leiten lassen.

Wie könnt ihr feststellen, dass ihr in Gott seid?

Es ist ganz einfach, meine Geliebten. Ihr beobachtet einfach euren Zustand, in dem ihr euch befindet. Und wenn ihr einem beliebigen negativen Gefühl ausgesetzt seid, sei es Verurteilung, Beunruhigung, Depression oder Gereiztheit, so befindet ihr euch nicht im göttlichen Bewusstseinszustand.

Nur wenn ihr unvergleichliche stille Freude und Frieden erlebt, seid ihr in Gott, im göttlichen Bewusstseinszustand.

Daher lernt, euch selbst zu beobachten. Und lernt, eure inneren Zustände zu erkennen.

Denn der Bewusstseinszustand, in dem ihr euch befindet, prägt alles, was ihr tut. Und wenn ihr gereizt seid, dann wirkt ihr buchstäblich als ein Generator der Gereiztheit. Ihr seid ansteckend, und ihr infiziert alle in eurer Umgebung mit eurer Gereiztheit, selbst wenn ihr zu dieser Zeit nur zu Hause sitzt. Für eure Gedanken und Gefühle gibt es keine Grenzen. Und alle eure negativen Gedanken und Gefühle werden von euch sofort über die ganze Erdkugel verbreitet.

Und die Wunder des Heldentums, die von einer Handvoll unserer treuen Diener gewirkt werden, sind erforderlich, um die Folgen eurer Gedanken und Gefühle auszugleichen und unschädlich zu machen.

Ihr müsst nur auf euren inneren Zustand achtgeben und ständig Harmonie und Ruhe in eurem Inneren bewahren.

Jeder von euch hat seine eigenen Rezepte, wie ihr euren harmonischen Zustand aufrechterhalten könnt. Es gibt kein allgemeines Rezept für alle, und es kann keines geben. Und wir können euch nicht alle zum Beten oder Meditieren bringen. Doch einige Maßnahmen, die euch helfen, in einen harmonischen Zustand zu kommen, solltet ihr anwenden.

In der Regel reicht es für die meisten Menschen aus, einfach allein in der Natur zu sein, um innere Harmonie und Frieden zu finden. Aber möglicherweise braucht ihr den Umgang mit Kindern oder mit Tieren, oder eine Beschäftigung mit dem, was ihr liebt.

Lernt, euren inneren Zustand ständig zu kontrollieren und Maßnahmen zu ergreifen, um jeden unvollkommenen Zustand in euch zu löschen.

Ihr könnt die Aufgestiegenen Lichtwesen um Hilfe bitten, aber manchmal vergesst ihr selbst diese einfache Handlung.

Ich bin bereit, jedem, der sich in dieser dunklen Jahreszeit an mich wendet, meine persönliche Hilfe und Unterstützung zukommen zu lassen. Hier ist meine Hand. Nehmt sie und haltet sie fest in allen schwierigen Situationen, in die ihr in eurem Leben geratet.

Für uns ist es notwendig, dass möglichst viele Menschen, die sich in der Verkörperung befinden, gerade jetzt das Gleichgewicht auf dem Planeten aufrechterhalten können. Und wenn ihr nicht in der Lage seid, das Gleichgewicht auf dem Planeten zu halten, dann haltet wenigstens das Gleichgewicht in eurem Inneren. Und schon damit werdet ihr den Aufgestiegenen Lichtwesen eine unschätzbare Hilfe leisten.

ICH BIN Lanello.
Und ich bin gekommen, um euch ein weiteres Mal
eine helfende Hand zu reichen.

Lasst euer geschäftiges Treiben für die festlichen Tage. Befasst euch mit der wahren Arbeit, den Planeten ins Gleichgewicht zu bringen

Der Geliebte Maha Chohan
18. Dezember 2005

ICH BIN Maha Chohan, und ich bin durch unsere Gesandte zu euch gekommen.

ICH BIN derjenige, den ihr als einen Meister kennt, der mit vielen Gesandten gearbeitet hat.

Deshalb bin ich durch diese Gesandte erneut zu euch gekommen, um meinen Teil der Arbeit zu erfüllen und euch die Botschaft zu geben, die ich heute geben muss.

Ich habe versucht zu verstehen, wo ich anfangen soll. Zuallererst muss ich diejenigen Vertreter der Menschheit der Erde begrüßen, die nicht nur aus Neugier unsere Botschaften lesen, sondern die unsere Botschaften als unverzichtbaren Leitfaden zum Handeln betrachten. Denn unsere Botschaften aus menschlicher Neugier zu lesen, ohne die in unseren Botschaften enthaltenen Aufforderungen und Bitten zu erfüllen, ist in höchstem Maße eine Manifestation der menschlichen Unvernunft.

Wie seltsam ist es, zu beobachten und zu sehen, dass Menschen die Aufrufe der Meister auf derselben Ebene wahrnehmen, wie sie Informationen aus rein menschlichen Quellen erhalten. Als gäbe es für sie keinen Unterschied, ob gewöhnliche Menschen mit ihnen sprechen oder diejenigen, die in dieser schwierigen Zeit die Führung des Planeten übernommen haben.

Diese unvernünftige Einstellung zu unseren Botschaften ist charakteristisch für das unentwickelte menschliche Bewusstsein. Ein Kind, das noch in den Kindergarten geht, kann auch nicht zwischen den Informationen unterscheiden, die aus verschiedenen Quellen zu ihm kommen. Und es nimmt ein Märchen und das, was es wirklich um sich herum sieht, als Ereignisse ein und derselben Art wahr. So geschieht es auch bei euch. Nur nehmt ihr die Ereignisse des Lebens um euch herum als real wahr, und was wir euch sagen, als ein Märchen.

Und ihr werdet dann erwachsen werden, wenn ihr in eurem Bewusstsein die göttliche Realität von der märchenhaften Illusion eurer Welt unterscheiden könnt. Wobei eure Welt einem schrecklichen Märchen gleicht.

Ich komme kurz vor dem Wechsel des Jahreszyklus, der zu dieser Zeit des Jahres in den meisten Ländern der Welt gefeiert wird, um euch noch einmal an die Verantwortung zu erinnern, die euch in dieser äußerst schwierigen Zeit zufällt.

Ich verberge nicht, dass sich die Ereignisse auf dem Planeten nicht auf die beste Weise entwickeln. Und wenn ihr den schrecklichen Kataklysmus vergessen habt, der sich vor einem Jahr im Süden Asiens ereignete und andere Länder der Welt nicht betraf, so bin ich gekommen, um euch an die Wahrscheinlichkeit eines genau solchen Kataklysmus zu erinnern.

Ich möchte euch keine Angst machen, aber da ihr es gewohnt seid, grauenvolle Geschichten zu hören, hört euch noch eine weitere an.

Ob es einen weiteren Kataklysmus geben wird oder nicht, wird nicht nur im Himmel entschieden. Der Himmel kann immer jeden Kataklysmus zurückhalten. Aber die Energie, die zur Verhinderung eines Kataklysmus aufgewendet wird, muss gerechtfertigt sein und wieder aufgefüllt werden.

Deshalb kommen wir immer wieder und wenden uns an euch, und wir erinnern euch an eure Verantwortung und eure Verpflichtungen, die ihr erfüllen müsst, indem ihr das Gleichgewicht in eurem Inneren bewahrt und dadurch das Gleichgewicht auf dem ganzen Planeten Erde aufrechterhaltet.

Die Entscheidung, ob ein weiterer Kataklysmus zugelassen wird oder nicht, ist noch nicht getroffen worden. Wir warten auf eure Reaktion auf unsere Warnungen und auf die Anstrengungen, die ihr zu unternehmen bereit seid, um diesen Kataklysmus abzuwenden.

Versteht, dass ihr nicht länger verantwortungslos sein dürft. Ihr dürft nicht länger so tun, als ob nichts auf dem Planeten geschehe, und selbst wenn etwas geschieht, dass es nichts mit euch zu tun habe. Denn früher oder später müsst ihr die Kindheit hinter euch lassen und die volle Verantwortung für euren Heimatplaneten übernehmen.

Ich komme nicht mit einer Bitte, sondern mit einer Aufforderung zu euch. Lasst euer geschäftiges Treiben für die festlichen Tage. Befasst euch mit der wahren Arbeit, den Planeten ins Gleichgewicht zu bringen.

Wenn ich jetzt mit euch in der Verkörperung wäre, würde ich in der verbleibenden Zeit bis zum Ende dieses Jahres all meine Kräfte darauf verwenden, um für das Gleichgewicht auf dem Planeten zu beten und dafür, dass die faulen und nachlässigen Kinder zur Vernunft gebracht werden, die nicht aus dem Zustand der Verantwortungslosigkeit und Unvernunft herauskommen wollen.

Wir dürfen erwarten, dass die Menschen der Erde im Vorfeld der Ankunft der nächsten irdischen Rassen endlich erwachsen werden und sich von jenen Manifestationen ihres Egos trennen, die für die weitere Existenz allen Lebens auf der Erde nicht ungefährlich sind.

Ihr wisst, dass es in der Vergangenheit viele solcher Perioden gab, in denen die Situation auf dem Planeten kritisch war, und jedes Mal kamen kosmische Wesen oder die Meister dem Planeten zu Hilfe, und sie opferten ihre Kausalkörper und retteten den Planeten.

Jetzt hat sich die Situation geändert, und der Planet muss durch eure Anstrengungen gerettet werden.

Es ist Zeit für die Reifeprüfung jener Seelen, die jetzt auf dem Planeten verkörpert sind.

Deshalb komme ich und wende mich nicht einmal mit einer Bitte, sondern mit einer Aufforderung an euch.

Ihr mögt meine Empfehlungen und Ratschläge nicht befolgen. Aber ich hoffe dennoch, dass sich eine ausreichende Anzahl von verkörperten Seelen auf dem Planeten Erde finden wird, die sich ihrer Verantwortung für den Planeten bewusst sind und ihre Pflicht erfüllen.

Unabhängig davon, welche spirituelle Praxis ihr ausübt und welcher Religion ihr angehört, ich bitte euch für die verbleibende Zeit bis zum Jahresende so viel Zeit wie möglich euren Gebetspraktiken zu widmen. Lest Dekrete, Gebete, Rosenkränze.

Tut dies so viel wie möglich, ohne dass es für eure Familienangehörigen und für die Erfüllung eurer Pflichten bei der Arbeit und zu Hause zur Belastung wird.

Wir können euch nicht zum Beten zwingen, doch wir können nicht aufhören, euch zu bitten und anzuflehen, dies zu tun und jede sich bietende Möglichkeit zu nutzen.

Jetzt seid ihr an der Reihe zu handeln.

Macht euch die Mühe, über die von uns geäußerte Besorgnis mit allen Menschen zu sprechen, die bereit sind, diese Informationen wahrzunehmen, und die bereit sind, ihre ganze persönliche Zeit dafür zu verwenden, die Erde ins Gleichgewicht zu bringen.

Bemüht euch alles zu tun, was in eurer Macht steht, und ich hoffe, dass wir uns Anfang des nächsten Jahres mit euch treffen und die Ergebnisse eurer Bemühungen zusammenfassen können.

ICH BIN Maha Chohan,
und ich war heute auf die Bitte des Himmels bei euch.

Eine Lehre über die Rückkehr des Karmas am Ende des Jahres

Der Geliebte Kuthumi
19. Dezember 2005

Ich bin Kuthumi, und ich bin durch unsere Gesandte zu euch gekommen.

ICH BIN gekommen, um euch eine Lehre zu geben, wie ihr das Karma wahrnehmen und euch ihm gegenüber verhalten sollt, das am Ende des Jahres zu euch zurückkehrt. Was ist dies für ein Karma, und wie sollt ihr mit seiner Rückkehr umgehen?

Ihr wisst, dass in euren vier niederen Körpern energetische Aufzeichnungen über jene unrechten, verwerflichen, nicht-göttlichen Taten enthalten sind, die ihr irgendwann einmal in diesem oder einem vorherigen Leben begangen habt. Dies können Aufzeichnungen von beständigen negativen Zuständen sein, die euch in der Vergangenheit begleitet haben und von denen ihr euch bis heute noch nicht befreien konntet.

Ihr wisst von dem Karma, das zu euch zurückkehrt. Ihr wisst von jenem Karma, das gemäß dem Gesetz der kosmischen Zyklen in eurer Aura aktiviert wird und in Form einer Situation, eines Gefühls oder eines minderwertigen Bewusstseinszustands vor euch erscheint. Diese Rückkehr des Karmas erfolgt kontinuierlich und allmählich im Laufe des Jahres. Wenn der Jahreszyklus endet, werdet ihr mit einer etwas anderen Situation konfrontiert. Es kann sein, dass das Karma, das gemäß dem kosmischen Gesetz im Laufe des Jahres zu euch zurückkehrte, von euch nicht in dem Maße abgearbeitet wurde, wie es das Gesetz erforderte. Stellt euch vor, dass auch andere Menschen im Laufe des ihnen zugewiesenen Zeitrahmens von einem Jahr ihr Karma nicht in dem erforderlichen Maße durch richtige Entscheidungen, Gebete oder gute Taten und Handlungen abarbeiten konnten.

In diesem Fall sammelt sich am Ende des Jahres überschüssiges Karma an, das über der Menschheit hängt und jederzeit in Form von unterschiedlichen Zuständen über sie hereinbrechen kann, die für die

Menschheit charakteristisch sind: Krankheiten, Depressionen, Hungersnöte oder Kataklysmen und Naturkatastrophen aller Art.

Auf jeden Fall könnt ihr am Ende des Jahres selbst an eurem allgemeinen inneren Befinden spüren, dass ihr eine besondere Schwere empfindet. Dies ist die zusätzliche karmische Last, die in Form von negativer und nicht transmutierter Energie auf der Menschheit liegt.

Daher ist es am Ende des Jahres so wichtig, eine erhöhte Disziplin eures Bewusstseins aufrechtzuerhalten. Sehr hilfreich sind alle Arten von Einschränkungen, die ihr euch selbst bewusst auferlegt, in Form von Fasten, Schweigen, Gebetswachen oder jenen Opfern, die ihr als Hilfe für Bedürftige, Benachteiligte auf dem Altar des Dienstes darbringen könnt.

In diesem Fall schafft ihr zusätzliches gutes Karma, das im Notfall verwendet werden kann, um die Lage auf dem Planeten insgesamt auszugleichen.

Darum kommen wir in diesem begonnenen Zyklus von Botschaften zu euch und erinnern euch immer wieder daran, dass ein neuer Kataklysmus oder Naturkatastrophen möglich sind. Nicht, weil wir euch einschüchtern und zum Beten zwingen wollen. Nein, wir kommen, um euch die schwierige Situation zu erklären, die sich auf der Erde entwickelt hat, und um denjenigen von euch, die dafür bereit sind, anzubieten, Mitschöpfer mit Gott und der im Universum existierenden Hierarchie des Lichts zu werden.

Wenn euer Bewusstsein für einen solchen Dienst nicht bereit ist, werdet ihr höchstwahrscheinlich unsere Bitten als grundlose Einschüchterung empfinden.

Aber lasst uns gemeinsam überlegen. Was ist die Alternative? Wie sonst können die übermäßigen Anhäufungen von negativer Energie auf dem Planeten beseitigt werden? Glaubt ihr, dass ein Wunder geschehen wird und all eure Energie, die ihr in dem euch gewährten Zeitraum von einem Jahr nicht abarbeiten konntet, sich auf wundersame Weise verflüchtigen wird?

Alle derartigen Wunder, sofern sie früher geschahen, erforderten immer eine große Menge an zusätzlicher Energie. Und diese Energie wurde eurem

Planeten entweder aus der kosmischen Reserve oder aus den Kausalkörpern der Aufgestiegenen Meister gegeben.

Jetzt stellt euch ein Unternehmen vor, das Jahr für Jahr Verluste macht. Der Inhaber des Unternehmens nimmt die Geldmittel aus anderen Unternehmen, die Gewinn bringen, und deckt den Verlust. Und dies mag einige Zeit so weitergehen. Aber der Moment kommt, wenn dem Inhaber klar wird, dass der Verlust kein Zufall ist. Und dieser jährliche Verlust hängt mit der Nachlässigkeit der Mitarbeiter dieses Unternehmens zusammen.

Deshalb wird ein guter Unternehmer entweder die Mitarbeiter dazu bringen, besser zu arbeiten, oder er wird das Unternehmen schließen.

Und die Maßnahmen, die jetzt von den Aufgestiegenen Meistern ergriffen werden, zielen darauf ab, die besten Vertreter der Menschheit zu ermutigen, besser zu arbeiten. Ihr wollt doch euren Arbeitsplatz, euren Planeten nicht verlieren, wenn wir die obige Analogie verwenden.

Deshalb ist ein klares Verständnis der Alternative notwendig, vor der der Planet jetzt steht. Entweder ihr seid in der Lage, die Verantwortung für die Situation auf dem Planeten zu übernehmen, oder ihr werdet die Möglichkeit verlieren, die Evolution auf diesem Planeten fortzusetzen, da sie als aussichtslos erkannt wird.

Natürlich wird das alles nicht sofort geschehen. Euch wird die Möglichkeit gegeben, euch eurer Verantwortung allmählich bewusst zu werden. Aber damit unser Zureden überzeugender ist, wurdet ihr zuvor bereits gewarnt[4], dass wir das Karma nicht länger zurückhalten werden, das von Menschen geschaffen wird, die in der betreffenden Gegend leben. Und dieses Karma wird buchstäblich sofort in Form von verschiedenen technogenen Kataklysmen oder Naturkataklysmen zurückkehren.

Die Wahrscheinlichkeit solcher Kataklysmen nimmt gegen Ende des Jahres zu. Daher wird euch eindringlich empfohlen, eure spirituellen

---

[4] „Jeder Akt des Dienstes für alle Lebewesen verringert die Wahrscheinlichkeit des nächsten drohenden Kataklysmus". Der Herr der Welt Gautama Buddha, 2. Mai 2005.

Praktiken, Gebete und Meditationen gerade am Ende des Jahres bewusster anzugehen.

Es gibt Menschen, deren Bewusstsein sich auf einer so niederen Ebene befindet, dass es sinnlos ist, mit ihnen über solche Dinge zu reden. Aber zu ihrem Glück ist auch das Ausmaß ihrer karmischen Verantwortung gering im Vergleich zu denjenigen Individuen, die sich der ganzen Schwierigkeit der Situation bewusst sind, aber wegen ihrer Faulheit, Kurzsichtigkeit und anderer Unzulänglichkeiten, die ihnen eigen sind, keine der Handlungen unternehmen, um die wir sie bitten.

Je nachdem, welche Bewusstseinsebene ein Mensch erreicht hat, wirkt das Gesetz des Karmas auf unterschiedliche Weise. Und was manchen Menschen vergeben werden kann, ist für andere unverzeihlich. Macht euch keine Sorgen, falls jemand nicht richtig handelt und dennoch kein Karma auf ihn herabkommt und ihm eine Lektion erteilt.

Dieser Mensch hat einfach entweder noch genügend Zeit für seine Evolution oder eine ausreichend große Reserve an gutem Karma. Macht euch keine Sorgen. Das karmische Gesetz funktioniert einwandfrei. Und jeder wird die Möglichkeit bekommen, dem Karma zu begegnen, das er in der Vergangenheit geschaffen hat.

Denkt nicht über andere nach, denkt über euch selbst nach. Darüber, wie ihr persönlich euer Karma, das Karma eurer Familie und das Karma eures Landes und eures Planeten mildern könnt.

Ihr versteht vielleicht nicht alle Einzelheiten, wie dieses universelle Gesetz funktioniert, aber ihr müsst euch über die allgemeinen Vorstellungen im Klaren sein, was dieses Gesetz ist, und denen davon erzählen, die mit dem Gesetz des Karmas noch nicht vertraut sind. Denn je mehr Menschen von diesem universellen Gesetz wissen, desto größer ist die Wahrscheinlichkeit, dass sie sich davor hüten, in ihrem Leben verwerfliche Taten zu begehen.

Wenn das Karma zurückkehrt, könnt ihr meistens den Zusammenhang von Ursache und Wirkung zwischen den von euch begangenen Handlungen und ihren Folgen, die als Unheil und verschiedene Krankheiten zu euch zurückkehren, nicht nachvollziehen. Ihr ruft aus: „Warum, Gott?!", anstatt demütig alles anzunehmen, was Gott euch sendet.

Glaubt mir, Gott ist sehr barmherzig. Und das Karma, das zu euch zurückkehrt, kommt auf dem leichtesten Wege, der nur möglich ist.

Und wenn ihr die Möglichkeit hättet zu verstehen, für welches Handeln ihr diese oder jene Art von karmischer Last tragt, so würdet ihr Gott danken, dass er euch auf eine solch gnädige Weise erlaubt hat, das abzuarbeiten, was ihr selbst geschaffen habt.

Es gibt mehrere Möglichkeiten, Karma abzuarbeiten.

Die erste Möglichkeit besteht darin, überhaupt kein Karma zu schaffen.

Die zweite Möglichkeit besteht darin, Karma durch die eigenen richtigen Entscheidungen abzuarbeiten.

Die dritte Möglichkeit besteht darin, Karma durch Demut vor der Situation abzuarbeiten, in der ihr euch befindet.

Und schließlich könnt ihr die karmische Last durch Gebet und Reue mildern.

Genau dies legen wir euch nahe, in der verbleibenden Zeit bis Ende des Jahres mit verstärkter Anstrengung zu tun.

Ihr habt jetzt die Möglichkeit zu verstehen, dass alles, worum euch die Meister bitten, gerechtfertigt und sinnvoll ist.

Niemand will euch Angst machen und euch zwingen, etwas zu tun.

Wir sprechen mit euch wie mit vernünftigen Menschen, die lediglich auf der Evolutionsleiter etwas tiefer stehen.

ICH BIN Kuthumi.
Und es war mir eine Freude, ein Körnchen von meinem Wissen mit euch zu teilen.

Verrichtet selbstlos die schöpferische Arbeit, strebt nach der göttlichen Welt ohne zurückzuschauen, und ihr werdet erhalten, was ihr verdient

Der Geliebte Jesus
20. Dezember 2005

ICH BIN Jesus, und ich bin durch unsere Gesandte zu euch gekommen. ICH BIN erneut gekommen, und wie vor sechs Monaten beabsichtige ich auch jetzt, euch die ewige Lehre über das ewige Leben zu geben. Jetzt komme ich kurz vor Weihnachten, das in der christlichen Welt als Feiertag zur Erinnerung an den Tag gefeiert wird, an dem ich vor etwa 2000 Jahren in diese Welt kam.

Und wie damals spüre ich auch heute die Unbehaglichkeit und Finsternis eurer Welt.

Oh, wenn ihr nur einen flüchtigen Blick hinter den Schleier werfen und die Glückseligkeit des himmlischen Lebens spüren könntet, ich denke, ihr würdet für immer in eurem äußeren Bewusstsein dieses Bild bewahren, nach dem ihr streben sollt und das ihr im Leben um euch verwirklichen müsst.

Das ganze Problem eures Bewusstseins hängt mit seiner Unbeständigkeit und seinem mangelnden Streben zusammen. Ihr könnt die himmlischen Muster so lange nicht in eurem irdischen Leben verwirklichen, bis ihr jenen Zustand des Strebens und des höchsten Glaubens erlangt habt, in dem ihr euer ganzes irdisches Leben der Umsetzung der göttlichen Pläne in eurer physischen Oktave unterordnen könnt. Nur so könnt ihr zu Mitschöpfern Gottes werden und Seinen Willen für eure Oktave manifestieren.

Eure Welt erfüllt nicht in vollem Maße die Anforderungen, die sie im jetzigen Abschnitt der evolutionären Entwicklung erfüllen muss. Daher ist die

Sorge der Aufgestiegenen Lichtwesen so groß, und daher ist der Ton unserer Botschaften so hart und unnachgiebig geworden.

Glaubt mir, an unserer Liebe hat sich nichts geändert. Wir lieben euch auch weiterhin so, wie wir euch immer geliebt haben. Aber unsere Liebe manifestiert sich in erster Linie als Sorge um eure Seelen, ihre Entwicklung und darum, Bedingungen zu schaffen, unter denen diese Entwicklung in Zukunft vollzogen werden kann.

So wie liebende Eltern ihre Kinder nicht zwingen, von morgens bis abends Süßigkeiten zu essen, sondern ihre Nahrung abwechslungsreich gestalten, damit sie gesund und aktiv aufwachsen können, so bemühen auch wir uns, euch mit der besten spirituellen Nahrung zu versorgen. Und in dieser Zeit geben wir euch genau die spirituelle Nahrung, die ihr braucht. Und wenn sie euch hart und nicht süß genug erscheint, heißt das nicht, dass sie nicht gesund für euch ist.

In unserer Unterrichtspraxis wechseln wir unsere Methode ständig zwischen Zuckerbrot und Peitsche. Wenn ihr euch zu sehr an unsere Liebkosungen und Fürsorge gewöhnt, erlauben wir uns manchmal, euch zu zeigen, dass übermäßige Fürsorge nicht immer nützlich ist. Und es kommt die Zeit, in der ihr selbst beginnen müsst zu handeln, anstatt darauf zu warten, dass der ganze Kosmos euch weiterhin mit Löffeln füttert und vom Staub befreit.

Wenn ihr nicht irgendwann den ersten Schritt in eurem Leben gemacht hättet, so hättet ihr nie laufen gelernt.

Und dieser erste Schritt ist für euch, dass ihr euch nicht nur der Verantwortung für euer eigenes Leben und für das Leben eurer Nächsten bewusst werdet, sondern auch die Verantwortung für den ganzen Planeten erkennt.

Und dies ist der nächste Abschnitt in der Entwicklung eures Bewusstseins. Es wäre unvernünftig, sich weiterhin auf Kindermädchen und

Eltern zu verlassen, wenn ihr bereits das Alter erreicht habt, in dem ihr für euch selbst sorgen könnt. Darüber hinaus müsst ihr die Verantwortung für das Schicksal jener Lebensströme übernehmen, die in ihrer Entwicklung zurückgeblieben sind und sich ohne eure Hilfe nicht weiterentwickeln können. Und genau die gleiche Rolle, die wir euch gegenüber erfüllen, die Rolle fürsorglicher Kindermädchen und Lehrer, müsst auch ihr gegenüber jenen Vertretern der Menschheit übernehmen, die zu sehr in ihre Kinderspiele vertieft sind und nicht erwachsen werden wollen.

Die Bildung und Erziehung dieser unvernünftigen Kinder liegt von diesem Tage an als Pflicht und karmische Verantwortung bei euch. Wenn ihr euch nicht um die heranwachsende Generation und die Unterweisung der erwachsenen Menschen kümmert, die eure Fürsorge benötigen, dann besteht eine hohe Wahrscheinlichkeit, dass zu viele Lebensströme auf dem Planeten Erde in diesem Leben nicht mit der göttlichen Wahrheit in Berührung kommen und sich der Erkenntnis des ewigen Lebens nicht nähern können.

Ich hoffe auf eure Fürsorge. Wenn ihr euch dazu entschließt, anderen Lebewesen zu helfen, erhaltet ihr die Hilfe des Himmels, und ihr erhaltet das Wissen und die göttliche Energie, die ihr benötigt. Wenn ihr nichts tut, werdet ihr nicht in der Lage sein, euren göttlichen Plan und eure göttliche Bestimmung zu erfüllen, und ihr werdet auch anderen nicht helfen können.

Dies ist ein sehr altes und weises Gesetz, und dieses Gesetz funktioniert einwandfrei. Macht euch keine Gedanken über die Belohnung, die ihr für eure guten Taten und eure Hilfe zu erhalten erwartet. Lasst Gott entscheiden, was ihr verdient habt. Je selbstloser euer Dienst ist, desto größer werden eure Schätze sein, die ihr im Himmel ansammelt.

Und das ist dieselbe Wahl, ein und dieselbe Wahl, die ihr im Laufe eures ganzen Lebens trefft. Entweder versucht ihr, in der euch umgebenden Illusion etwas Greifbares für euch selbst zu erhalten, oder ihr denkt an das ewige Leben. Worauf der Fokus eurer Aufmerksamkeit gerichtet ist, das erhaltet ihr letzten Endes auch. Und wenn ihr weiterhin von Leben zu Leben den Dingen dieser Welt nachjagt, so seid ihr gezwungen, immer wieder in eure Welt zu kommen und eure Bindungen und Anhänglichkeiten abzuarbeiten.

Verrichtet daher selbstlos die schöpferische Arbeit, strebt nach der göttlichen Welt ohne zurückzuschauen, und ihr werdet erhalten, was ihr verdient.

Ich habe mich über unser heutiges Treffen gefreut, und ich war froh, euch diese kleine Lehre als Weihnachtsgeschenk geben zu können.

Ich hoffe, dass auch ihr euch während der Weihnachtsfeiertage mit Liebe an mich erinnert und mir die Liebe eurer Herzen schenkt.

ICH BIN Jesus, und ich stehe in der Flamme der Liebe.

Der Glaube ist das Heilmittel, das ihr braucht

Der Geliebte El Morya
21. Dezember 2005

ICH BIN El Morya Khan, und ich bin durch meine Gesandte zu euch gekommen.

ICH BIN gekommen, um eurer Aufmerksamkeit etwas Wichtiges nahezulegen, zu dem ich heute ermächtigt bin.

Wie beim vorigen Zyklus von Botschaften bin ich auch jetzt entschlossen. Und wenn jemand an meiner Entschlossenheit und der Ernsthaftigkeit meiner Absichten zweifelt, dann ist es besser für euch, unsere Botschaften nicht zu lesen. Denn ihr schafft in eurem Bewusstsein ein unüberwindbares Hindernis und blockiert nicht nur den Strom der göttlichen Wahrheit, sondern auch den Strom der göttlichen Energie.

Euer Bewusstsein gehört zu eurer dualen Welt, und daher geschieht in eurer Welt genau das, was ihr in eurem Bewusstsein zulasst. Daher werden wir euch, wie schwierig die Situation auf dem Planeten auch sein mag, niemals vollständig sagen, wie wahrscheinlich es ist, dass ihr eine Katastrophe erleben werdet, und von welcher Art. Denn sobald ihr in eurem Bewusstsein den Gedanken an eine kommende Katastrophe zu erzeugen beginnt, wird dieser Gedanke vervielfacht werden. Und anstatt den entstandenen Brand zu löschen, werdet ihr immer neues Brennholz hineinlegen.

Daher werden wir euch niemals alle Informationen vollständig mitteilen, über die wir selbst verfügen. Doch wir werden euch unermüdlich warnen und bitten, alles in eurer Macht Stehende zu tun, um die Situation auf dem Planeten zu harmonisieren.

Ihr habt bemerkt, dass es seit dem Beginn des neuen Zyklus von Botschaften, die wir durch unsere Gesandte geben, noch keine einzige Botschaft gab, die freudig und optimistisch gewesen wäre. Und das liegt nicht daran, dass sich bei unserer Gesandten etwas geändert hätte und sie von drohenden Kataklysmen eingeschüchtert ist. Mit unserer Gesandten ist alles in Ordnung. Und ich kann euch versichern, dass unsere Botschaften mit einem ausreichenden Maß an Glaubwürdigkeit übermittelt werden. Nein, Tatsache ist, dass die Situation wirklich sehr angespannt ist. Und wie sehr wir uns auch bemühen, wir können euch noch nicht dazu ermutigen, jene Verpflichtungen auf euch zu nehmen, um die wir euch bitten. Das Gesetz des freien Willens, das in eurer physischen Oktave gilt, erlaubt es uns nicht, uns einzumischen und euch dazu zu zwingen. Daher können wir euch nur bitten und im äußersten Falle verlangen, aber nur der bedrohliche Umstand, von dem wir sprechen, kann euch anscheinend zum Handeln zwingen.

Nun, ihr zieht es vielleicht vor, nach dem russischen Sprichwort zu handeln: „Bevor es nicht donnert, wird der Bauer sich nicht bekreuzigen".

So wenige Menschen gibt es, die unsere Informationen ernst nehmen und bereit sind, vieles zu opfern, um unsere Bitten zu erfüllen.

Es ist uns noch nicht gelungen, den Kreis der Menschen zu erweitern, die zu konkreten Handlungen fähig sind. Und denkt bei alledem über den Umstand nach, dass, wie umfassend und rechtzeitig wir auch unsere Warnungen aussprechen, ihr nicht imstande seid, darauf zu reagieren.

Und das Problem ist nicht einmal eure Faulheit und Nachlässigkeit. Das Problem besteht darin, dass ihr so sehr in den Netzen der Illusion verstrickt seid, dass ihr weder erkennen könnt, welche Quelle die Wahrheit enthält, noch die Schwingungen unterscheiden könnt, die für eine wahre Quelle charakteristisch sind.

Daher müssen alle eure Praktiken und alle eure Handlungen darauf ausgerichtet sein, unterscheiden zu lernen. Tatsächlich endet euer Aufenthalt in der Illusion erst dann, wenn ihr gelernt habt, zwischen den Ereignissen der illusorischen Ebene und den Ereignissen der realen göttlichen Welt zu unterscheiden. Und eure Aufgabe ist es, eine klare Vision zu erhalten und zu lernen, alle Ereignisse und alle Tatsachen zu bewerten, denen ihr im Leben begegnet.

Es scheint euch, dass euer Leben ruhig und problemlos verläuft, und ihr habt manchmal nicht die geringste Ahnung, dass es in dieser Stille und im ruhigen Ablauf verborgene Stolpersteine gibt, die den friedlichen Verlauf eures Lebens in einem Augenblick auf den Kopf stellen können. Lasst euch daher von der Ruhe und dem Frieden nicht täuschen. Ihr erhaltet ständig eure Lektionen. Und manchmal reicht ein kleines Steinchen auf den Gleisen aus, um den großen Zug eures Lebens mit hoher Geschwindigkeit von den Gleisen zu werfen und umkippen zu lassen. Aber ihr selbst bereitet durch eure täglichen Entscheidungen die Zukunft für euch vor.

Wenn eine kritische Menge eurer falschen Entscheidungen die zulässige karmische Grenze überschreitet, werdet ihr mit Umständen in eurem Leben konfrontiert, die buchstäblich alles zerstören, woran ihr euch gewöhnt habt. Und ihr ruft überrascht aus: „Gott, was habe ich getan?! Warum widerfährt mir dies alles?!"

Ist dies nicht ein bekanntes Bild? Und neunzig Prozent der Menschen beginnen als Nächstes, Gott und die Meister für das zu verfluchen, was in ihrem Leben passiert ist. Sie beschuldigen alle Menschen um sich herum und die ganze Welt, anstatt mit Demut das Geschehene als Strafe oder karmische Vergeltung zu akzeptieren, als etwas, was den Rand der zulässigen Grenze überstieg und sich in Form einer schrecklichen Strafe ergoss.

Einerseits wurde also die Menschheit im Laufe der gesamten Geschichte ihrer Existenz unterwiesen und gewarnt. Andererseits waren die Menschen nur dann, wenn ihnen selbst etwas Schreckliches passiert war, in der Lage, wenigstens für eine kurze Zeit darüber nachzudenken, warum dies über sie hereinbrach.

Und wie viel wir auch darüber reden und die besten Empfehlungen geben, um das Erwartete zu vermeiden, ihr könnt einfach nicht glauben, dass das, was euch gesagt wird, die Wahrheit ist. Und der Grund für euren Ungehorsam und eure Kurzsichtigkeit ist der Mangel an wahrem Glauben.

Deshalb spreche ich, der Meister, der den Aspekt des Willens Gottes vertritt, heute zu euch. Und ich kann jedem von euch helfen, der mich darum bittet, den Glauben zu stärken.

Der Glaube ist das Heilmittel, das ihr braucht. Und ich rede jetzt nicht von einem blinden Glauben, der auf Unwissenheit und Einschüchterung beruht. Ich rede jetzt von dem Glauben, der auf einer genauen Kenntnis des Gesetzes beruht, das in diesem Universum existiert.

Und dies ist das Gesetz des Zusammenhangs von Ursache und Wirkung, oder das Gesetz des Karmas oder der Vergeltung. Und dieses Gesetz wirkt unabhängig von eurem Willen oder eurem Wunsch. Es ist das, was real ist. Und es ist das, worüber euer Wunsch stolpert, den freien Willen ungeachtet aller Umstände zu behaupten. Und wenn dieses vom Schöpfer vorgesehene natürliche Hindernis nicht dem Missbrauch eures freien Willens im Wege stünde, so wäre die Existenz des Universums selbst und nicht nur eures Planeten in Frage gestellt.

Daher ist das Erste, was ihr in eurem Inneren akzeptieren müsst, die Vorherrschaft des Gesetzes, das in diesem Universum und in eurem Leben gilt.

Ihr könnt mich bitten, euren Glauben zu stärken. Und es ist das, was ich euch gerne gebe als das wichtigste und dringendste Heilmittel, das ihr braucht.

**ICH BIN El Morya Khan,
mit dem Glauben an euren Sieg!**

Über Briefe an den Karmischen Rat

Gautama Buddha
22. Dezember 2005

ICH BIN Gautama Buddha, und ich bin erneut durch unsere Gesandte zu euch gekommen. ICH BIN in dieser dunklen Zeit des Jahres gekommen, wenn der gesamten nördlichen Hemisphäre, in der der Großteil der Weltbevölkerung konzentriert ist, nur sehr wenig Sonnenenergie zur Verfügung steht. Es ist wirklich eine dunkle Zeit des Jahres. Und an eurem inneren Befinden könnt ihr fühlen, dass selbst die bevorstehenden Festtage euch nicht helfen, einen guten Zustand zu bewahren.

Ich komme zu euch, um eine weitere Botschaft zu geben, die auf unserer Besorgnis basiert, die wir um den Planeten haben und um die Existenz des Lebens auf dem Planeten überhaupt.

Wie sehr sich die Aufgestiegenen Lichtwesen im Laufe des vergangenen Jahres auch bemüht haben, es ist uns nicht gelungen, das Gleichgewicht auf dem Planeten herzustellen, das für seine nachhaltige Entwicklung notwendig ist. Jetzt erwarten wir mit großer Aufmerksamkeit und Anspannung die Entscheidung, die nach der gerade beginnenden Sitzung des Karmischen Rates verkündet wird. Ihr wisst, dass jedes Jahr in dieser dunklen Zeit des Jahres die Sitzung des Karmischen Rates beginnt. Und während dieser Sitzung werden wichtige Entscheidungen getroffen, nach denen der Planet in den folgenden sechs Monaten bis zur nächsten Sitzung des Karmischen Rates lebt, die während der Sommersonnenwende stattfinden wird.

Deshalb könnt auch ihr an dieser Sitzung des Karmischen Rates teilnehmen und somit den Verlauf der Entwicklung des Planeten für die nächsten sechs Monate beeinflussen. Natürlich wird man euch nicht in den Saal hineinlassen, in dem die Sitzung des Karmischen Rates stattfindet. Ihr könnt dort weder in euren physischen Körpern noch in euren feinstofflichen Körpern anwesend sein. Doch ihr könnt euch mit Briefen an den Karmischen

Rat wenden, und ich garantiere euch, dass alle eure Briefe sorgfältig geprüft werden.

Es kommt vor, dass ein einziger Brief von einer leidenschaftlichen Seele ausreicht, um die Entscheidung des Karmischen Rates zu ändern. Daher empfehle ich euch dringend, diese Möglichkeit zu nutzen und Briefe an den Karmischen Rat zu schreiben.

Und ich kann euch sogar sagen, wie genau ihr eure Hilfe leisten könnt.

Wenn eine ausreichende Anzahl von Seelen sich im Namen des ICH BIN dazu verpflichtet, im Laufe der nächsten sechs Monate eine bestimmte Anzahl von Stunden Gebete, Dekrete oder Rosenkranzgebete zu lesen, und die Energie ihrer Gebetswachen auf die Stabilisierung der Lage auf der Erde richtet, dann kann dies dem Karmischen Rat helfen, eine Entscheidung zu treffen, die den Einsatz der kosmischen Reserven zur Stabilisierung der Lage auf der Erde ermöglicht.

Wir müssen sicher sein, dass der Energieaufwand durch eure Gebetsanstrengungen ausgeglichen wird. Wägt daher bitte alles noch einmal ab und schätzt eure Möglichkeiten ein.

Ich bitte euch, diese weitere Möglichkeit zu nutzen, die euch als Gabe des Himmels gegeben wird.

Dafür könnt ihr in eurem Brief um Nachsicht für euch und eure Verwandten bitten, die gewährt werden kann, wenn das Gesetz des Karmas es gestattet.

Ihr könnt zum Beispiel die gebotene Möglichkeit nutzen, um eure Verwandten, die an chronischen Krankheiten oder schlechten Gewohnheiten leiden, von einem Teil der karmischen Ursachen zu befreien.

Vergesst aber nicht, dass die Energie vorrangig auf die Wiederherstellung der Energie gerichtet wird, die aus der kosmischen Reserve zur Stabilisierung der Lage auf der Erde entnommen wurde, und erst danach wird die Energie auf die Erfüllung eurer Bitten gerichtet.

Nehmt keine Verpflichtungen auf euch, die ihr nicht erfüllen könnt. Mögen eure Verpflichtungen darin bestehen, nur 15 Minuten lang Gebete zu lesen, doch ihr werdet eure Verpflichtungen täglich erfüllen. Und dies wird weitaus besser sein, als wenn ihr die Verpflichtung auf euch nehmt, eine oder zwei Stunden lang Gebete oder Rosenkränze zu lesen, ohne dass ihr die übernommene Verpflichtung auch nur eine Woche lang erfüllen könnt.

Schätzt eure Kräfte richtig ein.

Die Sitzung des Karmischen Rates beginnt jeden Augenblick. Aber ihr könnt eure Briefe an den Karmischen Rat noch im Laufe der nächsten zwei Wochen senden.

Ich bin glücklich, dass mir eine so freudige Pflicht zugefallen ist, euch an die Möglichkeit zu erinnern, die euch an diesen Tagen als Geschenk gegeben wird, wenn der Karmische Rat auf dem Planeten Erde tagt.

Vor euch liegt der nächste kosmische Zyklus, der bis zur nächsten Sitzung des Karmischen Rates andauert. Und ich hoffe, dass wir durch gemeinsame Anstrengungen das Gleichgewicht auf unserem Planeten aufrechterhalten können.

Zumindest sind die Aufgestiegenen Lichtwesen entschlossen, alle dafür notwendigen Anstrengungen zu unternehmen. Und wenn auch nur ein Tausendstel dieser Entschlossenheit wenigstens einigen tausend Vertretern der irdischen Menschheit eigen wäre, dann würde ich mir über die Situation auf dem Planeten Erde in den kommenden Monaten überhaupt keine Sorgen machen.

Es mag euch so vorkommen, dass man euch im Laufe vieler Jahrhunderte immer wieder Angst gemacht hat, dass der Weltuntergang bevorstehe, aber der Weltuntergang ist immer noch nicht gekommen. Und ihr verfallt in einen Zustand, in dem ihr unsere Ermahnungen missachtet. Tatsächlich sind sehr große Anstrengungen erforderlich, um das Gleichgewicht auf dem Planeten Erde aufrechtzuerhalten. Und die Situation verharrt seit vielen Jahrhunderten und sogar Jahrtausenden am Rande der Zerstörung des Planeten.

Ihr wisst, dass der Planet Erde am tiefsten Punkt seiner Materialität angelangt ist. Daher ist der Einfluss der geistigen Welt auf den Planeten an diesem tiefsten Punkt sehr begrenzt. Und weil dieser Tiefpunkt der Materialität viele Jahrtausende andauert, hält auch der Zustand der Ungewissheit so lange an. Aber ihr, die ihr auf dem Planeten Erde verkörpert seid, könnt an diesem tiefsten Punkt der Materialität einen viel größeren Einfluss auf den physischen Zustand des Planeten ausüben.

Das ist der Grund, weshalb wir uns unermüdlich an euch wenden.

Ich erinnere euch noch einmal daran, dass nicht so viele Anstrengungen von euch erforderlich sind, um die Situation auf dem Planeten zu verändern, weil die von euch unternommenen Anstrengungen viele tausend Mal stärker auf die Situation auf der Erde einwirken als die Anstrengungen der Aufgestiegenen Lichtwesen.

Denkt über meine Worte nach, wägt alles noch einmal ab und schreibt eure Briefe mit euren Verpflichtungen an den Karmischen Rat.

Die Aufgabe, die wir euch stellen, erscheint euch als eine Belastung. Denkt jedoch darüber nach, dass auf der einen Waagschale die Rettung des ganzen Planeten liegt und auf der anderen Waagschale eure momentanen egoistischen Interessen.

Erinnert euch die Situation mit der Wahl, die ihr manchmal trefft, nicht an die Situation eines Menschen, der weiter fernsieht, während sein Haus in Flammen steht?

Wir hoffen, dass in euren Köpfen die göttliche Vernunft die Oberhand gewinnt über eure rein menschlichen Bindungen und Gewohnheiten.

ICH BIN Gautama Buddha, und ich war an diesem Tag bei euch.

Ich bin gekommen, um euch zu warnen, dass diese Botschaft die letzte sein könnte

Der Geliebte Serapis Bey
23. Dezember 2005

ICH BIN Serapis Bey, und ich bin an diesem Tag erneut durch unsere Gesandte zu euch gekommen.

ICH BIN gekommen, um eurer Wahrnehmung einige Informationen nahezubringen, die nützlich für euch sein werden. Wie ihr bemerken könnt, sind alle unsere Botschaften von einer Sorge um euch durchdrungen. Wir versuchen, eure Herzen und euren Verstand zu erreichen. Und so traurig es auch sein mag, wir können es noch nicht. Unsere Aufrufe und Appelle gleichen eher einem Monolog als einem Dialog. Wir bemühen uns darum, dass ihr von unseren Sorgen und Problemen erfüllt werdet, aber ihr könnt oder wollt uns nicht verstehen.

Ich werde euch ein Geheimnis verraten, dass auf der Sitzung des Karmischen Rates, die jetzt stattfindet, unter anderem über die Frage entschieden wird, ob die Übermittlung unserer Botschaften durch diese Gesandte fortgesetzt werden soll oder nicht. Wir wenden sehr viel Energie auf, um unsere Botschaften zu übermitteln, und haben noch nicht das Gefühl, dass unser Energieaufwand eine positive Wirkung zeigt. Mit anderen Worten, wir haben eine bestimmte Investition getätigt, und wir möchten einen Zuwachs an Energie erhalten. Ihr werdet zustimmen, dass es unvernünftig ist, Anstrengungen zu unternehmen und Mittel aufzuwenden, ohne von unseren Investitionen ein positives Ergebnis zu erhalten.

Im Moment decken alle Anstrengungen, die ihr unternehmt, um unsere Bitten zu erfüllen, nicht unseren Energieaufwand. Und heute geben wir diese Botschaft von einer niedrigeren energetischen Ebene. Denn wir haben die Energiegrenze überschritten, die für diesen Zyklus von Botschaften bewilligt wurde.

Deshalb bin ich gekommen, um euch zu warnen, dass diese Botschaft die letzte sein könnte. Und von dem Zyklus von Botschaften, den wir geben wollten, konnten wir nicht einmal ein Fünftel übermitteln. Daher gebe ich euch diese Informationen, wie bedauerlich es auch sein mag, und muss euch leider davon in Kenntnis setzen, dass möglicherweise heute oder morgen die Entscheidung getroffen wird, diese Dispensation zu beenden. Wir können die kostbare göttliche Energie nicht sinnlos vergeuden.

Denkt nach. Wägt alles noch einmal ab.

Man kann die Gnade des Himmels nicht unbegrenzt nutzen.

Das Einzige, was diese Dispensation fortsetzen kann, sind die Briefe mit euren Bitten an den Karmischen Rat und eure Verpflichtungen, die ihr übernehmen könnt.

Versteht, dass alles auf dieser Welt im Gleichgewicht sein muss. Und auch wir verursachen Karma, wenn wir unsere Energie in undichte Schläuche füllen.[5]

Ich muss dazu sagen, dass wir Tatyana als unserer Gesandten nichts vorwerfen. Sie hat ihren Teil der Arbeit tadellos ausgeführt und erfüllt ihn auch weiterhin.

Die Wirkung, mit der wir zu Beginn dieses neuen Zyklus von Botschaften gerechnet hatten, wurde von uns jedoch nicht erzielt.

Zu wenige Menschen folgen unseren Empfehlungen und sind bereit, sich an der Umsetzung der göttlichen Möglichkeiten zu beteiligen, die von uns gegeben werden.

Ich kann nicht sagen, wie die heutige Entscheidung des Karmischen Rates ausfallen wird, aber es kann durchaus sein, dass wir ab morgen gezwungen sein werden, unsere Botschaften durch diese Gesandte einzustellen.

Und der Zweck meines heutigen Kommens war, euch darüber zu informieren, dass dies passieren kann. Damit es für euch keine Überraschung ist, wenn unsere Botschaften vorzeitig beendet werden.

ICH BIN Serapis Bey.

---

[5] vgl. Matth. 9:17; Mk. 2:22; Luk. 5:38 (d.Ü.).

Wir freuen uns, dass unsere Aufrufe in euren Herzen Anklang gefunden haben

Der Große Göttliche Lenker
30. Dezember 2005

ICH BIN der Große Göttliche Lenker, und ich bin an diesem Tag durch unsere Gesandte zu euch gekommen.

ICH BIN gekommen. Ihr kennt mich als eines der Mitglieder des Karmischen Rates. Und ich habe es eilig, die neuesten Informationen von unserer Sitzung zu bringen, die beinahe zu Ende ist.

Ihr wisst, dass unsere Sitzung am 22. Dezember begonnen hat und bis jetzt andauerte.

Wir werden die Sitzung noch einige Zeit fortsetzen, um eure Briefe zu überprüfen und zu begutachten, die ihr schon geschrieben habt und weiterhin an den Karmischen Rat schreibt. Aber das Wichtigste, wozu wir uns versammelt haben, ist bereits erledigt.

Wir haben die Möglichkeit geprüft, die Existenz des Planeten für die kommenden sechs Monate im Gleichgewicht zu halten.

Ich muss euch sagen, dass unsere Sitzung sehr angespannt war, und ihr, die besonders feinfühligen Individuen unter euch, müsstet die Spannung gespürt haben, die noch vor einigen Tagen auf dem Planeten herrschte.

Wir haben auf eure Reaktion zu unseren Bitten gewartet, die wir durch unsere Gesandte an euch gerichtet haben. Wir haben darauf gewartet, wie ihr reagieren würdet. Denn wie ihr auf unsere Bitten und unsere Vorschläge reagiert, sagt uns viel. Und vor allem sagt es uns, in welchem Maße ihr zur Zusammenarbeit bereit seid und inwieweit wir mit eurer Hilfe rechnen können.

Und zu unserer größten Freude fanden sich auf der Erde so lichterfüllte Seelen, die das ganze Ausmaß unserer Besorgnis und die Dringlichkeit unserer Bitten verstanden, und die keine persönlichen Anstrengungen scheuten und ihre ganze freie Zeit und ihre Fähigkeiten gaben, um dem Planeten Erde und der Existenz des Lebens selbst auf diesem Planeten zu dienen.

Und wir danken euch für die geleistete Hilfe. Glaubt mir, wir freuen uns nicht einmal so sehr über euren Beitrag zum Prozess der Stabilisierung der Lage auf dem Planeten Erde, als vielmehr darüber, dass ihr mit Entschlossenheit, Selbstlosigkeit und Hingabe auf unsere Bitten reagiert habt.

Und wir konnten nicht anders, als auf den Impuls eurer Seelen zu antworten. Wir haben unsererseits alles Mögliche getan und alle Maßnahmen ergriffen, die uns ermöglichen, den Planeten vor einem weiteren verhängnisvollen und zerstörerischen Kataklysmus zu bewahren, der den Planeten unausweichlich zu bedrohen schien. Es ist uns ohne Leid zu verursachen gelungen, jene Ansammlungen negativer Energie aufzulösen, die die Erde so dicht umwickelten und einschnürten, dass sie unsere Strahlen und Schwingungen nicht hindurch ließen, welche allein eine positive Auswirkung auf den Planeten und auf jene Individuen ausüben konnten, die sich in einer kritischen Situation befanden und auf unsere Hilfe warteten.

Deshalb sind wir froh, dass unsere Aufrufe in euren Herzen Anklang gefunden haben. Natürlich ist die Anzahl derer, die unseren Aufrufen gefolgt sind, klein im Vergleich zur Gesamtbevölkerung des Planeten. Aber an der Auswirkung der Anstrengungen einiger weniger Menschen könnt ihr beurteilen, wie schnell sich die Situation auf dem Planeten ändern könnte, wenn Millionen unseren Anweisungen folgen würden.

Daher habt ihr ein weites Feld an Aktivitäten vor euch, um das Licht unserer Lehren einem möglichst großen Kreis von Menschen zu bringen, die diese Lehren benötigen und für die die Schwingungen in unseren Botschaften wie ein Glas kühles Wasser an einem heißen Nachmittag sind.

Ich kann euch nicht sagen, dass die Gefahr verschiedener Kataklysmen und Naturkatastrophen vollständig beseitigt ist und dass der Planet in naher Zukunft keiner Bedrohung ausgesetzt ist. Aber ich kann euch sagen, dass die Gefahr des Kataklysmus, vor dem wir euch gewarnt haben, vorbei ist.

Es ist uns gelungen, die Ursache dieses Kataklysmus auf der feinstofflichen Ebene zu zerstören, und daher wird die Präzipitation der Ursachen des Kataklysmus auf der physischen Ebene in einem viel kleineren und lokalen Ausmaß geschehen.

Ich glaube, dass unsere Zusammenarbeit, die am Ende dieses Jahres so erfolgreich begonnen hat, zwischen euch als unseren Mitarbeitern in der Verkörperung und uns, den Aufgestiegenen Lichtwesen, im nächsten Jahr fortgesetzt werden wird. Ich verberge nicht, dass viele Mitglieder des Karmischen Rates sich nicht sicher waren, ob es uns gelingen würde, eine ausreichende Anzahl von Lichtträgern in der Verkörperung zu finden, die unserem Ruf folgen und die letzten Tage des ausgehenden Jahres in andächtigem Gebet und in Demut verbringen würden.

Wir haben viel Schlimmeres erwartet und uns darauf vorbereitet. Und die Tatsache, dass ihr es geschafft habt, alle eure Kräfte zu mobilisieren und eure Verpflichtungen zu übernehmen, hat es uns ermöglicht, auf die Reserven zuzugreifen, die wir zur Hilfe für den Planeten Erde einsetzen konnten.

Ihr wisst, dass es im Kosmos genügend Lichtwesen gibt, die bereit sind, das Momentum ihrer Errungenschaften zu opfern, um der Menschheit der Erde zu helfen. Aber das kosmische Gesetz erlaubt es nicht, eine solche Hilfe zu leisten, bis sich eine ausreichende Anzahl von Individuen in der Verkörperung finden lässt, die ihre Bereitschaft erklärt, mit den Aufgestiegenen Lichtwesen zusammenzuarbeiten, und bestimmte Verpflichtungen auf sich nimmt. Dies ist damit vergleichbar, wenn ihr eine Kaution oder eine Bürgschaft hinterlegt, bevor ihr einen Kredit bei der Bank erhaltet. Und erst nachdem die Sicherheit hinterlegt wurde, könnt ihr damit rechnen, dass euch finanzielle Mittel zur Verfügung gestellt werden.

Daher kann ich euch jetzt sagen, dass eure Verpflichtungen und euer selbstloses Dienen es uns ermöglicht haben, über eure Energie zu verfügen, die ihr uns bereits in Form eurer Gebete gegeben habt, und über eure Gebetsverpflichtungen, die ihr für die nächsten sechs Monate auf euch genommen habt, um die notwendige Hilfe in Form von Energie aus der kosmischen Reserve zu erhalten.

Daher bin ich jetzt ermächtigt, euch im Namen des Karmischen Rates kundzugeben, dass wir mit den Leistungen derjenigen von euch zufrieden sind, die aus einem aufrichtigen Impuls, der aus der Tiefe ihres Herzens kommt, Verpflichtungen auf sich genommen haben.

Ich verneige mich tief vor euch. Und gestattet mir, euch die Hand zu schütteln. Wahrlich, in solchen Momenten, wenn man sich seiner Einheit mit den hingebungsvollen Mitarbeitern in der Verkörperung bewusst wird, steigen einem Freudentränen in die Augen. Und das lässt uns hoffen, dass sich die Situation auf dem Planeten ändert und unsere Pläne verwirklicht werden!

Ich danke euch, und gestattet mir, euch zum Beginn eines neuen Abschnitts zu gratulieren, der uns hoffentlich Möglichkeiten zur weiteren und noch fruchtbareren Zusammenarbeit eröffnet!

ICH BIN der Große Göttliche Lenker.

Möge euer Fest einem Besuch in den höheren, ätherischen Oktaven ähnlich sein

Der Geliebte Melchisedek
31. Dezember 2005

ICH BIN Melchisedek, und ich bin an diesem Tag zu euch gekommen.

Glücklicherweise wird dieser Tag für euch nicht von Trauer erfüllt sein und nicht die festliche Atmosphäre stören.

Ihr habt euch daran gewöhnt, eure irdischen Fest- und Feiertage zu feiern. Und dieses Fest ist eines der beliebtesten. In der Regel spüren selbst jene Menschen, deren Glauben an Gott und an die höheren Mächte nicht sehr groß ist, an diesem Tag eine gewisse Mystik.

Ihr wisst, dass die Aufgestiegenen Meister keine irdischen Fest- und Feiertage feiern, doch sind wir während eurer Festlichkeiten bei euch. Denn jedes Mal, wenn wir sehen, dass Menschen den Jahreswechsel in Übereinstimmung mit unseren Empfehlungen feiern, bietet uns dies die Möglichkeit, uns euren Festlichkeiten anzuschließen.

Ihr wisst, dass unsere Anforderungen, die wir an ein irdisches Fest stellen, sich von euren Vorstellungen unterscheiden, die die meisten Menschen mit dem Begriff eines Festes verbinden.

Wir möchten, dass ihr während eurer Fest- und Feiertage die grundlegendste und wichtigste Anforderung berücksichtigt, eure Festlichkeiten mit göttlichem, mystischem Sinn zu erfüllen. Aus unserer Sicht ist alles gut, was euch hilft, euer Bewusstsein zu erhöhen und zumindest aus dem Augenwinkel heraus oder mit Hilfe eurer Vorstellungskraft einen Blick hinter den Schleier zu werfen.

Daher wird all der festliche Trubel und die Aufregung, an die ihr euch während der Fest- und Feiertage gewöhnt habt, von uns nicht begrüßt. Gut ist es, sich während eurer Festlichkeiten an eure göttliche Bestimmung zu erinnern und daran, wozu ihr in die Verkörperung gekommen seid. Und ihr wisst, dass euer Höheres Selbst immer weiß, woher ihr gekommen seid und wohin ihr geht. Und die Kräfte, die versuchen, euch in der Illusion zu halten, sind bestrebt, euch jene Klischees der Festlichkeit zu suggerieren, die in keiner Weise mit den von uns kultivierten göttlichen Mustern übereinstimmen. Und das Einzige, was ihr erreicht, wenn ihr gewohnheitsmäßig und blind den Mustern der Festlichkeit folgt, wie sie von den Massen gepflegt werden, ist, dass ihr die um euch herrschende Illusion stärkt, anstatt Anstrengungen zu unternehmen und aus ihr auszubrechen.

Ich spreche eine für euch sehr verständliche Sprache, doch die meisten von euch verstehen kaum, was ich sagen will.

Trotzdem hoffe ich, dass es unter den Menschen, die diese Botschaften lesen, eine beträchtliche Anzahl von Individuen geben wird, die bereit sind, mit den üblichen Stereotypen des Festefeierns im Massenbewusstsein zu brechen und den Ratschlägen zu folgen, die wir geben.

Möge euer Fest einem Besuch in den höheren, ätherischen Oktaven ähnlich sein, zu denen ihr manchmal im Schlaf gelangt. Versucht, euch an die Eindrücke und Empfindungen zu erinnern, die ihr während des Aufenthalts in unseren Oktaven des Lichts erlebt. Habt ihr jemals irgendwo in diesen Oktaven betrunkene Gesellschaften oder unharmonische Gruppen von Menschen gesehen?

Nein, solche Manifestationen haben keinen Platz in unserer Welt. Versucht euch an die sanfte Atmosphäre zu erinnern, die in unseren Oktaven herrscht. Das sanfte, nicht störende, aber gleichzeitig ausreichend helle Licht, bei dem alle Dinge um euch herum gut zu sehen sind. Erinnert euch an die Klänge der ätherischen Oktaven.

Sehr leise Glockenklänge, der ruhige Rhythmus von Mantras oder Chorgesang.

Erinnert euch an die Liebe und Harmonie, die in unseren Oktaven herrschen. Und selbst wenn ihr stillen Wesen aus den höheren Welten begegnet, die nicht mit euch sprechen, ist ihre Gegenwart euch dennoch sehr angenehm, weil ihr den Strom unendlicher Liebe spürt, der von ihnen ausgeht. Ihr badet buchstäblich in dieser Liebe, in der unbekannten Kraft der Liebe, die euch wie Weihrauch umhüllt.

Es gibt nichts, was euch gereizt stimmen könnte. Alles ist sehr harmonisch. Und ihr wollt unsere Oktaven nicht verlassen. Und nach diesen Nächten, in denen ihr das Glück habt, zu unseren ätherischen Tempeln und Palästen zu gelangen, wollt ihr gar nicht aufwachen und in eure Welt zurückkehren.

Eure Aufgabe ist es daher, die Atmosphäre des Ortes, an dem ihr eure Feste feiert, soweit die äußeren Umstände es euch erlauben den ätherischen Oktaven anzunähern. Oh, ich verstehe sehr gut, dass es für euch sehr schwierig sein wird, den Widerstand eurer Verwandten und Bekannten zu überwinden, wenn ihr versucht, unsere Vorbilder und Muster in eure Welt zubringen.

Und nicht allen von euch wird es gelingen.

Deshalb möchte ich euch vor einem unnötigen und vergeblichen Aufwand von Energie und Kraft warnen. Ihr wisst, dass in eurer Welt alles den Schwingungen gemäß angezogen wird. Und wenn ihr in eurem Bewusstsein ein bestimmtes, ausreichend hohes Niveau erreicht habt, werdet ihr während des Festes automatisch in eine Gesellschaft geraten, die es euch ermöglicht, euer Streben nach den ätherischen Oktaven zu verwirklichen, die sich in der physischen Welt manifestieren. Zumindest werdet ihr die Möglichkeit erhalten, allein zu sein und während des irdischen Festes die märchenhafte Welt der ätherischen Oktaven um euch herum zu erleben.

Die Evolution des menschlichen Bewusstseins verläuft ganz allmählich. Und wenn ihr heute beschließt, dass euer Fest genau so sein soll, wie ich es beschrieben habe, bedeutet dies nicht, dass es euch genau so gelingen wird. Denn die Stereotypen in eurem Bewusstsein sind sehr stark. Aber jetzt habt ihr in eurem Bewusstsein ein Leitbild, nach dem ihr streben müsst. Und ihr wisst, dass, wenn der Same in guten Boden gesät wird und der Boden regelmäßig mit unserer göttlichen Energie begossen wird, mit Sicherheit Keimlinge erscheinen werden.

Wir sind sehr geduldig. Und wir sind bereit, viele eurer irdischen Leben zu beobachten, wie die von uns gesäten Samen allmählich aus dem Boden hervorsprießen und der Sonne des göttlichen Bewusstseins entgegenstreben.

Wenn euer Streben stark ist, und wenn euer Glaube stark ist, werden die Leitbilder und Muster, die wir während dieser Botschaften in euer Bewusstsein legen, gewiss in eurer Welt aufkeimen und sprießen. Und je größer dabei euer Glaube und euer Streben, eure Hingabe und eure Liebe sind, desto schneller werden sich die Veränderungen um euch herum vollziehen, auf die wir warten.

Es wird nicht lange dauern, bis sich die angesammelten Informationen und Energien in eurem Leben manifestieren. Und selbst der innere Widerstand, den viele von euch beim Lesen dieser Botschaften empfinden, ist dennoch der erste Schritt in die richtige Richtung. Weil euer Widerstand euch zum Nachdenken, zum Analysieren zwingt. Und die fähigsten Schüler sind diejenigen Menschen, die nicht alles, was wir sagen, für bare Münze nehmen, sondern versuchen, mit ihrem Bewusstsein und ihrer Lebenserfahrung die Glaubwürdigkeit dessen zu überprüfen, was gegeben wird.

Daher nehmt unsere Informationen und unsere Energie. Prüft alles mit eurem Bewusstsein.

Und ich bin sicher, dass ihr aus all dem von uns gegebenen Material genau die goldenen Körnchen der Wahrheit herausziehen könnt, die für euch gerade in diesem Stadium eures Lebens notwendig sind.

ICH BIN Melchisedek.

Ihr seid in diese Welt gekommen, um eine Lektion in der Unterscheidung zu erhalten

Gott Shiva
1. Januar 2006

ICH BIN Shiva, und ich bin wieder durch meine Gesandte zu euch gekommen.

Zum Thema für das heutige Gespräch möchte ich ein euch bekanntes Gleichnis anführen. Ihr könnt ein Pferd zur Tränke führen, aber ihr könnt es nicht zum Trinken zwingen.

Unsere Gespräche ähneln manchmal diesem Gleichnis. Wir führen euch zum Fluss der göttlichen Energie und geben euch die Möglichkeit, unschätzbares Wissen zu erlangen, die Weisheit der Zeitalter, die in unseren Botschaften enthalten ist. Aber ihr selbst und nur ihr selbst könnt die Entscheidung treffen und zu trinken beginnen. Niemand anderes kann dies für euch tun. Und genauso kann unsere Gesandte niemanden dazu zwingen, den Nektar der göttlichen Energie, der in unseren Botschaften enthalten ist, anzunehmen.

Weise Menschen haben es nicht eilig, Informationen anzurühren, die aus einer unbekannten Quelle stammen. Und das ist richtig so. Wenn ihr alles wahllos verschlingt, kann es zu Verdauungsstörungen in eurem Gehirn kommen. Ihr sollt in der euch umgebenden Wirklichkeit sehr sorgfältig die Informationen auswählen, die eure Aufmerksamkeit verdienen, und sie von dem Müll trennen, den es im Überfluss in den Regalen eurer Geschäfte und im Internet gibt.

Noch vor kurzem war jedes Buch, das wir durch unsere Gesandtengaben, eine Besonderheit und wurde als etwas Unverständliches und Verwirrendes wahrgenommen. Doch jetzt haben sich die Zeiten geändert, und derart verwirrende Informationen und Literatur gibt es in großer Menge.

Und das Problem besteht nicht länger darin, neue Informationen zu finden, sondern das Problem besteht darin, wie ihr euch vor der Flut von Informationen schützen könnt, die bei all ihrer scheinbaren Neuheit Gift in einer schönen Verpackung sind.

Aber im Gegensatz zu dem Gift, das ihr gegen Schädlinge kauft und auf dessen Verpackung klar geschrieben steht, dass es sich um Gift handelt, steht auf den Umschlägen eurer Bücher nicht geschrieben, dass sie eine Gefahr für euer Bewusstsein darstellen.

Daher ändern wir unsere Taktik. Und unsere Aufgabe von diesem Moment an ist, euch nicht nur Informationen zu geben, sondern euch auch das Wissen zu vermitteln, wie ihr im Meer der euch umgebenden Informationen die wahren Informationen von den falschen unterscheiden könnt.

Ihr wisst, dass es keine eindeutigen Kriterien gibt. Und immer, wenn es darum geht zu unterscheiden, raten wir euch, in euer Herz zu gehen und dem höheren Teil eurer selbst anzuvertrauen, eine Wahl und Bewertung zu treffen. Denn der höhere Teil eurer selbst kennt immer die Wahrheit. Aber der Gedanke, dass ihr euch an den höheren Teil eurer selbst wenden sollt, kommt euch nicht immer in den Sinn. Ich spreche nicht davon, dass die Reinheit eurer niederen Körper möglicherweise nicht ausreicht, um die Stimme eures Höheren Selbst wahrzunehmen und zu erkennen. Daher ist es angebracht, einige äußere Kriterien anzuführen, anhand derer ihr im Fluss der euch umgebenden Informationen unterscheiden könnt.

Achtet vor allem nicht auf die Qualität des Einbandes oder auf die äußere Gestaltung eines Buches, sondern achtet vor allem auf die Qualität der Darlegung des Materials. Und wenn die Informationen nicht auf einem

Niveau gegeben werden, das für euch verständlich ist, dann hört auf zu lesen.

Tatsache ist, dass es sehr viele Ebenen der Darlegung der Informationen gibt. Und was für das Bewusstsein des einen verständlich ist, kann für das Bewusstsein eines anderen nicht verständlich sein.

Nicht immer verbirgt sich hinter einem schwierigen Text die Wahrheit.

Wenn ihr jedoch eine hohe Stufe der Einweihungen erreicht habt, werdet ihr in den Regalen der Geschäfte immer jene Schlüssel finden, die es euch ermöglichen, selbst in einem sehr verwirrenden Text die Wahrheit zu erkennen.

In der Vergangenheit griffen wir darauf zurück, unsere Botschaften absichtlich verwirrend zu geben. In diesem Fall wollten wir diejenigen abschrecken, die versuchten, unsere Informationen zu eigennützigen Zwecken zu gebrauchen. Jetzt sind wir nicht geneigt, die Dinge zu verkomplizieren. Denn es ist immer möglich, die gegebenen Informationen komplizierter zu machen, aber das Wesentliche dessen, was gegeben wird, ist in der Regel sehr einfach und sogar für ein Kind verständlich. Daher raten wir euch, wie lange ihr auch im Dickicht der sogenannten esoterischen Literatur bereits umherirrt, über die Essenz des Gegebenen hinauszuschauen und eine einfache Frage zu beantworten: Wie hilft euch das, was ihr lest, in eurem wirklichen Leben?

Helfen die Informationen, die ihr erhaltet, euch von dem unwirklichen Teil eurer selbst zu befreien und zu der ewigen, unvergänglichen Realität zu streben? Was geben euch die Informationen, die ihr lest, für die Entwicklung eurer Seele? Wie helfen euch diese Informationen in eurem Leben?

Ihr könnt Ratschläge zu vielen ausgeklügelten Praktiken erhalten, doch diese Praktiken führen entweder zur Vermehrung der euch umgebenden Illusion, oder sie führen euch von eurer Bestimmung weg und erzeugen die Illusion, dass ihr ein sehr bedeutendes Wesen von kosmischer Größe seid.

In beiden Fällen verliert ihr den Ankerpunkt in eurem Bewusstsein. Entweder ihr vertieft euch in die Materie, oder ihr schwebt in den Wolken. Aber das Gemeinsame ist, dass ihr letztendlich nur eine Illusion erzeugt und diese Illusion entweder auf der physischen Ebene oder auf der astralen Ebene erschafft.

Eure Aufgabe ist es, ständig eine realistische Sichtweise in Bezug auf eure Position in dieser Welt zu bewahren. Und eure wirkliche Position ist es, mit euren Füßen fest auf der Erde zu stehen und euch gleichzeitig an euren kosmischen Ursprung zu erinnern und zu Gott zu streben.

Das Streben zu Gott sollte nicht mit dem Streben nach einer hohen Position in der kosmischen Hierarchie verwechselt werden.

Ja, es ist nicht ausgeschlossen, dass in vielen von euch hohe kosmische Wesen gegenwärtig sind, die auf die Erde gekommen sind und jede Möglichkeit nutzen, um den Zivilisationen der Erde zu helfen. Vergesst jedoch niemals, dass eure Seele eine irdische Evolution durchläuft. Und diese Evolution ist ganz allmählich. Daher könnt ihr im Laufe eines Lebens nicht sofort zu einem großen kosmischen Wesen werden. Ihr könnt einem hohen kosmischen Wesen ermöglichen, durch euch zu handeln. Aber viel häufiger gebt ihr einem Wesen der Astralwelt die Möglichkeit, durch euch zu handeln.

Wo liegt das Kriterium? Wie kann man dies verstehen und die Unterscheidung treffen?

Ihr wisst, damit hohe kosmische Wesen durch euch handeln können, müsst ihr euch von einem Großteil eures Egos verabschieden und einen hingebungsvollen Dienst an der kosmischen Hierarchie auf euch nehmen.

Um euch von einem Wesen der Astralwelt versklaven zu lassen, braucht ihr überhaupt keine Errungenschaften, nur den Wunsch eures Egos zur Selbstverherrlichung.

Viele Menschen, nachdem sie oberflächliche Literatur verschiedener Art gelesen hatten, bildeten sich ein, dass sie sehr große Wesen seien, die eine hohe Position in der kosmischen Hierarchie einnehmen.

Und diese Menschen haben sich so sehr in ihre Spiele vertieft, dass sie nicht länger in der Lage sind, zu unterscheiden. Darüber hinaus machen sie sich keine Sorgen darüber, eine Unterscheidung zu treffen, weil sie von ihrer Einzigartigkeit und Großartigkeit überzeugt sind.

Doch bereits nach einigen Minuten des Gesprächs wird den Menschen um sie herum klar, mit wem sie es zu tun haben. Daher bitten wir euch, die Unterscheidungsfähigkeit in euch selbst zu entwickeln. Daher sagen wir euch, dass ihr euch in erster Linie und vor allem von eurem Ego befreien müsst. Weil euer Ego eure Unterscheidungsfähigkeit, eure Vision und euer Dienen behindert.

Es ist sehr bedauerlich für die Individuen, die den Weg der Selbstverherrlichung eingeschlagen haben. Doch dies ist ihre Wahl. Und sie haben die Wahl getroffen, die sie treffen wollten. Eure Welt der Illusion unterscheidet sich dadurch, dass jeder das erhält, wonach er strebt. Und wenn ihr zu einem hohen kosmischen Wesen werden wollt, werdet ihr sicherlich eines werden. Ihr werdet alle Zeichen aus der feinstofflichen Ebene erhalten, dass ihr dieses hohe kosmische Wesen seid. Das Entscheidende ist, dass euer Motiv von Anfang an falsch war. Ihr wolltet ein mächtiges Wesen werden.

Aber ein wahres Motiv wäre, zu einem Wesen voller Demut werden zu wollen, zu einem Diener aller Lebewesen, die auf der Erde leben. Ein wahres Motiv wäre, sich vom Ego befreien und allen Lebewesen helfen zu wollen.

Daher müsst ihr euch nicht einmal an andere Menschen wenden, um eine Bestätigung für eure, wie ihr meint, kosmischen Errungenschaften zu erhalten. Ihr müsst nur die Frage beantworten, was euer Motiv war, als ihr begonnen habt, esoterische Literatur zu studieren. Wolltet ihr etwas für euch selbst bekommen, oder wolltet ihr alles geben, um dem Leben zu dienen?

Die göttliche Wissenschaft scheint auf den ersten Blick sehr einfach zu sein, aber viele Menschen vertiefen sich so sehr in ein Labyrinth von falschen Begriffen und falschem Wissen, dass es für sie schon problematisch ist, überhaupt unsere Hilfe zu erhalten.

Daher ist mein Rat für euch: Bevor ihr euch in irgendeine Lehre vertieft oder irgendeiner Praxis oder einem äußerem Lehrer folgt, analysiert immer sorgfältig das Motiv, das euch bewegt. Denn ihr werdet durch eure Schwingungen und eure inneren Wünsche, die euch bewegen, zu der Gruppe von Menschen und dem Lehrer hingezogen, die euch einfach mit dem versorgen, was ihr braucht, um eure Ziele zu erreichen. Und beschuldigt niemals jemanden außerhalb eurer selbst, dass ihr in eine Sekte oder unter den Einfluss von jemandem geraten seid. Denn ihr selbst und nur ihr selbst seid für alles verantwortlich, was mit euch geschieht.

Ihr seid in diese Welt gekommen, um eine Lektion in der Unterscheidung zu erhalten. In der Unterscheidung zwischen dem Guten und dem Bösen, zwischen der Illusion und der Realität.

Erhaltet eure Lektionen selbst. Und vergesst nie, dass wir euch erst dann helfen können, wenn ihr uns um Hilfe bittet.

ICH BIN Shiva,
und ich kam, um eine sehr wichtige Unterweisung zu geben.

Ihr müsst selbst lernen, euer Handeln und eure Gedanken zu bewerten und euch von allem Nichtigen und Menschlichen zu befreien, was euer Fortschreiten auf dem Weg behindert

Der Geliebte Zarathustra
2. Januar 2006

ICH BIN Zarathustra, und ich bin erneut durch diese Gesandte zu euch gekommen. Die zeitliche Distanz, die uns vom vorherigen Treffen trennt, ist nicht so bedeutend[6], doch die Distanz, die ihr in eurem Bewusstsein überwunden habt, diejenigen, die regelmäßig unsere Botschaften lesen, die wir durch diese Gesandte geben, ist so bedeutend, dass sich dies nur mit dem Aufblitzen einer Supernova vergleichen lässt. Des Sterns des Geistes und göttlichen Bewusstseins, der euren Geist und eure Herzen seit unserem letzten Treffen erhellt hat.

Ich beobachte euren Bewusstseinszustand. Ich habe diese Möglichkeit. Und ich sehe diejenigen von euch, die durch das Lesen dieser Botschaften zu einer neuen Ebene des Bewusstseins aufgestiegen sind, gerade wie ein Aufblitzen neuer Sterne in der Finsternis, welche die Erde weiterhin umhüllt.

Jeder von euch erhellt einen kleinen Raum um sich herum und leuchtet für die Menschen, denen er im täglichen Leben begegnet. Je mehr solcher Sterne und Sternchen aber auf dem Planeten Erde aufleuchten, desto lichterfüllter und freudiger wird die allgemeine Atmosphäre auf dem Planeten sein.

In der Hektik des Alltags bemerkt ihr die Veränderungen nicht, die sich in eurem Bewusstsein vollziehen. Und so glaubt mir. Und wenn es uns gelingt, in naher Zukunft die Geschwindigkeit des Wachstums eures Bewusstseins beizubehalten, werdet ihr schon zu Lebzeiten der gegenwärtigen Generation positive Veränderungen auf dem Planeten

---

[6] Der Geliebte Zarathustra gab seine Botschaft am 30. März 2005: „Der fleischliche Verstand muss Platz für den göttlichen Verstand machen".

erleben. Veränderungen, die nicht auf den technischen Fortschritt ausgerichtet sind, dem der Planet die ganze Zeit gefolgt ist, sondern Veränderungen, die auf den spirituellen Fortschritt, auf die Entwicklung der Seele ausgerichtet sind. Und je mehr ihr mit den höheren Welten in Einklang kommt, desto spürbarer wird das Vordringen dieser Welten in eure Welt. Und das ist es, worum wir uns bemühen, und das ist es, wozu wir euch aufrufen.

Wenn ihr ständig in einer Atmosphäre des Unglaubens versunken seid, in der negative Energien und Eigenschaften vorherrschen, ist es schwierig für euch, unsere Schwingungen wahrzunehmen, und es ist schwierig für euch, eine Verbindung mit der göttlichen Welt zu spüren. Immer mehr von euch, selbst in Großstädten, sind jedoch in der Lage, wenigstens für eine kurze Zeit ihr Bewusstsein so weit zu erhöhen, dass es ihnen möglich wird, die feinstofflichen Welten zu berühren. Und je mehr von euch in der Lage sind, ihr Bewusstsein zu erhöhen und in die feinstofflichen Welten zu reisen, desto schneller werden die Veränderungen auf dem Planeten in Richtung des göttlichen Weges der Entwicklung vonstatten gehen.

Ihr befindet euch jetzt am tiefsten Punkt der Materialität. Und daher ist der Einfluss der Energien der Finsternis auf euch so groß, dass ihr buchstäblich von diesen Energien umhüllt seid. Sie haben euch eingewickelt, und ihr könnt nicht genug Freiheit erlangen, um euch in Raum und Zeit zu bewegen. Und es fällt euch schwer, euch in eurem menschlichen Bewusstsein die Möglichkeiten und Horizonte vorzustellen, die sich jeden Moment eröffnen können, wenn ihr nur die Eigenschaften der Zielstrebigkeit und des Glaubens manifestiert.

Denkt daher immer daran, dass dies alles nur vorübergehend ist, in welchem Zustand sich eure Seelen auch befinden mögen und wie sehr ihr auch mit euren aktuellen Angelegenheiten und menschlichen Problemen belastet seid. Und sobald es euch gelingt, den ersten, noch unsicheren Schritt zur Erkenntnis der göttlichen Realität zu machen und einen Hilferuf auszusprechen, werden alle Aufgestiegenen Lichtwesen und Engel euch Hals über Kopf zu Hilfe eilen. Lasst euch nicht davon beunruhigen, dass euch nicht augenblicklich geholfen wird. Wir brauchen Zeit, um die äußeren Umstände zu schaffen und die karmischen Ablagerungen zu beseitigen. Aber in der Regel wird das, worum ihr uns in euren Gebeten und euren Briefen bittet, bis zu einem gewissen Grad erfüllt. Ihr müsst nur täglich kleine Anstrengungen unternehmen. Eure Gebete sind manchmal an sich nicht wichtig, denn ihr habt noch nicht das Momentum beim Lesen von Gebeten, das notwendig ist, um real etwas zu bewirken. Aber eure täglichen Bemühungen werden gewiss belohnt. Weil wir verstehen und schätzen, wie schwierig es manchmal für euch ist, auch nur ein paar Minuten pro Tag dem Gebet zu widmen. Denn es scheint, dass sich alles um euch herum euch widersetzt, sobald ihr ernsthaft beginnt, eure Verpflichtungen zu erfüllen, die ihr in euren Briefen an den Karmischen Rat auf euch genommen habt, oder wenn ihr einfach das Streben eures Herzens manifestiert und euch entschlossen habt, der heiligen Arbeit selbstlos etwas Zeit zu widmen.

Fürchtet euch nicht vor den Hindernissen, die in eurer Welt auf euch zukommen. Denn Hindernisse zeigen euch nur, dass sie überwunden werden müssen. Wenn ihr jeden Tag Hindernisse überwindet und jeden Tag die Verpflichtungen erfüllt, die ihr euch auferlegt habt, dann wird euch das Momentum des Strebens, das ihr im Laufe der Zeit erarbeitet, letztendlich bei euren Gebeten helfen. Denn eure Gebete werden mit der Zeit immer mehr an Kraft gewinnen.

Ihr betet nicht einmal mit Worten, ihr betet mit euren Herzen, mit dem Impuls eurer Herzen. Und wir sehen euch immer, wenn ihr aufrichtig eure Gebete verrichtet. In diesem Moment leuchtet ihr wie ein riesiger Lichtblitz auf, und dieser Lichtblitz dient als Signal für uns und für die Engel, und wir eilen euch zu Hilfe.

Ihr wisst, dass die Gebete, die ihr aufrichtig und selbstlos in eurem Herzen sprecht, am wirkungsvollsten sind.

Wenn Jesus sagte, dass ihr euch zurückziehen und die Türe zu dem Zimmer schließen sollt, in dem ihr betet[7], so ist dies daher ein vollkommen richtiger Rat. Denn jedes öffentliche Gebet trägt den Stempel der Heuchelei.

Und viele von denen, die täglich in die Kirche gehen oder Gebetshäuser besuchen, tun dies mehr aus Frömmelei und Heuchelei als aus wahrem Glauben und Hingabe.

Lernt, diese Zustände in eurem Inneren zu unterscheiden. Seid nicht unaufrichtig und scheinheilig euch selbst gegenüber. Es gibt keinen anderen Richter in eurer Welt außer euch selbst. Und ihr müsst selbst lernen, euer Handeln und eure Gedanken zu bewerten und euch von allem Nichtigen und Menschlichen zu befreien, was euer Fortschreiten auf dem Weg behindert.

Und im Großen und Ganzen braucht ihr niemanden, der euch von außen führt, denn euer wichtigster Richter befindet sich immer in eurem Inneren. Dies ist euer Höheres Selbst, euer Gewissen, euer Christus-Selbst.

Daher ist es nützlich für euch, alle eure Taten und Handlungen zu analysieren, die ihr im Laufe des Tages ausgeführt habt. Macht es euch zur Regel, nur ein paar Minuten vor dem Zubettgehen den vergangenen Tag und euer Handeln während des Tages zu analysieren. Urteilt nicht zu streng über eure Fehler, die ihr gemacht habt. Und lasst es nicht zu, dass euer fleischlicher Verstand euch immer wieder in die negativen Situationen verwickelt, in die ihr im Laufe des Tages geraten seid. Bewertet einfach die Situation und fasst in eurem Herzen fest den Entschluss, nie wieder in einen solchen negativen Zustand oder eine solche unrechte Tat verwickelt zu

---

[7] „Und wenn ihr betet, sollt ihr nicht sein wie die Heuchler, die gern in den Synagogen und an den Straßenecken stehen und beten, um sich vor den Leuten zu zeigen. Wahrlich, ich sage euch: Sie haben ihren Lohn schon gehabt. Wenn du aber betest, so geh in dein Kämmerlein und schließ die Tür zu und bete zu deinem Vater, der im Verborgenen ist; und dein Vater, der in das Verborgene sieht, wird dir's vergelten. Und wenn ihr betet, sollt ihr nicht viel plappern wie die Heiden; denn sie meinen, sie werden erhört, wenn sie viele Worte machen. Darum sollt ihr ihnen nicht gleichen. Denn euer Vater weiß, was ihr bedürft, bevor ihr ihn bittet." (Matth. 6: 5-8)

werden. Bittet euer Höheres Selbst um Hilfe, damit es euch den Moment anzeigt, wenn ihr das nächste Mal vor einer ähnlichen Situation steht, und euch hilft, die richtige Wahl zu treffen.

Erlaubt euch nicht, euch länger als eine Minute auf negative Ereignisse des Tages zu konzentrieren. Es genügt, wenn ihr das Ereignis einfach bewertet. Denn wenn ihr zu lange über eine negative Situation nachdenkt und sie analysiert, nährt ihr sie mit eurer Energie. Und am Ende erzeugt ihr eine Ansammlung negativer Energie, die durch den Raum wandert und von Menschen angezogen wird, deren Schwingungen mit den Schwingungen dieser Ansammlung negativer Energie übereinstimmen. Auf diese Weise schafft ihr buchstäblich die Ursachen für eure zukünftigen Probleme und eure zukünftigen Situationen.

Euer Bewusstsein muss ständig die Reinheit bewahren, die kleinen Kindern innewohnt. Trennt euch von jeglichen minderwertigen und negativen Zuständen.

Stellt euch vor, ihr nehmt ein Messer und schneidet jene Gedanken und Zwangszustände weg, die ihr nicht loswerden könnt. Versucht, diese negativen Zustände durch positive Bilder und Gefühle zu ersetzen. Betrachtet mit eurem inneren Blick schöne Blumen, Bilder der Natur, hört ruhige sanfte Musik. Es wird sehr nützlich sein, wenn ihr euch vor dem Schlafengehen in die Betrachtung von Bildern von Sternen und Galaxien vertieft. Lauscht und versucht, die Stimme der Stille zu hören, die aus den Tiefen des Kosmos und des Raumes zu euch kommt.

Ich habe euch einige Denkanstöße gegeben. Und ich verlasse euch heute in der Hoffnung, dass ihr meine Ratschläge befolgt und euch an sie erinnert, wenn ihr sie braucht.

ICH BIN Zarathustra,
und ich stehe in der Flamme der göttlichen Harmonie.

Eine Lehre über die Demut

Der Geliebte Surya
3. Januar 2006

ICH BIN Surya, und ich bin wieder zu euch gekommen!

Der Stand der Dinge auf dem Planeten Erde hat sich normalisiert, und ich bin bereit, zu einem geregelten Ablauf der Vermittlung von Wissen und Informationen zurückzukehren, die ihr benötigt.

Wenn wir kommen, um mit euch zu sprechen, habt ihr die Möglichkeit, euer Bewusstsein und eure Wahrnehmung der Welt zu erweitern. Und selbst wenn es euch manchmal so scheint, als hättet ihr nichts Neues aus einer Botschaft gelernt, täuscht euch nicht. Es ist typisch für euch, eure jetzige Stufe der Errungenschaften zu überschätzen. Daher ist eine unserer wichtigsten Anforderungen an euch das Gefühl der Demut. Das Gefühl der Demut bedeutet nicht, dass ihr euch erniedrigen und unterwürfig sein müsst. Nein, das wäre falsch verstandene Demut und falsch verstandenes Dienen.

Denn das Gefühl der Demut setzt zuallererst den Zustand voraus, in dem ihr eure Einheit mit dem Schöpfer spürt. Ihr beginnt die Schöpfung, die Welt um euch herum so klar und erhaben wahrzunehmen, und ihr erlebt eine solche Ehrfurcht und eine euch überwältigende Liebe, dass ihr zu allem bereit seid, um diesen Zustand eures Bewusstseins so lange wie möglich aufrechtzuerhalten.

Ihr seid bereit, alles zu opfern, was ihr habt, sogar euren physischen Körper, eure Seele, euer ganzes Wesen. Denn im Grunde versteht ihr, dass es euerseits gar kein Opfer ist. Ihr fühlt so sehr eure Einheit mit allem Leben um euch herum, und ihr seid so tief vom Gefühl der Einheit mit dem Schöpfer durchdrungen, dass die Barriere in Form eures Egos, die euch und mich, euch und Gott, euch und jedes Teilchen des Lebens trennt, zu existieren aufhört. Und in diesem Zustand empfindet ihr unendliche Dankbarkeit für die Gnade des Schöpfers. Und es gibt nichts in eurer irdischen Welt, was mit dem Zustand der stillen Freude und des grundlosen Glücks verglichen werden könnte, die euch umhüllen. Und in diesem Zustand könnt ihr endlich die Ehrfurcht spüren, die es euch ermöglicht, jede Verantwortung und jede Prüfung auf euch zu nehmen, wenn es Gottes Heiliger Wille ist.

Nein, dieses Gefühl ist in keiner Weise mit Sklaverei vergleichbar. Jeder Sklave hasst tief in seiner Seele sein Sklavendasein und seinen Herrn. Und er verliert niemals die Hoffnung auf die Freiheit. Eure Demut entspringt einem Gefühl völliger Freiheit, grenzenloser Freiheit. Ihr spürt, dass die wahre Freiheit für euch als Individualität erst dann beginnt, wenn ihr euch vollständig dem göttlichen Gesetz unterordnet, das in diesem Universum gilt. Ihr ordnet euch dem höheren Gesetz unter und erlangt gleichzeitig unbegrenzte Freiheit, im Rahmen dieses Gesetzes zu handeln.

Es scheint euch, dass meine Worte einen inneren Widerspruch enthalten. Ich dränge euch nicht und zwinge euch nicht, meine Worte als absolute Wahrheit zu akzeptieren. Denkt einfach über meine Worte nach. Analysiert, was ihr in der euch umgebenden Welt habt, die Bindungen, die ihr an die Dinge eurer Welt habt. Und versucht zu verstehen, dass ihr tatsächlich in sklavischer Abhängigkeit von den Dingen eurer Welt seid. Ihr befindet euch in einer solchen Abhängigkeit, dass ihr tatsächlich Sklave eurer Dinge und folglich Sklave der Umstände eurer Welt seid. Und früher oder später wird sich euch die Frage stellen, welche Freiheit ihr wählen sollt. Die wahre, göttliche Freiheit, die euch von der sklavischen Abhängigkeit von den Dingen eurer Welt befreit. Oder werdet ihr es weiterhin vorziehen, in der illusorischen Freiheit zu verbleiben, für die nur eine Eigenschaft charakteristisch ist – die Freiheit, das Gesetz nicht zu befolgen, das in diesem Universum gilt?

Denkt nach und wägt ab. Was ihr jetzt habt und was ihr haben könnt, wenn ihr nur euren Wunsch äußert und den Weg der Befreiung von eurem Ego beschreitet, den Weg der Einweihungen beschreitet, der von allen Propheten und den Gründern aller Religionen geboten wurde, welche jemals auf der Erde existierten.

Wie sehr auch diese Religionen später von eifernden Nachfolgern entstellt worden sein mögen, so konnte dennoch die grundlegende

Eigenschaft der göttlichen Demut aus den heiligen Büchern nicht herausgenommen und entfernt werden. Das Einzige, was geschehen konnte und geschah war, dass die Menschen, die sich das Recht anmaßten, im Namen Gottes zu sprechen, begannen, anstelle der göttlichen Demut und des Gehorsams gegenüber dem Willen Gottes die Unterwerfung unter die Gesetze der menschlichen Religionen und Kirchen zu verlangen.

Ihr erinnert euch daran, dass wir euch sagten, dass jede Eigenschaft und jeder Umstand in eurer Welt verzerrt werden kann und einen dualen Charakter hat. Heute sind wir mit euch auf die Eigenschaft der Demut in ihrer wahren Bedeutung und auf die Verzerrung dieser Eigenschaft durch irdische Machtträger eingegangen.

Versucht daher immer zu analysieren, wenn ihr über eine beliebige Eigenschaft nachdenkt, inwieweit diese Eigenschaft, die in eurer Welt existiert, ihrer göttlichen Natur entspricht. Und wenn ihr über jede Eigenschaft, der ihr im Leben begegnet, nachdenkt und analysiert, ob sie dem göttlichen Muster entspricht, und wenn ihr von dieser Eigenschaft alles entfernt und wegschneidet, was nicht von Gott ist, alles, was dieser göttlichen Eigenschaft anhaftet und sie verzerrt hat, so könnt ihr Vollkommenheit erreichen, indem ihr alles Unnötige entfernt und nur das Göttliche in allem bewahrt, was euch umgibt.

Und dieser Prozess wird nicht nur ein Leben oder mehrere Leben dauern. Denn eure ganze Existenz auf dem Planeten Erde, alle Tausende und Millionen eurer Verkörperungen sind nur dazu bestimmt, in eurem Inneren zu teilen und zu trennen, was von Gott ist und was von eurem menschlichen Bewusstsein geschaffen wurde. Ihr seid den Göttern ähnlich, und wie Gott, der das gesamte Universum erschaffen hat, erschafft ihr die Illusion eurer Welt mit der Hilfe eures freien Willens und eures Bewusstseins. Aber danach kommt ein Wendepunkt, der Punkt, an dem die Zusammenziehung der Illusion beginnen muss. Ihr steigt in eurem Bewusstsein auf die Ebene, auf der ihr eure göttliche Bestimmung versteht, und ihr beginnt in eurem Bewusstsein den Prozess der Trennung des Realen vom Nicht-Realen, des Göttlichen vom Illusorischen.

Ich habe euch dies am Beispiel der Eigenschaft der göttlichen Demut und ihrer menschlichen Entsprechung gezeigt. Und genauso könnt ihr andere menschliche Eigenschaften nehmen und analysieren: Liebe, Hingabe, Vollkommenheit, Glauben. In jeder Eigenschaft, wie ihr sie versteht, gibt es den göttlichen Ursprung und eine illusorische Beimischung.

Mit Hilfe eures Bewusstseins könnt ihr den Prozess der Unterscheidung und Trennung des Göttlichen vom Illusorischen beginnen.

Auf diese Weise werdet ihr zu Mitschöpfern Gottes. Und gerade auf diese Weise werdet ihr in der Lage sein, die göttliche Realität um euch herum zu erschaffen.

Schiebt daher nichts auf die lange Bank, wendet euch eurer wichtigsten Bestimmung zu und trennt das Reale vom Nicht-Realen in euren Köpfen und in euren Herzen.

Und ich kann euch versichern, dass dies viel interessanter ist als alle eure menschlichen Dinge. Und das Wichtigste ist, dass alle eure menschlichen Dinge auch unter dem Gesichtspunkt der Kombination des Göttlichen und des Menschlichen in ihnen betrachtet werden können. Und je höher die Entwicklungsstufe des Bewusstseins ist, die ein Mensch erreicht, desto feinere Grenzen beginnt er in seiner Tätigkeit zu unterscheiden, die die Realität von der Illusion trennen.

Ihr nehmt buchstäblich einen Schleier der Illusion nach dem anderen ab, und diese Schleier werden mit jedem neuen Schritt, den ihr in Richtung Realität geht, immer feiner.

Wir haben heute über Demut gesprochen, und wir haben heute über Freiheit gesprochen, und wir haben heute über jegliche Eigenschaften eurer Welt gesprochen, denen ihr einen göttlichen Klang verleihen müsst.

Und das ist die Magie Gottes und die Bestimmung, der ihr folgen müsst.

Ich verlasse euch jetzt und überlasse euch euren Gedanken.

**ICH BIN Surya,
und ich bin gekommen, um euch das Ewige Gesetz zu lehren.**

Wir warten darauf, dass ihr erwachsen werdet

Der Geliebte Vairochana
4. Januar 2006

ICH BIN Vairochana, und ich bin erneut zu euch gekommen.

Zunächst möchte ich diejenigen von euch begrüßen, dank deren Bemühungen ihr die Möglichkeit habt, wieder unsere Botschaften zu erhalten. Ihr wisst, dass für die Übermittlung der Botschaften sehr viel Energie aufgewendet wird. Und wenn ihr durch eure Anstrengungen nicht die weitere Übermittlung der von Botschaften möglich gemacht hättet, hätten wir aufhören müssen. Alles im Kosmos ist der Rationalität und Zweckmäßigkeit untergeordnet. Und wenn wir nicht sehen, dass die Lehre, die wir geben, von euch wahrgenommen wird und dass ihr bereit seid, die notwendigen Maßnahmen auf der physischen Ebene zu ergreifen, damit unsere Lehren eine größere Verbreitung finden, und wenn wir nicht sehen, dass ihr bereit seid, durch eure Gebetswachen mitzuhelfen, dann schließen wir das Fenster der Möglichkeit, bis bessere Zeiten kommen.

Die Tatsache, dass ihr die Möglichkeit habt, diese Lehre zu erhalten, zeugt also davon, dass eure Anstrengungen ausreichend waren und als ausreichend anerkannt wurden, um die Botschaften durch diese Gesandte fortzusetzen.

Wann immer es um die Frage geht, ob wir eine weitere Lehre geben sollen oder nicht, wägen wir sorgfältig alle Dinge ab, die dafür und dagegen sprechen. Jesus gab die Lehre, dass man neuen Wein nicht in alte Schläuche füllen sollte[8]. Daher bewerten wir die Qualität des Gefäßes, bevor

---

[8] „Man füllt auch nicht neuen Wein in alte Schläuche; sonst zerreißen die Schläuche und der Wein wird verschüttet und die Schläuche verderben. Sondern

wir Wissen und Energie geben. Und das gilt nicht nur für die Gesandte. Dies gilt für jeden von euch, der mit dieser Lehre in Berührung gekommen ist. Ihr könnt eine kleine Unterstützung leisten, indem ihr einfach diese Lehre mit euren Freunden und Angehörigen teilt. Ihr könnt die Energie eurer Gebete geben, um den Zyklus dieser Botschaften zu unterstützen, ihr könnt euch an der Veröffentlichung von Büchern beteiligen, an ihrer Verbreitung oder an der Übersetzung der Botschaften in andere Sprachen. Alle eure Anstrengungen und Bemühungen werden zusammengefasst und zur Analyse unseren himmlischen Computern übergeben. Und wir vergleichen die Energie, die wir aufgewendet haben, um die Lehre zu geben, mit der Energie, die ihr aufgewendet habt, um euch diese Lehren anzueignen und sie in eurer Oktave zu verbreiten.

Und eure Anstrengungen überwogen ein wenig zu euren Gunsten. Daher bemühen wir uns jetzt, die Waage auszugleichen und euch so viel göttliche Energie und Wissen zu geben, um das Gleichgewicht der Energien zu aufrechtzuhalten.

Ich werde euch ein Geheimnis eröffnen. Erst vor kurzem, bevor der Karmische Rat seine Sitzung begann, und ihr wisst, dass ich auch ein Mitglied des Karmischen Rates bin, hatte die Waagschale mit der Energie, die wir gegeben hatten, überwogen. Daher sagte der geliebte Serapis Bey[9], dass seine Botschaft die letzte sein könnte.

Und heute habe ich das Glück, wieder mit euch zu sprechen und euch meine Lehre zu geben und meine Energie zu schenken.

ICH BIN Vairochana, Buddha Vairochana. Und als Buddha muss ich euch Wissen vermitteln und Energie geben. Ihr wisst, dass das

---

man füllt neuen Wein in neue Schläuche, so bleiben beide miteinander erhalten." (Matth. 9, 17)

[9] „Ich bin gekommen, um euch zu warnen, dass diese Botschaft die letzte sein könnte". Der Geliebte Serapis Bey, 23. Dezember 2005.

Gleichgewicht auf dem Planeten von Menschen aufrechterhalten wird, die die Erleuchtung eines Buddhas erreicht haben. Das bedeutet nicht, dass sich diese Menschen von den meisten von euch körperlich und selbst mental allzu sehr unterscheiden. Der Grad der Bewusstseinserweiterung und die Bewusstseinsebene eines Buddhas hängen nicht so sehr mit äußeren Manifestationen zusammen, als vielmehr mit dem inneren Zustand. Aber gerade diese Menschen sind aufgrund des Grades ihrer Errungenschaften in der Lage, das Gleichgewicht auf dem Planeten Erde aufrechtzuerhalten.

Das Erreichen der Ebene des Buddha-Bewusstseins ist die Aufgabe, die ihr erfüllen müsst. Ihr alle werdet Buddhas werden. Es ist wohl wahr, dass nicht alle von euch in dieser Verkörperung zu Buddhas werden. Aber das Erreichen der Ebene des Buddha-Bewusstseins ist für euch ebenso unvermeidlich wie die Tatsache, dass die Entwicklung in diesem Universum fortgesetzt wird.

Ihr erhaltet Zugang zu Wissen, das nicht in den Büchern enthalten ist, die in den Regalen der Buchhandlungen und Bibliotheken stehen. Ihr erhaltet Zugang zu Wissen, das in der kosmischen Schatzkammer des Wissens enthalten ist. Und um Zugang zu diesem Wissen zu erhalten, müsst ihr Buddha-Bewusstsein erlangen.

Daher sagen wir euch immer wieder und unermüdlich, dass ihr euch von jenem Teil eurer selbst trennen müsst, der nicht real ist und der euch daran hindert, Zugang zur kosmischen Schatzkammer des Wissens und der Energien zu erhalten.

Ihr könnt weiterhin eure irdischen Spiele spielen, euch aber dennoch nach und nach von diesen Spielen befreien. Genauso spielen Kinder, wie ihr wisst, ihre Spiele, und mit ihren Spielzeugen, bis zu einem gewissen Alter. Und dann, nur einige Jahre später, haben sie kein Interesse mehr an ihren früheren Spielen. Warum? – Weil sich ihre Bewusstseinsebene verändert hat. Sie sind erwachsen geworden. Genauso warten wir darauf, dass ihr erwachsen werdet und aufhört, die Spiele zu spielen, die für die Menschheit im Kindesalter charakteristisch sind.

Wenn ich in einen Kindergarten käme und anfinge, den Kindern vom Aufbau des Universums und von der Struktur äußerst komplizierter Informationssysteme zu erzählen, würden die Kinder mich nicht verstehen. Es würde sie nicht interessieren. Aber den Kindern auf ihrer Entwicklungsstufe ein Verständnis zu vermitteln, dass es eine andere Welt jenseits der Welt ihrer Kinderspiele gibt, ist die Pflicht aller guten Erzieher und Lehrer. Daher kann ich euch kein kosmisches Wissen und kein Wissen über den Aufbau dieses Universums geben, aber ich kann euch sagen, dass es eine andere Welt gibt, die von kosmischen Wesen erfüllt ist, welche sich auf einer anderen Stufe der Entwicklung des Bewusstseins befinden. Und es gibt andere Formen von Beziehungen zwischen den verschiedenen Lebensformen.

Und vielleicht werdet ihr, wenn ihr davon erfahrt, einen Impuls der Zielstrebigkeit erhalten, der euch dazu ermutigt, nach fernen Welten und erhabenen Bewusstseinszuständen zu streben.

Als ihr klein wart, wollten viele von euch erwachsen werden, um Zugang zu der Welt zu erhalten, in der die Erwachsenen leben und handeln. Warum habt ihr euch jetzt in eurer Welt verschlossen und euer Streben nach anderen Welten verloren, Welten, die einer anderen Ebene des Bewusstseins entsprechen, der Ebene des Buddha-Bewusstseins?

Und so wie ihr nicht in die Welt der Erwachsenen eintreten könnt, bis ihr eine bestimmte Erziehung und Ausbildung erhalten habt, die es euch ermöglicht, in der Welt der Erwachsenen zu handeln, so könnt ihr auch nicht in unsere Welt kommen und in ihr zu handeln beginnen, bis ihr eine bestimmte Ausbildung absolviert habt und euer Bewusstsein zur nächsten Entwicklungsstufe aufsteigt.

Und euer erster Schritt in die richtige Richtung wird euer Wunsch und euer Streben sein, unseren Anweisungen und unseren Ratschlägen zu folgen.

Ich gab euch heute ein Verständnis und unsere Herangehensweisen, von denen wir uns im Umgang mit der irdischen Menschheit leiten lassen.

Vielen von euch mag es als beleidigend erscheinen, dass wir euch als Kinder betrachten.

Und doch werdet ihr Kinder bleiben, bis ihr eure kindlichen Wünsche und kindlichen Bestrebungen in euch überwinden könnt.

Daher wünsche ich euch, dass ihr so bald wie möglich erwachsen werdet und endlich die volle Verantwortung für euren Planeten und für alles Leben auf dem Planeten Erde übernehmt.

ICH BIN Vairochana, und ich war an diesem Tag bei euch.

Wir suchen diejenigen, die in ihrem Bewusstsein über die Grenzen der euch umgebenden Illusion hinausgehen können

Gott Shiva
5. Januar 2006

ICH BIN Shiva, und ich bin wieder durch meine Gesandte zu euch gekommen.

Bewahrt eure Sorge für den Frieden und für die Welt in euren Herzen.[10] Denkt tief über die Bedeutung dieses Satzes nach. Dieser Satz spricht vom Frieden oder von der Ruhe in euren Herzen, und dieser Satz spricht von der Fürsorge für alles, was euch umgibt. Und tatsächlich hängt alles, was euch umgibt, davon ab, was in eurem Inneren geschieht. Eure Abhängigkeit von eurem inneren Zustand ist absolut. Und es gibt nichts außerhalb eurer selbst, was euren inneren Zustand prägen könnte, wenn ihr Vollkommenheit in der Kontrolle eurer Gedanken und Gefühle erreicht.

Welch großer Unterschied besteht zwischen den Bewusstseinsebenen auf der Erde. Ihr wisst, dass für viele Menschen, die auf dem Planeten Erde leben, das, was ich oben gesagt habe, keinen Sinn ergibt. Und die tiefgründige Information, die in diesen Sätzen enthalten ist, geht an ihrem Bewusstsein vorbei, ohne die geringste Spur zu hinterlassen.

Warum? – Weil die Ebene ihres Bewusstseins und die Ebene ihrer Schwingungen keine Möglichkeit bietet, die Bedeutung dieser Worte zu erfassen. Nur die Menschen, deren Schwingungen im höchstmöglichen Bereich eurer Oktave liegen, sind in der Lage, auf diese Worte zu reagieren und von ihrer Bedeutung durchdrungen zu werden.

Tatsächlich ist alles um euch herum eine riesige Illusion, die nur durch euer Bewusstseins existiert und aufrechterhalten wird, nur weil ihr in eurer Welt seid und weil das, was euch umgibt, euer Interesse weckt. Wohin eure

---

[10] Das russische Wort „мир" des Originals bedeutet sowohl „Welt" als auch „Frieden" (d.Ü.).

Aufmerksamkeit gerichtet ist, dorthin fließt eure Energie. Eure Energie fließt dorthin, woran ihr denkt und was euer Interesse hervorruft.

Stellt euch vor, alle Menschen würden gleichzeitig das Interesse an der sie umgebenden Wirklichkeit verlieren. Ihr alle würdet gleichzeitig den Wunsch verlieren, die Dinge eurer Welt zu besitzen, diese Dinge zu haben. Ihr würdet das Interesse an den Vergnügungen und Genüssen eurer Welt verlieren. Das bedeutet nicht, dass ihr den Sinn eurer Existenz verlieren würdet. Der Sinn eurer Existenz würde sich einfach in andere Oktaven verlagern, die feinstofflicher und verfeinerter sind.

Was würde in diesem Fall mit der Welt passieren, die euch umgibt?

Diese Welt würde aufhören zu existieren und sich allmählich wie ein Trugbild auflösen.

ICH BIN Shiva. Und ich komme zu euch, weil eine meiner Funktionen in diesem Universum darin besteht, die Welten zusammenzuziehen. Ich bin der Zerstörer der Illusion. Und ich steuere den Prozess der Zusammenziehung der Illusion.

Der Moment ist gekommen, wenn euer Bewusstsein der Realität zugewandt werden muss, damit die Illusion zu existieren aufhört.

Ihr denkt, dass mein Besuch und meine Gespräche mit euch durch meine Gesandte ein Zufall sind. Nein, es ist einfach der Moment gekommen, wenn zunächst eine kleine Anzahl von Individuen in der Verkörperung, dann immer mehr Individuen in der Lage sein werden, die von uns gegebenen neuen Informationen wahrzunehmen.

Eure Welt ist wie ein Haufen Brennholz. Und es reicht aus, mit einem Streichholz ein paar Stücke trockenes Holz anzuzünden, um den ganzen Haufen in Brand zu setzen. Jetzt suchen wir diejenigen von euch, die brennen können. Denn noch nicht alles Brennholz ist bereit. Vieles von dem Holz ist noch nicht trocken. Aber wenn immer mehr Menschen in der Lage sind, unsere Schwingungen und die neuen Informationen aufzunehmen, die wir geben, wird eure ganze Welt in Feuer gehüllt werden, und von eurer ganzen illusorischen Welt wird keine Spur bleiben. Nach kosmischen Maßstäben wird dieser Prozess sehr wenig Zeit in Anspruch nehmen.

Deshalb suchen wir diejenigen unter euch, die in der Lage sind, Feuer, Licht, Energie, unsere Schwingungen zu tragen.

Daher sagen wir, dass diejenigen, die mit ihrem Bewusstsein weiterhin an der euch umgebenden Welt festhalten, der Vergangenheit angehören.

Es gibt immer Menschen, die aufgrund ihres konservativen Denkens und der Rückständigkeit ihres Bewusstseins vorziehen, das Alte zu verteidigen. Und es gibt immer Menschen, die nach dem Neuen streben. Wir suchen solche Menschen. Wir suchen diejenigen unter euch, die in der Lage sind, neues Denken und neues Bewusstsein wahrzunehmen. Wir suchen diejenigen, die in ihrem Bewusstsein über die Grenzen der euch umgebenden Illusion hinausgehen können.

Die emporsteigen können. Zu den feinstofflichen Welten. Zu den Welten der Sterne.

Die die begrenzte Welt des Heimatplaneten verlassen und aus dem Nest in die Weiten des Universums fliegen können.

Wir suchen mutige und aufstrebende Menschen.

Diejenigen, die keine Angst vor dem Neuen und Unbekannten haben.

Wer von euch kann den Schritt ins Unbekannte machen? Ihr wisst, dass nur diejenigen Menschen zur Erkenntnis der höheren Welten emporsteigen können, die in ihrem Bewusstsein die Begrenztheit der dreidimensionalen Welt, überwinden können die euch umgibt.

Das Leben endet nicht. Das Leben ist unendlich. Das Leben geht einfach in neue Formen über.

Und dieser Prozess gleicht einer ewigen Bewegung, einem ewigen Wirbel, der nie aufhört und nie endet.

Nur wer noch nie einen Winter erlebt hat, kann nicht glauben, dass nach dem Winter der Frühling kommt, und dann der Sommer.

Jetzt ähnelt eure Existenz auf dem Planeten Erde einer Existenz unter den Bedingungen eines sehr strengen Winters, den ihr durch euer Bewusstsein erzeugt habt.

Und ihr müsst verstehen, dass dieser euer Zustand nur vorübergehend ist. Und er wird sich ändern.

Deshalb rufen wir euch zur Veränderung eures Bewusstseins auf. Zur Bereitschaft für Veränderungen. Zum Streben nach erhabenen Zuständen.

Dies bedeutet nicht, dass ihr die Freuden verliert, die ihr im Leben gewohnt seid, das euch umgibt. Eure Wahrnehmung wird einfach verfeinert. Und die Freuden, die ihr empfinden werdet, werden alle eure Erwartungen übertreffen. Denn keine irdischen Freuden lassen sich mit den Freuden vergleichen, die ihr in den feinstofflichen Welten erleben könnt.

Die allmähliche Veränderung eures Bewusstseins ist die Gewähr dafür, dass die schwierige Phase, in der sich eure Zivilisation befindet, so ruhig wie möglich überwunden wird.

Doch ihr wisst, dass, wenn ein Küken es nicht eilig hat, das heimische Nest zu verlassen, die fürsorgliche Mutter es zu einem neuen Leben drängt. Zur Freiheit des Fliegens. Aber dafür müsst ihr den ersten Schritt machen und über die Grenzen eures menschlichen Bewusstseins hinausgehen und in Kategorien denken lernen, die nicht mit eurer Welt und den Begrenzungen eurer Welt verbunden sind.

ICH BIN Shiva.
Und ich bin gekommen, um euch zu lehren,
wie ihr die Illusion in eurem Bewusstsein zerstören könnt.

Ich gebe eine Möglichkeit, und Ich eröffne eine Perspektive

Der Geliebte Alpha
6. Januar 2006

ICH BIN Alpha, und ich bin an diesem Tag wieder zu euch gekommen, um eine Unterredung oder ein Gespräch zu führen, das eure Gedanken lenkt und euch in die Stimmung versetzt, damit ihr nachdenken und in euren Herzen eine Entscheidung treffen könnt. Tatsächlich ist eure Absicht sehr wichtig. Wonach ihr strebt, und mit welchem Herzen ihr es tut. Wie aufrichtig ihr seid, und wie selbstlos ihr seid. Abhängig davon zieht ihr aus dem Raum diese oder jene Möglichkeiten, diese oder jene Perspektiven an. Und wenn ihr weiterhin so lebt, als ob in diesen Tagen zum Ende des alten Jahreszyklus und zum Beginn des neuen nichts geschehen wäre, als hätte es diese Botschaften und die Treffen mit den Aufgestiegenen Meistern nicht gegeben, so verurteilt ihr euch damit selbst zu einer Verlangsamung eurer Entwicklung. Und umgekehrt, wenn ihr mit ganzem Herzen und mit ganzer Seele die Informationen wahrgenommen habt, die in den Botschaften der Meister enthalten sind, welche durch unsere Gesandte gegeben wurden, so schafft ihr dadurch ein Fenster der Möglichkeit für euch. Ihr verschafft euch die Möglichkeit, im Rahmen des Zeit- und Energiekorridors zu handeln, den wir für euch öffnen.

Ich gebe eine Möglichkeit, und Ich eröffne eine Perspektive. Und wie immer, solange ihr euch in der Materie befindet und den Zyklen von Zeit und Raum unterworfen seid, bleibt euch die Wahl, diese Möglichkeit zu nutzen oder weiter ein Schattendasein zu führen.

Eure Bestrebungen werden mit Energie erfüllt sein und eure Taten werden die notwendige Unterstützung erhalten, wenn ihr die Wahl trefft, in Übereinstimmung mit der euch gegebenen kosmischen Möglichkeit zu handeln. Und diese Möglichkeit gibt euch Beschleunigung, Entwicklung und die Überwindung aller Hindernisse auf eurem Weg.

Es ist wichtig, dass ihr euch in eurem Bewusstsein auf diese Möglichkeit einstimmen könnt. Auf unsere Schwingung. Denn unsere Schwingungen sind für eure physischen Ohren nicht hörbar und können von euren physischen Sinnesorganen nicht wahrgenommen werden. Es ist ein Ruf, der in der Tiefe eures Herzens erklingt. Es ist die Sehnsucht nach dem Haus des Vaters, das ihr verlassen habt, und es ist der Wunsch, nach Hause zurückzukehren.

Hört auf den Ruf eures Herzens.

Zieht euch in die Stille zurück und lauscht, was euer Herz euch zuflüstert.

Ihr könnt nicht anders, als dies zu hören. Entfernt alles Unnötige aus eurem Leben, alles, was euch der Möglichkeit beraubt, allein mit euch selbst zu sein und die Stimme eures Herzens zu hören. Sein sanftes Flüstern zu hören, seine Liebe zu spüren.

Ihr liebt. Wie sehr ihr auch eure Liebe zu verbergen sucht und so tut, als würdet ihr euch nicht an eure Liebe erinnern, sie wohnt dennoch in eurem Inneren. Eure wichtigste Eigenschaft ist die Liebe. Beseitigt alles Unnötige aus eurem Leben, was euch daran hindert, die göttliche Liebe in eurem Herzen zu spüren.

Ihr selbst trefft die Wahl, und ihr selbst schafft alle Umstände eures Lebens.

Seid ihr es nicht leid, euch von den Stereotypen und Gewohnheiten beeinflussen zu lassen, die euch umgeben? Ist es nicht an der Zeit, alles Nichtige aufzugeben, was um euch ist, und euch mit eurem ganzen Wesen dem Ewigen, dem Unvergänglichen zuzuwenden?

Ich bin gekommen, um euch noch einmal an den Ort zu erinnern, von dem eure Seelen in diese Welt kamen. Und Ich bin gekommen, um euch noch einmal an euer Zuhause zu erinnern und euch nach Hause zu rufen.

Hört ihr mich? – Oh, meine Kinder.

Ich bin bereit, euch alle Fürsorge meines väterlichen Herzens zu geben. Und Ich bin bereit, euch immer wieder die Liebe meines Herzens zu schenken. Ich brauche nur eure Entscheidung, eure feste Entscheidung, die ihr in eurem Herzen treffen und von der ihr nie mehr abweichen werdet. Und diese Entscheidung ist, nach Hause zurückzukehren und alles zu tun, was notwendig ist, um nach Hause, ins Haus des Vaters zurückzukehren, woher ihr gekommen seid und wohin ihr zurückkehren müsst.

Ihr alle seid Teilchen des Einen. Sowohl eure Getrenntheit als auch euer Umherirren in eurer kalten und ungemütlichen Welt gehen zu Ende. Ihr werdet alle nach Hause zurückkehren. Ich warte. Ich warte sehnlich auf jeden von euch, meine geliebten und nicht immer gehorsamen Kinder.

Nehmt meine väterliche Liebe an.

Ich sende jedem von euch das Geschenk meiner Liebe. Direkt von meinem Herzen in eure Herzen.

Reicht mir den Kelch eures Herzens, und Ich werde ihn bis zum Rand mit meiner Liebe füllen.

Und wenn es euch in eurer Welt schwerfällt, werdet ihr euch an meine Liebe erinnern. Ihr könnt eine Anrufung machen, und Ich werde kommen, um euch mit meiner Liebe zu umhüllen und euch zu helfen, eure Schwierigkeiten und euer Unheil zu überwinden und den schwierigsten Abschnitt des Weges zu bewältigen.

Dazu müsst ihr einfach in eurem Herzen sagen: „Vater, ich bin Dein. Komm, hilf mir".

Und ich werde kommen. In der schwierigsten Minute eurer Prüfungen.

Ich kann euch nicht in Not lassen. Und Ich kann nicht anders, als euch zu lieben. Jeden einzelnen... mit meiner Liebe. Einer Liebe, die keine Gegenleistung verlangt.

ICH BIN Alpha, euer himmlischer Vater.

Ich habe euch zwei Nachrichten mitgebracht. Die eine ist traurig und die andere erfreulich

Der Geliebte El Morya
7. Januar 2006

ICH BIN El Morya, und ich bin wieder durch meine Gesandte gekommen.

Wie beim letzten Mal, als wir den vorherigen Zyklus von Botschaften durch diese Gesandte gaben[11], bin ich gekommen, um euch das Ende dieses Zyklus von Botschaften anzukündigen.

Das bedeutet nicht, dass wir unsere Arbeit durch diese Gesandte beenden oder durch irgendjemand anderen, der seinen Tempel vorbereitet hat, um zu einem reinen Gefäß zu werden und damit wir durch ihn arbeiten können.

Es ist einfach ein bestimmter Abschnitt beendet, ein Zyklus ist zu Ende gegangen, und neue Zyklen stehen bevor.

Ich hoffe, dass die Botschaften, die ihr dieses Mal erhalten habt, für eure Entwicklung und für euer Fortschreiten auf dem Wege nützlich sein werden.

Es gibt eine Sache, die noch unvollendet und unerfüllt geblieben ist, über die ich euch jetzt eine Mitteilung machen muss.

Es geht um neue Informationen zur Dispensation am 23. eines jeden Monats.

---

[11] Es geht um den Zyklus der Botschaften vom 4. März bis zum 30. Juni 2005. Damals gab der geliebte El Morya in seiner Botschaft am Ende des Zyklus bekannt, dass der Zyklus von Botschaften abgeschlossen wird („Ich gratuliere euch zur erfolgreichen Durchführung dieses wichtigen Experiments, um überaus wichtige und zeitgemäße Informationen auf der physischen Ebene zur Präzipitation zu bringen". El Morya, 30. Juni 2005).

Ihr erinnert euch, dass ich euch in meiner Botschaft vom 27. Juni 2005 eine Dispensation für den 23. eines jeden Monats gegeben habe, und diese Dispensation war bis zum Ende des vergangenen Jahres in Kraft.

Jetzt ist der Jahreszyklus beendet, aber ich muss euch mitteilen, dass die Dispensation noch für ein weiteres Jahr gültig sein wird. Es ist mir gelungen, den Karmischen Rat zu überzeugen und seine Unterstützung für die Verlängerung der Dauer dieser Dispensation zu erhalten. Denn die Energie, die wir im letzten Jahr erhielten, als diese Dispensation in Kraft war, wurde als zufriedenstellend anerkannt.

Wir freuen uns, dass ihr die gebotene Möglichkeit genutzt habt. Viele von euch. Und ich hoffe, dass sich in diesem Jahr neue Lichtträger dieser Dispensation anschließen werden.

Vergesst nicht, dass ihr bis zum Ende dieses Jahres am 23. eines jeden Monats die Möglichkeit habt, das Karma des darauffolgenden Monats zu transmutieren. Und eure Bemühungen werden um so viele Male vervielfacht, wie die Anzahl der Lichtträger ist, die an diesem Tag an dieser Aktion teilnehmen werden, die euch vom Himmel geschenkt wurde.

Ich werde für euch nicht alle Bedingungen dieser Dispensation wiederholen. Ich sage nur, dass alle Bedingungen, die ich in meiner vorhergehenden Botschaft über die Wirkung dieser Dispensation dargelegt habe, auch weiterhin gelten.

Dies ist eine große Gnade, die euch der Himmel erweist. Und ich hoffe, dass dieses Jahr ein Jahr der großen Errungenschaften im spirituellen Bereich auf dem Planeten Erde sein wird.

Wir alle hoffen darauf.

Ich sage ehrlich, dass wir diesen Zyklus von Botschaften nicht beenden wollen.

Das Gesetz erlaubt uns jedoch nicht, mehr Energie zu gebrauchen, als freigegeben wurde.

Daher hoffen wir, dass die nächste Möglichkeit nicht lange auf sich warten lässt und noch in diesem Jahr kommen wird.

Das wäre alles für heute. Ich habe euch zwei Nachrichten mitgebracht. Die eine ist traurig und die andere erfreulich. Die traurige Nachricht ist mit der Beendigung des Zyklus von Botschaften verbunden, und die erfreuliche Nachricht mit der Verlängerung der Dispensation am 23. eines jeden Monats.

Alles muss ausgeglichen sein, und alles muss angemessen sein.

Ich verabschiede mich von euch und hoffe auf neue Treffen.

ICH BIN El Morya.

Botschaften der Aufgestiegenen Meister zwischen dem zweiten und dem dritten Zyklus

Wenn auf der physischen Ebene ein Kelch erscheint, den wir mit Licht füllen können, so tun wir dies immer

Der Geliebte Shiva
23. Januar 2006

ICH BIN Shiva, und ich bin erneut durch meine Gesandte gekommen.

Shiva BIN ICH! Ich bin gekommen. Und das bedeutet, dass ich den Wunsch habe, das Wort an euch zu richten und euch Wissen und Informationen nahezubringen, die ihr benötigt.

Das bedeutet, dass wir unsere Arbeit durch unsere Gesandte fortsetzen und dass sie im gegenwärtigen Zeitabschnitt die von uns gestellten Anforderungen erfüllt.

Jetzt, da ich gekommen bin und diese kurze Einleitung gegeben habe, möchte ich direkt zum Zweck meines heutigen Besuchs übergehen.

Und mein Ziel hängt mit dem bevorstehenden Ereignis zusammen, das auf der physischen Ebene angekündigt wurde, das wir aber nicht durch unsere Botschaften angekündigt haben.

Ich spreche von dem Seminar, das im März dieses Jahres in Moskau stattfinden wird[12].

Ihr wisst, dass dieses Seminar auf Initiative von Menschen durchgeführt wird. Einer Gruppe von Menschen, die den Wunsch geäußert haben, auf der physischen Ebene als Kelch zu dienen, in den wir, die Meister, unser Licht und unsere Energie gießen können.

Wie ihr wisst, wenn auf der physischen Ebene ein Kelch erscheint, den wir mit Licht füllen können, so tun wir dies immer.

---

[12] Materialien zum Seminar wurden in dem Buch „Восхождение" (deutsch: „Aufstieg") veröffentlicht (Tatyana Mickushina, 2006).

Aber eure physische Welt zeichnet sich durch ihre Unberechenbarkeit und Dualität aus. Daher ist es für uns sehr schwirig, irgendwelche Prognosen zu stellen, selbst wenn es nur einige Tage im Voraus ist. Und dennoch bin ich gekommen und befugt zu sagen, dass dieses Seminar unter meiner persönlichen Leitung und meiner persönlichen Schirmherrschaft stattfinden wird, die ich bereits diesem Seminar erweise.

Es wird euch überraschen, dass Shiva, eine im Hinduismus verehrte Gottheit, seine Schirmherrschaft einem Seminar in Russland erweist, einem Land, in dem der Hinduismus keine offiziell anerkannte Religion ist.

Jedoch muss ich euch das Verständnis geben, dass wir uns nicht an die spezifische religiöse Situation in dem einen oder anderen Land anpassen können. Wir lassen uns bei der Durchführung aller unserer Veranstaltungen in erster Linie von den Interessen des Himmels leiten. Und in diesem Fall werde ich durch meine Gesandte Tatyana nach Russland kommen. Und ich werde mit einem bestimmten Ziel kommen, über das ich euch jetzt berichten muss.

Ich habe die Absicht, das Chakra des Dritten Auges bei allen Teilnehmern des Seminars zu segnen, die es für notwendig halten, sich dieser Segnung zu unterziehen. Was ist dies für eine Segnung, und warum beabsichtige ich, sie jetzt in Russland durch die russische Gesandte zu geben?

Die Situation ist nun einmal so, wie sie ist. Und ihr wisst, dass wir durch diejenigen handeln, die bereit sind. Und weil Russland das Land ist, das unsere Gesandte beherbergt, kommen wir gerade nach Russland, um den Segen zu geben, der es ermöglicht, die Manifestation der Gabe der Unterscheidung, der Gabe der göttlichen Vision zu beschleunigen.

Sobald ihr entsprechend euren Errungenschaften die Manifestation dieser Gabe erlangt, werdet ihr nicht länger wie blinde Kätzchen von einem Prediger zum anderen, von einer Kirche zur nächsten stolpern. Ihr werdet Unterscheidungsvermögen erlangen, und ihr werdet sehen und in jeder Kirche, in jeder religiösen Organisation das Wahre vom Falschen unterscheiden können.

Denn dies ist das Erfordernis der Zeit. Wir werden durch jeden handeln, der bereit ist, und der in seinem Bewusstsein zu einer neuen Ebene aufsteigen kann. Durch diejenigen, die alle unnötigen und überholten Dogmen abwerfen können, welche für alte Religionen charakteristisch sind, und die die Wölfe im Schafspelz unter der großen Anzahl von neuen religiösen Predigern erkennen können, welche wie Pilze nach dem Regen aus dem Boden geschossen sind.

Der einzige Weg, den wir gewählt haben und der in der heutigen Zeit möglich ist, ist der Weg des direkten Kontakts mit vielen Menschen, die bereit sind.

Versteht, dass ihr auf eine neue Ebene in eurer Entwicklung steigt. Und auf dieser Ebene wird die Kommunikation mit der feinstofflichen Welt ganz natürlich und immer leichter erreichbar. Es ist nicht schwer, den Kontakt mit der feinstofflichen Welt herzustellen. Doch die Schwierigkeit liegt wie immer in eurem Bewusstsein. Und wenn ihr in eurem Bewusstsein den euch gegebenen Kontakt nicht richtig wahrnehmt und diesen Kontakt in eurem Bewusstsein falsch einschätzt, dann werdet ihr, anstatt die göttlichen Errungenschaften zu erlangen, jenen Kräften erlauben, euch in Stücke zu reißen, die auf der feinstofflichen Ebene wohnen und sich entschlossen haben, sich nicht dem göttlichen Gesetz dieses Universums unterzuordnen.

Deshalb braucht ihr das Unterscheidungsvermögen mehr denn je. Und zusammen mit dieser Fähigkeit müsst ihr das Wissen erhalten, wie ihr euch im gegenwärtigen Abschnitt der evolutionären Entwicklung verhalten sollt, wonach ihr streben und von welchen Grundsätzen ihr euch leiten lassen sollt.

Wir können sehr lange die Mängel bestimmter religiöser Lehrer und bestimmter religiöser Richtungen aufzählen. Aber auf diese Weise werden wir lernen, wie man nicht handeln und sich nicht verhalten soll. Wir haben einen anderen Weg gewählt. Wir geben die richtigen Vorbilder, und wir weisen die richtige Richtung. Und wie immer ist es euer freier Wille zu wählen, welchem Weg ihr folgen möchtet.

Ihr trefft die Wahl, und ihr entscheidet.

Unsere Aufgabe ist es, euch die richtigen Vorbilder nahezulegen und die richtige Richtung zu weisen.

Deshalb warte ich auf diejenigen, die den Entschluss gefasst haben, sich bei mir einer Einweihung zu unterziehen. Und ich warte auf diejenigen, die mich auf dem Seminar treffen wollen, dem ich meine Schirmherrschaft erweise.

Ich bitte euch um Hilfe. Selbst wenn ihr aus irgendwelchen karmischen Umständen nicht die Möglichkeit habt, an dieser Veranstaltung der Meister teilzunehmen, uns aber von ganzer Seele und von ganzem Herzen bei der Erfüllung unserer Pläne helfen möchtet, so macht bitte die folgende Anrufung:

„Shiva! Komm, zerstöre alle Opposition und beseitige alle Hindernisse, die der erfolgreichen Durchführung des Seminars in Moskau vom 24. - 26. März 2006 im Wege stehen!"

Wiederholt diese Anrufung dreimal täglich bis zum Ende des Seminars.

Ich werde eure Anrufungen hören, und ich werde jene hingebungsvollen Herzen kennen, die in ihrem Bewusstsein bereits auf eine neue Ebene gestiegen sind, aber aus karmischen Gründen den äußeren Umständen, die sie umgeben, nicht entkommen können. Und wenn ich euch kenne, kann ich euch helfen und euch von einem Teil der karmischen Last befreien.

ICH BIN SHIVA! Ich war heute bei euch.
Und wir sehen uns beim Seminar!

Nutzt die Hilfe, die der Himmel euch gibt, und verschmäht diese Hilfe nicht

Gott Shiva
13. März 2006

ICH BIN Shiva, und ich bin erneut durch meine Gesandte gekommen. Die Situation ist so, dass ich gekommen bin, um eine weitere Botschaft zu geben, die euch die Möglichkeit geben wird, die Situation zu verstehen und für euch selbst die Orientierungshilfen zu klären, denen ihr in eurem Leben zu folgen wählt.

Nachdem der vorherige Zyklus von Botschaften abgeschlossen war, empfanden wir eine große Erleichterung, dass es uns gelungen war, das Geplante auszuführen und die von der Menschheit benötigten Informationen zu übermitteln, indem wir einen verkörperten Menschen als Kanal nutzten.

Doch dann stießen wir auf einen völlig unvorhersehbaren Widerstand gegen unser Handeln. Und dieser Widerstand entsprang dem Bewusstsein vieler Menschen in der Verkörperung, von denen viele sich als Lichtträger betrachten. Daher bin ich gekommen, um euch noch einmal zu versichern, dass wir auch weiterhin unsere Botschaften geben werden, welche Anstrengungen es uns auch kosten mag. Und wir werden dies in Übereinstimmung mit unseren Plänen und unseren Fristen tun, die im Einklang mit den kosmischen Möglichkeiten und Notwendigkeiten stehen.

Deshalb bin ich heute gekommen, um euch noch einmal zu verstehen zu geben, dass wir, die Aufgestiegenen Lichtwesen, mit der irdischen Menschheit arbeiten werden und uns auch weiterhin bemühen werden, das Bewusstsein der Erdbewohner zu verändern, wie auch immer sich die Situation auf dem Planeten entwickelt.

Es scheint, dass in unseren Botschaften sehr wenig Informationen enthalten sind, doch immer wieder sind wir darüber erstaunt, wie sich Menschen finden lassen, die auf unseren ersten Ruf hin bereit sind, alle unsere Vorschläge und Hinweise aufzugreifen und jene Dinge zu tun, die jetzt notwendig sind.

Ihr wisst, dass eine der wichtigsten Aufgaben, vor denen die Menschheit steht, die Veränderung des Bewusstseins ist. Und daher ist alles gut, was zur Veränderung des Bewusstseins der Erdbewohner beiträgt. Natürlich meinen wir die Bewusstseinsveränderung, die wir in eurer Oktave zu manifestieren bestrebt sind, und nicht die Bewusstseinsveränderung, von der ihr glaubt, dass sie stattfinden sollte.

Daher sind alle Methoden der Verbreitung des Wissens gut, das in diesen Botschaften enthalten ist, und ebenfalls gut sind alle Wege, den Menschen die Informationen nahezubringen, einschließlich persönlicher Gespräche, Unterrichtsklassen, Seminare, der Gründung von Schulen, in denen Eltern und Kinder die Grundlagen des Gesetzes des Karmas und die Grundsätze des Verhaltens lernen, welches auf dem göttlichen Gesetz beruht.

Alles, was wahr ist und von Gott kommt, braucht eure Hilfe, um zu wachsen und sich zu verbreiten.

Wenn ihr also überrascht seid, dass nicht alles um euch herum so aussieht, wie ihr es gerne hättet, dann sagen wir: „Umso besser! Ihr habt etwas, wofür ihr eure Kräfte, eure Fähigkeiten und eure Talente einsetzen könnt".

Schaut euch um und analysiert sorgfältig, was eurer Ansicht nach geändert werden muss, und was ihr angesichts eurer Möglichkeiten und Fähigkeiten selbst ändern könnt.

Ich möchte euch noch einmal an die Botschaft erinnern, die ich am 27. November letzten Jahres[13] gab. Sobald ihr eure Gedanken in die richtige Richtung lenkt und die in eurem Kopf entstehenden Bilder und Vorstellungen

---

[13] „Jede eurer Anstrengungen wird beispiellos vervielfältigt, denn so ist das Gebot der Zeit, und so ist jetzt die Situation auf dem Planeten". Shiva, 27. November 2005

mit göttlicher Energie erfüllt, werde ich die Möglichkeit haben, euch zu helfen und eure Bilder und Vorstellungen mit meiner Energie zu erfüllen.

Es gibt eine göttliche Möglichkeit, die zu einem bestimmten Zeitpunkt für den Planeten gegeben wird. Und diese Möglichkeit wird jetzt durch unsere Gesandte gegeben. Manchmal wird von euch nichts anderes verlangt, als unsere Gesandte anzuerkennen. Und sobald ihr die Gesandte der Hierarchie anerkennt, steigt ihr automatisch auf die Stufen der Hierarchie. Und die gesamte Hierarchie hat die Möglichkeit, euch bei eurer Arbeit und der Umsetzung eurer Pläne zu helfen.

Ich möchte noch auf einen weiteren wichtigen Punkt eingehen. Unsere Gesandte ist ein Mensch, der unsere Schwingungen bewahrt. Sie wahrt ständig und in allen Lebenslagen ihre Hingabe an die Hierarchie und verwirklicht die Pläne der Hierarchie auf der Erde. Für euch aber, die ihr euch in der Verkörperung befindet, ist unsere Gesandte der verkörperte Lehrer, euer Guru. Und dies bedeutet, dass ihr den Anweisungen folgen müsst, die ihr von unserer Gesandten erhaltet, so als würde ich euch diese Anweisungen persönlich geben.

Hier braucht ihr all euer Unterscheidungsvermögen, um zu verstehen, in welchem Maße ihr euch dem äußeren Guru anvertrauen könnt, und inwieweit ihr euch von den Weisungen leiten lassen müsst, die ihr aus eurem eigenen Herzen, von dem höheren Teil eurer selbst erhaltet.

Die Lehre über den Guru erfordert eine zusätzliche Entschlüsselung. Und ich denke, dass wir euch diese Lehre in dem einen oder anderen Grad vermitteln können. Weil es zu viele gibt, die sich als Guru betrachten oder vorgeben, ein Guru zu sein, doch allen oder fast allen von ihnen fehlt das wichtigste Merkmal eines wahren Gurus – die Fähigkeit zur Selbstaufopferung und die Fähigkeit, sich ganz auf dem Altar des Dienens hinzugeben.

Wie sehr euch euer menschliches Bewusstsein auch daran hindern mag, die wahre Bedeutung des Mantels des Gurus und der Guru-Chela-Beziehung zu verstehen, so kann und muss doch jegliches Hindernis in eurem Inneren durch euer aufrichtiges Streben und eure Hingabe an die Hierarchie hinweggefegt werden.

Wann immer ihr eine Bestätigung oder Widerlegung der Wahrheit oder Falschheit eines Menschen braucht, der sich als euer Guru oder unser Gesandter ausgibt, bittet mich um Hilfe.

Nehmt einfach ein Bild von mir in eure Hände oder tretet vor eine meiner Statuen und bittet mich aufrichtig um Hilfe.

Sobald ich eure Aufrichtigkeit und euer Streben sehe, werde ich euch gewiss helfen. Und ihr werdet das Unterscheidungsvermögen erhalten, das ihr auf dem jetzigen Abschnitt eurer Entwicklung braucht.

Daher nutzt die Hilfe, die der Himmel euch gibt, und verschmäht diese Hilfe nicht.

ICH BIN Shiva,
und ich verabschiede mich für heute von euch,
aber ich hoffe auf neue Treffen.

Wir rufen euch auf, eine neue Art von Beziehungen zwischen Guru und Chela aufzubauen

Gott Shiva
15. März 2006

ICH BIN Shiva, und ich bin wieder zu euch gekommen, um über den Weg zu sprechen, dem ihr folgen werdet, wenn ihr den Weg wählt, den wir durch unsere Gesandte lehren.

Es gibt viele Wege, und es gibt viele Straßen in eurer materiellen Welt. Die meisten dieser Wege und Straßen führen leider nirgendwo hin. Ihr wandert durch die Illusion von Verkörperung zu Verkörperung und könnt den wahren Weg nicht finden.

Und selbst dann, wenn ihr schließlich auf eurem Weg die Wahrheit entdeckt, beginnt ihr zu zweifeln, ob das, worauf ihr gestoßen seid, wirklich von Gott ist.

Und oft kommt es vor, dass ihr den richtigen Weg wählt und ihm bereits folgt, doch in einem Moment geistiger Schwäche gebt ihr euch dem Einfluss des fleischlichen Verstandes hin und beginnt zu zweifeln. Eure Zweifel werden durch eure Unvollkommenheit verursacht. Wenn ihr den Weg wählt, dem ihr folgen werdet, oder wenn ihr auf dem Weg, dem ihr folgt, zu zweifeln beginnt, müsst ihr deshalb immer darüber nachdenken, woher eure Zweifel kommen.

Sind eure Zweifel berechtigt, oder sind sie nur eine Folge eurer Angst, eures Mangels an Selbstvertrauen?

Ihr müsst ständig eure inneren Zustände unterscheiden. Steht ihr unter dem Einfluss nicht-realer Kräfte, oder unterzieht ihr nur den von euch beschrittenen Weg einer vernünftigen Analyse?

Und jedes Mal dürft ihr euch bei dieser inneren Arbeit nur von eurer Intuition und der Stimme eures Herzens leiten lassen.

Deshalb sagen wir euch immer wieder: „Entwickelt eure Intuition, euer Unterscheidungsvermögen und eure Verbindung mit der realen Welt Gottes".

Es ist schwer für euch, dies zu tun, wenn ihr völlig in der Illusion versunken seid. Deshalb senden wir unsere Boten, unsere Diener, die euch den Weg weisen und helfen, euch im Meer des Lebens zu orientieren.

Aber ihr selbst und nur ihr selbst könnt entscheiden, wem ihr folgt und von wessen Empfehlungen ihr euch leiten lasst.

Die Situation wird dadurch erschwert, dass unsere Gesandte, so ergeben und aufrichtig sie auch ist, eine menschliche Verkörperung auf sich genommen hat, und mit der Verkörperung musste sie zugleich einen Teil des Weltkarmas auf sich nehmen und sich mit dieser Bürde belasten, um in der Verkörperung bleiben zu können.

Wenn ihr die Unvollkommenheit unserer Gesandten seht, werdet ihr vielleicht verwirrt sein, und es überkommen euch weitere Zweifel.

Deshalb sagen wir euch, dass ihr nicht blind Menschen vertrauen sollt, die sich selbst als Messias, Gesandte oder Lehrer ausgeben. Es liegt stets ein Element der Unberechenbarkeit in einer jeden Situation, und ein Mensch, der noch vor einiger Zeit völlig zu Recht unser Stellvertreter war und unsere Mäntel trug, kann einen Fehler machen und sogar vom Weg abkommen. Daher sollet ihr alles, was unsere Boten und Gesandten tun, sorgfältig beobachten und analysieren. Und ihr müsst in ihrem Handeln vorübergehende Fehler, vor denen man sich in eurer Welt nicht schützen kann, von der schwerwiegenderen Sünde des Verrats und des Verstoßes gegen die Grundsätze der Bruderschaft unterscheiden können.

Diese Lehre ist neu, und wir wagen es, sie jetzt durch unsere Gesandte zu geben in der Hoffnung, dass viele von euch die Entwicklungsstufe erreicht haben, die es euch ermöglicht, nicht auf kategorische Schlussfolgerungen zurückzugreifen und den Weg, unseren Gesandten zu folgen, gänzlich aufzugeben.

Nein, jetzt ist nicht die Zeit, dass ihr den Weg auf euch selbst gestellt gehen und den Weg selbst wählen könnt. Ihr könnt nicht ohne unsere Stellvertreter und unsere Gesandten auskommen. Aber ihr müsst bewusst mit dem Maß eurer inneren Harmonie und eures Unterscheidungsvermögens die Menschen wählen, auf deren Rat ihr hören und deren Führung ihr folgen solltet.

Und während in früheren Zeiten bedingungsloser Gehorsam und die strikte Einhaltung der Anweisungen des Gurus von euch verlangt wurde, sagen wir euch jetzt, dass ihr in allen Dingen zuerst auf eure innere Stimme und Intuition hören müsst und erst dann den äußeren Anweisungen eines Gurus folgen solltet.

Jene Menschen, die für solche neuen Guru-Chela-Beziehungen nicht bereit sind, können den Lehren nicht folgen, die wir durch diese Gesandte geben. Sie brauchen andere, strengere Anweisungen und äußere Dogmen und Regeln, die sie befolgen müssen. Deshalb geben wir diese Lehre, aber wir sind uns völlig dessen bewusst, dass verschiedene menschliche Individuen sich in unterschiedlichen Stadien ihrer Entwicklung befinden. Und was für den einen gut ist, mag für einen anderen unerwünscht und verfrüht sein.

Es ist allgemein bekannt, dass bei einem Menschen, der sich lange Zeit unter der Erde ohne Zugang zum Tageslicht aufgehalten hat, eine plötzliche Rückkehr ans helle Sonnenlicht zu völliger Blindheit und nicht wiedergutzumachendem Schaden für die Gesundheit führen kann.

Auf dem Planeten Erde sind Menschen von sehr unterschiedlichem Bewusstseinsniveau in der Verkörperung, und jetzt geben wir unsere Lehre für diejenigen, die bereit sind, an vorderster Front zu folgen. Für diejenigen, die ihren Mitmenschen vorausgehen und dafür bereit sind, auf der Grundlage von Zusammenarbeit und gegenseitiger Achtung eine direkte Beziehung mit den Aufgestiegenen Lichtwesen einzugehen. Solange ihr euch jedoch in der Verkörperung befindet, ist für euch das Prinzip der bedingungslosen Unterordnung unter die Aufgestiegenen Lichtwesen und unsere Stellvertreter das Wichtigste.

Die Entscheidung zu einer solchen Unterordnung trefft ihr aber selbst in eurem Herzen, und ihr müsst immer bereit sein, eure Entscheidung zu ändern, wenn ihr das Gefühl habt, dass sich die Umstände geändert haben.

Daher werden sich die Guru-Chela-Beziehungen, die für die neue Zeit charakteristisch sind, dadurch unterscheiden, dass ihr eher schöpferische, gegenseitig bereichernde Beziehung zu eurem Guru haben werdet, als eine Beziehung, die auf Zwang und Befehl beruht, wie es früher in vielen unserer Organisationen der Fall war.

Und diese neuen Beziehungen entsprechen mehr dem Geist der Zeit und den allgemeinen demokratischen Reformen, die in der Welt stattfinden.

Ich wiederhole noch einmal, dass bei weitem nicht alle in der Lage sein werden, solche neuen Beziehungen aufzubauen und zu akzeptieren. Und viele sind einfach nicht für solche Beziehungen bereit, weil jeder Hinweis darauf, dass der Lehrer sich irren kann, für sie ein Zeichen ist, dass sie überhaupt nicht auf die Meinung ihres Gurus hören sollten.

Wir rufen euch auf, eine neue Art von Beziehungen zwischen Guru und Chela aufzubauen, die sich auf bedingungslose Liebe, wahre Bruderschaft und Zusammenarbeit gründen.

Und wir hoffen, dass sich eine ausreichende Anzahl von Individuen finden lässt, die schon für solche Beziehungen bereit sind, und diese bereits verfolgen.

Es war mir eine Freude, euch heute diese wichtige Lehre zu geben, die ihr zweifellos braucht.

ICH BIN Shiva, und ich war am heutigen Tage bei euch!

Eine Lehre über die göttliche Dankbarkeit

Gott Maitreya
10. April 2006

ICH BIN Maitreya, und ich bin durch meine Gesandte zu euch gekommen. ICH BIN gekommen, um Anweisungen im Bereich des göttlichen Wissens zu geben.

Süß sind die Momente unserer Kommunikation, und zu selten können wir einen Kanal auf der physischen Ebene erhalten, der unseren Anforderungen entspricht. Daher ist alles, was gesagt wird, und alles, was noch gesagt werden wird, für euch von unvergänglichem und absolutem Wert, wie kostbare Perlen.

Wir kommen und schenken euch eine Perle der Weisheit nach der anderen. Und ihr selbst reiht diese Perlen zu einer Halskette auf, für die ihr euer ganzes Leben lang sammelt.

Es ist wahrhaftig eine Kette des Wissens von unschätzbarem Wert. Und ihr müsst sorgsam damit umgehen.

Deshalb gebe ich diese längere Einleitung, damit ihr noch einmal die Reinheit eurer Motive prüft und euch auf die göttliche Harmonie einstimmen könnt. Wir bemerken, dass sehr viele unserer Chelas, die bereits munter dem Weg der Einweihungen gefolgt sind, auf einem bestimmten Abschnitt des Weges zu zweifeln beginnen, und die Versuchung beginnt sie vom Weg wegzuführen, von dem wahren Weg, den sie viele Verkörperungen lang gesucht und endlich gefunden haben.

Was ist der Grund für diese Situation? Und warum geschieht dies?

Ich werde euch den Grund nennen. Ihr empfindet ständig einen Mangel und Hunger nach der göttlichen Liebe und göttlichen Energie. Aber sobald ihr auch nur eine kleine Menge unserer Liebe, unserer Energie erhaltet, vergesst ihr sofort jene Zustände der Hoffnungslosigkeit und

Ausweglosigkeit, in denen ihr euch befandet, bevor ihr unsere Lehre gefunden habt.

Das menschliche Bewusstsein ist sehr agil und unbeständig. Und die Eigenschaft, die ihr vor allem in euch entwickeln müsst, ist das Gefühl der Dankbarkeit für die euch gegebene Lehre. Dankbarkeit gegenüber dem Himmel, dem Schöpfer, den Aufgestiegenen Lichtwesen und unserer Gesandten.

Gerade das Gefühl der Dankbarkeit. Denn genau dieses Gefühl bleibt in eurer physischen Oktave besonders rein und unverfälscht.

Das Gefühl der Liebe ist das höchste, aber es ist überaus schwierig, die Reinheit dieses Gefühls in eurer Oktave zu erlangen. Denn kein anderes Gefühl unterliegt einer solchen Entstellung und Verzerrung wie das Gefühl der Liebe.

Daher empfehle ich euch, dass ihr damit beginnt, das Gefühl der Dankbarkeit für die erhaltene Lehre und das erhaltene Wissen in euch zu kultivieren.

Ohne das Gefühl der Dankbarkeit werdet ihr auf eurem Weg nicht weiter voranschreiten können. Und geniert euch nicht, dass ihr eure Wertschätzung und Dankbarkeit in der Öffentlichkeit zum Ausdruck bringen müsst. Sehr viele Europäer besitzen kein klares Verständnis dafür, wie man Gott, den Meistern, dem Höchsten dient, während dies den Völkern Indiens und Tibets von Geburt an innewohnt. Deshalb müsst ihr in euch die Traditionen der Verehrung der Gottheit wiederherstellen.

Die Verehrung der Gottheit außerhalb eurer selbst und die Verehrung der Gottheit in eurem Inneren.

Ihr müsst die Balance, das Gleichgewicht finden, was eure Beziehung zu Gott betrifft. Wenn ihr alles annehmt, was euch gegeben wird, und kein Gefühl der Dankbarkeit empfindet und es nicht zum Ausdruck bringt, so beraubt ihr euch aus freiem Willen eures weiteren Fortschreitens. Der Himmel kann euch nichts mehr geben, wenn ihr die erhaltene Energie nicht durch eure eigene Energie ausgleicht, die ihr in unsere Oktaven sendet. In unseren Oktaven gibt es kein Geld, doch das Äquivalent des Geldes ist die göttliche Energie. Daher müsst ihr, wann immer ihr Wissen erhaltet, uns ein Äquivalent an göttlicher Energie geben, das zu unseren Oktaven durchdringen kann. Ihr wisst, dass keine unvollkommene Energie zu den Oktaven des Lichtes durchdringen kann. Daher empfehle ich euch, damit zu beginnen, das Gefühl der Dankbarkeit in euch zu kultivieren.

Ihr könnt Liebe empfinden und uns eure Liebe senden. Aber leider ist den meisten Menschen ein solch niedriger Standard der Liebe eigen, den sie in ihrem Herzen tragen, dass eine solche Liebe nicht zu unseren Oktaven durchdringen kann.

Ihr müsst jedoch ständig achtgeben, dass eure Dankbarkeit und eure Verehrung nicht ins andere Extrem umschlagen, wenn ihr anfangt, äußerlich anzubeten, ohne dabei ein wahres Gefühl der Dankbarkeit in eurem Herzen zu empfinden. Jede äußere Anbetung sollte nur die innere Manifestation eurer Gefühle ergänzen. Viele Menschen hingegen glauben, dass es genug sei, einfach Dankbarkeit im Herzen zu empfinden, ohne sie äußerlich zum Ausdruck zu bringen. Analysiert in diesem Falle aufmerksam euren Zustand und eure Motive. Denn manchmal werdet ihr in diesem Fall nur von Stolz getrieben.

Ihr lebt in der physischen Welt, und ihr müsst, eure Dankbarkeit auf der physischen Ebene manifestieren.

Vergesst nicht, dass es in eurer Verantwortung liegt, euch um unsere Gesandte zu kümmern.

Diese alte Weisheit ist im Gedächtnis der heute lebenden Generation allzu sehr in Vergessenheit geraten. Zu allen Zeiten, als in den Köpfen der Menschen die Göttlichkeit die Oberhand hatte, blühten Menschen auf, die die Stimme Gottes in ihrem Herzen hörten und den Menschen das Wort Gottes bringen konnten.

An der Art und Weise, wie sich die Menschen unseren Boten, Propheten und Gesandten gegenüber verhalten, kann man beurteilen, wie weit die

Moral der Gesellschaft gesunken ist, und wie weit sich die Gesellschaft vom göttlichen Ideal entfernt hat.

Zögert daher nicht, unserer Gesandten eure Unterstützung und Fürsorge zu erweisen. Denkt immer daran, dass unsere Gesandte die Stellvertreterin der Hierarchie des Lichts auf Erden ist, und dass es eure Pflicht ist, unsere Auserwählte zu ehren und für sie zu sorgen.

Wenn ihr diese einfache Wahrheit in eurem Bewusstsein ohne jegliche Vorbehalte und Ausflüchte eures Intellekts annehmen könnt, dann werden wir mit euch in einer anderen Weise reden und eine tiefere Lehre und tiefergehendes Wissen geben können.

Wie sehr wir uns auch darum bemühen, ihr könnt euch unser Wissen jetzt nicht aneignen. Ihr müsst zuerst den Rückstrom der göttlichen Energie wiederherstellen, der zurück in unsere Oktaven fließt. Dann können wir geben.

Dieses Gesetz ist unbestreitbar, und es muss erfüllt werden.

Nur ihr selbst unterbrecht den Strom der göttlichen Energie. Und der Grund für die Unterbrechung des Stroms ist euer Stolz, eure mangelnde Bereitschaft, für das zu bezahlen, was gegeben wird, unabhängig davon, ob ihr eure Dankbarkeit in materieller Form oder durch eure Gefühle zum Ausdruck bringt.

Ideal ist für eure Zeit eine Kombination von innerer und äußerer Dankbarkeit. Und gerade ihr selbst müsst dieses Verhältnis im Auge behalten und regulieren.

Ich habe euch heute eine wichtige Lehre gegeben. Diese Lehre ist im Osten sehr gut bekannt und weit verbreitet. Aber die Menschen im Westen sind mit ihr praktisch nicht vertraut. Doch ohne die Umsetzung dieser Lehre kann der Westen nicht in vollem Maße die Weisheit des Ostens empfangen.

ICH BIN Maitreya, und ich war an diesem Tage bei euch.

Ihr müsst in eurem Bewusstsein zu ständigen Veränderungen bereit sein

Gott Maitreya
11. April 2006

ICH BIN Maitreya, und ich bin wieder zu euch gekommen.

Von diesem Tag an und in der nächsten Zeit wird sich etwas Erstaunliches in eurem Leben ereignen. Ihr werdet nicht länger nach jenen Gesetzen und Stereotypen leben können, die bisher charakteristisch für euch waren. Die Gesetze der physischen Welt ändern sich und haben sich bereits geändert. Daher werden diejenigen von euch, die glauben, dass sich auf dem Planeten nichts verändert und nichts passiert, in sehr naher Zukunft vom Gegenteil überzeugt werden müssen. Der Planet bewegt sich auf die Veränderung zu, und der Planet verändert sich in Übereinstimmung mit den Plänen Gottes.

Und je mehr sich manche von euch an das Alte und Abgelebte klammern, desto schmerzhafter wird der Prozess der Veränderungen für sie verlaufen.

Ihr müsst in eurem Bewusstsein zu ständigen Veränderungen, zu ständigem Wandel bereit sein. Es gibt nichts, was in der nächsten Zeit nicht einem Wandel unterworfen sein wird. Und vor allem wird euer Bewusstsein diese grandiosen Veränderungen erfahren. Und wenn ihr unvoreingenommen euer Leben betrachtet, so werdet ihr mit Erstaunen feststellen, wie vieles sich in eurem Leben bereits verändert hat und weiter verändert.

Die Veränderungen, die in der Welt stattfinden, sind so bedeutend, dass, wenn früher für solche Veränderungen Hunderte und sogar Tausende von Jahren notwendig waren, sich jetzt der Prozess der Veränderungen so sehr beschleunigt hat, dass dazu nur einige Jahre erforderlich sind. Und dieser Prozess findet unabhängig vom Willen derer statt, die ihre Existenz in den alten Bahnen fortsetzen möchten, seien es religiöse Begrenzungen, moralische Ansichten in der Gesellschaft oder andere Bereiche menschlichen Handelns.

Daher kommen wir, um euch ein weiteres Mal über die Veränderungen zu informieren, die sich ereignen und bereits ereignet haben.

Der Zyklus von Botschaften, den wir durch diese Gesandte gegeben haben, hat erst vor etwas mehr als einem Jahr begonnen. Und wenn diejenigen von euch, die diese Botschaften aufmerksam mehrere Male gelesen haben, ihr eigenes Leben und das Leben um euch herum betrachten, so werdet ihr die Veränderungen bemerken. Darüber hinaus werdet ihr bemerken, dass viele Punkte in unseren Botschaften, die euch im vergangenen Jahr noch wichtig und zeitgemäß erschienen, jetzt bereits veraltet sind.

Noch nie in der gesamten Geschichte der Entwicklung der Menschheit auf dem Planeten Erde vollzogen sich die Veränderungen im Bewusstsein der Menschen mit einer solchen Geschwindigkeit.

Verständlich ist auch der Widerstand seitens jener Kräfte, die die Illusion verteidigen. Sie handeln durch jeden, der unvollkommen ist und in seinem Inneren die Wahl trifft, unter den Einfluss dieser Kräfte zu fallen. Daher rufen wir euch noch einmal dazu auf, euer Handeln, eure Motive und eure Reaktionen auf das Handeln anderer Menschen sorgfältig zu analysieren.

Tatsache ist, dass die Rückkehr des Karmas ebenso beschleunigt ist. Und wenn ihr früher erst in der nächsten Verkörperung mit den Folgen eures falschen Handelns konfrontiert werden konntet und dann darüber gejammert habt, warum ihr unter so ungerechten Bedingungen geboren wurdet, habt ihr jetzt die Möglichkeit, den Folgen eurer falschen Entscheidungen bereits im Laufe eines Jahres und in manchen Fällen buchstäblich am nächsten Tag zu begegnen. Infolgedessen könnt ihr nachverfolgen, wie sich das Gesetz von Ursache und Wirkung auf euch selbst, auf euch nahestehende Menschen und auf andere Menschen in eurer Umgebung auswirkt. Ihr müsst nur das, was mit euch geschieht, aus dem richtigen Blickwinkel und unvoreingenommen betrachten.

Jeder hat jetzt die Möglichkeit, sich in der Praxis mit dem Gesetz des Karmas vertraut zu machen. Und es ist nicht länger möglich, Gott Vorwürfe zu machen, dass manche Individuen sich nicht richtig verhalten und ihnen trotzdem „nichts passiert". Beobachtet aufmerksam, und ihr werdet sehen, was mit denen geschieht, die das göttliche Gesetz missachten und sich einbilden, in diesem Universum Herr zu sein.

Es gibt ein Gesetz des Universums, und es gibt eine bestimmte Ordnung im Universum. Und ich freue mich, euch mitteilen zu können, dass in Übereinstimmung mit den kosmischen Fristen auf dem Planeten Erde in naher Zukunft die Ordnung wieder hergestellt sein wird. Das göttliche Gesetz wird sich zunehmend im Leben der Menschen manifestieren. Und es wird immer schwieriger, diesem Gesetz nicht zu folgen.

Es ist, als würdet ihr versuchen, gegen die Strömung eines reißenden Gebirgsflusses anzugehen. Wie sehr ihr euch auch bemüht, ihr werdet dennoch von der Strömung davongetragen. Denn es ist sinnlos für euch, mit Gott zu kämpfen. Ihr müsst euch dem göttlichen Gesetz unterordnen, das in diesem Universum gilt.

Wir achten sorgfältig darauf, dass die Erhöhung der Schwingungen auf dem Planeten nicht von allzu großen Kataklysmen begleitet wird. Und bisher ist uns dies gelungen. Aber der Prozess der Veränderungen wird erfolgreicher verlaufen, wenn ihr in eurem Bewusstsein alle Hindernisse beseitigt, die euch daran hindern, euch zu verändern, und die euch daran hindern, den Weg der Veränderungen zu gehen.

Jedes Mal, wenn wir kommen und euch an den Wandel und die Veränderungen erinnern, die der Planet durchmacht, gibt es immer eine Anzahl von Skeptikern, die sagen, dass sich in ihrem Leben nichts ändert und sie nichts bemerken. Nun, wir können nur froh sein, dass sich die Veränderungen so sanft und reibungslos vollziehen, dass viele von euch sie nicht einmal bemerken oder versuchen, so zu tun, als würden sie sie nicht bemerken.

Und jetzt möchte ich euch noch etwas Wichtiges sagen. Und dies betrifft euer Fortschreiten auf dem Weg der Einweihungen. Ob ihr es wollt oder nicht, euer persönliches Fortschreiten ist erst dann möglich, wenn ihr gegenüber den Aufgestiegenen Lichtwesen bestimmte Verpflichtungen auf euch nehmt und die Gesetze akzeptiert, die im Universum existieren.

Es gibt ein Gesetz, über das auf dem Planeten nicht allzu viel bekannt ist, aber dieses Gesetz wirkt ebenso unerbittlich wie das Gesetz des Karmas. Dieses Gesetz hängt damit zusammen, dass euer Fortschreiten auf dem spirituellen Weg, nachdem ihr einen bestimmten Teil des Weges zurückgelegt habt, davon abhängig ist, dass ihr euch freiwillig dem höchsten Gesetz dieses Universums unterordnen und auf die Stufen der Hierarchie steigen müsst.

Sobald ihr die Stufen der Hierarchie betretet, erweisen euch alle Aufgestiegenen Lichtwesen ihren Schutz und ihre Hilfe. Dazu wird von euch nur eines verlangt: die Unterordnung unter das Gesetz, Demut, Hingabe und die Disziplin eines Schülers.

Ihr werdet zustimmen, dass, wenn ihr euch bei einer Schule oder Universität einschreibt, ihr die Regeln dieser Bildungseinrichtung befolgen müsst. Warum glaubt ihr, die göttliche Wissenschaft meistern zu können, ohne euch an bestimmte Regeln zu halten und das Gesetz zu befolgen?

Daher verlasse ich euch für heute und gebe euch Zeit, darüber nachzudenken, wie stark euer Wunsch ist, dem Weg der Lehrzeit zu folgen.

Und wie viel ihr in eurem Leben opfern könntet, um Zugang zur göttlichen Weisheit zu erhalten.

ICH BIN Maitreya,
und bis zu unserem Treffen auf dem Weg der Einweihungen.

Zyklus III: Botschaften der Aufgestiegenen Meister

vom 15. April bis zum 30. April 2006

Gebt euren Mitmenschen euer Licht, eure Liebe, eure Unterstützung

Sanat Kumara
15. April 2006

ICH BIN Sanat Kumara, und ich bin erneut zu euch gekommen.

Als wir vor mehr als einem Jahr kamen, um Botschaften durch unsere Gesandte zu übermitteln, wurde dieses Ereignis von dem Großteil der Menschheit nicht bemerkt. Und wir hatten auch nicht die Absicht, auf dieses Ereignis aufmerksam zu machen. Die wichtigsten und bedeutendsten Ereignisse geschehen immer leise und unbemerkt.

Wir kommen, um mit der Menschheit der Erde zu sprechen, und mit jedem Mal wird unser Kommen für euer Bewusstsein immer natürlicher, wie der Aufgang und Untergang der Sonne.

Wir kommen, und durch unser Kommen ändert sich die Situation auf dem Planeten Erde. Denn mit jedem Mal kann eine immer größere Anzahl von Individuen Zugang zu diesen Botschaften erhalten und den Nektar der darin enthaltenen göttlichen Energie genießen.

Jetzt bin ich gekommen, um euch noch einmal an die Veränderungen zu erinnern, die immer entschiedener stattfinden müssen, jener Wandel und jene Veränderungen, die bereits der geliebte Maitreya in seiner Botschaft vom 11. April 2006 erwähnt hat.

Und genau wie er mache ich kein Geheimnis daraus, dass die Geschwindigkeit, mit der sich diese Veränderungen ereignen werden, von jedem von euch abhängt, der diese Botschaften liest. Denn alles, was mit eurer physischen Welt zusammenhängt, alle Veränderungen eurer Welt geschehen nur durch eine Veränderung eures Bewusstseins.

Und wie immer werde ich euch eine kleine Lehre und einige Anweisungen geben, die euch bei der Veränderung eures Bewusstseins helfen werden.

Ich komme jedes Mal mit großer Aufregung und verspüre ein Beben im Herzen, wenn ich die Möglichkeit habe, mit euch zu sprechen, mit denen, die sich jetzt in der Verkörperung befinden.

Meine Kinder, ihr seid euch der ganzen Verantwortung nicht bewusst, die auf euren Schultern liegt, und ihr könnt euch dieser Verantwortung nicht vollständig bewusst sein.

Vor nicht allzu langer Zeit, bevor ihr in die Verkörperung kamt, durchliefen sehr viele von euch große Vorbereitungen und den Unterricht in den ätherischen Lichtstätten. Es wurden die besten Seelen für die Verkörperung in dieser schwierigen Zeit ausgewählt.

Daher ist es sehr schmerzhaft zu beobachten, wie diese Seelen, nachdem sie sich bereits verkörpert hatten, der Illusion erlaubten, ihr Bewusstsein so sehr zu beherrschen, dass sie nicht nur vergaßen, wozu sie in die Verkörperung gekommen waren, sondern auch Gott völlig vergaßen und in ihrem Herzen nicht nur die göttlichen Vorbilder, sondern auch ihre moralische Orientierung verloren.

Es ist schmerzhaft, dies mitansehen zu müssen, aber noch schmerzhafter ist es zu beobachten, wie diese Seelen den Übergang vollziehen und wieder auf der feinstofflichen Ebene eintreffen. Es blutet einem das Herz, wenn man das Leid dieser Seelen sieht. Wenn ihnen der Schleier von den Augen fällt und der Plan enthüllt wird, für den sie in die Verkörperung kamen und den sie nicht erfüllt haben, dann ist der Stress, den diese Seelen erleiden, nur mit dem schrecklichsten Stress zu vergleichen, den eine Seele in der Verkörperung erleben kann. Und dieser Stress lastet schwer auf der Seele. Es bedarf der Anstrengungen einer großen Anzahl von Engeln, die dazu berufen sind, Seelen zwischen den Verkörperungen zu heilen, um eine solche Seele darauf vorzubereiten, sich wieder auf der Erde zu verkörpern.

Wenn ihr einander auch nur mit einem Tausendstel der Liebe und Fürsorge behandeln würdet, die eurer Seele während der Zeit zwischen den Verkörperungen in den ätherischen Oktaven des Lichtes zuteil wird, so würde sich eure Welt innerhalb kürzester Zeit so sehr verändern, dass sie nicht wiederzuerkennen wäre.

Von euch wird verlangt, dass ihr eure Einstellung und euer Verhalten gegenüber euren Mitmenschen ändert.

Wenn ihr eine alte Seele seid, die zur Aufklärung ihrer weniger fortgeschrittenen Brüder und Schwestern in die Verkörperung kam, so erinnert euch an eure Pflicht und an die Verpflichtungen, die ihr vor der Verkörperung übernommen habt. Wie schwer es euch persönlich auch fallen mag, denkt nicht an euch selbst, denkt an eure Mitmenschen, die eure Fürsorge benötigen.

Manchmal genügt ein liebevoller Blick oder ein freundliches Wort, damit eine Seele erneut Hoffnung und Zuversicht für den morgigen Tag und den Sinn des Lebens findet.

Denkt an all die Millionen von Seelen, die eure Hilfe brauchen. Nicht jede Seele ist in der Lage, die Lehre zu verstehen, die wir durch unsere Gesandte geben. Und nicht jeder Mensch ist in der Lage, ein Buch zu nehmen und es zu lesen. Aber ihr könnt den Menschen eure Hilfe und eure Unterstützung nicht dadurch erweisen, dass ihr sie dazu zwingt, unsere Lehre zu lesen. Ihr könnt ihnen helfen, indem ihr einfach in ihrer Nähe seid und sie mit Worten, Taten oder nur mit einem Blick unterstützt.

Lasst euch nicht dadurch beirren, dass die Menschen eure Bemühungen nicht zu schätzen wissen. Gebt euren Mitmenschen einfach euer Licht, eure Liebe, eure Unterstützung. Und gestattet es dem äußeren Bewusstsein nicht, ein Urteil zu fällen nach der Art: „Dieser Mensch ist von Gott bereits verlassen, und dieser ist der Gipfel der Unwissenheit und Unvollkommenheit".

Wir gaben viele Male diese Lehre, und ich wiederhole sie jetzt. Sehr viele lichterfüllte Seelen belasten sich vor der Verkörperung mit solch großen karmischen Verpflichtungen und nehmen solch große Unvollkommenheiten auf sich, dass sie unter den jetzigen Bedingungen auf der Erde nicht imstande sind, diese Unvollkommenheiten zu überwinden und das übernommene Karma abzuarbeiten.

Daher erlaubt euch niemals zu richten. Vergesst nicht, dass ihr durch eine Verurteilung eure eigenen Schwingungen senkt und nicht länger in der Lage seid, die richtigen Entscheidungen zu treffen und Bewertungen abzugeben.

Erhebt euch über Verurteilung und Geschwätz und erlaubt nicht, dass diese negativen Energien euch beherrschen.

Vergebt allen Menschen, wie ungerecht es euch auch erscheinen mag, was sie euch antun. Der Vergebung sind keine Grenzen gesetzt, und der Demut und dem Mitgefühl sind keine Grenzen gesetzt.

Von keiner der göttlichen Eigenschaften kann es zu viel geben. Eure Welt benötigt die göttlichen Schwingungen und die göttlichen Eigenschaften so sehr, dass ihr den ganzen Tag lang eure Vollkommenheit, Güte, Liebe ausströmen könnt, und die Welt wird euch dankbar sein.

Aber diese Dankbarkeit wird sich nicht unbedingt auf der physischen Ebene manifestieren. Im Gegenteil, ihr könnt auf völliges Unverständnis und sogar Feindseligkeit stoßen. Denn jede Manifestation der göttlichen Schwingungen und göttlichen Eigenschaften wird sofort mit einer Manifestation gegensätzlicher Eigenschaften konfrontiert werden, die versuchen, die höheren Schwingungen zu unterdrücken und den Moment hinauszuzögern, wenn es auf der Erde keine Unvollkommenheit mehr geben wird.

Von euch wird verlangt, dass ihr die göttlichen Eigenschaften ungeachtet jeglicher Reaktionen seitens der entgegengesetzten Kräfte manifestiert. Lasst euch auf keinen Fall von diesen Kräften provozieren. Ihr könnt viel erreichen, doch müsst ihr sehr beharrlich und mutig sein.

Darin liegt die Schwierigkeit des Augenblicks, und dies ist gerade die Hilfe, die wir von euch erhalten möchten.

Derzeit ist es charakteristisch, dass es im Leben eines jeden Menschen Augenblicke geben wird, in denen er klar sehen wird, welche Kräfte durch ihn und um ihn herum wirken. Und ihr werdet bewusst in eurem Inneren die Wahl treffen, welche Kräfte ihr unterstützt und wohin ihr eure Energie lenkt.

Lasst euch durch vorübergehende Fehler nicht beirren. Straft euch nicht dafür. Ihr habt einen Fehler gemacht, ihr habt ihn erkannt, ihr habt beschlossen, diesen Fehler nicht zu wiederholen, und nun geht weiter.

Gestattet eurem Bewusstsein nicht, zu lange bei euren Fehlern zu verweilen. Vergesst nicht, wohin eure Aufmerksamkeit gerichtet ist, dorthin fließt eure Energie.

Am besten wäre es, nur mit dem zu leben, was im gegenwärtigen Moment um euch ist. Vergangenheit und Zukunft sollten nicht allzu viel Platz in eurem Bewusstsein einnehmen.

Ihr lebt mit dem, was im gegenwärtigen Moment geschieht, und in diesem Moment begegnet ihr stets frohen Mutes allen Schwierigkeiten und Misserfolgen des Lebens und bewahrt immer das Vertrauen in eure Kräfte, dass ihr alles überwinden und aus jeder Situation siegreich hervorgehen werdet.

Vergesst nicht, dass der größte Sieg derjenige ist, den ihr über den unwirklichen Teil eurer selbst erringt, und alles Übrige ist nur eine Illusion, die eure Aufmerksamkeit nicht erfordert. Wenn ihr aufhört, die Illusion mit eurer Aufmerksamkeit zu nähren, hört sie auf zu existieren.

Ich habe euch eine wichtige Lehre gegeben. Und ich denke, dass ihr diese Lehre bald anwenden und ihre innere Kraft schätzen werdet.

ICH BIN Sanat Kumara.
Und ich bin immer mit euch!

Der Prozess der Rückkehr zur Realität, der Prozess der Zusammenziehung der Illusion wird bis zum Äußersten beschleunigt werden

Der Geliebte Alpha
16. April 2006

ICH BIN Alpha, und ich bin erneut zu euch gekommen. Seit unserem letzten Treffen ist nach euren irdischen Maßstäben recht viel Zeit vergangen. Aber für mich, wenn ich es aus meiner Realität betrachte, sind nur wenige Stunden vergangen. Als sei es erst gestern gewesen.

Ich bin also erneut zu euch gekommen, Menschen des Planeten Erde. Und ich muss euch von den Veränderungen berichten, die seit unserem letzten Treffen auf dem Planeten stattgefunden haben. Es scheint euch so, als habe sich nichts geändert. Jedoch bin ich mir sicher, dass es Menschen gibt, die die Veränderungen auf dem Planeten Erde spüren. Es sind nur wenige, aber es gibt sie. Und das ist erfreulich. Es bereitet uns Freude, und es gibt uns Zuversicht. Denn wenn wir die Möglichkeit haben, durch einen zu sprechen, bedeutet das, dass wir morgen durch viele sprechen können. Und wenn einige Menschen die Veränderungen spüren und sie in ihrem äußeren Bewusstsein wahrnehmen, bedeutet das nur, dass morgen viele imstande sein werden, diese Veränderungen zu spüren.

Zuerst wird uns nur eine sehr kleine Anzahl von Menschen verstehen und Zugang zu uns finden. Wir geben unser Wissen und unsere Informationen. Es ist wie bei einer Steinlawine, die zunächst nur aus der Abwärtsbewegung eines kleinen Steins besteht. Nach und nach werden immer mehr Steine in diesen Prozess hineingezogen. Und es kommt der Moment, wenn die Lawine so mächtig wird, dass sie imstande ist, alles auf ihrem Weg mit sich zu reißen. Ihr befindet euch jetzt ganz am Anfang der Bewegung dieser Lawine.

Es wird noch einige Zeit vergehen, dann wird die Lawine an Kraft gewinnen und auf ihrem Weg alles Alte davontragen können, was sich den Veränderungen widersetzt.

Die neuen Veränderungen sind bereits in das Bewusstsein der Menschen eingegangen. Und sie breiten sich unausweichlich über den Planeten Erde aus.

Ich bin heute gekommen, um euch von dem Geheimnis zu erzählen, das euch früher nicht zugänglich war, aber jetzt zugänglich wird, da ihr eine neue Bewusstseinsstufe erlangt habt. Ich werde euch von dem erzählen, was verborgen ist, aber offenbar wird. Also, ihr wisst, dass wir vor einiger Zeit in unseren Botschaften den Beginn eines neuen Abschnitts der kosmischen Evolution für den Planeten Erde angekündigt haben. Und ihr wisst aus früheren Botschaften, dass dieser Abschnitt nach irdischen Maßstäben viele Jahre dauern sollte. Millionen von Jahren.

Und ich bin heute gekommen, um euch eine Freude zu bereiten. Denn es wurde beschlossen, dass die Übergangsperiode viel weniger Zeit dauern wird, als geplant war. Und diese Übergangszeit wird sich mit einem solch hohen Tempo manifestieren, dass jeder heute auf dem Planeten Erde lebende Mensch die Veränderungen beobachten und über sie staunen kann.

Es wurde beschlossen, dass der Prozess der Rückkehr zur Realität, der Prozess der Zusammenziehung der Illusion bis zum Äußersten beschleunigt wird. Die höchsten und am weitesten fortgeschrittenen Evolutionen dieses Universums beteiligen sich an dem Prozess, um die Schwingungen der physischen Ebene zu erhöhen, einschließlich der physischen Ebene des Planeten Erde. Für euch scheinen diese Informationen jetzt ohne besondere Bedeutung und ohne praktische Anwendung.

Diese Informationen sind jedoch notwendig für euch, und sie werden euch gegeben.

Ihr werdet jetzt erwachsen und fähig, immer feinere Schwingungen wahrzunehmen, die zu den höheren Oktaven gehören. Und für euch ist der

Prozess des Erwachsenwerdens verkürzt. Ihr werdet mehr verstehen können, und ihr werdet mehr sehen können.

Steht daher eurem Bewusstsein nicht im Wege, gestattet euch die höchsten Fantasien, und sie werden mit Sicherheit wahr werden. Bleibt Kinder, träumt und lasst eurer Vorstellungskraft freien Lauf, und erlaubt es euch nicht, zu den Erwachsenen zu werden, die auf dem Planeten Erde leben.

Ihr werdet in eurem Inneren erwachsen, doch euer Bewusstsein bleibt offen für die Wahrnehmung der höheren Realität. Und erst wenn ihr Kinder werdet, werdet ihr Erwachsene für die neue Realität.

Was ihr Erwachsenwerden nennt, ist leider nicht das, was Erwachsenwerden für die göttliche Realität bedeutet. Ihr werdet dann erwachsen[14], wenn ihr die Begrenzungen der physischen Welt akzeptiert und sie euch zu kontrollieren beginnen.

Wenn ihr in der höheren Realität erwachsen werdet, dann werdet ihr im Gegenteil frei von den Begrenzungen eurer dichten Welt. Und für eure dichte Welt bleibt ihr weiterhin Kinder in eurem Bewusstsein.

Deshalb wünsche ich, dass ihr Kinder in eurer Welt bleibt, und ich wünsche, dass ihr so bald wie möglich den Zustand des Erwachsenseins in der göttlichen Welt erreicht, der es euch erlaubt, unsere Mitarbeiter, unsere Freunde, unsere Brüder und Schwestern zu werden.

Und nun gestattet mir, euch noch einmal meine Liebe zum Ausdruck zu bringen. Ich hoffe sehr, dass meine Liebe euch und eurem Planeten in dieser schwierigen Übergangszeit helfen wird.

ICH BIN Alpha, mit Liebe zu euch.

---

[14] [im irdischen Sinne – d.Ü.]

Eine Lehre über göttliche Wunder

Der Geliebte Surya
17. April 2006

ICH BIN Surya, und ich bin an diesem Tage von der Großen Zentralsonne zu euch gekommen. Ich bin glücklich, euch begrüßen zu können, Kinder der Erde. Und ich freue mich über unser erneutes Treffen.

Jetzt werden wir uns ein wenig von euren irdischen Problemen abwenden und uns in Raum und Zeit zu mir versetzen, an den Ort des Universums, an dem ich mich nur zu gerne aufhalte.

Ihr könnt euch die Glückseligkeit und den Frieden, die diesem Ort innewohnen, nicht einmal vorstellen. Dieser Ort ist die Wiege all dessen, was in diesem Universum existiert.

Wie oft sehnen sich viele von euch nach diesem Ort. Manchmal überkommt euch Schwermut, Niedergeschlagenheit, es wird euch eng ums Herz, und ihr könnt euch die Ursache für euren Zustand nicht erklären. Weil ihr nach einem Grund außerhalb von euch selbst sucht. Aber tatsächlich liegt der Grund in eurem Inneren. Denn in solchen Momenten sehnt sich eure Seele nach der Welt, die sie vor Jahrmillionen verlassen hat, an die aber weiterhin eine Erinnerung in euren Herzen bewahrt bleibt.

Der Gipfel der Glückseligkeit, unendlicher Frieden und allumfassendes Glück – das ist der Zustand, in dem ich lebe und in dem ihr vor eurem Abstieg in die dichte Welt gelebt habt. Und wenn ihr euch auch nur für einige Minuten von der Geschäftigkeit des Alltags losreißen und in diesen Zustand der Glückseligkeit eintauchen könntet, so ist es ungewiss, ob ihr die Kraft finden könntet, in eure Welt zurückzukehren. Daher sind solche Bewusstseinszustände erst auf einer bestimmten Stufe eurer spirituellen Entwicklung zugänglich. Und ihr alle habt die Möglichkeit, solche Bewusstseinszustände zu erreichen. Vielleicht nicht in diesem Leben, aber in den nächsten, wird jeder von euch gewiss diese Glückseligkeit und einen mit nichts zu vergleichenden Frieden erleben. Es ist, als wäret ihr ins väterliche Haus zurückgekehrt und bräuchtet nirgendwo mehr hinzugehen.

Jetzt ist die Zeit gekommen, in der ihr beginnen müsst, euch an den Ort zu erinnern, von dem eure Seelen kamen. Ihr braucht dies einfach, um den Weg nach Hause anzutreten, zum ursprünglichen Frieden und zur Glückseligkeit.

Ich bin gekommen, um euch ein weiteres Mal an den Ort zu erinnern, woher ihr kamt und wohin ihr zurückkehren müsst. Es fällt euch schwer, mich in der Hektik klar zu hören, in der ihr euch jetzt befindet, inmitten der alltäglichen Geschäftigkeit und Sorgen.

Aber ich komme und reiße euch von euren Sorgen und nichtigen Dingen des Alltags los. Es steht euch frei, mich wie eine lästige Fliege zu verscheuchen. Ihr könnt dies tun, es ist euer Recht. Ich bin mir aber sicher, dass viele von euch die Möglichkeit finden werden, auf meine Worte zu hören und auf das, was hinter meinen Worten steht.

Ich habe eine enorme Entfernung überwunden, um zu euch zu kommen. Und dabei handelt es sich nicht einmal um eine Entfernung im materiellen Universum. Es ist der Weg, der in eurem Innern liegt und euch von der höheren Realität trennt. Und so wie es euch in eurem verkörperten Zustand schwerfällt zu verstehen, von welcher Realität ich spreche, so ist es auch für mich schwierig, auf eine Ebene herabzukommen, auf der ihr mich hören könnt, selbst mit Hilfe einer speziell ausgebildeten Gesandten, die sich neben euch in der Verkörperung befindet.

Wir kommen in ihren Tempel und haben die Möglichkeit, unsere Botschaften zu geben. Und dies ist ein Wunder, das buchstäblich vor euren Augen geschieht, denn ihr habt die Möglichkeit, euch noch am gleichen Tag mit unseren Botschaften vertraut zu machen, an dem wir sie geben. Jedes göttliche Wunder geschieht so natürlich, dass ihr euch des Wunders nicht einmal bewusst seid. Und dies ist eine besondere Eigenschaft der Wunder, die von Gott kommen. Kein Wunder, das einem menschlichen Bewusstsein entstammt, kann so natürlich geschehen, und es muss unter erheblichen Anstrengungen vorbereitet werden. Ihr kennt viele Lehren, die euch beibringen, wie man Wunder vollbringt. Und viele von euch versuchen, solche Wunder zu vollbringen, ob ihr sie in eurer Sprache Magie oder anders nennt. Wenn ihr aber auf ein göttliches Wunder trefft, fällt euch als Erstes auf, wie natürlich dieses Wunder geschieht, dass ihr erst nach einiger Zeit erkennt, dass ihr etwas Außergewöhnlichem begegnet seid, was eure Aufmerksamkeit verdient. Aber das Wunder ist bereits geschehen. Und dieses göttliche Wunder geschah ohne Mitwirkung eures Bewusstseins.

Wenn ihr also den Wunsch verspürt, in eurem Leben auf ein Wunder zu treffen, so ist an eurem Wunsch nichts Verwerfliches. Und wenn ihr um euch herum nach Wundern sucht, werdet ihr sie finden. Aber Wunder sind, wie alles, was euch in eurer Welt umgibt, dualer Natur. Es gibt Wunder, die durch den Heiligen Geist offenbart werden, und das sind wahrlich die Wunder Gottes. Und es gibt Wunder, die durch das menschliche Bewusstsein und mithilfe des menschlichen Bewusstseins vollbracht werden. Und dies sind die Wunder vom Menschen, und nicht von Gott. Lernt daher zu unterscheiden. Und macht eure Unterscheidung. Es ist nichts Schlechtes in eurem Streben nach Wundern. Doch wenn ihr diesem Streben zu viel Zeit widmet, so erhaltet ihr aus der euch umgebenden Illusion etwas, was wie ein Wunder aussieht, aber Gott und die göttlichen Kräfte haben nichts mit diesen Wundern zu tun. Daher müsst ihr nach Gott, nach der göttlichen Wahrheit streben und nicht nur an Wunder denken. Denn erst wenn ihr euch in eurem Bewusstsein der göttlichen Wahrheit nähert, beginnt ihr in eurem Leben Wundern zu begegnen.

Glaubt mir, Gott wird euch seine Wunder zur rechten Zeit offenbaren ohne jede Bitte eurerseits. Denn das Voranschreiten zur göttlichen Wahrheit führt unweigerlich dazu, dass ihr Wunder erleben werdet, ihr müsst euch nur aufmerksam umschauen.

Göttliche Zeichen der Wahrheit, die in Form von Wundern offenbart werden, sind auf dem Weg derer unausweichlich, die aufrichtig zu Gott streben und nicht nach billigen Wundern von Menschen suchen.

Jetzt werde ich euch euren Gedanken über Wunder und die göttliche Welt überlassen. Das Wunder Gottes ist immer bereit, sich zu offenbaren, aber nur die Augen eines Menschen, der wie ein Kind ist, können solche Wunder sehen. Lasst eure Spiele und Sorgen der Erwachsenen. Erlaubtes euch wenigstens einige Minuten am Tag, in eure Kindheit zurückzukehren, als ihr ein Wunder erwartet habt und Gott es euch in Form des Aufgangs und Untergangs der Sonne, in Form von Schnee, Regen, einem Regenbogen offenbarte.

All diese Wunder habt ihr mit eurem kindlichen Bewusstsein gesehen und hieltet sie für Wunder Gottes. Warum seht ihr diese Wunder jetzt nicht? Und was hindert euch daran, diese Wunder um euch herum zu sehen?

Ich stimme zu, dass ihr in eurem Leben viele Sorgen und viele Verpflichtungen habt, die auf euch lasten. Wenn ihr aber unvoreingenommen euer Leben betrachtet, werdet ihr verstehen, dass es nichts Wichtigeres für euch gibt, als göttliche Wunder in eurem Leben zu beobachten. Und wenn ihr im Leben, das euch umgibt, ständig göttliche Wunder seht, wird sich euer Leben grundlegend zu verändern beginnen. Und ihr werdet erstaunt sein, wie viel Zeit ihr haben werdet, die Wunder Gottes zu beobachten.

Ich habe eine enorme Entfernung überwunden, um euch daran zu erinnern, dass ihr auf Wunder warten müsst, und dann können Wunder um euch herum geschehen.

Um euch daran zu erinnern, hat es sich gelohnt, meinen Weg zu euch, zu euren Herzen zurückzulegen.

**ICH BIN Surya,
und ich wohne in euren Herzen.**

Der Schlüssel zu eurer Zukunft und zur Zukunft des ganzen Planeten ist euer Bewusstsein

Gautama Buddha
18. April 2006

ICH BIN Gautama Buddha, und ich bin an diesem Tage zu euch gekommen.

ICH BIN gekommen, um euch etwas Wissen und eine Unterweisung zu geben. Wie immer nutze ich das Gefäß und die Möglichkeit, die unsere Gesandte Tatyana uns bietet.

Noch vor kurzer Zeit hatten wir nicht die Möglichkeit, unsere Lehre so ungehindert der ganzen Welt zu geben. Und noch vor zwei oder drei Jahren hätte niemand gedacht, dass die Lehre auf dem Territorium Russlands gegeben werden kann. Seht, wie sich alles geändert hat.

Wir geben unsere Lehre, und gleichzeitig ändert sich die Situation in Russland und auf dem Planeten Erde insgesamt.

Ihr seht, und ihr habt die Möglichkeit zu beobachten, wie ein scheinbar unbedeutendes Ereignis Auswirkungen auf die ganze Welt haben kann. Möglicherweise ahnt ihr es nicht und zieht keine Analogie zu eurem eigenen Leben, und ihr verbindet die in eurem Leben stattfindenden Veränderungen nicht mit der Tatsache, dass wir die Möglichkeit haben, unsere Botschaften zu geben. Nun, wir verlangen von euch nicht, dass ihr überhaupt irgendwelche Analogien zieht. Beobachtet einfach die Veränderungen, die in eurem eigenen Leben und im Leben eurer Mitmenschen stattfinden.

Es wird einige Zeit vergehen, und ihr werdet lernen, hinter den Veränderungen den Einfluss der Aufgestiegenen Lichtwesen zu erkennen. Wir handeln offen, und es gibt nichts in unserem Handeln, was wir nicht in unseren Botschaften enthüllen. Der ganze Mechanismus, durch den wir auf den Planeten Erde einwirken und auf die Veränderungen Einfluss nehmen, die sich auf dem Planeten Erde ereignen, wird in unseren Botschaften und Lehren offen dargelegt.

Alles geschieht auf eine sehr einfache Weise. Ihr lest die Botschaften, ihr besucht die Seminare, die wir durch unsere Gesandte und mithilfe jener Menschen durchführen, die uns dienen möchten. Ihr erhaltet Energie, Wissen, und ihr verändert euer Bewusstsein, euer Denken, eure Schwingungen.

Ihr beeinflusst jeden Menschen, dem ihr auf der Straße begegnet, oder bei der Arbeit. So konnten wir in diesem Jahr Millionen von Menschen mit unserem Einfluss erreichen. Daher können wir jetzt mit Zuversicht sagen, dass der Prozess der Bewusstseinsveränderung so erfolgreich verläuft, dass entschieden wurde, dass der Prozess der Veränderungen auf dem Planeten Erde so weit wie möglich beschleunigt werden kann. Das heißt nicht, dass euch in nächster Zeit bedeutende Kataklysmen und Katastrophen drohen. Im Gegenteil, wenn der Prozess der Bewusstseinsveränderung weiterhin so erfolgreich und mit einem solch entschlossenen Tempo verläuft, werdet ihr schwere Kataklysmen und Katastrophen vermeiden.

Wir können euch jedoch nicht garantieren, dass es keine Kataklysmen und Katastrophen geben wird, wenn die Kräfte, die sich uns widersetzen und zu allen möglichen Opfern bereit sind, um den Prozess der Veränderungen zu verlangsamen, aktive Maßnahmen ergreifen und in diese Maßnahmen eine große Anzahl von Menschen hineinziehen.

Bevor ihr daher mit einer Aktivität in eurer Welt beginnt, was immer es auch sein mag, wägt eure Motive sorgfältig ab, und versucht zu verstehen, welche Motive die Menschen bewegen, die euch nahelegen, an dieser oder jener Maßnahme teilzunehmen, einschließlich Gebetspraktiken. Die Energie des Gebets kann schlau für Ziele verwendet werden, die den göttlichen direkt entgegengesetzt sind.

Jetzt erlaubt uns eure Bewusstseinsebene, diese Lehren über die Verzerrung der Energie des Gebets zu geben. Zu allen Zeiten gab es Menschen, die die Energie des Gebets in die höheren Oktaven des Lichtes richteten, aber es gab auch andere Menschen, die die Energie der Gebete nutzten, um ihre persönlichen eigennützigen Ziele zu erreichen. In diesem Falle handelten sie nicht im Einklang mit dem Willen Gottes. Darüber hinaus schufen auch jene Menschen Karma, die in ihre Aktivitäten miteinbezogen wurden.

Alle Taten und Handlungen in eurer Welt, alle Gedanken und Gefühle erzeugen Karma. Ihr könnt nicht anders, als zu handeln, und folglich könnt ihr nicht anders, als Karma zu schaffen. Karma kann jedoch negativ und positiv sein. Negatives Karma verlängert den Zyklus eures Aufenthalts auf der Erde, und ihr seid gezwungen, immer wieder in die Verkörperung zu kommen.

Positives oder gutes Karma führt dagegen dazu, dass der Zyklus eures Aufenthalts auf dem Planeten Erde verkürzt wird.

Das Schicksal jedes Individuums und die Lage der Dinge auf dem Planeten Erde werden von dem Verhältnis zwischen positivem und negativem Karma beeinflusst, das die Menschheit in der Vergangenheit geschaffen hat und auch jetzt, in jedem Moment der Gegenwart schafft.

Darum wiederholen wir unermüdlich, dass die Zukunft des Planeten Erde und der Prozess der Veränderungen auf dem Planeten von jedem von euch abhängt.

Wie schwer es euch auch fallen mag, ihr müsst immer daran denken, dass eure Existenz nicht mit dem Tod eures physischen Körpers endet. Oh, ihr seid so viel mehr als euer physischer Körper! Jeder von euch hat das Potenzial, Gott zu werden. Und mit der Zeit werdet ihr alle zu Göttern. Mit Ausnahme derjenigen, die sich aus freiem Willen weigern, Gott zu werden, und die sich mit dem physischen Körper identifizieren wollen. Ihr wisst, dass alles, was euch umgibt, eine riesige Illusion darstellt. Und eure Aufgabe besteht im Großen und Ganzen darin, euch in eurem Bewusstsein über diese Illusion zu erheben. Und wenn ihr euch über die Illusion erhebt und von allem befreit, was euch an die physische Welt bindet, setzt ihr eure Entwicklung in den höheren Welten fort. Wenn ihr euch aber mit der physischen Welt identifiziert, so verurteilt ihr euch aus freiem Willen zum Tode, da die physische Welt mit der Zeit aufhören wird zu existieren, und ihr werdet nicht in die höheren Welten übergehen können, weil euer Bewusstsein die höheren Welten nicht akzeptiert.

Daher liegt der Schlüssel zu eurer Zukunft und zur Zukunft des ganzen Planeten in eurem Bewusstsein, und in welchem Maße ihr bereit seid, euer Bewusstsein zu ändern.

Diese gesegnete Möglichkeit, die eurem Planeten gegeben wird, muss von eurem Bewusstsein angenommen werden. Ihr müsst euch bewusst werden, dass es eine göttliche Möglichkeit gibt, und ihr müsst danach streben, diese Möglichkeit anzunehmen und sie in eurem Leben zu verwirklichen. Dann kann die göttliche Möglichkeit in eurer physischen Welt manifestiert werden.

Ich habe euch über den Mechanismus berichtet, wie wir auf die physische Welt einwirken und wie wir die physische Welt verändern. Dies ist die natürlichste Art der Veränderungen, die zuerst angewendet werden muss. Alle Kataklysmen entstehen deswegen, weil das Bewusstsein der Menschheit nicht der Ebene entspricht, die der Himmel zum gegebenen Zeitpunkt bei der irdischen Menschheit zu sehen wünscht. Deshalb warnen wir euch immer, wenn von euch verlangt wird, stärker an der Veränderung eures Bewusstseins zu arbeiten.

Jetzt freue ich mich, sagen zu können, dass das Tempo, mit dem sich das Bewusstsein der Menschheit ändert, den von uns gestellten Anforderungen entspricht.

Weiter so! Der Himmel ist euch dankbar. Und ihr dürft mit Recht auf neue Gnadengaben des Himmels hoffen.

Ich habe mich über unser heutiges Treffen gefreut.

ICH BIN Gautama Buddha. Om.

Ein Gespräch über den Weg der Einweihungen

Gott Maitreya
19. April 2006

ICH BIN Maitreya, und ich bin wieder durch meine Gesandte zu euch gekommen. ICH BIN zu neuen Unterweisungen gekommen, die ich an diesem Tage geben möchte.

Wie immer bin ich sehr froh über unser Treffen. Und wie schwer es für uns auch sein mag und wie viele Anstrengungen wir auch unternehmen müssen, um unsere Verbindung herzustellen, alle unsere Anstrengungen lohnen sich durch die Veränderungen in eurem Bewusstsein, die wir von euch erwarten und die sich bereits zu vollziehen begonnen haben.

Daher bin ich heute, wie auch zuvor, gekommen, um euch noch einmal bestimmtes Wissen und Informationen über euren Weg der Einweihungen zu geben. Und dieser Weg, dem ich euch zu folgen aufrufe, unterscheidet sich in vielen Dingen von dem, worauf ihr in eurem täglichen Leben stoßt. Und dieser Weg unterscheidet sich von den Lehren, denen ihr in eurem Leben begegnet.

Als Erstes muss ich euch sagen, dass ihr euch der Einweihungen, die ihr in euren Leben durchschreitet, erst dann bewusst werdet, wenn euer Bewusstsein eine bestimmte Stufe erreicht hat. Bis dahin seid ihr wie Heranwachsende, die in den Wassern des Lebens herumplanschen und sich des Erwachsenenlebens nicht bewusst sind, und die sich der ganzen Schwierigkeit des Lebens und des bevorstehenden Lebenswegs nicht bewusst sind.

Im Leben einer jeden Wesenheit kommt ein Moment, wenn sie erkennt, dass sie mit dem Höchsten verbunden ist und beginnen muss, dem Weg der Einweihungen bewusst zu folgen. Der Zustand der Gesellschaft in den vergangenen Jahrhunderten, insbesondere im Westen, machte es unmöglich, die Einweihungen bewusst zu durchlaufen. Die Menschen vergaßen die Schulen der Mysterien und das Wissen, das in diesen Schulen vermittelt wurde.

Daher ist es unsere Aufgabe und die Aufgabe, die vor unserer Gesandten liegt, euch an den Weg der Einweihungen zu erinnern und die Traditionen des alten Weges der Einweihungen zu erneuern. Ein besonderes Merkmal unserer neuen Handlungen wird darin bestehen, dass wir versuchen werden, euch das notwendige Wissen über den Weg der Einweihungen zu geben, aber jeder von euch wird seine Einweihungen individuell durchlaufen, ohne sich aus dem gewohnten Leben zurückzuziehen.

Wir hoffen, dass diese neue Möglichkeit in der heutigen Zeit im Westen Aufnahme finden wird. Und ihr braucht nicht in der Ferne nach Lehrern zu suchen und bis ans Ende der Welt zu ihnen zu reisen.

Ich wiederhole noch einmal, dass sich genau das mit euch ereignet, was ihr in eurem Bewusstsein zulasst. Und weil eine neue Zeit angebrochen ist und sich neue Möglichkeiten eröffnet haben, ist es keinesfalls notwendig, ans andere Ende der Welt zu reisen, um in meine Schule der Mysterien einzutreten. Es ereignet sich genau das, was ihr in eurem Bewusstsein zulasst. Und wenn ihr in eurem Bewusstsein zulasst, dass ihr mit mir und anderen Meistern der Weisheit kommunizieren könnt, so wird es früher oder später in eurem Leben geschehen. Und ich werde direkt zu euch kommen, oder ich werde durch eure Feinde, eure Freunde und eure Nächsten zu euch kommen. Und ich werde euch die Lektionen geben, die ihr benötigt. Alles ist einfacher geworden. Die Ebene des Bewusstseins, die die besten Vertreter der Menschheit erreicht haben, ermöglicht es euch, mit uns zu kommunizieren, selbst unter den Bedingungen der großen Städte. Alles, was ihr braucht, ist eine maximale Isolation von äußeren Geräuschen und äußeren Reizen. Ihr müsst lernen, auf eure Empfindungen zu achten. Ihr müsst Schwingungen unterscheiden. Ihr müsst auf die Gedanken achten, die euch in den Kopf kommen, und ihr müsst die Gedanken, die ich euch sende, von den Gedanken unterscheiden, die in eurem eigenen Kopf entstehen oder aus der Mentalebene zu euch kommen.

Ihr nehmt dann in eurem Inneren an meinem Unterricht teil, wenn ihr euch an einem ruhigen, abgeschiedenen Ort befindet und niemand euch stört. Alles, was unserer Kommunikation im Wege steht, ist die Ebene eurer Schwingungen. Wenn ihr also in der Lage seid, mithilfe von Gebeten oder Meditationen eure Schwingungen auf ein Niveau zu erhöhen, auf dem euch keinerlei menschliche Gedanken und Gefühle mehr stören, dann kann ich direkt zu euch kommen und die Kommunikation mit euch aufnehmen.

Ihr erhaltet das, wonach ihr strebt. Lasst euch also nicht verunsichern, wenn es euch nicht gleich beim ersten oder zweiten Mal gelingt.

Euer Streben darf euch nicht verlassen. Manchmal kann es lange dauern, bis unsere innere Verbindung hergestellt ist. Aber sobald ihr die Möglichkeit habt, direkt mit mir zu kommunizieren, wird euch dies als Zeichen dienen, dass ihr in meine Schule eingetreten seid und alle erforderlichen Prüfungen für die Aufnahme bestanden habt. Aber sobald ihr in meine Schule aufgenommen werdet, wird euer Leben vom Standpunkt gewöhnlicher menschlicher Logik zusammenzubrechen beginnen. Denn der einzige Unterschied zwischen einem eingeweihten Menschen und einem gewöhnlichen Menschen besteht in der Ebene des Bewusstseins. Und je tiefer ihr euch der Tatsache bewusst seid, dass alles, was euch umgibt, eine Illusion ist, desto höher ist der Grad der Einweihungen, den ihr erreicht.

Die Ebene eures Bewusstseins ist das, was mich interessiert. Und damit ihr eine neue Ebene des Bewusstseins erreicht, bin ich bereit, euch die schwierigsten Tests zu geben. Alle Tests sind darauf ausgerichtet, euch von jeglicher Bindung an die euch umgebende materielle Welt zu befreien. Wenn ihr euch freiwillig und mit meiner Hilfe von euren Bindungen an die materielle Welt befreit, werdet ihr zu Eingeweihten, denen ich das alte Wissen über den Aufbau des Universums enthüllen kann.

Wenn ihr nicht über den nötigen Grad der Einweihungen verfügt, dann werdet ihr, wie sehr ihr euch auch bemüht, selbst sehr einfaches Wissen nicht verstehen können. Ihr werdet die Worte hören, aber diese Worte werden euer Bewusstsein nicht erreichen. Sehr viel Wissen und sehr viele Informationen sind in eurer Welt enthalten. Aber nur diejenigen, die ein erweitertes Bewusstsein haben, können diese Informationen nutzen. Es ist, als würde man einem Affen einen Computer geben. Seine Bewusstseinsstufe wird es ihm nicht erlauben, diesen Gegenstand seiner Bestimmung gemäß zu gebrauchen. Wenn wir euch unsere Informationen geben und beobachten, wie ihr diese Informationen verwendet, ähnelt die Mehrheit von euch leider diesen Affen.

Die ganze Welt ist buchstäblich voller Wissen und Informationen. Doch nur wenige können dieses Wissen nutzen. Denn nur wenige haben in dieser oder in ihren vergangenen Verkörperungen die notwendigen Einweihungen durchlaufen und eine bestimmte Ebene der Entwicklung des Bewusstseins erreicht. Und der Grad eurer Einweihungen wird nur durch eure persönlichen Errungenschaften bestimmt. Eine Einweihung kann man nicht kaufen. Und es ist nicht möglich, dass jemand anderes eure Einweihungen für euch oder anstelle von euch durchläuft.

Es gibt jedoch Menschen, die ihre Einweihungen bereits bestanden haben und Gurus für euch sind – Menschen, die dem Vektor eurer Bestrebungen die richtige Richtung geben können.

Wenn der Schüler bereit ist, erscheint der Lehrer. Daher können nur diejenigen von euch, die in ihrem Inneren bereit sind, das notwendige Wissen erhalten und die Meilensteine auf dem Weg der Einweihungen finden und erkennen, die euch auf den wahren Weg führen werden.

Darum rufe ich euch wie immer dazu auf, in euch zu gehen und euch selbst zu beobachten. Denn nur eure Unvollkommenheiten und eure Bindungen trennen euch von dem Wissen und hindern euch daran, meine Schüler zu werden.

Ich habe mich über unser heutiges Treffen gefreut. Und ich habe euch über die neue Möglichkeit berichtet, die diejenigen von euch erwartet, die bereit sind und sich darum bemühen.

ICH BIN Maitreya.

Eine Unterweisung, wie ihr euch gegenüber allem verhalten müsst, was euch in eurer dichten Welt und in den feinstofflichen Welten umgibt

El Morya
20. April 2006

ICH BIN El Morya Khan, und ich bin erneut durch meine Gesandte zu euch gekommen.

Und, wie zuvor, bin ich gekommen, um mit euch zu reden und eine Unterweisung zu geben, die euer Leben und euren Platz im Universum betreffen.

Wie Kinder, die in diese Welt kommen, um sie zu erfahren, beginnt auch ihr den Prozess der Erkenntnis der Welt, jedoch einer Welt, die noch außerhalb der Grenzen der Wahrnehmung durch eure physischen Sinnesorgane liegt.

Aber diese Welt existiert und stellt eine höhere Realität dar, in der ihr mit der Zeit geboren werdet und euch aufhalten werdet.

Vor der Verkörperung, als eure Seele sich in der feinstofflichen Welt befand, erhieltet ihr Unterricht und Anweisungen dazu, was euch erwartet, wenn ihr in die dichte, physische Welt übergeht. Jetzt bin ich gekommen, um euch darin zu unterweisen, was euch erwartet, wenn ihr in die feinstoffliche Welt übergeht.

Denn je besser ihr auf den Übergang in die feinstofflichen Welten vorbereitet seid, desto weniger Anstrengungen wird eure Seele unternehmen müssen, um sich an unsere Welt anzupassen. Wir sprechen für alle, aber nicht jeder kann die in den Botschaften enthaltenen Informationen wahrnehmen und insbesondere die Informationen lesen, die zwischen den Zeilen geschrieben stehen. Das ist der Unterschied zwischen den Botschaften, die aus den höheren Oktaven kommen, und jenen Botschaften, die ihr von einer weniger hohen Ebene der Astral- und Mentalwelt erhaltet. Die Mehrdimensionalität und Vielschichtigkeit der Botschaften. Die Informationen sind so angelegt, dass sie für jeden verständlich sind, unabhängig von der Bewusstseinsebene. Doch gibt es etwas, was sich hinter den allgemeinen Phrasen verbirgt und nur denen verständlich ist, die zwischen den Zeilen lesen und die Stimme in der lautlosen Stille hören können.

Für jeden gibt es Informationen, aber nicht jeder kann alles erfassen.

Lasst euch nicht dadurch verwirren, dass sehr viele Dinge eurem äußeren Bewusstsein entgehen. Es wird ein Abschnitt auf eurem Weg kommen, wenn ihr mit einem Mal zu erkennen beginnt, was ihr vorher nicht erkennen konntet. Wissen wird in eurem Kopf erscheinen, und ihr werdet nicht verstehen, woher ihr plötzliche diese Dinge wisst. Ihr werdet euch bemühen, euch an die Informationsquelle zu erinnern, doch ohne Erfolg. Aber irgendwann erinnert ihr euch daran, dass ihr diese Botschaften der Aufgestiegenen Meister gelesen habt und unbewusst Informationen erhieltet, die sich zwischen den Zeilen befanden.

Durch das Lesen dieser Botschaften verbindet ihr euch mit einem bestimmten Informations- und Energieegregor und erlangt die Fähigkeit, spontan in verschiedene Ebenen der feinstofflichen Welt zu gelangen und Informationen direkt aus den höheren Oktaven zu erhalten. Ihr erhaltet Unterricht im Schlaf, und ihr erhaltet Unterricht in Form von Einsichten und Verstehen, indem ihr spontan eine hohe ätherische Ebene erreicht.

Es ist also alles nicht so einfach, wie es auf den ersten Blick scheint...

Ich muss aber eurer Besorgnis zuvorkommen. Keine Informationsübermittlung und keine Verbindung mit einer Informationsquelle wird ohne eure Zustimmung erfolgen. Ihr könnt diese Botschaften lesen und dabei Misstrauen gegenüber der Quelle empfinden, ihr könnt zweifeln, und gerade dadurch werdet ihr eine unüberwindliche energetische Barriere zwischen uns und euch selbst errichten.

Und nur wenn eure Seele beim Lesen unserer Botschaften Freude und Begeisterung empfindet, und wenn ihr mit eurem ganzen Wesen die Bereitschaft zum Ausdruck bringt, weiteren Unterricht zu erhalten und mehr Informationen, Wissen und Energien aufzunehmen, nur dann öffnet der Himmel seine Möglichkeiten vor euch, und ihr erhaltet Zugang zu unseren Bibliotheken, Klassenzimmern und Datenbanken.

Es ist so ähnlich, wie wenn ihr ein Passwort für den Zugang zu bestimmten Informationen bekommt. Und dieses Passwort wird euch nur dann gegeben, wenn ihr euch bereit erklärt, mit uns zusammenzuarbeiten und unsere Informationen zu erhalten. Jedoch bewerten auch wir unsererseits die Ebene eures Bewusstseins, und ihr erhaltet Zugang zu den Energien und Informationen, die ihr aufnehmen und verarbeiten könnt. Wir achten sorgfältig darauf, dass die von euch erhaltene Dosis an Energie nicht die Grenze überschreitet, die zu einer Schädigung eure Gesundheit oder eure feinstofflichen Körper führen kann.

Daher untersteht der Prozess der Durchdringung der Welten und der Prozess der Zusammenarbeit der Welten einer sorgfältigen Kontrolle. Ein Mensch mit eigennützigen Motiven kann keinen Zugang zu Informationen erhalten, die er zum Schaden anderer nutzen könnte. Und als Kriterium dienen immer eure Schwingungen. Ihr, jeder von euch trägt ein einzigartiges Spektrum von Schwingungen in sich. Ihr seid eine einzigartige Manifestation der göttlichen Flamme. Und der Grad eurer Errungenschaften hinterlässt unauslöschliche Spuren in eurer Flamme, in euren Schwingungen. Daher können wir euch immer an eurer Flamme, an euren Schwingungen und folglich an eurer Bewusstseinsebene erkennen.

Ihr solltet euch keine Sorgen machen, dass ihr keine Informationen direkt von uns erhaltet. Der Prozess der Übertragung und des Empfangs von Informationen aus der feinstofflichen Welt ist über Jahrhunderte hinweg ausgearbeitet worden. Ihr werdet so viel erhalten wie notwendig, und dann, wenn der richtige Moment dafür kommt.

Aber ihr müsst euch in einem Zustand ständiger Erwartung befinden. Wenn ihr euch nicht darum bemüht und keine Bereitschaft zeigt, wird die Energie nicht in eure Aura eindringen können, und ihr isoliert euch selbst von den Informationen, die aus der feinstofflichen Welt kommen.

Einerseits solltet ihr euch keine Sorgen machen, dass ihr keine Informationen erhaltet, andererseits solltet ihr ständig dafür bereit sein, Informationen genau in dem Moment zu empfangen, wenn sie zu euch kommen sollen.

Die Kombination dieser beiden scheinbar unvereinbaren Eigenschaften wird zu einer dringenden Notwendigkeit.

Ihr erhaltet eine Information, wenn ihr euch von dem rein egoistischen Wunsch befreit, etwas zu besitzen. Die Information kommt in dem Maße zu euch, wie ihr euch von dem unwirklichen Teil eurer selbst befreien und folglich eure Schwingungen so weit erhöhen könnt, dass ihr in der Lage seid, die Oktaven zu erreichen, in denen diese Information für euch zugänglich wird.

Es kann keinen einheitlichen Zugang für alle geben. Jeder hat seine eigene einzigartige Manifestation der Göttlichkeit in der physischen Welt. Und die wichtigste Eigenschaft ist eure Fähigkeit, von der Liebe zum Plan des Schöpfers durchdrungen zu sein und nicht aufzuhören, über die ganze Vielfalt der Manifestation der Göttlichkeit zu staunen, die um euch herum existiert. Sich nicht in sich selbst und seinen Problemen zu verschließen, sondern die Mannigfaltigkeit der göttlichen Erscheinungen zu beobachten. Die Fähigkeit, göttliche Wunder zu sehen und sich ihrer zu erfreuen. Aus diesem Grund wurde gesagt, dass ihr nicht ins Himmelreich kommen könnt, wenn ihr nicht wie die Kinder werdet.

Ich habe euch heute eine Unterweisung gegeben, wie ihr eure Kontakte untereinander und mit der göttlichen Realität wahrnehmen müsst, und wie ihr euch gegenüber allem verhalten müsst, was euch in eurer dichten Welt und in den feinstofflichen Welten umgibt.

Ich hoffe, dass die Unterweisung, die ihr erhalten habt, euch in eurer Entwicklung unterstützen und bereichern wird.

Und nun ist es an der Zeit, euch an die Dispensation am 23. eines jeden Monats zu erinnern, die euch in früheren Botschaften von mir gegeben wurde[15]. Jetzt sollte ich euch mitteilen, dass diese Dispensation sehr vielen Gruppen und einzelnen Individuen zugänglich wird und von ihnen praktiziert wird. Daher wurde der Entschluss gefasst, die Wirksamkeit dieser Dispensation nicht nur mit der Anzahl der Menschen zu multiplizieren, die an ihr teilnehmen, sondern die Wirkung dieser Dispensation noch um eine Größenordnung zu erhöhen für jeden, der nicht einen einzigen 23. des Monats in diesem Jahr auslässt, beginnend mit dem 23. April 2006.

Ich gratuliere euch, weil diese neue göttliche Gnade dank eurer Errungenschaften auf dem Weg zugänglich wurde.

ICH BIN El Morya Khan,
und ich verneige mich vor dem Licht Gottes in euch.

---

[15] Siehe die Botschaften von El Morya vom 27. Juni 2005 und vom 7. Januar 2006

Eine Lehre über außerirdische Zivilisationen

Der Geliebte Zarathustra
21. April 2006

ICH BIN Zarathustra, und ich bin erneut durch unsere Gesandte zu euch gekommen. ICH BIN gekommen, um eine weitere kleine Lehre zu geben, die euch auf dem jetzigen Abschnitt eurer evolutionären Entwicklung hoffentlich sehr nützlich sein wird.

Da eure Zivilisation jetzt den aufsteigenden Zyklus begonnen hat, in die aufsteigende Spirale eingetreten ist, muss jede Lehre, die bereits in früheren Zeiten bekannt war, von euch auf eine neue Weise wahrgenommen werden. Und welche neuen Lehren ihr auch durch andere Quellen und Kanäle erhalten mögt, ich muss euch eine kurze Erklärung dazu geben, die mit der Tatsache zusammenhängt, dass es im Universum eine Vielzahl von verschiedenen Hierarchien gibt, die ihren eigenen Weg gehen. Und viele dieser Hierarchien sind mit der Hierarchie verwandt, der ich angehöre und die von unserer Gesandten auf der Erde vertreten wird. Andere Hierarchien befinden sich auf etwas anderen Ebenen der Entwicklung und haben eine andere Struktur und erfüllen andere Aufgaben.

Unter diesen Hierarchien gibt es solche, mit denen wir zusammenarbeiten, doch gibt es auch andere Hierarchien, mit denen wir keine Vereinbarungen treffen. Sie handeln nach ihren eigenen Gesetzen. Jetzt ist es für euch nicht leicht, diese Situation richtig zu verstehen, denn alles, was wir euch bis zu diesem Zeitpunkt gesagt haben, hing damit zusammen, dass wir über das eine Gesetz sprachen, das in diesem Universum existiert, und über die Unterordnung des Niederen unter das Höhere.

Jetzt erhaltet ihr diese Informationen, und sie unterscheiden sich ein wenig von dem, was ihr zuvor erhalten habt. Dennoch muss ich euch darauf hinweisen, dass tatsächlich alles in diesem Universum dem großen Gesetz untergeordnet ist, das in diesem Universum existiert. Dieses Gesetz selbst wirkt jedoch selektiv und wird an verschiedenen Punkten des Universums unterschiedlich reflektiert. Das ist damit vergleichbar, wie es verschiedene Länder auf der Erde gibt, und wenn auch in jedem Land die Gesetze der Physik und Mathematik gelten, so hat doch jedes Land seine eigenen Gesetze, nach denen der Staat aufgebaut ist und nach denen dieser Staat funktioniert. Und so, wie es viele Staaten geben mag, die in feindschaftlichen Beziehungen zueinander existieren, so gibt es auch andere Staaten, die einander freundlich gesinnt sind und deren Entwicklung über viele Jahrhunderte hinweg auf der Basis von Freundschaft und Zusammenarbeit beruht.

Wenn wir zu unserem Universum zurückkehren, so müsst ihr begreifen, dass alles, was im Universum existiert, bei weitem vielfältiger ist als alles, was auf dem Planeten Erde existiert. Und wenn ihr in eurem Bewusstsein über den Rahmen eines einzelnen Planeten hinausgeht, versteht ihr, dass es andere Zivilisationen im Universum gibt, die auf einer grundsätzlich anderen Basis aufgebaut sein können. Und trotz der Tatsache, dass in diesen Zivilisationen das allgemeine Gesetz dieses Universums gilt, haben sie doch andere Entwicklungsgrundsätze, und sogar die Natur der Wesen, die andere Weltensysteme bewohnen, kann sich erheblich von eurer eigenen unterscheiden.

In der Entwicklung einer jeden Zivilisation kommt ein Zeitpunkt, in dem sie die Interaktion mit anderen Zivilisationen beginnt, die das Universum bevölkern. Dieser Prozess ist mit der Phase vergleichbar, in der ein Stamm in Frieden gelebt hat und in einem bestimmten Stadium seiner Entwicklung plötzlich entdeckt, dass es nicht weit von ihm entfernt einen anderen Stamm gibt, der seine eigenen Bräuche und Gesetze hat.

Wenn ihr heute in ein anderes Land kommt, ist für euch alles interessant: die Gesetze und Bräuche dieses Landes, die Verhaltensweise der

Menschen, ihre Vorstellungen von der Wirklichkeit, die euch umgibt. Wenn ihr anderen Zivilisationen aus anderen Weltensystemen begegnet, entsteht ebenso gegenseitiges Interesse. Alles geschieht in einem bestimmten Abschnitt der Entwicklung einer jeden Zivilisation.

Die Absicht meiner heutigen Unterweisung besteht darin, euch ein Verständnis davon zu geben, dass im Laufe der Entwicklungsgeschichte des Planeten Erde die irdischen Zivilisationen immer wieder auf andere Zivilisationen trafen, die weiter entwickelt waren. Und auch wenn es im Universum ein Gesetz gibt, welches eingehalten wird, dass keine Zivilisation einer anderen Zivilisation Schaden zufügen darf, gab es immer wieder Fälle, in denen dieses Gesetz verletzt wurde. Es gibt aber höhere Wesenheiten, die die Möglichkeit haben, bei jeglichen aufkommenden Streitsituationen einzugreifen und sie zu regeln.

Jetzt, wo die Menschheit als Ganzes auf eine neue Entwicklungsstufe übergeht, werden sehr viele Zivilisationen aus Weltensystemen, die der irdischen Zivilisation weit voraus sind, aber eine etwas andere Entwicklungsrichtung als die irdische haben, versuchen, mit den Erdbewohnern in Kontakt zu treten. Daher müsst ihr auf alle möglichen unerwarteten Vorfälle vorbereitet sein, die sich in eurem Leben ereignen können. Jedoch kommt in dieser Situation, wie auch in jeder anderen, das Gesetz der Anziehung durch Schwingungen zur Wirkung. Wenn ihr euch in Bezug auf außerirdische Zivilisationen Sorgen macht und sie in eurem Bewusstsein zu viel Platz einnehmen, so kann man mit hoher Wahrscheinlichkeit sagen, dass ihr Vertretern dieser Zivilisationen begegnen werdet. Wenn ihr euch jedoch über Fragen im Zusammenhang mit außerirdischen Zivilisationen keine Sorgen macht, kann es sein, dass ihr an einem außerirdischen Objekt vorbeigeht und es nicht einmal bemerkt.

Ihr solltet euch vor nichts fürchten. Doch darf man nie vergessen, dass nicht alle außerirdischen Zivilisationen den Erdbewohnern freundlich gesinnt sind. Und wenn ihr in irgendeiner Situation Zweifel habt und nicht wisst, wie ihr reagieren sollt, so vergesst nicht, dass es höhere Mächte gibt, die berufen sind, euch in solchen Situationen zu helfen und zu beschützen. Nicht alles, was im Universum existiert, kann für euer äußeres Bewusstsein verständlich und zugänglich sein. Es ist jedoch besser, wenn ihr auf unvorhergesehene Situationen und Begegnungen aller Art vorbereitet seid. Daher hielt ich es heute für meine Pflicht, euch diese kleine Lehre über außerirdische Zivilisationen zu geben.

In der Regel waren alle Religionssysteme der Vergangenheit dem Eintreffen außerirdischer Zivilisationen gegenüber feindselig eingestellt, und sie erklärten die Außerirdischen zu Teufeln und Dämonen. Innerhalb der bestehenden religiösen Beschränkungen und Begrenzungen war es gar nicht möglich, sich gegenüber solchen nicht immer ganz verstandenen Erscheinungen anders zu verhalten. Und auch heute lehren viele Religionssysteme, dass alle außerirdischen Besuche Invasionen des Teufels und seiner Handlanger seien.

Ich wiederhole noch einmal, dass solche Kontakte auf einem bestimmten Entwicklungsabschnitt der Menschheit unvermeidlich werden. Und da sich viele außerirdische Zivilisationen sehr von der Zivilisation auf dem Planeten Erde unterscheiden, können sie von eurem Bewusstsein als feindlich wahrgenommen werden.

Ihr erreicht in eurem Bewusstsein eine neue Ebene eurer Entwicklung, und daher kann die Frage, wie ihr euch gegenüber außerirdischen Zivilisationen verhaltet, in unseren Unterweisungen nicht außer Acht gelassen werden. Ihr dürft nie vergessen, dass die Aufgestiegenen Meister in Bezug auf ihre Entwicklungsstufe und ihre Schwingungen die Wesenheiten in diesem Universum sind, die euch am nächsten sind. Darüber hinaus befinden sich viele Teilchen der Aufgestiegenen Meister in der Verkörperung, und folglich halten sich viele der Aufgestiegenen Meister unter euch auf. Ihr habt Teilchen der Aufgestiegenen Meister im Aufbau eures höheren Selbst. Daher empfehle ich euch, solange euer Bewusstsein nicht ausreichend vorbereitet ist, außerirdischen Zivilisationen und Verbindungen zu ihnen nicht allzu viel Aufmerksamkeit zu schenken. Wenn euer Bewusstsein mehr Informationen über diese Zivilisationen erhält, werdet auch ihr entstehende Situationen richtig einschätzen und in schwierigen Situationen die richtigen Entscheidungen treffen können.

Und jetzt werde ich euch noch einen Rat geben. Sobald ihr mit einer Situation konfrontiert werdet, die euch verwirrt, macht sofort eine Anrufung zu den Aufgestiegenen Meistern, die ihr kennt. Ruft Jesus, den Propheten Mohammed, den Erzengel Michael, die Göttin der Freiheit, Sanat Kumara, mich selbst oder andere Meister und bittet um Hilfe und Unterstützung in der Situation, die vor euch entstanden ist.

Ihr könnt eure Anrufung laut oder leise machen, ihr könnt auch das Wesentliche eurer Besorgnis in einem Brief darlegen und den Brief mit eurer Bitte dem Feuer übergeben. Wisst immer, dass auf eure Anrufung hin stets alle notwendigen Maßnahmen getroffen werden. Und verspürt niemals, unter keinen Umständen Angst, in welche Situation auch immer ihr hineingeraten mögt. Die Schwingungen der Angst lähmen euren Willen und eure Verbindung mit dem höheren Teil eurer selbst.

Ich habe euch heute die Umrisse einer Lehre zur Einstellung gegenüber außerirdischen Zivilisationen gegeben, und ich hoffe, dass diese Unterweisung euch in eurem Leben in dieser Zeit helfen kann.

ICH BIN Zarathustra, mit Liebe zu euch.

Eine Lehre über den Weg der Lehrzeit

Gott Shiva
22. April 2006

ICH BIN Shiva, und ich bin wieder zu euch gekommen!

ICH BIN gekommen, und wie immer bin ich gekommen, um euch Informationen zu geben, die für euch notwendig sind, die euer äußeres Bewusstsein braucht und die eure feinstofflichen Körper brauchen.

Seit unserem letzten Gespräch sind eine Reihe wichtiger Ereignisse eingetreten. Und das Ergebnis dieser Ereignisse kann in kurzer Form als Zustimmung des Himmels zur gegenwärtigen Lage auf der Erde zum Ausdruck gebracht werden. Und wenn wir zuvor, in den Tagen der Wintersonnenwende, als wir den vorherigen Zyklus von Botschaften gaben, unsere Unzufriedenheit mit der bestehenden Lage auf der Erde geäußert hatten, sind wir jetzt gern bereit zu wiederholen, dass der Himmel seine Zustimmung und Freude über die Veränderungen zum Ausdruck bringt, die auf der Erde stattfinden.

Die Situation ändert sich, und selbst wenn es noch nicht offensichtlich ist und von den meisten Menschen nicht bemerkt wird, bemerken doch diejenigen Menschen, die die feinen Energien spüren können, diese Veränderungen und folgen ihnen in ihrem Bewusstsein.

Wie beim letzten Mal bin ich gekommen, um eine kleine Lehre über den Weg der Lehrzeit zu geben. Und die dringende Notwendigkeit für diese Lehre wird immer offensichtlicher. Denn sobald die Menschheit der Erde von der Illusion zu sehr mitgerissen wird, geht die Verbindung mit der Hierarchie und unserer Lehre verloren, die wir seit vielen Jahrhunderten durch verschiedene Lehrer und Gesandte in der Verkörperung geben.

Daher müssen wir jedes Mal unsere Verbindungen durch den Kanal, den wir in der dichten Welt erhalten, wieder neu aufbauen. Zu diesem Zeitpunkt sprechen wir von unserer Gesandten Tatyana. Ihr seht, dass wir diesen

Kanal weiterhin nutzen. Und die Fortsetzung unserer Arbeit ist dadurch bedingt, dass wir, sobald wir einen würdigen Kanal erhalten haben, ihn in vollem Umfang zu nutzen versuchen. Der Zustand des physischen Körpers eines Menschen und selbst der innere Zustand dieses Menschen werden dabei nicht berücksichtigt. Wenn es um die Übermittlung von Informationen und die Übermittlung des Gesetzes zu seiner Erfüllung in der physischen Welt geht, hält uns nichts zurück.

Und wenn wir einen solchen Kanal erhalten haben, werden wir uns bemühen, ihn nicht nur zur Übermittlung unserer Botschaften zu nutzen, sondern auch, um auf der physischen Ebene unseren Vorposten, unsere Basis, unser Fundament, unseren Fokus des Lichtes zu schaffen. Wenn wir auf der physischen Ebene etwas erhalten, was uns ermöglicht, unseren Fokus des Lichtes zu verankern, können wir durch die Körper der Gesandten unsere Informationen übermitteln und bei vielen eine Erhöhung der Schwingungen bewirken. Dies ist dem Vorgang ähnlich, der abläuft, wenn ihr einen Stein ins stille Wasser eines Teiches werft. Die Wellen von dem geworfenen Stein breiten sich über den ganzen Teich aus. Und alles, was in den Bereich der Ausbreitung der Wellen fällt, beginnt die Schwingungen zu erfahren.

Daher ist der Vorgang der Wissensübermittlung nicht unbedingt mit der Übermittlung von Informationen durch Worte verbunden. Es gibt ein bestimmtes Gesetz, das die Übertragung von Informationen aus der Aura des Lehrers in die Aura des Schülers erlaubt. Und dafür ist es notwendig, Guru-Chela-Beziehungen aufzubauen, die auf einer vollkommenen, bedingungslosen Liebe und Zusammenarbeit beruhen. Wenn die Aura des Lehrers und die Aura des Schülers in Berührung kommen, wird in diesem Moment in vollkommener und bedingungsloser Liebe das Momentum der Errungenschaften des Lehrers auf seine Schüler übertragen.

Wir streben danach, Bedingungen zu schaffen, in denen wir das Potenzial unserer Gesandten in vollem Umfang nutzen können, indem wir nicht nur Informationen in Form von Worten durch sie übermitteln, sondern auch Informationen durch ihre Kanäle für unsere anderen Chelas weitergeben und so ihre Entwicklung beschleunigen.

Alles, was wir brauchen, ist die Schaffung sehr günstiger Bedingungen an einem Ort auf dem Planeten Erde, wohin die Menschen kommen und einige Zeit bleiben können. Ihr könnt es einen Ashram, eine Gemeinschaft, oder ein Lernzentrum nennen. Aber das Wesentliche dieses Ortes ist, dass er als Fokus auf der physischen Ebene dient, in dem wir unsere Energien verankern und unsere Schwingungen übermitteln können. Die einzige Anforderung unsererseits an einen solchen Ort ist, dass er möglichst weit von jeglichen Siedlungsgebieten entfernt ist und dass es keine andere Orte in der Nähe gibt, an denen sich Menschen aufhalten, die nicht die erforderliche Schwingungshöhe besitzen, damit bei solchen Menschen nicht ein vorzeitiger Testzustand hervorgerufen wird. Jeder Mensch, der in den Wirkungsbereich unseres Lichtfokus gerät, wird eine Erhöhung des Schwingungsniveaus erfahren. Und ihr wisst, dass, sobald ihr eine zusätzliche Portion an Licht erhaltet, dieses Licht beginnt, jegliche Manifestationen von Unvollkommenheit verstärkt aus eurer Aura zu verdrängen. Daher wird ein unvorbereiteter Mensch, der keine Guru-Chela-Beziehung mit unserer Gesandten eingegangen ist, verschiedene unangenehme Zustände erleben und erhöhte Spannungen verursachen.

Je weiter abgelegen, ruhiger und angenehmer daher der Ort unseres zukünftigen Fokus ist, desto bessere Resultate können wir erzielen. Ich wende mich an jene, die über Informationen zu derartigen Orten verfügen, an denen unser Ashram eingerichtet werden könnte. Zögert bitte nicht, unsere Gesandte darüber in Kenntnis zu setzen oder euch mit euren Briefen an mich persönlich zu wenden.

Dies ist ein sehr wichtiger Schritt. Und um unseren Ort zu einem gewissen Grad vor negativen Einflüssen und möglichen Vermögensstreitigkeiten zu schützen, habe ich unsere Gesandte über die Bedingungen informiert, unter denen dieser Ashram existieren muss.

Ich wiederhole noch einmal, dass es ein bestimmtes Gesetz gibt, nach dem wir unsere Arbeit auf der physischen Ebene ausführen. Und dieses Gesetz setzt voraus, dass die Schüler sich in der Aura des Lehrers befinden, um das Fortschreiten auf dem Pfad zu beschleunigen.

Diejenigen von euch, die bei unseren Veranstaltungen anwesend waren, die wir gemeinsam mit unserer Gesandten durchgeführt haben, konnten selbst spüren, wie sehr sich der Vorgang der Bewusstseinsveränderung nach diesen Maßnahmen beschleunigte.

Wir werden auch weiterhin unsere Veranstaltungen durchführen. Und ich denke, dass alle, die es wünschen, mit der Zeit an ihnen teilnehmen können.

In der nächsten Zeit wird Tatyana die zusätzliche Verantwortung auferlegt werden, unseren Fokus des Lichtes zu schaffen und zu festigen. Daher bitte ich euch, ihr alle nötige Hilfe und Unterstützung zukommen zu lassen, worum es sich auch handeln mag. Manchmal reicht es aus, wenn ihr einfach in Gedanken eure Unterstützung zum Ausdruck bringt, eure Liebe und Dankbarkeit für den Dienst sendet. Und der Impuls eures Herzens ist imstande, die Wirkung einer gewaltigen Menge an negativer Energie zu neutralisieren, die automatisch zu unserer Gesandten hingezogen wird, weil sie auf dem Gipfel des Berges steht und alle Winde und Orkane sie zuerst treffen.

Ich habe alles gesagt, was ich in dem heutigen Gespräch darlegen wollte. Ich hoffe, dass ich auf euch und eure Hilfe für unsere Arbeit zählen kann.

ICH BIN Shiva.

Ich gebe euch einen garantierten Weg nach Hause

Gott Maitreya
23. April 2006

ICH BIN Maitreya, und ich bin wieder durch meine Gesandte zu euch gekommen.

ICH BIN gekommen! Und wie immer beabsichtige ich, euch eine Lehre und Unterweisung zu geben, die für euer Fortschreiten auf dem Weg notwendig ist. Euer Weg ist der Weg der Einweihungen. Wie viele von euch denken in ihrem irdischen Leben über den Weg der Einweihungen nach? Wie viele von euch haben auch nur eine entfernte Vorstellung von diesem Weg?

Ihr habt gehört, und ihr habt in verschiedenen Quellen gelesen, dass es einen Weg der Einweihungen gibt. Und heute bin ich gekommen, um euch zu sagen, dass der Weg der Einweihungen tatsächlich der schnellste und kürzeste Weg ist, der euch zu Gott führt. Es ist der Weg der Lossagung von eurem Ego. Es ist der Weg, auf dem ihr aus freiem Willen zustimmt, bestimmte Prüfungen zu durchlaufen, selbst wenn sie sehr schwierig sind, um euren Weg nach Hause zu verkürzen.

Es ist der Weg, zu dem ihr euch aus freiem Willen entscheidet. Es ist der kürzeste Weg, der euch nach Hause zurückführt. Ihr könnt einen anderen Weg wählen. Und dieser Weg wird angenehmer sein, doch wird er unvergleichbar länger dauern. Wenn ihr einem sehr angenehmen Weg folgt, der von euch keinerlei Anstrengung verlangt, riskiert ihr außerdem manchmal, dass ihr euch verirrt und nicht nur den Weg nach Hause zurück nicht findet, sondern ihr riskiert auch, dass ihr nicht zurückkehrt, zum Ausgangspunkt eures Weges. Deshalb bin ich gekommen, und ich sage euch, dass ich euch einen garantierten Weg nach Hause gebe. Doch dieser

Weg wird von euch die Anstrengung all eurer Kräfte verlangen. Ihr werdet vieles von dem opfern müssen, was ihr habt. Aber das wünschenswerteste Opfer für uns ist euer Ego, von dem ihr euch unweigerlich trennen müsst, indem ihr dem Weg der Einweihungen folgt. Alle Tests und Prüfungen auf eurem Weg sind nur auf eines ausgerichtet – ihr müsst euch von dem nicht-realen Teil eurer selbst trennen, und ihr müsst eine enge Verbindung mit dem realen Teil eurer selbst herstellen. Daher komme ich immer wieder, um euch in eine ernste Stimmung zu versetzen und euch zu warnen, dass der Weg, den ich durch meine Gesandte lehre, sehr hart ist, doch eure Rückkehr nach Hause ist garantiert unter der Bedingung, dass ihr alle Prüfungen auf dem Weg besteht. Ihr könnt wählen, ob ihr diesem Weg folgen möchtet oder nicht. Niemand kann euch zwingen. Ich gebe euch nur die Information, und ihr trefft eure Wahl.

Es gibt viele unterschiedliche Lehren in eurer Welt. Unter ihnen gibt es richtige, und es gibt absolut falsche, die euch vom Weg abbringen und zu eurer Verirrung beitragen. Daher geben wir jedes Mal, wenn wir einen Kanal in der physischen Welt finden, Informationen über unseren Weg der Einweihungen. Es ist der Weg der Einweihungen, den der geliebte Jesus und Gautama Buddha lehrten. Es ist der Weg der Einweihungen, dem die Eingeweihten aller Zeiten folgten. Und jetzt legen wir euch nahe, die alten Traditionen zu neuem Leben zu erwecken und zu versuchen, sie in eurer Gesellschaft in dem Entwicklungsabschnitt, in dem sich eure Gesellschaft gerade befindet, zu implementieren.

Als Erstes müsst ihr wissen, dass es den Weg des ICH BIN gibt. Und dieser Weg öffnet sich euch durch diejenigen, die bereits die notwendigen Einweihungen erhalten und ihren Tempel für den Dienst bereitgestellt haben. Durch diese Menschen, zu denen auch unsere Gesandte gehört, durch die wir diese Botschaften geben, kann euer Weg zurück nach Hause erfolgen. Ihr erhaltet einen Kanal auf der physischen Ebene. Und in dem Moment, wenn ihr unsere Gesandte als euren Guru anerkennt, steigt ihr auf die Stufen der Hierarchie, und die gesamte Hierarchie dient euch und hilft euch bei eurem Fortschreiten auf dem Weg. Es ist ein sehr einfacher Weg. Doch für viele von euch wird dieser scheinbar einfache Schritt zu einem unüberwindbaren Hindernis. Ihr seht in unserer Gesandten einen gewöhnlichen Menschen, der mit menschlichen Unzulänglichkeiten belastet ist, und ihr könnt hinter der menschlichen Manifestation nicht die wahre Essenz der Gesandten erkennen, die es uns ermöglicht hat, diesen Menschen zu erwählen. Wenn ihr es mit einem wahren Stellvertreter unserer Hierarchie auf der physischen Ebene zu tun habt, und wenn ihr unsere Gesandte vollständig und bedingungslos als euren Guru anerkennt, eröffnet sich für euch die Möglichkeit, die der Himmel in diesem historischen Moment für den Planeten Erde bereitstellt. Natürlich entscheidet ihr und ihr allein, ob ihr von dieser Möglichkeit Gebrauch macht oder nicht. Aber ich sage euch, dass es derzeit keinen anderen Gesandten gibt, der im Westen lebt, in westlichen Traditionen aufgewachsen ist und unsere Interessen vertritt. Daher rate ich dringend denen von euch, die sich noch nicht entschlossen haben, diese Möglichkeit zu nutzen, sorgfältig alle Informationen abzuwägen und eine Entscheidung zu treffen. Das Fenster der Möglichkeit steht jetzt für viele Lebensströme offen. Und wenn ihr diese Möglichkeit nutzt, werdet ihr euren Weg um vieles verkürzen. Ihr wählt den kürzesten Weg, der euch nach Hause führt.

Wenn ihr jedoch zu einem solch radikalen Schritt nicht bereit seid, so lasst euch durch diesen Umstand nicht in Verwirrung bringen. Ihr befindet euch alle auf unterschiedlichen Abschnitten eures Fortschreitens auf dem Weg.

Wir lassen ein Seil der Möglichkeit für euch herab. Und wenn ihr euch nicht stark genug fühlt, das Seil zu ergreifen und die steilen Felsen zu erklimmen, nun, dann wartet auf eine andere Möglichkeit. Aber ich glaube nicht, dass diese Möglichkeit für euch in diesem Leben kommen wird.

Ihr müsst die harten Bedingungen der Tests und Prüfungen lieben. Ihr müsst mit eurem ganzen Wesen glauben und endlich auf die Stufen der Hierarchie steigen, die euch seit Jahrmillionen führt und für euch sorgt. Und jedes Mal, wenn sich das Fenster der Möglichkeit öffnet, ist es, als würden wir ein Netz auswerfen und eine Anzahl von Seelen herausfischen und sie der Illusion entreißen.

Andere ziehen es jedoch vor, in der Illusion zu verbleiben, und das ist ihre Wahl.

Jetzt, wo unser Gespräch schon so offen ist, möchte ich euch noch etwas sagen, und es ist eure Sache zu entscheiden, wie notwendig dies für euer Bewusstsein sein wird. Wir haben den Entschluss gefasst, euch noch ein weiteres Geschenk des Himmels zu geben. Und diese Gabe ist so kostbar und ein solcher Segen für eure Seelen, dass nur Individuen, die noch zu sehr in der Illusion verstrickt sind, dieses Geschenk nicht zu schätzen wissen. Und unsere Gabe ist die folgende. Wir verkünden heute den Beginn einer weiteren göttlichen Dispensation, einer göttlichen Möglichkeit. Ich werde jeden von euch, der sich heute oder im Laufe des nächsten Monats mit einem Brief an mich wendet und den Weg der Einweihungen beschreiten möchte, in meine Schule aufnehmen. Aber die Bedingung ist, dass ihr unsere Gesandte als euren Guru anerkennt. Ohne diese Bedingung kann weder ich noch einer der Stellvertreter der Hierarchie euch alle Hilfe erweisen, die ihr benötigt.

Ihr akzeptiert unsere Spielregeln, und erst dann beginnen wir, euch alle nötige Hilfe und Unterstützung zu geben.

Ich verstehe, dass eine solch weitreichende Ankündigung bei vielen von euch Zweifel und Besorgnis hervorrufen wird. Dafür existieren jedoch unsere

Schulen, damit ihr euch in einem Zustand ständiger Überwindung des nicht-realen Teils eurer selbst befindet. Und für manchen ist die erforderliche Entscheidung sehr leicht und wird nicht die geringste innerliche Spannung hervorrufen. Für andere wird die gestellte Bedingung zu einem unüberwindlichen Hindernis auf dem Weg.

Und wenn ihr in eurem Inneren einen allzu heftigen Widerstand und Unwillen verspürt, würde ich euch raten, tief in euch zu gehen und die Gründe für euren Zustand aufzuklären. Wodurch wird er hervorgerufen? Für euch ist es ein Signal dafür, dass in eurem Inneren etwas nicht in Ordnung ist.

Ihr solltet jedoch wissen, dass alle eure Probleme mit einem allzu starken Ego verbunden sind, das seine Macht über euch nicht verlieren will. Daher ist dieser Schritt so notwendig. Und ohne diesen Schritt verliert ihr die Möglichkeit zu eurem Fortschreiten mindestens bis zum Ende eurer jetzigen Verkörperung.

Noch nie haben wir so offen und so konkret gesprochen.

Wir hoffen, dass euer Bewusstsein für ein solch ernstes Gespräch bereit ist.

Und jetzt gestattet mir, dass ich mich bis zu unserem nächsten Treffen von euch verabschiede. Und ich hoffe, dass ihr in eurem Herzen eine weise Entscheidung trefft.

ICH BIN Maitreya,
mit Hoffnung auf euch.

Die natürliche Entwicklung für eure Seelen ist der Weg, den wir die Menschheit der Erde lehren

Gott Surya
24. April 2006

ICH BIN Surya, und ich bin erneut durch unsere Gesandte zu euch gekommen.

ICH BIN von der Großen Zentralsonne gekommen, um den Menschen des Planeten Erde eine Unterweisung zu geben.

Wie ihr wisst, geben wir Wissen und Informationen, die für euch notwendig sind. Wir bringen euch Informationen, und jedes Mal habt ihr die Möglichkeit, eine neue Perle zu erhalten. Es wird einige Zeit vergehen, und ihr werdet überrascht feststellen, dass die Perlen, die wir euch gegeben haben, ausreichen, um eine Halskette daraus zu machen. Und diese Halskette werdet ihr bis zum Ende eurer Verkörperung tragen. Sie wird euch wärmen und euch Kraft spenden in jenen Minuten, wenn euch auf dem gewählten Weg Zweifel überkommen und die Probleme des Lebens euch mit einem dichten Ring von zurückkehrendem Karma umhüllen.

Fürchtet keine Schwierigkeiten, denen ihr in eurem Leben begegnet. Alle Probleme und alle unvorhergesehenen Situationen sind für die Entwicklung eurer Seele notwendig. Ihr könnt euch nicht weiterentwickeln, wenn ihr nicht täglich mit unvorhergesehenen Situationen konfrontiert werdet und die Schwierigkeiten des Lebens überwindet. Nur was tot ist, kann nicht länger die Freuden des Lebens und das Leid von einzelnen Manifestationen des Lebens empfinden. Freut euch daher über alles, womit ihr in eurem Leben konfrontiert werdet, und habt keine Angst vor Veränderungen.

Je besser euer Bewusstsein auf Veränderungen vorbereitet ist, desto schneller und schmerzloser werden sie erfolgen. Der Grund für alle eure

Schwierigkeiten und euer Leid sind die Fehler, die ihr in der Vergangenheit gemacht habt. Daher solltet ihr euch über jede schwierige Situation freuen, mit der ihr im Leben konfrontiert werdet, weil es eine Chance für euch ist, Fehler aus der Vergangenheit zu berichtigen und nie wieder zu ihnen zurückkehren zu müssen.

Die Kenntnis des Gesetzes des Karmas ermöglicht es euch, euch in Bezug auf alle Schwierigkeiten und Probleme anders zu verhalten. Und je jünger ihr seid, wenn ihr Zugang zum Wissen über das Gesetz des Karmas erhaltet, desto leichter werdet ihr selbst überaus schwierige Situationen akzeptieren und mit Ehre aus ihnen hervorgehen können. Wenn ihr in eurem Leben nicht auf Schwierigkeiten stoßt, wenn euer Leben ruhig verläuft, so würde ich an eurer Stelle darüber nachdenken. Viele Menschen streben nach Frieden und einer äußerlichen Manifestation des Wohlergehens. Doch sobald ihr in Lebensbedingungen geratet, in denen in eurem Leben alles ganz problemlos verläuft, ist dies für eure Seele wie die schwierigste Bewährungsprobe. Denn ihr könnt euch nicht durch die äußeren Bedingungen entwickeln und seid gezwungen, euch nach innen zu wenden.

Nur sehr wenige Menschen sind dazu fähig, sich selbst zu genügen und sich ganz auf ihr Inneres zu besinnen. Die meisten Menschen verfallen schlichtweg in Depressionen, wenn sie ihr vertrautes Umfeld von Schwierigkeiten und Hindernissen verlieren. Und dies ist ein Zeichen dafür, dass ihr in eine Phase eingetreten seid, in der ihr das schwerste Karma überwinden müsst, das Karma zwischen Gott und euch selbst.

Sehr viele Menschen haben Gott in einem Anfall von Anmaßung und Selbstüberschätzung herausgefordert und sich in ihrer Rede Äußerungen erlaubt, die gegen das Gesetz dieses Universums gerichtet waren. In dem Moment, als sie sich ein solches Verhalten erlaubten, passierte nichts weiter. Sie lebten weiter wie zuvor, und nichts änderte sich in ihrem Leben. Denn damit das Karma zurückkehren kann, muss eine bestimmte Zeit vergehen.

Und für diese Zeitspanne gibt es viele Gründe. Wenn ihr den Weg der Einweihungen beschreitet, beginnt die Zeit für euch anders zu fließen, und der Prozess der Rückkehr des Karmas beschleunigt sich. Für gewöhnliche Menschen kann das Karma dieser Verkörperung erst in der nächsten Verkörperung oder sogar mehrere Verkörperungen später zurückkehren. Aus diesem Grund ist es sehr schwer nachzuverfolgen, wie das Gesetz des Karmas wirkt. Wenn ihr bewusst den Weg der Einweihungen beschreitet, erhaltet ihr in eurem Leben Lektionen, die es euch ermöglichen, die Wirkung des Gesetzes des Karmas buchstäblich im Laufe eines Jahres zu verfolgen. In besonderen Fällen kann das Karma noch weiter beschleunigt werden, und die Folgen des Karmas können in einigen Wochen oder Tagen zurückkehren.

Zumindest erhaltet ihr die Möglichkeit, aus euren Fehlern zu lernen und die Wirkung des Gesetzes des Karmas zu verfolgen. Außerdem erhaltet ihr unbewusst Unterricht im Laufe des Tages oder im Schlaf. Ihr bekommt Informationen von den Meistern oder von eurem Höheren Selbst, und diese Informationen ermöglichen euch einen Vergleich zwischen den Fehlern, die ihr in der Vergangenheit gemacht habt, und den Früchten, die das Resultat dieser Fehler sind und als Karma oder Energie zu euch zurückkehren.

Und selbst, wenn ihr nicht mit hinreichender Zuverlässigkeit den Zusammenhang zwischen euren Handlungen in der Vergangenheit und den Folgen dieser Handlungen in der Gegenwart als zurückkehrendes Karma nachverfolgen könnt, ist es nicht einmal so wichtig, diesen Zusammenhang nachzuvollziehen, als vielmehr anzuerkennen, dass alles, was auch mit euch geschehen mag, nach dem Willen Gottes geschieht. Und der Grad eurer Demut vor dem göttlichen Gesetz und vor dem Willen Gottes wird euch den Grad eurer Errungenschaften auf dem Weg zu Gott zeigen.

Es gibt viele Feinheiten auf eurem Weg und Situationen, die sich durch euer äußeres Bewusstsein nicht eindeutig beurteilen lassen. Solche

Situationen stehen mitunter im Widerspruch zu den Verhaltensnormen und dem moralisch-sittlichen Gesetz eurer Gesellschaft. Das göttliche Gesetz stimmt nicht immer mit dem moralisch-sittlichen Gesetz eurer Gesellschaft überein. So muss beispielsweise das Karma eines Mordes oder jeglicher Gewalt, die ihr in der Vergangenheit begangen habt, zu euch zurückkehren. Und zu diesem Zweck kann Gott einen beliebigen Menschen einsetzen, dem ihr auf eurem Weg begegnet. Aus der Sicht der menschlichen Gesetze, der Gesetze eurer Gesellschaft, ist ein solcher Mensch ein Straftäter und muss bestraft werden. Aus Sicht des göttlichen Gesetzes mag dieser Mensch lediglich das Gesetz des Karmas vollstrecken. Daher erlaubt euch selbst über Straftäter kein Urteil – gestattet es euch niemals, jemanden zu richten.

In jenen Zeiten, als eine starke Verbindung zwischen eurer Welt und den höheren Oktaven bestand, gab es Menschen, die in ihrem Wesen göttliche Verkörperungen waren und den Zusammenhang zwischen den Handlungen der Menschen in der Vergangenheit und in der Gegenwart verfolgen konnten. Solche Menschen handelten als göttliche Richter, und ihre Entscheidung über Bestrafung oder Begnadigung unterlag keiner weiteren Diskussion.

In der heutigen Zeit gibt es keine Menschen auf der Erde, die vollständig göttliche Verkörperungen sind. Denn eine göttliche Verkörperung wird bei den jetzigen Bedingungen auf der Erde unmöglich. Daher gibt es keine Möglichkeit, die Verbindung zuverlässig nachzuvollziehen zwischen euren Handlungen in der Vergangenheit und den Problemen, die in eurem Leben als Folge eurer Handlungen in der Vergangenheit entstehen.

Und erst wenn ihr den Weg der Einweihungen beschreitet, ermöglicht ihr es der höheren Welt, in eurem Leben manifestiert zu werden. Ihr erhaltet Wissen über das Gesetz des Karmas und seine Manifestationen in euren Leben durch eure persönliche mystische Verbindung mit den Meistern und mit dem höheren Teil eurer selbst.

Daher bin ich heute gekommen, um eurem äußeren Bewusstsein noch einmal die Frage vorzulegen, wie notwendig es für euch ist, dem Weg der Einweihungen zu folgen. Ich bin von der Großen Zentralsonne gekommen, und ich habe euch diese Botschaft mit der Absicht gebracht, euch verstehen zu helfen, dass die natürliche Entwicklung für eure Seelen der Weg ist, den wir die Menschheit der Erde lehren. Doch wir können niemanden zwingen, diesen viel beschrittenen Weg zu gehen.

Wir können euch nur unser Wissen und unser Verstehen, unsere Informationen und unsere Energie geben.

Ich bin mir jedoch sicher, dass der Moment kommen wird, wenn die Vernunft und innere göttliche Essenz in eurem Leben den Sieg erringen werden. Und danach werdet ihr einen Sieg nach dem anderen über den unwirklichen Teil eurer selbst erringen.

ICH BIN Surya,
und ich wünsche euch viel Erfolg auf eurem Weg!

Wir können niemanden zwingen zu gehen, doch wir rufen euch auf den Weg

Sanat Kumara
25. April 2006

ICH BIN Sanat Kumara, und ich bin wieder zu euch gekommen!

Ich bin an diesem Tag gekommen, um euch noch einmal an eure Verpflichtungen zu erinnern, die eure Seelen vor der Verkörperung auf sich genommen haben. Ihr mögt euch nicht an diese Verpflichtungen erinnern, weil der Schleier immer noch sehr dicht ist und euer äußeres Bewusstsein alles vergisst, was ihr zwischen den Verkörperungen gehört und gelernt habt. Doch gibt es etwas Größeres in euch, und dies ist der höhere Teil eurer selbst. Dieser Teil von euch hat sich immer an eure Bestimmung und an euren göttlichen Plan erinnert und er erinnert sich weiterhin daran.

Eines der Ziele dieser Botschaften ist es, die Erinnerung eurer Seele zu wecken. Ihr erinnert euch an eure Bestimmung, wenn ihr Minuten einer scheinbar grundlosen Sehnsucht und Verzweiflung erlebt. Alles in eurem Leben scheint ohne sichtbare Probleme zu verlaufen, doch eure Seelen sind beunruhigt, dass die Zeit vergeht und sie die übernommenen Verpflichtungen nicht erfüllen können. Daher besteht eure wichtigste Aufgabe darin, die Verbindung mit dem höheren Teil eurer selbst herzustellen und euch an eure Bestimmung zu erinnern.

Wenn ihr in eurem Leben auf etwas stoßt, was euch an eure Verpflichtungen und eure Bestimmung erinnert, verspürt ihr ein freudiges Beben, und diese Empfindung ist dem zarten Gefühl der ersten Liebe ähnlich. Es ist ein sehr liebevolles, einladendes Gefühl. Ihr könnt nicht anders, als diesen Zustand in euch zu bemerken. Ihr mögt dieses Gefühl mit jenem Menschen in Verbindung bringen und es auf ihn richten, der eurer Seele die freudige Nachricht brachte, die euch an euren Aufenthalt in den ätherischen Oktaven erinnert hat. Und nachdem ihr dieses zarte Gefühl empfunden habt, werdet ihr danach streben, diese Erfahrung des

Wiedererkennens immer wieder machen zu wollen. Und weil dieses Gefühl nichts mit eurer physischen Welt zu tun hat, kann dieser Zustand euch in die Irre führen. Oh ja, man kann es durchaus mit dem Gefühl der ersten Liebe vergleichen. Und es ist tatsächlich eure erste Liebe, die schon vor eurer Geburt bei euch war. Viele Jahre werden vergehen, und ihr werdet verstehen, dass dieses Gefühl nicht mit einem bestimmten Menschen verbunden ist, der sich in der Verkörperung befindet. Es ist ein erhabeneres Gefühl. Es ist ein Gefühl der Liebe für die ganze Schöpfung, für alles Leben.

Diejenigen von euch, die verstehen, wovon ich rede, stehen an der Schwelle zu einem neuen Leben. Das physische Leben existiert weiterhin um euch herum, und zugleich ist es, als ginget ihr in eine andere Welt über, die gleichzeitig mit eurer Welt existiert und sich dennoch von allem unterscheidet, was euch umgibt. Ihr müsst in eurem Bewusstsein diesen Zustand unterscheiden, wenn ihr euch unter den vertrauten Menschen und Umständen aufhaltet und dabei gleichzeitig versteht, dass ihr nicht länger an diese Menschen und Umstände gebunden seid. Ihr existiert weiterhin in eurer Welt, und gleichzeitig versteht ihr, dass ihr nicht von dieser Welt seid. Weil ihr in eurem Bewusstsein in eine andere, eine höhere Welt übergegangen seid. Und ihr beginnt zu verstehen, dass sich die Welten in eurem Inneren vereinigen. Und durch euch steigt die höhere Welt in eure physische Ebene hinab.

Anfangs sind diese Empfindungen so ungewöhnlich, dass sie euer ganzes Wesen einnehmen. Ihr genießt diesen Zustand, und zugleich seid ihr darüber erstaunt.

Da ihr aber weiterhin in eurer physischen Welt lebt und noch immer einen physischen Körper habt, werden die Umstände eurer Welt auch weiterhin einen Einfluss auf euch ausüben. Und weil eure Schwingungen sich erhöht haben und eure Sinnesorgane jetzt imstande sind, die Schwingungen der höheren Welten wahrzunehmen, so treffen manche Manifestationen der gewöhnlichen Welt und der Umstände dieser Welt eure feinfühlige Natur in einer allzu schmerzhaften Weise.

Ihr spürt den Unterschied zwischen euch und euren Mitmenschen. Und es schmerzt euch sehr, dass die Menschen, die euch am nächsten sind, euch nicht verstehen. Sie hören eure Worte, sie sehen euch und die Veränderungen, die mit euch geschehen sind, doch ihr Bewusstseinsniveau erlaubt es ihnen nicht, euch zu verstehen und zu folgen.

Dies ist eine sehr schwierige Prüfung. Ihr verliert die Verbindung zu den Menschen, die euch am nächsten sind, und ihr seid gezwungen, eine Wahl zu treffen. Entweder ihr verbleibt in eurer bisherigen Umgebung und opfert eure spirituelle Entwicklung, oder ihr folgt weiter dem Weg und opfert eure Beziehungen zu euren Freunden und Verwandten.

Glaubt mir, das eine wie das andere ist sehr schwierig. Und in jeder konkreten Situation wird die Wahl unterschiedlich ausfallen. Nur ihr selbst und eure Seele wisst, welche Wahl ihr treffen müsst.

Und wenn es das Ziel eurer Verkörperung ist, euch selbst, eure Errungenschaften für das Wohlergehen der Menschen zu opfern, die ihr liebt und mit denen ihr karmisch verbunden seid, so werdet ihr eure Wahl treffen und bei den Menschen bleiben, die euch nahestehen. Wenn aber das Ziel eurer Verkörperung darin besteht, vielen zu helfen, und die Verbindungen zu eurer Umgebung euch daran hindern, werdet ihr alle eure Verbindungen abbrechen und euch wie ein Vogel, der dem Käfig entkommen ist, zum Himmel, zu den Wolken, zu den Gipfeln der Berge emporschwingen.

Ich muss euch jedoch warnen, dass, wenn ihr eure karmischen Verpflichtungen nicht erfüllt und nicht alle eure Schulden begleicht, es sehr wohl sein kann, dass ihr großes Karma verursacht, obwohl ihr einen scheinbar lichterfüllten und hohen Weg wählt.

Ihr könnt nicht auf eine lange Reise gehen, ohne für die Menschen gesorgt zu haben, mit denen ihr karmisch verbunden seid. Und kein hohes Ziel kann als Rechtfertigung dafür dienen, dass ihr eure Mitmenschen im Stich lasst, die eure Hilfe benötigen.

Daher versuchen wir, keine konkreten Empfehlungen zu geben. Denn es ist nicht möglich, ausführliche und allgemeingültige Empfehlungen für alle

Lebenssituationen zu geben. Das Leben ist zu vielfältig, und das Karma sehr verwickelt und verwoben.

Manchmal ist eine Entscheidung, die vom menschlichen Standpunkt aus von allen verurteilt wird, aus göttlicher Sicht die einzig richtige. Und manchmal widerspricht eine Entscheidung, die von allen menschlichen Gesichtspunkten aus richtig ist, dem göttlichen Gesetz. Die göttliche Wissenschaft ist die schwierigste aller Wissenschaften, denen ihr im Leben begegnet. Und während ihr die anderen Wissenschaften nicht unbedingt studieren müsst und getrost an den Regalen voller Bücher vorbeigehen könnt, die diesen Wissenschaften gewidmet sind, so müsst ihr alle die göttliche Wissenschaft beherrschen. Der Unterschied besteht nur darin, wann sich ein jeder von euch diese Wissenschaft zu eigen machen wird.

Für viele von euch ist die Zeit gekommen, die göttliche Wissenschaft zu meistern. Und ihr könnt nicht anders, als den Weg der Einweihungen zu beschreiten, denn dies wurde von euch selbst vor eurer Verkörperung so geplant. Andere können getrost mitten im Leben verbleiben und noch viele Verkörperungen ihre Rollen weiterspielen und ihren Spielchen nachgehen. Ihr Bewusstsein ist noch nicht bereit, von der physischen Welt Abschied zu nehmen und sich zu den Gipfeln der Erkenntnis der göttlichen Wahrheit emporzuschwingen. Ich kann nur eines sagen: Diejenigen von euch, die diese Botschaften, die wir durch unsere Gesandte geben, von ganzem Herzen angenommen haben und mit Hoffnung und voller Vorfreude jede Botschaft erwarten, sind höchstwahrscheinlich bereit, sich auf den Weg zu begeben und ihm zu folgen.

Prüft daher mit eurem Herzen, welche Gefühle ihr aufgrund meiner heutigen Botschaft empfindet. Wir können niemanden zwingen zu gehen, doch wir rufen euch auf den Weg.

**ICH BIN Sanat Kumara,
und ich bin immer mit euch!**

Setzt euch dem Wind der Veränderungen aus, und habt keine Angst davor, euch zu erkälten und krank zu werden

Gautama Buddha
26. April 2006

ICH BIN Gautama Buddha, und ich bin an diesem Tag zu euch gekommen.

ICH BIN wie immer mit der Absicht gekommen, euch eine kleine Lehre zu geben, die hoffentlich nützlich für euch sein wird. Heute will ich eine Lehre geben, die eure Beziehungen zur Natur und eure Beziehungen innerhalb der menschlichen Gesellschaft betrifft.

Ihr seid einzigartig in eurem Wesen und in eurer Natur. Und eure Bezlehungen zueinander und zu allem, was euch umgibt, sind sehr wichtig. Manchmal macht ihr euch nicht die Mühe, über die Auswirkungen nachzudenken, die ihr auf alles um euch herum habt. Es scheint euch so, dass alles, was euch umgibt, unabhängig von euch und außerhalb eures Bewusstseins existiert. Jedoch ist die Verbindung, die zwischen allen Manifestationen auf der physischen Ebene besteht, sehr stark. Sie ist so stark, dass jedes Element eurer Interaktion mit der Welt, die euch umgibt, katastrophale negative Auswirkungen haben kann, wenn dieses Element nicht dem göttlichen Plan entspricht.

Wir bemühen uns, die Situation auf dem Planeten auszugleichen. Aber auch ihr könnt das Gleiche tun. Alles, was ihr braucht, ist, von der Liebe zu allem Leben, zu jeder Manifestation des Lebens durchdrungen zu sein und eure Einheit mit jedem Teilchen des Lebens zu spüren.

Eure Einheit ist nicht etwas Äußerliches, was ihr erlangen müsst. Eure Einheit ist euer innerer Zustand.

Die Einheit kommt aus eurem Inneren. Dazu müsst ihr Gedanken der Einheit in euer Bewusstsein einlassen. Versucht, niemanden zu kritisieren, wer immer es auch sein mag. Bemüht euch, in allem, was euch umgibt, positive Aspekte zu finden und eure Aufmerksamkeit darauf zu konzentrieren.

Ihr beeinflusst alles, was euch umgibt. Und weil ihr dem Potenzial nach Götter seid, ist dieser Einfluss manchmal so bedeutend, dass er die Zukunft des ganzen Planeten in wenigen Augenblicken verändern kann. Daher ist es überaus wichtig, ständig auf das Positive konzentriert zu sein. Positive Emotionen, freudige Stimmung. Allen Unannehmlichkeiten müsst ihr euch bewusst stellen. Denn je zahlreicher die Schwierigkeiten und Probleme sind, auf die ihr in diesem Leben stoßt und aus denen ihr mit Ehre hervorgeht, desto mehr Karma könnt ihr abarbeiten und desto mehr Fehler aus der Vergangenheit könnt ihr korrigieren. Und wenn ihr euch von Karma befreit, werdet ihr einen größeren Einfluss auf die Welt gewinnen. Denn das Licht Gottes, die göttliche Energie kann ungehindert durch eure Chakren in eure Welt strömen.

Es ist nicht möglich, mit menschlichen Geräten die Menge an göttlicher Energie zu messen, die von dem einen oder anderen Menschen in eure Welt geleitet wird. Doch eure höheren Sinnesorgane wissen immer, durch wen das Licht fließt, und viele streben intuitiv nach dem Kontakt mit solchen Menschen.

Es gibt auch andere Beispiele des menschlichen Bewusstseins. Das Bewusstsein, das ganz auf sich selbst konzentriert ist und nur an sich selbst denkt und daran, wie es Freuden und Vergnügungen für sich selbst erhalten kann. Solche Menschen sind wie schwarze Löcher im Raum. Sie verschlingen Energie, geben aber nichts zurück. Um solche Menschen herum ist alles tot, und sie selbst sind wie lebende Tote. Und es gibt verschiedene Übergangszustände des menschlichen Bewusstseins zwischen diesen beiden extremen Manifestationen.

Und in Wirklichkeit entscheidet ihr immer selbst, in welche Richtung ihr euch bewegt. Ihr bewegt euch immer nur zum Licht hin oder in eine dem Licht direkt entgegengesetzte Richtung. Entweder ihr erfüllt euch selbst und eure Mitmenschen mit göttlicher Energie, mit Licht, oder ihr seid Verbraucher der göttlichen Energie.

Wenn zwei Individuen zusammenkommen, die das Licht in sich tragen, dann tauschen sie göttliche Energien aus und bereichern sich gegenseitig. Jede Manifestation der göttlichen Flamme ist einzigartig. Und die Interaktion zweier göttlicher Flammen, die sich in der Verkörperung befinden, bereichert beide Flammen.

Daher wird es sowohl für jedes Individuum als auch für den Planeten insgesamt gut sein, wenn auf dem Planeten Orte entstehen, an denen sich Menschen aufhalten und kommunizieren können, die ein fürsorgliches Herz haben und sich nicht nur um sich selbst und ihnen nahestehende Menschen kümmern, sondern um alle Lebewesen auf dem Planeten Erde. Ihre Kommunikation wird das Ausströmen der göttlichen Energie in die physische Welt verstärken.

Und jene Orte, an denen negative Energien vorherrschen, verbreitet von Menschen, die nur auf sich selbst konzentriert sind, werden mit der Zeit zu isolierten Kolonien für Menschen, die an einem nicht-göttlichen Bewusstsein leiden.

In naher Zukunft wird sich eine Spaltung der Erdbevölkerung vollziehen. Menschen, die sich in ihrem Herzen zu Gott bekennen, werden danach streben, sich mit Menschen zu vereinigen, die ihnen ähnlich sind. Es werden neue Siedlungen entstehen, in denen solche Menschen leben werden. Und da jeder Mensch alles beeinflusst, was ihn umgibt, wird das Aufblühen solcher Siedlungen dem Goldenen Zeitalter ähnlich sein. Und dies werden die ersten Manifestationen des Goldenen Zeitalters sein. Und davon, wie erfolgreich ein solcher Aufbau sein wird, hängt es ab, wie schnell sich die Veränderungen auf der Erde vollziehen werden.

Schon in jungen Jahren wird sich ein Mensch, der sich in einem günstigen Umfeld befindet, die Verhaltensmuster und moralisch-sittlichen Normen aneignen können, die für solche Siedlungen charakteristisch sind.

Diese Städte der Zukunft sollten auf dem Planeten zu entstehen beginnen. Und jeder von euch kann die Initiative ergreifen und eine solche Siedlung gründen. Ihr wisst, dass die beste Form des Gebets das Gebet durch Taten ist. Und wenn ihr in euch die Kraft und den Wunsch dazu verspürt, so wartet nicht weiter auf irgendein Kommando von außen. Handelt und erschafft.

Nutzt die Möglichkeit, die für den Planeten Erde gekommen ist.

Ich würde mich freuen, wenn unsere Vorschläge in euren Herzen Anklang finden.

Alles, was von Gott ist, alles, was die Menschen zu Gott streben lässt, wird unterstützt werden und sich in eurer Welt manifestieren. Alles, was die Trennung von Gott gewählt hat, wird die Früchte der unrichtigen Wahl ernten. Doch jeder Mensch und jedes Lebewesen hat immer die Möglichkeit, auf den göttlichen Weg zurückzukehren.

Es ist nur so, dass manche menschlichen Individuen ihre Lektionen erhalten müssen. Es ist ein Glück, dass der Planet Erde jedem die Möglichkeit gibt, seine Lektionen zu erhalten, und jedem die Aussichten auf eine göttliche Entwicklung eröffnet.

Jetzt bitte ich euch, euch in euer Herz zu vertiefen und nachzudenken. Was hält euch in dem gewohnten Umfeld zurück? Was drängt euch dazu, jahrelang an einem bestimmten Verhaltensmuster festzuhalten, das ihr euch selbst aufgezwungen habt? Was begrenzt eure Freiheit und die Entfaltung eurer Göttlichkeit?

Ist all das, was eurer Entwicklung hinderlich ist, wirklich so wichtig, und ist es nicht endlich an der Zeit, euch all eurer kleinlichen egoistischen Bindungen zu entledigen und euch selbst allen Lebewesen zu schenken und dafür unendlichen Frieden und die grenzenlose Freude des Dienens zu erhalten?

Bemüht euch, in eurem Bewusstsein all das zu analysieren, was euch daran hindert, innere Freiheit zu erlangen und zu den Gipfeln der Göttlichkeit zustreben.

Nur ihr selbst begrenzt euch, und nur ihr selbst hindert euch daran, eure göttlichen Eigenschaften zu manifestieren und eure göttliche Bestimmung zu erfüllen.

Erlaubt der göttlichen Energie, ungehindert durch euer Wesen zu strömen, und sie wird auf ihrem Weg alle kleinen und großen Hindernisse in Form eures Egos, eurer Ängste, eurer Begrenzungen und eurer Dogmen vertreiben.

Setzt euch dem Wind der Veränderungen aus, und habt keine Angst davor, euch zu erkälten und krank zu werden.

**ICH BIN Gautama Buddha,
mit Vertrauen in euch!**

Wir bitten euch, in eurem Leben gemäß dem Wissen und den Lehren zu handeln, die ihr erhalten habt

Der Große Göttliche Lenker
27. April 2006

ICH BIN der Große Göttliche Lenker, und ich bin an diesem Tag zu euch gekommen. ICH BIN gekommen, um euch eine Unterweisung zu geben und Neuigkeiten aus den ätherischen Oktaven mitzuteilen. Und diese Neuigkeiten sind weitaus erfreulicher als die Mitteilungen, die wir im Laufe unseres Winterzyklus von Botschaften gegeben haben. Denn die Situation auf dem Planeten selbst ändert sich zum Besseren, und diese Veränderung ruft bei uns freudige und hoffnungsvolle Gefühle hervor.

Noch vor wenigen Monaten war unsere Sorge über den Stand der Dinge auf der Erde so groß, dass wir die Möglichkeit nicht verpassen durften, euch durch diese Gesandte vor der schwierigen Lage zu warnen. Jetzt bin ich gekommen, um die Möglichkeit zu nutzen und euch mitzuteilen, dass sich der Zustand auf dem Planeten Erde wesentlich verbessert hat, und die Veränderungen, die sich bisher im Bewusstsein einiger Menschen vollzogen haben, breiten sich mit wahrhaft kosmischer Geschwindigkeit aus und erreichen sehr viele Menschen, die sich an den verschiedensten Orten auf der Erdkugel aufhalten. Wir sind sehr froh, dass wir unsere Informationen mit Hilfe unserer Gesandten, des Internets und mit Hilfe jener hingebungsvollen und selbstlosen Herzen so schnell verbreiten konnten, die viel geopfert haben, um möglichst vielen Menschen die Möglichkeit zu geben, sich mit diesen Botschaften vertraut zu machen. Wir danken auch denen, die unsere Botschaften in viele Sprachen der Welt übersetzt haben. Der Himmel ist wirklich glücklich über den Stand der Dinge.

Noch nie in der modernen Geschichte wurden Informationen, die wir in die physische Welt übermitteln, mit einer solchen Geschwindigkeit verbreitet.

Und dies eröffnet für uns eine neue Möglichkeit, und es erlaubt euch, neue Informationen aus unserer Welt zu erhalten. Die göttliche Gnade kennt wahrlich keine Grenzen. Und wenn der Himmel die Zusammenarbeit mit hingebungsvollen Mitarbeitern aufnimmt, die sich in der Verkörperung befinden, erreichen wir in solch kurzer Zeit so bedeutende Veränderungen, dass sich diese Erfolge wahrhaftig mit einem Durchbruch im Bewusstsein und einem energetischen Durchbruch zwischen den Oktaven vergleichen lassen.

Deshalb komme ich heute zu euch, um jedem von euch meinen Dank auszusprechen, der unserem Ruf gefolgt ist und nicht nur sein eigenes Bewusstsein verändert hat, sondern auch dazu beigetragen hat, dass unsere Informationen in eurer physischen Oktave so weit wie möglich Verbreitung finden.

Und jetzt möchte ich euch noch eine kleine Unterweisung geben, was die aktuelle Situation auf dem Planeten Erde betrifft.

Ihr wisst aus früheren Botschaften, wie schwierig die energetische Situation Ende letzten Jahres war. Es waren wirklich enorme Anstrengungen erforderlich, um das Gleichgewicht zu halten und eine weitere verheerende Katastrophe zu verhindern. Heute halten wir den Planeten sicher im Gleichgewicht. Es gibt jedoch noch keine Möglichkeit, sich zu entspannen und den Sieg zu feiern. Denn je bedeutender unsere Erfolge und Errungenschaften sind und je schneller sie erreicht werden, desto größer ist die Opposition jener Kräfte, die keine Veränderungen wollen und den Wandel nicht begrüßen.

Daher gibt es keine Möglichkeit sich zu entspannen. Und es ist nach wie vor erforderlich, alle Anstrengungen zu unternehmen und eure Fähigkeiten einzusetzen, damit sich das Tempo und die Geschwindigkeit der Verbreitung unserer Botschaften, unserer Informationen und unserer Energien nicht verringern. Ihr könnt euch einen Schneeball vorstellen, der immer mehr an

Masse und Volumen zunimmt. Doch damit dies geschieht, müssen ständige Anstrengungen unternommen werden, um den Schneeball voranzustoßen und weiterzurollen.

Daher bitte ich euch, nicht aufzuhören und gemäß dem Impuls zu handeln, der in eurem Herzen aufsteigt. Lasst den entfachten Funken nicht verlöschen. Kehrt immer wieder zum Lesen unserer Botschaften zurück, insbesondere derjenigen, die euch die Kraft und den Impuls für eure Tätigkeit auf der physischen Ebene geben.

Wir bitten euch nicht einmal, Gebete zu lesen. Wir bitten euch, in eurem Leben gemäß dem Wissen und den Lehren zu handeln, die ihr erhalten habt. Jetzt tritt die Notwendigkeit konkreter Handlungen in den Vordergrund. Ihr könnt spüren, wie die in unseren Botschaften enthaltene Energie euch im wahrsten Sinne des Wortes zu konkreten Handlungen auf der physischen Ebene drängt. Daher ist es überaus wichtig, dass ihr eure Bemühungen richtig einsetzt. Lasst nicht zu, dass die gegnerischen Kräfte euch in fruchtlose Diskussionen und Streitereien verwickeln. Die Zeit für leeres Gerede und Geschwätz ist vorbei. Ihr müsst dem Himmel durch konkretes Handeln auf der physischen Ebene zeigen, inwieweit ihr euch die Lektionen angeeignet habt, die wir euch durch diese Gesandte im Laufe des vergangenen Jahres gegeben haben.

Wir sind mit der Geschwindigkeit zufrieden, mit der unsere Lehre verbreitet wird, aber wir sind nicht zufrieden mit der Tatsache, dass ihr nach wie vor zu wenig konkrete Taten und Handlungen auf der physischen Ebene unternehmt.

Wir erwarten von euch Taten und Handlungen zur Veränderung der physischen Ebene. Alles, was nicht göttlich ist, muss die Bildschirme eurer Fernseher, die Regale in euren Geschäften, das Radio und das Internet für immer verlassen.

Ihr könnt nicht gegen die nicht-göttlichen Manifestationen ankämpfen, aber ihr könnt diese nicht-göttlichen Manifestationen durch die göttlichen Muster ersetzen. Ihr handelt auch dann, wenn ihr euch weigert, Fernsehübertragungen und Filme anzuschauen, die nicht göttlich sind, wenn ihr euch an jeglichen negativen Manifestationen nicht beteiligt, die eurer Welt noch innewohnen. Auf diese Weise schafft ihr kein neues Karma und arbeitet durch eure richtigen Entscheidungen Karma aus der Vergangenheit ab. Außerdem gebt ihr durch eure richtigen Handlungen euren Mitmenschen und insbesondere der Jugend ein Beispiel.

Sorgt euch nicht darum, dass jemand etwas falsch macht. Zeigt, wie man richtig handelt. Es ist immer leichter zu verurteilen. Doch wenn ihr Urteile fällt, erzeugt ihr Karma und vermehrt die Illusion. Wenn ihr aber eure Energien gemäß den göttlichen Leitgrundsätzen lenkt, schafft ihr gutes Karma und zieht die Illusion zusammen.

Daher bin ich an diesem Tag zu euch gekommen, um euch daran zu erinnern, dass jeder von euch vor der Verkörperung bestimmte Verpflichtungen auf sich genommen hat. Eine günstige Möglichkeit ist für euch gekommen, um eure Bestimmung zu erfüllen. Wendet euch nach innen, geht in euer Herz und versucht zu verstehen, welche Verpflichtungen eure Seele vor der Verkörperung auf sich genommen hat.

Ihr müsst euch an diese Verpflichtungen erinnern.

Wenn ihr im Bereich der Erziehung von Kindern und Jugendlichen arbeitet, so zählt es höchstwahrscheinlich zu euren Verpflichtungen, der heranwachsenden Generation auf einem ihr zugänglichen Niveau Kenntnisse über das Gesetz zu vermitteln, das in diesem Universum existiert, und auch über das göttliche moralisch-sittliche Gesetz.

Wenn ihr geschäftlich erfolgreich seid, ist für euch vielleicht die Zeit gekommen, das erwirtschaftete Geld in der rechten Weise einzusetzen und anstatt einer nimmer endenden Jagd nach unnützen Dingen, Vergnügungen und Genüssen dieses Geld für die Einrichtung von Lernzentren für Kinder, Jugendliche und deren Eltern aufzuwenden, und für den Bau von Siedlungen, die auf neuen Grundsätzen basieren und frei vom Einfluss der negativen Schwingungen und Faktoren eurer Gesellschaft sind.

Daher hängt es nur von euch selbst ab, mit der schöpferischen göttlichen Arbeit zu beginnen. Kein anderer wird eure Verpflichtungen für euch erfüllen. Jedoch versprechen wir euch von unserer Seite, alle nötige Hilfe zu leisten. Bittet nur um diese Hilfe und zögert nicht, euch in euren Briefen und Gebeten an uns zu wenden.

Die Gemeinschaft des Himmels und der physischen Ebene steht gerade erst am Anfang, und sehr bald werdet ihr euch davon überzeugen können, wie fruchtbringend diese Zusammenarbeit sein kann.

Bevor wir uns verabschieden, möchte ich euch den Impuls meines Glaubens und mein Vertrauen in euch übermitteln, und dass ihr eure Verpflichtungen so effektiv wie möglich erfüllen werdet.

**ICH BIN der Große Göttliche Lenker,
mit Liebe zu euch und Glauben an euren Erfolg!**

Nur wenn ihr das Gesetz aus der Tiefe eures Herzens erhaltet, werdet ihr zu jemandem, der das Gesetz erfüllt

Der Geliebte Kuthumi
28. April 2006

ICH BIN Kuthumi, und ich bin erneut zu euch gekommen.

Seit unserem letzten Treffen sind mehrere Monate vergangen, und heute bin ich unsagbar froh über unser neues Treffen, denn dieses Treffen findet unter weitaus günstigeren Bedingungen statt, und ich kann euch eine Lehre geben, die zu einem früheren Zeitpunkt nicht gegeben werden konnte. In dieser Lehre geht es darum, wie ihr das Leben wahrnehmen solltet, und wie ihr jene Veränderungen wahrnehmen solltet, die in eurem Leben stattfinden. Noch vor einiger Zeit wäre diese Lehre für euch nicht aktuell gewesen. Doch jetzt denken immer mehr Menschen über das nach, was sie im Leben umgibt und wie sie sich dem gegenüber verhalten sollten. Diese neue Art, das Leben und die umgebenden Umstände zu betrachten, wurde erst nach der Lehre von der Zusammenziehung der Illusion möglich, die durch unsere Gesandte gegeben wurde. Daher habt ihr unterbewusst begonnen, eine andere Einstellung zu allem zu entwickeln, was euch umgibt, und ihr habt darüber nachzudenken begonnen, wie ihr die Umstände um euch herum gestaltet und wie ihr alles beeinflusst, was euch in der physischen Welt umgibt.

Dies ist ein neuer Blick auf die Welt, und je mehr Menschen erkennen, dass die Welt, die euch umgibt, eine gigantische Illusion ist, und dass die Manifestation dieser Illusion ganz und gar durch das kollektive Bewusstsein der Menschheit bestimmt wird, desto bewusster werdet ihr mit euren Gedanken, euren Gefühlen und euren Handlungen umgehen. Denn gerade ihr selbst erschafft alles, was euch umgibt, alle Umstände eures Lebens. Und dass sich die Veränderungen in eurem Bewusstsein nicht sofort in der physischen Welt manifestieren, liegt allein an der Trägheit der Materie, die nicht augenblicklich in ihrer neuen Gestalt vor euch erscheinen kann. Als Hindernis wirkt sich auch die Tatsache aus, dass das Bewusstsein eines

Großteils der Menschheit noch nicht erwacht ist und keine so maßgebliche Einwirkung haben kann wie das Bewusstsein jener Menschen, die die göttlichen Gesetze zu verstehen begonnen haben und bemüht sind, sich im Leben von ihnen leiten zu lassen.

Daher ist es in eurem eigenen Interesse und im Interesse der ganzen Menschheit, das Wissen und die Lehren möglichst weit zu verbreiten, die ihr durch unsere Botschaften erhaltet. Ihr mögt feststellen, dass sich die Informationen, die ihr erhaltet, nicht allzu sehr von dem unterscheiden, was die Grundlage der meisten Religionen der Welt bildet. Und dennoch gibt es einen kleinen Unterschied, und dieser Unterschied hängt damit zusammen, dass wir euch auf einen individuellen inneren Weg ausrichten. Den Weg der Erkenntnis der Welt durch euer Herz. Weil jedes äußerliche Wissen von außen zu euch kommt, und ihr deshalb dazu neigt, diesem Wissen nicht zu vertrauen. Wenn ihr aber die Fähigkeit erlangt, Informationen zu erhalten, die aus eurem Inneren kommen, so nehmt ihr diese Informationen auf eine völlig andere Weise wahr. Und selbst dann, wenn sie für euch nichts Neues enthalten, wird alles Wissen, das zu euch kommt, anders reflektiert werden und in eurem Bewusstsein Anklang finden.

Es gibt verschiedene Stufen der Wahrnehmung von Informationen. Und wenn ihr mit eurem äußeren Verstand erkennt, dass ihr etwas bereits wisst und zuvor gehört habt, bedeutet das nicht, dass ihr diese Informationen und diese Lehre in eurem Herzen gefühlt und bis zu einem Grad erkannt habt, in dem ihr mit dem Wissen und der Lehre eins werdet. Und erst wenn ihr mit der Lehre eins werdet, werdet ihr zum Träger dieser Lehre. Und ihr verbindet euer Leben untrennbar mit dem Gesetz und ordnet es dem Gesetz unter, das ihr mit eurem ganzen Wesen wahrgenommen und akzeptiert habt.

Es gibt verschiedene Grade der Erkenntnis des göttlichen Gesetzes. Und nur wenn ihr das Gesetz aus der Tiefe eures Herzens erhaltet, werdet ihr zu jemandem, der das Gesetz erfüllt, und ihr könnt ohne Worte und ohne Taten das Leben um euch herum beeinflussen. Ihr erlangt die Fähigkeit, durch eure Gegenwart eure Umgebung zu beeinflussen. Ihr meditiert einfach, bewahrt einen Zustand der Glückseligkeit und des inneren Friedens, und das Leben um euch herum verändert sich wie von Zauberhand.

Dies ist eine sehr hohe Stufe der Errungenschaften, die ihr alle anstreben müsst. Doch damit ihr euch in eurer Welt in einem Zustand tiefer Meditation befinden könnt, müsst ihr dafür sorgen, dass die Bedingungen für solche Meditationen geschaffen werden. Eure Städte und selbst kleinere Siedlungen sind von einer so großen Menge negativer Energie erfüllt, dass es euch schwerfällt, euch mit dem höheren Teil eurer selbst zu verbinden, und dass es für uns schwierig ist, euer Bewusstsein zu erreichen, welches sich ständig unter einem Panzer negativer Energien befindet. Deshalb machen wir euch immer wieder auf die Bedingungen aufmerksam, in denen ihr lebt. Ihr müsst euch zurückziehen und euch bemühen, einige Zeit an Orten zu verbringen, an denen ihr eure Energien wiederherstellen könnt. Wenn ihr in eurem Inneren den Standard des göttlichen Zustands erlangt, werdet ihr wissen, wonach ihr streben müsst, und ihr selbst werdet die Auswirkungen negativer Energien auf euch begrenzen, die in eurer Welt im Überfluss vorhanden sind. Und damit ihr nicht vom Weg abirrt, geben wir euch die Möglichkeit, eure Schwingungen mit den Schwingungen unserer Stellvertreterin zu vergleichen, die auf der Erde verkörpert ist. Wir werfen euch ein rettendes Seil zu, und es hängt allein von euch selbst ab, ob ihr von unserer Hilfe Gebrauch macht oder nicht.

Zu allen Zeiten waren Menschen in der Verkörperung, die die göttlichen Schwingungen der Reinheit in sich trugen. Und auch unter euch gibt es solche Menschen. Und wenn eure Augen geöffnet wären und eure Ohren hören würden, würdet ihr Gott jeden Tag dafür danken, dass Er euch seine Boten in der Verkörperung sendet. Doch ihr geht an ihnen vorüber und schenkt ihnen keine Aufmerksamkeit.

Daher ist es eure erste Pflicht, die Manifestation der Göttlichkeit in den Menschen um euch zu erkennen und solchen Menschen zu helfen, denn sie tragen die Last eures Karmas.

Im Osten ist die Verehrung von Heiligen und Yogis sehr verbreitet, die eigens in die Verkörperung kommen, um das Karma der Menschen auf sich zu nehmen und es abzuarbeiten. Im Westen sind ebenfalls viele Menschen verkörpert, die nicht von dieser Welt sind, die die Last eures Karmas auf sich nehmen und tragen. Lernt es, diesen Menschen dankbar zu sein. Sie können sich nicht immer an die Bedingungen eurer Gesellschaft anpassen, denn eure Gesellschaft ist für sie wie eine Gesellschaft von Wahnsinnigen. Ihr aber zögert nicht, eure Heiligen für verrückt zu erklären. Eure Welt steht Kopf. Und diejenigen, die am wenigsten würdig sind, haben alles, während diejenigen, die die Last der Menschheit tragen, ein erbärmliches Dasein fristen. Aber im Laufe der modernen Geschichte war es immer so.

Eure Welt ist eine Welt, die auf den Kopf gestellt ist. Und wenn ihr lernt, die Manifestationen der Göttlichkeit in eurer Welt zu erkennen und sie in eurem Bewusstsein von jeglicher nicht-göttlichen Manifestation zu trennen, werdet ihr wirklich in der Lage sein, die euch umgebende Welt zu beeinflussen und sie zu verändern.

Aber zuerst müsst ihr lernen, die göttliche Manifestation in euch selbst zu erkennen. Dann werdet ihr in der Lage sein, den Schwingungen gemäß ähnliche göttliche Manifestationen aus dem Raum anzuziehen. Und die Inseln der Göttlichkeit werden sich in eurer Welt ausbreiten und vermehren. Und wir können zuerst in unseren dichten Körpern zu euch kommen, dann in weniger dichten Körpern. Und die Prophezeiung wird in Erfüllung gehen, dass die Aufgestiegenen Meister unter euch gehen werden, und ihr werdet mit uns kommunizieren können.

Daher hängt es nur von euch selbst ab, ob die Prophezeiung bereits in eurer Zeit zur Realität wird.

Erschafft Inseln der Göttlichkeit und zieht wenigstens für einige Zeit dorthin.

ICH BIN Kuthumi.

Einige Erklärungen zum Weg der Lehrzeit

Gott Maitreya
29. April 2006

ICH BIN Maitreya, und ich bin wieder zu euch gekommen. Und wie immer bin ich gekommen, um euch auf eurem Weg zu unterweisen. Und euer Weg ist, wie ihr bereits aus meinen früheren Botschaften wisst, eng mit dem Weg der Einweihungen verbunden. Dieser Weg ist für euch der kürzeste Weg nach Hause, zu Gott. Und wenn ihr trotz allem daran zweifelt und die Lehren und Anweisungen, die euch in diesem Zyklus von Botschaften gegeben werden, mit Skepsis betrachtet, so ist dies eure Wahl, und eure Zeit ist einfach noch nicht gekommen. Ihr habt das Recht, noch weiter in eurer Illusion umherzuwandern und zu versuchen, Vergnügungen von eurer physischen Welt zu erhalten. Doch mit jeder Verkörperung werdet ihr immer weniger Gefallen daran finden, denn eure Seele kommt in diese Welt, um den Weg zu finden, aber ihr versucht immer noch, den Sinn eurer Existenz in eurer begrenzten Welt zu finden, ohne den Wunsch, euer Bewusstsein zu erhöhen und nach oben zu blicken, euch Gott zuzuwenden und die ganze Begrenztheit eurer Welt zu erkennen.

Ihr befindet euch in einem Gefängnis, das aus den Begrenzungen eures eigenen Bewusstseins besteht. Und nur ihr selbst könnt die Wände eures Gefängnisses zerstören. Ich kann euch dabei helfen, doch ihr müsst mich um diese Hilfe bitten. Ich helfe allen, die sich an mich wenden. Und meine Hilfe ist mit der Zerstörung eures Egos und eurer Bindungen an die physische Welt verbunden. Viele von euch nehmen die Situation, in die ihr geratet, wenn ihr auf dem Weg voranzuschreiten beginnt, als ein Scheitern von allem wahr. Ihr seht, wie ein Stereotyp nach dem anderen, eine Bindung nach der anderen zerstört werden, und euer Ego erzittert angesichts dieser Prüfungen und redet euch ein, dass ihr den falschen Weg geht und dass der Weg zu Gott nur ewiges Glück und ewiger Frieden ist. Ja, es ist wirklich so, ihr seid auf dem Weg zu Glückseligkeit und Frieden, doch um den Zustand des Friedens zu erreichen, müsst ihr alles aufgeben, was eurem

Fortschreiten hinderlich ist und euch dazu zwingt, immer wieder in diese Welt zu kommen und leiden zu müssen.

In eurer Welt sind Leid und erhabene Bewusstseinszustände so miteinander verwoben und vermengt, dass ihr manchmal in eurem Leben überhaupt nichts mehr versteht. Und ich bemühe mich, euch eurem gewohnten Leben zu entreißen und euch dazu zu bringen, dass ihr euer Leben aus einem anderen Blickwinkel betrachtet.

Dieser Weg ist untrennbar damit verbunden, dass ihr euer Ego aufgeben und gleichzeitig den Zustand der Einheit mit allem erlangen müsst, was euch umgibt, und einen Zustand völliger Demut vor Gott, vor dem höchsten Gesetz, das in diesem Universum existiert. Für viele von euch wird jede Veränderung zum Hindernis, ganz zu schweigen von meinen furchteinflößenden Geschichten, und ihr habt Angst und wollt die Bedingungen nicht akzeptieren, die wir euch anbieten. Nun, ihr habt Angst, und daher solltet ihr euch als Erstes von eurer Angst befreien. Diese Angst ist wie die Angst, die ihr empfindet, wenn ihr in eine andere Welt übergeht. Es ist das, was in eurer Sprache Tod genannt wird. Aber ich sage euch, dass der Zustand eines gedankenlosen Aufenthalts in eurer Welt und eure Bindung an diese Welt der wahre Tod für euch ist. Denn in diesem Falle riskiert ihr es tatsächlich zu sterben. Denn es ist nicht schrecklich, wenn ihr eure Körper wechselt, doch ist es traurig, wenn ihr eure Seele verliert.

Und ihr erkennt es nicht einmal, weil euer Bewusstsein an euren physischen Körper und an alles gebunden ist, was euch in der physischen Welt umgibt. Und da die Existenz dieser Welt bald ein Ende nehmen muss, werdet ihr tatsächlich aufhören zu existieren, wenn ihr euer Bewusstsein nicht auf die höheren Welten verlagert. Ihr wählt das Vergängliche oder das Unvergängliche, die physische Welt oder die reale, göttliche Welt. Und darin besteht der ganze Weg der Einweihungen. Und wenn ihr euch in meiner Schule einschreibt und dem Weg der Einweihungen zu folgen beginnt, beginnt ihr einfach bewusst zu sehen, wie ihr Tag für Tag immer wieder eure Wahl zwischen dem Vergänglichen und dem Unvergänglichen treffen müsst. Und wenn ihr die richtigen Entscheidungen trefft und euch von einer weiteren Abhängigkeit oder Bindung befreit, empfindet ihr Freude, eine grundlose

Freude, die euer ganzes Wesen erfüllt. Und wenn ihr euch von einer schlechten Gewohnheit oder Bindung nicht trennen könnt, wenn die Zeit dazu gekommen ist, werdet ihr euch niedergeschlagen fühlen und empfinden, dass eure Existenz keinen Sinn hat.

Ich verändere eure Bewusstseinszustände, und ihr durchlauft eure Tests. Es ist in etwa so, wie ihr eure Tiere dressiert. Leider ist es manchmal nicht möglich, euer Bewusstsein direkt zu erreichen, und wir sind gezwungen, durch eure Bewusstseinszustände auf euch einzuwirken. Auf diese Weise erhaltet ihr die Möglichkeit, auf dem Weg fortzuschreiten und zu verstehen, in welche Richtung ihr euch bewegt.

Sehr viele von euch warten darauf, dass ich persönlich oder durch meine Gesandte zu euch komme und euch über euren Eintritt in meine Schule informiere, und dass ich euch die nächste Prüfung oder den nächsten Test stelle. Glaubt mir, ihr alle steht schon seit langem unter meiner aufmerksamen Beobachtung und erhaltet eure Lektionen unter den Bedingungen eures normalen Lebens.

Eure äußeren Umstände und die Menschen, denen ihr begegnet, sind für euch die besten Tests und Prüfungen.

Macht euch deshalb keine Sorgen darüber, dass ihr über euren Eintritt in meine Schule nicht informiert worden seid. Ihr werdet es wissen, wenn es notwendig ist. Aber alle Verluste und Schwierigkeiten in eurem Leben müsst ihr als Tests betrachten, die ich euch stelle. Und ihr besteht dann die Einweihungen und geht von einer Klasse in die nächste über, wenn ihr die richtigen Entscheidungen trefft und infolge eurer Tests zu den richtigen Schlussfolgerungen kommt.

Strebt daher nicht danach, eine höchst mystische Erfahrung zu machen. Ihr werdet in eurem Leben gerade derjenigen Situation begegnen, der ihr begegnen müsst, um eure nächste Bindung und Unvollkommenheit abzuarbeiten. Und da alle eure Bindungen mit den gewöhnlichsten Dingen zusammenhängen, wo sonst solltet ihr damit beginnen, euch von euren Bindungen zu befreien, wenn nicht in eurem gewöhnlichen Leben?

Es ist sehr leicht, sich von schlechten Gewohnheiten zu befreien, wenn ihr euch in einer günstigen Umgebung befindet. Wenn ihr euch aber ständig inmitten von Versuchungen befindet, ist es eine äußerst schwierige Einweihung, ihnen zu entsagen, und keine Mysterienschule der Vergangenheit konnte euch einen solch schwierigen Test stellen.

Beobachtet euch daher selbst und eure Reaktionen auf alle Lebenssituationen, denen ihr täglich begegnet. Und wenn ihr alle notwendigen Prüfungen besteht, werdet ihr so weit von euren Bindungen und Anhaftungen gereinigt sein, dass ihr mich sehen und mich treffen könnt. Und dann werdet ihr zum ersten Mal herausfinden, dass ihr in meiner Schule studiert und sie erfolgreich abgeschlossen habt.

Es ist so ähnlich, wie wenn ihr euren Unterricht in einem Fernstudium absolviert und weiterhin dort wohnt, wo ihr jetzt lebt. Und dann kommt die Zeit, wenn ihr für euer Diplom in eine andere Stadt reist und es erhaltet.

Daher sind jene von euch, die mir ihre Briefe geschrieben und sie mir mit Hilfe der Engel überbracht haben, alle in meine Schule eingeschrieben. Aber wenn ihr weiterhin unbewusst an die Situationen herangeht, die in eurem Leben entstehen, ohne aus diesen Situationen angemessene Schlussfolgerungen zu ziehen, so kann ich euch nicht länger meine Aufmerksamkeit widmen. Für faule und untüchtige Schüler ist in meiner Schule kein Platz. Und die Zeit für euren Unterricht ist noch nicht gekommen.

Ich habe alles gesagt, was ihr jetzt hören musstet. Das bedeutet jedoch nicht, dass ich euch verlassen habe und in der nächsten Zeit nicht über euch wachen und euch betreuen werde. Versucht, euer Bewusstsein ständig auf den Strahl der Hierarchie abgestimmt zu halten. Denn dann ist es leichter für uns, mit euch zu arbeiten und euch zu führen. Gerade damit ihr die Orientierung bewahrt, schicken wir unsere Gesandten. Nutzt daher all die Hilfe, die wir euch erweisen.

Und jetzt verabschiede ich mich von euch, und bis zu neuen Treffen.

ICH BIN Maitreya.

Wir rufen euch auf, unserem Weg zu folgen

Der Geliebte El Morya
30. April 2006

ICH BIN El Morya, und ich bin zu euch gekommen!

ICH BIN gekommen, um euch darüber zu informieren, dass der Frühlingszyklus von Botschaften, den wir durch unsere Gesandte gegeben haben, jetzt zum Abschluss kommt.

Wir freuen uns über die Möglichkeit, die sich uns geboten hat, und wir sind zufrieden, dass wir alles übermitteln konnten, was für diesen Zyklus von Botschaften geplant war. Im Unterschied zum vorausgegangenen Zyklus von Botschaften, den wir im Winter im Altai gaben, haben wir in diesem Zyklus von Botschaften eurem Weg mehr Aufmerksamkeit gewidmet. Denn es ist an der Zeit, euch mit dem Weg vertraut zu machen, der für euch geplant ist. Dieser Weg existierte schon immer, und schon immer wurden in dem einen oder anderen Teil der Erde Schulen und Ashrams gegründet und aufrechterhalten, in denen die Hierarchie des Lichtes ihren Schülern die Lehre gab. Die Zeit ist gekommen, in der wir die Möglichkeit sehen, unsere Arbeit mit der nicht aufgestiegenen Menschheit durch unsere äußeren Schulen wieder aufzunehmen.

Daher sind wir bestrebt, alles notwendige Wissen über den Weg der Einweihungen zu geben, damit ihr bewusst eure Wahl treffen und den Weg beschreiten könnt.

Der Unterschied zwischen unserem Weg und vielen anderen Lehren liegt darin, dass wir euch durch euer Herz führen und es euch ermöglichen, durch eure mystischen Erfahrungen und Einsichten mit der wahren, realen Welt in Berührung zu kommen. Wenn ihr die Möglichkeit habt, in eurem äußeren Bewusstsein die Existenz einer anderen Welt, der göttlichen Welt wahrzunehmen, werdet ihr bewusst danach streben, euch von allem zu befreien, was euch daran hindert, in diese Welt einzutreten. Und was euch daran hindert, sind euer Ego und eure Bindungen an die physische Welt, an die Dinge dieser Welt und an die Menschen, sowie eure Gewohnheiten und Unzulänglichkeiten. Deshalb beschreitet ihr bewusst den Weg und seid bereit, sehr viel zu opfern, um wahres Wissen zu erlangen. Es gibt viele andere Lehren, die sehr ähnliche Methoden anwenden. Jedoch gibt es auch Unterschiede. Und daher ist es eure wichtigste Aufgabe, diese Unterschiede zu finden, indem ihr von eurer zuverlässigsten Orientierungshilfe Gebrauch macht – von eurem Herzen.

Wir geben unsere Lehre durch unsere Gesandte. Und jeder von euch, der unsere Botschaften liest, gehört bereits zum äußeren Kreis unserer Schüler und tritt in eine Guru-Chela-Beziehung mit unserer Gesandten, die unsere Hierarchie auf der physischen Ebene vertritt.

Sobald ihr euch also dafür entscheidet, unsere Botschaften zu lesen, werdet ihr bereits zu unseren Schülern. Es gibt aber sehr viele Stufen von Guru-Chela-Beziehungen. Und die nächste Stufe, zu der ihr aufsteigt, ist, dass ihr bewusst eine Wahl zugunsten unserer Lehre trefft. Ihr bemüht euch in eurem Bewusstsein, den Unterschied zu anderen Lehren zu verstehen, und ihr trefft eure Wahl für die Lehre, die ihr durch unsere Gesandte erhaltet. In diesem Falle schränkt ihr eure Freiheit ein, aber dafür erlangt ihr größeres Verstehen und eine umfassendere Erkenntnis des Wissens, das ihr durch unsere Gesandte erhaltet.

Eine weitere Stufe ist, dass ihr unsere Gesandte bewusst als euren Guru annehmt. Und in diesem Zyklus von Botschaften haben wir denjenigen von euch zur Eile aufgerufen, die bereit sind, damit ihr diese Wahl bewusst trefft und zu dieser Stufe eurer Lehrzeit aufsteigt.

Noch eine weitere Stufe beginnt, wenn die Gesandte euch als Schülerkandidaten annimmt. Der Unterschied zwischen dieser Stufe und den vorausgehenden besteht darin, dass die Gesandte teilweise karmische Verpflichtungen auf sich nimmt und Verantwortung für ihre Schüler trägt. Die weiteren Beziehungen, die ihr eingeht, unterstehen ganz der Entscheidung unserer Gesandten. Und sie bestimmt, wie sich diese Beziehungen entwickeln müssen.

Daher sind wir bestrebt, die Guru-Chela-Beziehungen wiederherzustellen, die zur Kette der Schülernachfolge der Aufgestiegenen Meister gehören. Solche Beziehungen werden aber jedes Mal auf einer neuen Ebene aufgebaut und durch die auf der Erde herrschenden Bedingungen bestimmt. Wir brauchen nicht Millionen von Nachfolgern, die nur äußerlich Verpflichtungen auf sich nehmen, ohne unsere Lehre in ihr Herz einzulassen. Wir streben nach völligem Verstehen und Zusammenarbeit mit unseren Schülern. Und unsere Gesandte ist für euch nur eine Art Gehhilfe, bis ihr selbstständig gehen und in direkten Kontakt mit uns treten könnt. Aber auch in diesem Fall braucht ihr unsere Gesandte, damit sie euch als Leuchtturm dienen kann, der euch inmitten der Stürme und Unwetter des irdischen Lebens den Weg weist.

Deshalb werden wir auch weiterhin unsere Unterweisungen in zukünftigen Zyklen von Botschaften geben. Und wir bitten euch, keine Zeit zu verschwenden und alle Anweisungen, die in unseren Botschaften enthalten sind, nicht als abstrakte, sondern als unmittelbar leitende Grundsätze zu akzeptieren, die ihr in eurem Leben anwenden müsst.

Ich bin ein sehr konkreter Meister, und ich rede nicht gerne um den heißen Brei herum. Daher rufe ich euch dazu auf, nicht abzuwarten, bis euch jemand noch detailliertere Anweisungen für euer Handeln gibt. Wir geben die allgemeine Richtung. Und alle weiteren Einzelheiten müsst ihr direkt aus eurem Herzen erhalten.

Wenn ihr die Botschaften noch einmal lest, die wir im Laufe des vergangenen Jahres durch unsere Gesandte gegeben haben, werdet ihr verstehen, dass die Informationen in diesen Botschaften völlig ausreichen, um mit dem konkreten Handeln zu beginnen. Denn ihr könnt mit eurer unmittelbaren Umgebung und mit euren Gewohnheiten beginnen. Versucht, nicht morgen, sondern gleich jetzt anzufangen und euch zunächst von eurer größten Bindung zu befreien, die in eurem Leben das größte Hindernis ist.

Dies kann Angst sein, eine Neigung zu Verurteilung und Kritik, Rauchen oder eine beliebige andere Bindung und Unzulänglichkeit.

Dann werdet ihr die nächste Schwäche finden, und wieder die nächste. Und ihr werdet immer nur eine vorrangige Aufgabe kennen, die ihr bewältigen müsst. Und danach könnt ihr die nächste Aufgabe in Angriff nehmen.

Versucht nicht, eine große Menge von Aktivitäten auf einmal zu bewältigen. Nehmt euch Aufgaben vor, denen ihr gewachsen seid.

Manchmal ist es für viele Menschen weitaus schwieriger, sich das Rauchen abzugewöhnen, als einen Ashram zu bauen.

Wir rufen euch auf, unserem Weg zu folgen. Und wir sagen euch, dass der Weg offen ist. Aber eure Wahl trefft ihr selbst, und niemand kann euch dazu zwingen, diese Wahl zu treffen.

Ihr seid reife Individuen, und wir sprechen mit euch wie mit Wesen, die uns gleichgestellt sind, die nur in ihrem Fortschreiten auf dem Weg ein wenig zurückliegen.

Damit verabschiede ich mich von euch und wünsche euch viel Erfolg auf eurem Weg!

ICH BIN El Morya.

Botschaften der Aufgestiegenen Meister zwischen dem dritten und dem vierten Zyklus

Lasst euer Bewusstsein über die Grenzen eurer Familie, eurer Stadt und eures Landes hinausgehen, und nehmt die ganze Erde als euer Zuhause wahr

Gott Maitreya
5. Juni 2006

ICH BIN Maitreya, und ich bin erneut zu euch gekommen. Heute bin ich im Auftrag des Karmischen Rates gekommen, um euch eine freudige Nachricht zu bringen, im Zusammenhang mit den Veränderungen, die in diesen Tagen auf dem Planeten stattgefunden hat. Es gibt viele von euch, die sich das Lesen unserer Botschaften zur Gewohnheit gemacht haben und uns hingebungsvoll dienen und sich bemühen, diese Botschaften so weit wie möglich in der ganzen Welt zu verbreiten. Eure Bemühungen waren nicht vergeblich. Und eure Bemühungen wurden vom Karmischen Rat anerkannt. Ihr wisst, dass die Sitzungen des Karmischen Rates zweimal im Jahr stattfinden, zur Zeit der Sommersonnenwende und der Wintersonnenwende. Aber ihr solltet ebenfalls darüber informiert sein, dass die Sitzungen des Karmischen Rates ständig und auch in Intervallen zwischen den beiden Hauptsitzungen stattfinden.

Und heute muss ich euch sagen, dass letzte Nacht eine Sitzung stattfand, bei der unsere Gesandte anwesend war. Und in dieser Sitzung wurde zum ersten Mal in der Geschichte der Menschheit die Frage erhoben, ob es möglich sei, denen von euch, die sich direkt und aktiv an der Verbreitung unserer Botschaften und an ihrer Übersetzung in andere Sprachen der Welt beteiligt haben, das Recht zu gewähren, in den feinstofflichen Körpern bei der nächsten Sitzung des Karmischen Rates anwesend zu sein. Ihr werdet die Möglichkeit erhalten, selbst an der Planung der Rückkehr eures persönlichen Karmas teilzunehmen. Auf euren Wunsch werdet ihr im Rahmen der bestehenden karmischen Möglichkeiten die Rückkehr des Karmas regulieren und seine Rückkehr für euren Lebensstrom verlangsamen oder beschleunigen können.

Und dies wird euch in euren weiteren Leben helfen. Denn das Gesetz des Karmas ist ein unpersönliches Gesetz, und die Rückkehr des Karmas ist nicht von eurem Wunsch oder Unwillen abhängig. Aber das gute Karma oder die Energie, die ihr euch durch die Verbreitung unserer Botschaften erarbeitet habt, kann dazu eingesetzt werden, den Prozess der Rückkehr des Karmas zu regulieren und sogar die karmische Last zu verringern.

Und dies ist eine Möglichkeit, die man nicht vernachlässigen sollte, denn zum ersten Mal wird diese Möglichkeit einigen Individuen der nicht aufgestiegenen Menschheit erlauben, mit dem Karmischen Rat zusammenzuarbeiten.

Zum ersten Mal wird diese Möglichkeit gewährt, und dies zeigt nur, dass wir bemüht sind, diese Lehren so weit wie möglich zu verbreiten, und sogar zu einigen Zugeständnissen und Erleichterungen bereit sind, damit dieser Prozess so erfolgreich und zügig wie möglich verläuft.

Ihr werdet euch in eurem äußeren Bewusstsein vielleicht nicht an die Ereignisse erinnern, die nachts während eures Besuchs bei der Sitzung des Karmischen Rates vor sich gehen. Aber viele von euch werden in ihrem äußeren Bewusstsein, ihrem Wachbewusstsein Nachklänge der nächtlichen Ereignisse wahrnehmen und eine sehr klare Vorstellung davon erhalten, welche Veränderungen in naher Zukunft in ihrem Leben stattfinden werden.

Ich freue mich, euch diese wichtigen Informationen außerplanmäßig geben zu können.

Und noch mehr freue ich mich darüber, dass ich die Möglichkeit habe, diese Botschaft während des Aufenthalts unserer Gesandten in der Stadt

Nowosibirsk zu geben. Manche Leute nennen diese Stadt die Hauptstadt Sibiriens.

Und vielleicht ist es so.

Wichtig ist aber, dass wir diese Botschaft in Nowosibirsk geben und dadurch die Möglichkeit haben, unsere Gegenwart in dieser Stadt zu festigen und zu stärken.

Tatsächlich wird jeder Empfang unserer Botschaften von einem gewaltigen Ausströmen des Lichtes auf die physische Ebene und auf die feinstofflichen Schichten begleitet, die in ihren Schwingungen der physischen Ebene nahe sind. Daher bringt jeder Empfang der Botschaften an einem neuen Ort seine Segnungen für das Land und die Stadt, in der der Empfang der Botschaften erfolgt.

Deshalb gratuliere ich euch und hoffe aufrichtig, dass ihr alles Licht und alle Energie, die ihr erhaltet, nur für göttliche Zwecke gebraucht.

Jetzt möchte ich euch noch eine weitere freudige Nachricht überbringen. Und diese Nachricht hat mit der Tatsache zu tun, dass die Welt zu diesem Zeitpunkt für die Veränderungen bereit ist, die mit einem noch schnelleren Tempo stattfinden. Und diese Veränderungen, die vor allem euer Bewusstsein betreffen, ereignen sich so schnell wie nie zuvor. Doch besteht ein gewisses Ungleichgewicht der Energien. Denn die Regionen der Welt, in denen die Botschaften gelesen werden, die wir durch unsere Gesandte geben, erhalten äußerst viel Licht, und das Bewusstsein der Menschen ändert sich mit hohem Tempo. Gleichzeitig gibt es andere Regionen in der Welt, die nicht die Möglichkeit haben, unsere Botschaften zu erhalten und zu lesen. In diesen Regionen führt das Ungleichgewicht der Energien zu verschiedenen Naturkatastrophen und Kataklysmen.

Es ist sehr bedauernswert, aber zu diesen Regionen gehört auch Amerika.

Dieses Land, in das die Meister große Hoffnungen gesetzt hatten, hat unseren Fokus des Lichtes verloren. Und nun ist es gezwungen, das Licht aus einem anderen Land zu empfangen. Ich verstehe sehr wohl, dass es für stolze Amerikaner ein sehr schwieriger Schritt ist, die Lehre aus Russland zu akzeptieren. Jedoch kann Amerika gerade auf diese Weise, indem es die Lehre aus Russland akzeptiert, das energetische Gleichgewicht wiederherstellen und dadurch nicht nur viele Naturkatastrophen, sondern auch wirtschaftliche Misserfolge vermeiden.

Daher bitte ich euch, dabei zu helfen, diese Botschaft und die anderen Botschaften, die wir durch diese Gesandte geben, auf dem Boden Amerikas zu verbreiten.

Gerade die geographische Lage dieser beiden Länder, Amerika und Russland, die sich auf gegenüberliegenden Seiten der Erdkugel befinden, mit der Möglichkeit eines Bewusstseinswandels, der sich bei den Völkern dieser Länder gleichmäßig vollzieht, wird zum Ausgleich der Lage auf dem Planeten beitragen.

Ich wende mich durch diese russische Gesandte an die Töchter und Söhne Amerikas. Und ich bitte euch, jene Eigenschaften in euch zu überwinden, die euch daran hindern, Informationen aus einem anderen Land anzunehmen.

Ich hoffe aufrichtig, dass es unter den Amerikanern Menschen geben wird, die meinem Ruf folgen und jene negativen Charaktereigenschaften überwinden können, die den Amerikanern das Gefühl geben, die Menschen zu sein, von denen die Zukunft der Erde abhängt.

Im Grunde genommen ist es so. Ihr seid die Menschen, von denen die Zukunft des Planeten Erde abhängt. Und damit sich diese Zukunft auf die günstigste Weise entwickelt, solltet ihr nicht eure Ambitionen verkünden und eure Nation und euer Land nicht zur Priorität machen. Im Gegenteil, alles, was ihr tun müsst, ist, die Eigenschaft der Demut in euch zu kultivieren und euch auf die gleiche Stufe mit allen Völkern zu stellen, die den Planeten Erde bewohnen.

Es gibt kein Land auf diesem Planeten, das am wichtigsten ist. Aber es gibt Menschen, die imstande sind, ihre eigenen Begrenzungen zu überwinden und ihr Bewusstsein auf eine verdienstvolle Stufe zu erheben. Auf die Stufe eines Gottmenschen, zu dem ihr alle unweigerlich werden müsst.

Daher ist alles, was ihr tun müsst, nicht zu denken, dass andere Völker auf der Stufenleiter der Evolution niedriger stünden als ihr. Nein, alle Völker sind Brüder und Schwestern in der göttlichen Familie der Völker auf der Erde. Und je eher ihr eure Einheit erkennt und euch vereint, trotz der Unähnlichkeit eurer inneren Welt und eures Erscheinungsbildes, desto schneller werden sich die gewünschten Veränderungen auf der Erde vollziehen.

Ich bitte euch, meine Worte sorgfältig zu überdenken und endlich in eurem Bewusstsein zu erlauben, über die Grenzen eurer Familie, eurer Stadt und eures Landes hinauszugehen und die ganze Erde als euer Zuhause wahrzunehmen.

ICH BIN Maitreya,
und ich sende euch meine Liebe.

Über den bevorstehenden Tag der Sommersonnenwende und die göttlichen Gnadengaben, die mit diesem Tag verbunden sind

Gott Maitreya
15. Juni 2006

ICH BIN Maitreya, und ich bin wieder gekommen!

ICH BIN gekommen, um euch noch einmal an eure Möglichkeiten zu erinnern und an die Dispensation, die mit dem Tag der Sommersonnenwende verbunden ist. Wie immer wird an diesem Tag die Sitzung des Karmischen Rates beginnen, und ihr könnt die Möglichkeit nutzen, die euch jedes Jahr gegeben wird, und Briefe an den Karmischen Rat schreiben. Der Inhalt dieser Briefe kann von euch selbst verfasst werden. Aber ich werde euch an die allgemeinen Regeln erinnern. Als Erstes dankt ihr dem Karmischen Rat für bereits erwiesene Gnadengaben. Danach könnt ihr beginnen, eure Bitte darzulegen. Wenn diese Bitte Gnadengaben betrifft, die ihr für euch persönlich oder für euch nahestehende Menschen zu erhalten erhofft, so müsst ihr nach der Aufzählung eurer Bitten unbedingt bestimmte Verpflichtungen eingehen, die ihr freiwillig auf euch nehmt und im Laufe der nächsten sechs Monate ausführen werdet, bis zur Wintersonnenwende und der mit diesem Tag verbundenen neuen Sitzung des Karmischen Rates.

Eure Bitten und Wünsche müssen ganz einfach mit Angabe des Vornamens und Nachnamens jener Menschen dargelegt werden, für die ihr bittet.

Wenn eure Wünsche die allgemeine Lage auf dem Planeten Erde betreffen oder Bitten sind, die sich auf die Aussichten für die Bewusstseinsentwicklung auf dem Planeten beziehen, so müsst ihr nicht unbedingt Verpflichtungen auf euch nehmen, die mit dem Lesen von Dekreten, Gebeten oder mit der Ausführung anderer Handlungen verbunden sind. In diesem Fall wird eure Bitte entsprechend dem Momentum von gutem Karma erfüllt werden, das ihr bereits angesammelt habt.

Daher denkt sorgfältig über eure Bitten und Motive nach, bevor ihr eure Briefe verfasst.

Ihr solltet euch nicht zu sehr mit übermäßigen Verpflichtungen belasten. Nehmt nur solche Verpflichtungen auf euch, die ihr ohne übermäßige Anstrengung erfüllen könnt. Viele Menschen nehmen in ihren Briefen so große Verpflichtungen auf sich, dass das erste Problem, auf das sie auf ihrem Lebensweg stoßen, sie dazu veranlasst, ihre übernommenen Verpflichtungen völlig zu vergessen und sich zu weigern, ihre Verpflichtungen zu erfüllen. Es ist besser, wenn ihr eine sehr kleine Verpflichtung auf euch nehmt, aber sie jeden Tag mit Freude und Liebe erfüllt. Versucht nicht, zu viel auf euch zu laden. Manchmal ist es ausreichend, ein Gebet am Tag zu lesen, damit die Hilfe erwiesen wird. Je mehr reine Energie ihr in das Lesen des Gebets legt, desto größer wird die Wirkung sein, die ihr erzielt. Und bereits ein einziger Satz „Möge die Welt gut sein", den ihr aufrichtig ausspreclit, reicht aus, um das Schicksal vieler zu erleichtern.

Ich bin gekommen, um euch an die Möglichkeit zu erinnern, die euch zur Verfügung steht und die denen von euch sehr hilft, die jedes Jahr von dieser Möglichkeit Gebrauch machen.

Und jetzt möchte ich euch noch an eine weitere Dispensation oder göttliche Gnade erinnern, die den 23. eines jeden Monats betrifft. An diesem Tag könnt ihr dank der Gnade des Himmels das Karma des nächstfolgenden Monats für euch selbst und eure Nächsten erleichtern. Es reicht aus, wenn ihr alles, was ihr an diesem Tag tut, der Transmutation des Karmas für den nächstfolgenden Monat widmet.

Ihr macht die Anrufung: „**Ich widme alle meine guten Taten, die ich an diesem Tag vollbringe, der Transmutation des Karmas für den nächsten Monat**".

Ihr könnt aufzählen, welches Karma ihr konkret zu transmutieren beabsichtigt. Zum Beispiel das Karma zwischen euch und euren Kindern, mit eurem Ehepartner oder mit euren Arbeitskollegen. Und wenn ihr dann eure Gebete oder Rosenkränze lest oder jemandem wohltätige Hilfe erweist, denkt immer daran, dass die Energie all eurer Handlungen auf die Transmutation von Karma gerichtet ist. Vergesst dabei nicht, dass ein Teil der Energie, die von euch an diesem Tag freigesetzt wird, von den Aufgestiegenen Lichtwesen auf die Transmutation des Weltkarmas gerichtet wird und insbesondere auf denjenigen Teil, der die Abwendung bedeutender Kataklysmen und Naturkatastrophen betrifft.

Und jetzt werde ich euch verlassen, und ich werde mich freuen, wenn meine Ratschläge und Empfehlungen euch helfen und ihr sie in eurem Leben befolgt.

ICH BIN Maitreya.

Gerade ihr seid dazu verpflichtet, Veränderungen auf der Erde herbeizuführen, die den göttlichen Vorbildern entsprechen

Gott Maitreya
18. Juni 2006

ICH BIN Maitreya, und ich bin an diesem Tag wieder zu euch gekommen!

Ich bin gekommen, um euch noch einmal daran zu erinnern, dass ihr jetzt die Möglichkeit habt, euch bewusster am Prozess der Interaktion mit uns, den Aufgestiegenen Meistern, zu beteiligen.

Wir haben die Möglichkeit durch unsere Gesandte, die für euch ein Guru ist, eine engere Beziehung zu euch aufzubauen, durch unsere Botschaften, die wir regelmäßig zu geben versuchen. Und ihr habt bewusst die Möglichkeit, mit uns zu kommunizieren. Es scheint euch so, als sei euer äußeres Bewusstsein nicht am Kommunikationsprozess beteiligt. Jedoch kommuniziert ihr bereits mit uns, denn durch eure Verbindung mit uns mittels dieser Botschaften erhöht ihr das Niveau eurer Schwingungen. Und wenn euer Schwingungsniveau eine bestimmte Höhe erreicht, haben wir die Möglichkeit, in euch gegenwärtig zu sein, in denen von euch, die es für nötig halten, mich oder andere Aufgestiegene Meister in ihren Tempel einzuladen. Wir können erst eintreten, wenn ihr uns darum bittet. Doch sobald der Ruf ausgesprochen wird, müssen wir antworten. So ist das kosmische Gesetz. Wir können nur in dem Falle eurer Einladung nicht folgen und in eure Tempel eingehen, wenn euer Schwingungsniveau uns dies nicht erlaubt. Ihr müsst daher ständig bereit sein, mit uns zu kommunizieren. Die Eigenschaften der Materie sind so beschaffen, dass die Materie bereitwillig eurem Bewusstsein folgt. Und wenn ihr es euch zum Ziel macht, eine Verbindung mit uns herzustellen, dann erhaltet ihr früher oder später die Möglichkeit zur bewussten Kommunikation mit den Aufgestiegenen Meistern. Es ist alles eine Frage eures Bewusstseins. Inwieweit ihr in eurem Bewusstsein die Möglichkeit einer solchen Kommunikation zulasst. Und wir geben euch ein Seil in Gestalt unserer Gesandten. Bitte nutzt jede Möglichkeit, die euch gegeben wird.

Wir können euch erst helfen, wenn ihr uns um Hilfe bittet. Aber wenn wir unsererseits euch unsere Hilfe anbieten, müsst ihr sie auch nutzen, denn jede kosmische Möglichkeit hat ihre Frist. Und jetzt, da sich die Zeit beschleunigt hat und der Raum bereit ist, werden eure Wünsche und Gedanken sehr schnell von der gefügigen Materie widergespiegelt. Vergesst dies nicht. Und erinnert euch stets daran, wenn ihr inmitten der Geschäftigkeit des Lebens und unter Menschen seid.

Heute bin ich gekommen, um mit euch noch über eine weitere Möglichkeit zu sprechen, die sich genähert hat und die sich jetzt vor euch öffnet. Ich möchte eure Aufmerksamkeit auf die Bedingungen lenken, die auf der Erde um euch herum herrschen. Ihr mögt alles, was euch umgibt, als reine Vollkommenheit wahrnehmen, doch glaubt mir, eure Welt ist sehr weit von der Vollkommenheit entfernt. Weil sich aber die Zeiten geändert haben und Möglichkeiten näher gerückt sind, ist es gerade jetzt an der Zeit, dass ihr in eurem Bewusstsein beginnt, bewusst an alles heranzugehen, was euch umgibt. Bemerkt die unvollkommenen Muster im Verhalten der Menschen und im Leben um euch herum, und ersetzt diese erfolglosen Manifestationen durch vollkommenere, göttliche Vorbilder. Versucht zunächst, dies einfach in eurem Bewusstsein zu tun. Malt euch aus, wie die Unvollkommenheit, die ihr vor euch seht, durch eine vollkommenere Manifestation ersetzt werden könnte. Und danach beobachtet, was geschieht. Je größer euer Streben, desto eher wird die unvollkommene Manifestation euer Leben verlassen. Ihr sollt nicht mit der Unvollkommenheit kämpfen, und ihr sollt nicht das geringste Gefühl des Kampfes empfinden.

Ihr ersetzt einfach die unvollkommene Manifestation durch eine vollkommene. Zuerst in eurem Bewusstsein.

Wenn ihr ungeduldig seid und die Umstände es euch erlauben, könnt ihr euch direkt an der Umwandlung der äußeren Manifestation in ein vollkommeneres Muster beteiligen. Dazu könnt ihr buchstäblich die Ärmel hochkrempeln und eine konkrete Aktivität auf der physischen Ebene beginnen. Am wichtigsten ist – konzentriert euch nicht auf die Verurteilung der Unvollkommenheit. Gebt ihr nicht zusätzlich eure Energie, sendet ihr nicht die Energie eurer Aufmerksamkeit.

Umgekehrt, wenn ihr eine vollkommene Manifestation seht, sendet ihr eure Energie, vermehrt jegliche Manifestation der Göttlichkeit in eurem Leben. Lernt, wie Götter zu erschaffen und zu verwirklichen. Denn in naher Zukunft müsst ihr euch eurer Verantwortung für alles bewusst werden, was euch umgibt, und am wichtigsten, eure Verantwortung dafür erkennen, dass gerade ihr verpflichtet seid, Veränderungen auf der Erde herbeizuführen, die den göttlichen Vorbildern entsprechen.

Ich bin froh, dass ich heute die Möglichkeit hatte, euch diese kleine Lehre zu geben, und ich empfinde eine doppelte Freude, weil ich die Möglichkeit habe, diese Botschaft durch unsere Gesandte während ihres Besuchs in Moskau zu geben.

Und ich möchte die Gelegenheit nutzen und euch noch mitteilen, dass gerade jetzt, in den Tagen der Sommersonnenwende, eure Möglichkeiten besonders stark sind, die Umstände eures Lebens zu verändern und all das, was euch umgibt.

Ich wünsche euch viel Erfolg, und bis zu neuen Treffen auf dem Weg der Einweihungen!

ICH BIN Maitreya!

Zyklus IV: Botschaften der Aufgestiegenen Meister vom 1. Juli 2006 bis zum 21. Juli 2006

Ihr bildet in eurem Bewusstsein eine neue Realität

Sanat Kumara
1. Juli 2006

ICH BIN Sanat Kumara, und ich bin erneut gekommen. Wie es bereits zur Tradition geworden ist, bin ich gekommen, um eine Botschaft zu geben, die einen neuen Zyklus von Botschaften eröffnet, den wir der Menschheit auf der Erde geben wollen. Dieses Mal freue ich mich euch mitteilen zu können, dass wir bereit sind, unsere Botschaften in Bulgarien zu geben, einem Land, das für uns nicht weniger wichtig ist als Russland, denn gerade hier ist vorgesehen, die Voraussetzungen zu schaffen, die für ein schnelles Wachstum des Bewusstseins der Menschen in diesem Land notwendig sind.

Wir freuen uns, dass wir die Möglichkeit haben, wieder zu euch zu sprechen. Denn nicht immer ist es möglich, unsere Pläne auf der Erde zu verwirklichen. Dies hängt mit der großen Unberechenbarkeit der Situation auf der Erde zusammen, wenn alle unsere Pläne durch das falsche Handeln eines einzigen Menschen scheitern. Und das ist immer sehr bedauerlich. Wir hoffen jedoch, dass sich immer noch eine ausreichende Anzahl von Individuen in der Verkörperung befindet, die uns bei der Ausführung unserer Pläne und Absichten helfen können.

Ich bin gekommen, um euch noch einmal an die Verpflichtungen zu erinnern, die ihr vor eurer Verkörperung auf euch genommen habt. Ihr habt euch über viele Verkörperungen hinweg auf eure Mission vorbereitet, und in dieser Verkörperung habt ihr alle notwendigen Fähigkeiten und Kenntnisse erhalten. Alles, was euch daran hindert, die übernommenen Verpflichtungen zu erfüllen, ist euer mit allerlei nichtigen Dingen befasster, widerspenstiger menschlicher Verstand. Euer fleischlicher Verstand, der euch immer wieder vom Weg abbringt, und Tausende von Gründen und Millionen von Argumenten ersinnt, während die Stimme des Herzens euch weiterhin sanfte, leise Signale sendet, die euch auf den Weg, zum Gipfel, zur Ausführung der Pläne der Bruderschaft rufen.

Denkt deshalb noch einmal darüber nach, wie sehr ihr an die euch umgebende physische Welt gebunden seid. Und wie wichtig es für euch ist, auf die Stimme des Herzens zu hören und die nichtigen Dinge der Welt zurückzulassen, um das zu verwirklichen, was für diesen Planeten vorbestimmt ist. Euer Planet muss zu einem Planeten des entwickelten Bewusstseins werden. Die Schwingungen der Erde müssen es mit der Zeit jenen Wesenheiten ermöglichen, in die Verkörperung zu kommen, die ihr heute die Aufgestiegenen Meister nennt. Sie sind die Lehrer der Menschheit, und um auf der Erde die notwendigen Bedingungen für ihre Verkörperung zu schaffen, sind viele von euch jetzt in der Verkörperung. Denkt darüber nach, was für eine wichtige Aufgabe vor euch liegt. Und versucht, den Moment zu verfolgen, wenn euer Bewusstsein herabzusinken beginnt und zunehmend die göttlichen Vorbilder ablehnt und sie durch rein menschliche Bestrebungen ersetzt. Euer fleischlicher Verstand beginnt aktiv in euch zu werden, je mehr ihr euch in eurem Bewusstsein nähert, um uns zu dienen. Er ist sehr spitzfindig, und die Argumente, die er vorbringt, kann euer äußeres Bewusstsein nicht ignorieren. Daher werft ihr alles hin, um ein Stück Brot zu erhalten und euren physischen Hunger zu stillen, anstatt euch um die geistige Nahrung zu kümmern und das tägliche Brot, von dem Jesus sprach[16].

Versucht, nicht darüber nachzudenken, wie ihr eure physische Existenz erhalten könnt. Denkt nur darüber nach, wie ihr euren göttlichen Plan erfüllen könnt. Oder ist in euch so wenig Glauben, dass ihr nicht zulassen könnt, dass Gott alle eure Sorgen auf sich nimmt?

Die Lehre bleibt unverändert. Sie wird immer wieder gegeben, und nur die Beschränktheit eures Bewusstseins und die Trägheit der Materie zwingen euch dazu, viele Jahrtausende und Jahrmillionen, Verkörperung um Verkörperung, ein und dieselbe Lehre zu hören. Ihr hört, ohne zu hören, denn jedes Mal, immer und immer wieder weicht ihr von den Grundsätzen ab, die ihr in den Minuten der Einsicht akzeptiert habt, und ihr macht euch erneut auf die Jagd nach den nichtigen Dingen der physischen Welt.

---

[16] "Unser tägliches Brot gib uns heute" (Matth. 6, 9-13).

Wie schmerzhaft ist es, dies mit ansehen zu müssen. Mangelnder Glaube ist die größte Krankheit der Menschheit. Schaut euch die Tiere an, die Vögel. Gott sorgt für alle Lebewesen. Unter natürlichen Bedingungen stirbt niemand an Hunger. Und erst wenn der Mensch mit seinem unvollkommenen Bewusstsein in die göttlichen Gesetze eingreift und versucht zu erschaffen, indem er Gott durch sich selbst ersetzt, dann kommt es zu verschiedenen Katastrophen und Kataklysmen.

Deshalb wiederholen wir immer wieder, dass euer einziger Feind in eurem unvollkommenen Bewusstsein verborgen ist, in einem Herzen, das Gott nicht in sich einlässt.

Jetzt möchte ich euch noch ein weiteres Mal daran erinnern, dass alle Aufgestiegenen Meister manchmal mit angehaltenem Atem auf eure Wahl warten, eine Wahl, die ihr treffen könnt, oder auch nicht. Und von jeder Wahl, die ihr trefft, hängt der Verlauf der Evolution auf dem Planeten Erde ab. Glaubt mir, dass alles, was ihr jeden Tag tut, sehr wichtig ist. Denkt über eure täglichen Handlungen nach. Versucht zu analysieren, wie viel Zeit ihr im Laufe des Tages an Gott und eure göttliche Bestimmung denkt, und wie viele von euch wirklich bereit sind, etwas für das Wohl der Welt zu opfern.

Zu viele Menschen reden über das Dienen und die Arbeit, die sie für Gott tun. Wenn es aber darum geht, auch nur eine kleine, aber konkrete Sache zu tun, gibt es Tausende von Gründen und Argumenten, die einen Menschen dazu bringen, Gott und das Dienen zu vergessen und den Dingen und Vergnügungen nachzugehen, die schon längst in eurem Bewusstsein keinen Platz mehr haben sollten.

Ich bin an diesem Tag zu euch gekommen und freue mich sehr, dass ich wieder zu euch sprechen und diese alte Lehre geben kann. Denn jeder von euch, der diese Zeilen liest, kann jeden Augenblick erwachen, um zu beginnen, in einer neuen Realität zu handeln.

Ihr bildet in eurem Bewusstsein eine neue Realität. Und wenn ihr plötzlich mit Erstaunen feststellt, wie ziellos die Menschen um euch herum ihre Kräfte vergeuden, werdet ihr für die neue Realität erwachen und zu jenen Kämpfern und Dienern, auf die wir uns verlassen können. Die ganze

Institution von Guru-Chela-Beziehungen ist darauf ausgelegt, euer Bewusstsein ständig auf einem würdigen Niveau zu halten. Nur sehr selten kann ein Erdbewohner ohne fremde Hilfe auskommen und selbständig den Weg der Einweihungen gehen. Wenn ihr nicht eine teilweise oder vollständige Inkarnation eines Aufgestiegenen Meisters seid, so kann ich euch sagen, dass ihr nicht selbständig, ohne die Hilfe eines Lehrers in der Verkörperung euren Weg gehen und zum Gipfel des göttlichen Bewusstseins aufsteigen könnt. Deshalb schicken wir immer wieder unsere Gesandten, damit ihr den Weg sehen und euch an eure Verpflichtungen und Pläne erinnern könnt, deren Erfüllung ihr vor eurer Verkörperung geplant hattet. Ihr selbst habt diese Pläne in eurem höheren Bewusstsein auf euch genommen. Und jetzt müsst ihr versuchen, in den höchsten Zustand eures Bewusstseins zu kommen, um euch an alles zu erinnern, was ihr vor eurer Verkörperung auf der Erde geplant habt.

Es gibt viele, die unsere Botschaften lesen. Es gibt diejenigen, die dem Weg der Einweihungen zu folgen beginnen. Doch nur wenige bestehen die Prüfungen und setzen den Weg fort. So war es schon immer. Wir hoffen sehr, dass eure Zeit eine Ausnahme sein wird, und dass wir Tausende und Hunderttausende von Menschen in der Verkörperung erreichen können, um mit ihnen eine Verbindung auf der Ebene des äußeren Bewusstseins herzustellen und damit zu beginnen, die Arbeit zur Umwandlung des Planeten Erde mit einem solch hohen Tempo durchzuführen, dass alle Veränderungen für die heute lebende Generation sichtbar werden.

Ich brauche Freiwillige, die der Bruderschaft dienen wollen. Und ich bin bereit, persönlich zu euch zu kommen und euch zu helfen, unter der Bedingung, dass eure Absichten durch konkrete, bewusste Handlungen zur Veränderung des Bewusstseins der Erdbewohner bestätigt werden.

ICH BIN Sanat Kumara, und ich war an diesem Tag bei euch. Bis zu unserem nächsten Treffen!

Die Ebene eures Bewusstseins wird von den göttlichen Eigenschaften bestimmt, die ihr auf eurem Weg erlangt

Der Geliebte Große Göttliche Lenker
2. Juli 2006

ICH BIN der Große Göttliche Lenker, und ich bin an diesem Tag durch unsere Gesandte zu euch gekommen. ICH BIN gekommen, um eurer Aufmerksamkeit aktuelle Informationen zu unterbreiten, die sich auf die gerade abgeschlossene Sitzung des Karmischen Rates in beziehen. Dieses Mal nahmen wir an der Sitzung in gehobener Stimmung teil, denn die Veränderungen, die wir erwartet hatten, haben begonnen, sich zu vollziehen. Und das Tempo dieser Veränderungen hat unsere Erwartungen sogar übertroffen. Nicht alle, bei weitem nicht alle, haben unsere Gesandte angenommen und die Botschaften, die wir durch sie geben. Aber damit die Veränderungen im Bewusstsein der Menschen beginnen, hat sich bereits eine ausreichende Anzahl von Individuen dem Lesen unserer Botschaften angeschlossen und angefangen, an sich selbst und an ihren Gedanken und Gefühlen zu arbeiten. Und ihr wisst, dass alles in eurer Welt von eurem Bewusstsein bestimmt wird, von der Ebene eures Bewusstseins, die ihr durch tägliche angestrengte Arbeit erreichen und aufrechterhalten könnt.

Unsere Aufgabe als Aufgestiegene Lichtwesen besteht darin, eure Entwicklung zu lenken und euch dabei zu helfen, dass ihr die Grenzen des euch zugewiesenen Evolutionskorridors nicht überschreitet. Jetzt stellen wir mit Freude fest, dass ihr euch von der Grenze dieses Evolutionskorridors entfernt habt, jenseits derer selbst geringe Abweichungen vom vorgegebenen evolutionären Kurs zu einer Katastrophe führen können. Wir haben einen stabilen Zustand des Gleichgewichts erreicht. Und in diesem Zustand ist die Menschheit bereit, ihre Evolution fortzusetzen, und wir können die Menschheit führen und die schöpferischen Bemühungen der fortgeschrittensten Individuen koordinieren. Glücklicherweise gibt es immer mehr solcher Individuen. Viele von euch, die den Weg und die Lehre erneut gefunden haben, können große Dinge tun. Ihr seid euch der Arbeit und Verantwortung nicht bewusst, die auf euren Schultern liegt. Andererseits wird von euch nicht viel verlangt. Ihr müsst euch nur jeden Tag daran erinnern, dass ihr nicht bloß der physische Körper seid, dessen Abbildung ihr im Spiegel seht. Und euer Leben endet nicht mit dem Tod des physischen Körpers, sondern geht weiter. Und wenn ihr euch ständig nicht mit dem physischen Körper, sondern mit dem unsterblichen Teil eurer selbst identifiziert, und wenn ihr ständig darüber nachdenkt, wie sich euer Handeln in der Gegenwart auf eure Zukunft und die Umstände eures nächsten Lebens auswirken, so wird eure Evolution immer erfolgreicher verlaufen. Leider glauben die meisten Menschen immer noch nicht an die Wiederverkörperung und leben so, als stünde ihnen nichts als der Tod bevor. Jedes Mal, wenn ihr in einer solchen Weise denkt, begrenzt ihr eure Möglichkeiten und unterbrecht die Möglichkeit eurer Verbindung mit den höheren Oktaven und mit uns, den Aufgestiegenen Lichtwesen. Eure Welt folgt nur bereitwillig eurem Bewusstsein. Deshalb wurde und wird von der Erweiterung des Bewusstseins gesprochen, von der Fähigkeit, mehr zu erfassen und über den gewohnten Rahmen einer einzelnen Religion, eines einzelnen Landes hinauszugehen.

Deshalb wollen wir, dass unsere Gesandte die Möglichkeit hat, mit Vertretern verschiedener religiöser Überzeugungen und verschiedener Länder zu kommunizieren. Denn vom Wahrnehmungsbereich ihres Bewusstseins hängt es ab, welche Informationen wir durch sie geben können. Es ist sehr selten, dass sich ein Kanal finden lässt, der so vielseitig entwickelt und uns gleichzeitig bedingungslos ergeben ist, dass wir durch ihn eine solche Menge von Informationen geben können, wie sie die Menschheit im gegenwärtigen Entwicklungsabschnitt braucht. Aber in den meisten Fällen müssen wir den Kanal verwenden, den wir erhalten können.

Daher wende ich mich mit einer Bitte an euch: Bitte leistet unserer Gesandten alle Hilfe, die ihr leisten könnt, denn einen anderen solchen Kanal, den wir ausbilden und zur Stufe der bewussten Arbeit mit der Bruderschaft führen, werden wir möglicherweise in der nächsten Zeit nicht erhalten. Daher nehmt unsere Botschaften mit Dankbarkeit an. Die Ebene eures Bewusstseins wird nicht von der Menge an mentalen Informationen bestimmt, die ihr in eurem Kopf unterbringen könnt. Die Ebene eures Bewusstseins wird von den göttlichen Eigenschaften bestimmt, die ihr auf eurem Weg erlangt. Und unter ihnen sind Hingabe, Aufrichtigkeit, Selbstlosigkeit und Demut die wichtigsten.

Ohne diese Eigenschaften werden keine mentalen Leistungen es euch ermöglichen, auf eine neue Bewusstseinsebene aufzusteigen.

Daher wiederholen wir unermüdlich jedes Mal, dass ihr die göttlichen Eigenschaften in euch entwickeln müsst. Euer Streben drängt euch dazu, das zu erlangen, was für eure Entwicklung notwendig ist. Daher sind Streben und Beharrlichkeit die nächsten Eigenschaften, die ihr benötigt.

Denkt sorgfältig über das nach, was ich gesagt habe. Über die Anforderungen, die wir an unsere Schüler stellen. Wie viele von euch sind bereit, in ihrem Bewusstsein tagtäglich die richtige Orientierung zu bewahren? Lasst ihr euch nicht durch die Geschäftigkeit des Alltags und Ziele, die ihr euch selbst in eurer Welt setzt, vom Dienen ablenken? Jeder von euch wählt selbst das Maß des Opfers, das er erbringen kann. Doch ich kann euch versichern, dass das höchste Opfer, das ihr erbringen könnt, darin besteht, dass ihr völlig auf alles verzichtet, was euch an die physische Welt bindet, und jenen Zustand der Befreiung von den Fesseln der Materie erreicht, der es euch ermöglicht, nie wieder eine Verkörperung in einem physischen Körper auf euch zu nehmen.

So verläuft der evolutionäre Entwicklungsweg, den wir durch unsere Gesandte lehren, so wie wir diesen Weg durch viele andere Gesandte und

Propheten der alten Zeiten und vor nicht allzu langer Zeit gelehrt haben. Ihr könnt immer die Gemeinsamkeiten in den vielen Lehren erkennen, die wir gaben. Und trotz der Verzerrungen, die von Nachfolgern eingeführt wurden, die entweder das Wesen der Lehre nicht vollständig erfasst hatten oder die Lehre absichtlich verfälschten, kann das Wesen in vielen Religionen, Glaubensrichtungen und Lehren von denen erkannt werden, die einen offenen und wissbegierigen Verstand besitzen. Es gibt keine Widersprüche zwischen der Lehre, die wir jetzt durch unsere Gesandte geben, und den Grundlagen, die von allen Gründern aller Religionen der Welt gegeben wurden. Versucht, in eurem Bewusstsein die Gemeinsamkeiten zu erfassen, und ihr werdet verstehen, dass sich hinter vielen Dogmen und Regeln genau jene Lehre verbirgt, die wir jetzt geben. Es gibt keine andere Lehre in der Welt, die von uns gegeben wurde. Aber es gibt viele Menschen, die die Aufmerksamkeit der Massen auf sich ziehen wollen und recht merkwürdige Praktiken und Lehren ersinnen, und was noch schlimmer ist, ihre Anhänger finden. Daher ist es sehr wichtig für euch, euer Bewusstsein auf das Niveau zu heben, auf dem es euch wie Schuppen von den Augen fällt, und ihr werdet das Wesen eines jeden falschen Gurus sehen und dabei unterscheiden können, was in seiner Lehre auf Wahrheit beruht und was eine schamlose Lüge ist. Deshalb zögern wir nicht, euch immer und immer wieder zu sagen, dass euer wichtigstes Instrument, von dem ihr euch leiten lassen müsst, wenn ihr in eurer Welt handelt, euer Herz ist und die Aufrichtigkeit eurer Motive. Wenn ihr ehrlich, uneigennützig und wissbegierig seid, so werdet ihr Zugang zu den wahren Quellen erhalten und euren Wissensdurst stillen können, indem ihr eure Lippen an den Kelch mit dem kühlen erquickenden Trunk unserer Lehre legt, die wir euch Menschen der Erde immerzu geben.

Die Schwierigkeit der Existenz in eurer Zeit wird dadurch verursacht, dass die Informationsströme so überladen und mit verschiedenen Surrogaten verschmutzt sind, dass ihr eure ganze Aufmerksamkeit und Intuition benötigt, um euch darin zurechtzufinden. Versucht niemals, alles zu probieren. Ihr könnt davon Verdauungsstörungen bekommen. Nehmt nur bewährte, hochwertige Nahrung zu euch, die wir durch unsere Gesandten und Propheten geben. Jetzt, da ihr gewarnt worden seid, liegt alle Verantwortung für die Wahl der Literatur, die ihr lest, und für die Quelle, die ihr verwendet, bei euch. Dies ist eure Wahl und euer Karma einer falschen Wahl, das ihr selbst tragen werdet.

Eine der Aufgaben des Karmischen Rates besteht darin, die Last des Karmas einer falschen Wahl der Lehre zu erleichtern, der ihr aus eigener Wahl gefolgt seid. Um euer Karma zu erleichtern, wenn ihr einem falschen Weg gefolgt seid, könnt ihr euch an den Karmischen Rat und an mich persönlich wenden und darum bitten, dass für euch in eurem Leben solche Umstände geschaffen werden, dass ihr alle eure Irrtümer erkennt und versteht und bewusst das Karma der falschen Wahl in eurem Leben bewältigen könnt.

Wir haben heute über viele Dinge gesprochen, und ich hoffe, dass dieses Gespräch nützlich für euch sein wird.

ICH BIN der Große Göttliche Lenker, und ich bin immer bei euch!

Ich biete euch diese Methode in der Hoffnung an, dass ihr sie in eurer täglichen spirituellen Arbeit einsetzen könnt

Gott Shiva
3. Juli 2006

ICH BIN Shiva, und ich bin erneut gekommen!

ICH BIN Shiva, der gekommen ist!

Ich bin gekommen, und ich bin froh, dass ich mich erneut mit euch durch meine Gesandte treffen kann!

Nachdem wir den Frühlingszyklus der Botschaften beendet hatten, fanden einige wichtige Ereignisse in der feinstofflichen Welt statt, und das wichtigste davon ist, dass die Menschheit der Erde begonnen hat, sich den Bemühungen zu fügen, die wir unermüdlich unternehmen, und dass sie begonnen hat, auf dem geplanten Evolutionsweg voranzuschreiten. Noch vor einiger Zeit war sich keiner der Aufgestiegenen Meister sicher, dass die bevorstehenden Veränderungen auf der Erde durchgeführt werden könnten. Jetzt stellen wir mit Zuversicht fest, dass es uns gelungen ist, alles zu tun, damit die Menschheit auf den evolutionären Entwicklungsweg zurückkehren und einen Teil der falsch verwendeten Energien aus der Vergangenheit harmonisieren kann. Jetzt sollten wir das Tempo nicht verringern. Und deshalb bin ich gekommen, um euch zu weiteren großen Taten anzuleiten und denen Anweisungen zu geben, die sie wahrnehmen können.

Das Wichtigste für die Menschheit ist jetzt die Harmonisierung. Ich verstehe unter Harmonisierung die Gesamtheit aller Maßnahmen und Methoden, die zur Angleichung des Tempos der Bewusstseinsentwicklung in verschiedenen Regionen der Erde, in verschiedenen Ländern und Kontinenten führen. Ihr wisst, dass unsere Botschaften sehr erfolgreich in Eurasien verbreitet werden. Aber es gibt auch andere Kontinente. Und dort wissen nur wenige von unseren Botschaften und der neuen Lehre, die wir geben. Daher gibt es zwei Wege, um die Lage auf dem Planeten zu harmonisieren. Der erste Weg setzt eine verstärkte Verbreitung unserer Botschaften auf anderen Kontinenten und insbesondere in Amerika voraus. Der zweite Weg ist einfacher und schwieriger zugleich, denn er verlangt von euch ein gewisses Maß an Uneigennützigkeit und gewisse spirituelle Errungenschaften. Dieser Weg setzt voraus, dass bestimmte spirituelle Arbeit auf der feinstofflichen Ebene ausgeführt wird. Jetzt werde ich euch erklären, worum es genau geht.

Jedes Mal, wenn ihr unsere Botschaften lest, stellt euch die Völker jener Kontinente vor, auf denen unsere Botschaften bisher nicht zugänglich sind. Stellt euch Afrika, Amerika, Australien vor. Und visualisiert jedes Mal Vertreter dieser Länder, wie ihr mit ihnen kommuniziert und ihnen eine Vorstellung von der Lehre vermittelt, die wir euch in den Botschaften geben. Wenn es in eurem Bekanntenkreis Menschen gibt, die auf diesen Kontinenten leben, so visualisiert bitte diese Menschen und erzählt ihnen in Gedanken von dem Wissen, das ihr erhalten habt, und führt mit ihnen einen gedanklichen Dialog. Versucht, ihnen mit euren eigenen Worten die Grundlagen der Lehre zu erklären, die ihr erhalten habt. Auf diese Weise wird das Ziel erreicht, und das Bewusstsein der Menschen, die auf diesen Kontinenten leben, wird von unserer Energie der Veränderungen berührt, und in ihnen wird der Wunsch erwachen, unsere Botschaften zu lesen und sich die darin enthaltenen Informationen zu eigen zu machen. Selbst wenn das äußere Bewusstsein dieser Menschen nicht auf die von euch ausgeführte Arbeit reagiert, werden die feinstofflichen Körper die Eindrücke erhalten, die für die Veränderungen notwendig sind. Und die Grundlage, das Fundament für die Veränderungen werdet ihr gemeinsam mit uns legen. Ich gebe euch diese Methode, und ihr könnt sie für die Arbeit mit den Menschen verwenden, von denen in den Ländern, in denen sie leben, vieles abhängt. Dies mögen herausragende Politiker, Künstler und Vertreter aus

Wissenschaft und Kultur sein. Euer Bewusstsein wird euch zu verstehen geben, wie und mit wem ihr arbeiten könnt. Ich biete euch diese Methode in der Hoffnung an, dass ihr sie in eurer täglichen spirituellen Arbeit einsetzen könnt. Bevor ihr mit euren Visualisierungen beginnt, sorgt bitte dafür, dass ihr selbst euch in einem harmonischen Bewusstseinszustand befindet, dass euch nichts von euren kleinlichen Alltagssorgen beunruhigt. Achtet auf die Reinheit eures inneren Raumes, denn ihr werdet euren inneren Zustand auf die Menschen übertragen, mit denen ihr aus der Ferne arbeiten werdet.

Je reiner eure Gedanken und je erhabener euer Bewusstseinszustand ist, desto bessere Ergebnisse werdet ihr erzielen.

Ich muss euch noch vor einem weiteren wichtigen Punkt warnen. Wenn euer Zustand nicht harmonisch und eure Motive nicht rein sind, kann die Energie, die ihr in eure Arbeit legt, Karma für euch verursachen, das ihr selbst später abarbeiten müsst. Denkt immer daran, dass nicht nur eure Taten und Handlungen Karma erzeugen, sondern auch eure Gedanken und Gefühle. Daher wende ich mich jetzt an euch in der Hoffnung, dass ihr bereits alle Botschaften gelesen habt, die wir durch diese Gesandte gegeben haben, und dass euer Bewusstsein voll und ganz auf diese verantwortungsvolle Arbeit vorbereitet ist, um die wir euch bitten.

Ich rede mit euch wie mit Wesen, die mir gleich sind, die unsere Probleme verstehen und ihre kleinen, momentanen Interessen für das Gemeinwohl, für das Wohlergehen des Heimatplaneten opfern können.

Vergesst nie, dass es auf eurem Planeten keine Feinde gibt, sondern nur Menschen, die durch negative Bewusstseinszustände verdunkelt sind, einschließlich der Unwissenheit.

Ignoranz und Mangel an Wissen sind die Feinde, gegen die ihr kämpfen müsst. Daher bringt den Menschen des Planeten Erde das Licht des Wissens. Tretet heran, zündet die Fackeln an und bringt das Licht den

Menschen, die es brauchen. Genau die gleichen Grundsätze können die Basis für eure Arbeit mit euren Verwandten sein, die Wissen benötigen, aber aus irgendeinem Grund nicht bereit sind, eigene Anstrengungen zu unternehmen, um es zu erhalten. Helft ihnen. Erzählt ihnen von der Lehre. Erzählt ihnen in Gedanken davon, wenn ihr euch in einem guten, harmonischen inneren Zustand befindet. Dies gilt insbesondere für eure engsten Verwandten, mit denen ihr karmisch verbunden seid. Versucht, ihnen Wissen auf der Ebene der Gedanken und Gefühle zu übermitteln. Geniert euch nicht, euren Freunden und Verwandten Liebe zu senden. Denn nichts ist so wohltuend für die Seelen der Menschen, wie wenn ihr sie täglich mit der Energie der Liebe aus eurem Herzen begießt.

Es war mir eine Freude, euch heute wieder zu treffen. Und ich hoffe, dass dieses Treffen und unser Gespräch nützlich für euch waren. Ich wünsche euch viel Erfolg auf eurem Weg!

ICH BIN Shiva, und ich bin immer bei euch!

Wie sehr ihr die Eigenschaft der göttlichen Liebe in euch entwickeln könnt, davon hängt es ab, wie erfolgreich ihr die Evolution auf eurem wunderschönen Planeten fortsetzen könnt

Der Geliebte Surya
4. Juli 2006

ICH BIN Surya, und ich bin an diesem Tage zu euch gekommen. ICH BIN von der Großen Zentralsonne zu euch gekommen, um euch eine weitere Seite der ewigen Lehre über das ewige Leben und das Nichtvorhandensein des Todes zu offenbaren. Es scheint euch, dass ich mich allzu geschwollen ausdrücke, aber in den Kreisen und Oktaven, aus denen ich komme, ist es üblich, so zu sprechen. Unsere Sprache ist nicht wie eure Sprache. Wir sprechen in der Sprache des Gedankens, und nicht einmal so sehr des Gedankens, als vielmehr der Energie. Wir tauschen Energien aus, und dies ist so ähnlich, wie wenn ihr das Gefühl der Liebe miteinander austauscht. Ich habe euch eines der großen Geheimnisse des Kosmos enthüllt. Alles in diesem Universum basiert auf der großen Kraft der Liebe. Und alles, was in diesem Universum existiert, existiert nur dank der Macht der Liebe.

Die Liebe ist der Urgrund dieses Universums. Daher sind eure Schwingungen, wenn sie den Schwingungen des Universums so nahe wie möglich kommen, ausschließlich Schwingungen der Liebe. Und je mehr ihr in der Lage seid, die Eigenschaft der Liebe in eurem Herzen zu manifestieren, desto mehr nähert ihr euch der wahren Realität und entfernt euch von eurer physischen Illusion. Die Eigenschaft der Liebe hat jedoch in eurer Welt und in der unseren ganz unterschiedliche Abstufungen und Schattierungen. Und was viele von euch unter Liebe verstehen, ist in Wirklichkeit gar keine Liebe. Das Gefühl, das ihr mitunter Liebe nennt, ist in seiner Bedeutung dem sexuellen Instinkt oder Geschlechtstrieb verwandt. Und dieses Gefühl unterscheidet sich in keiner Weise von den Gefühlen, die die Tiere und Vögel füreinander empfinden. Daher müsst ihr zuallererst darüber nachdenken, welcher Art die Liebe ist, die ihr empfindet. Wahre Liebe hat weder eine Bindung an ein bestimmtes Geschlecht, noch überhaupt an das Objekt der Liebe. Sie ist ein inneres Gefühl ohne Bindung an ein bestimmtes Wesen oder Objekt. Sie ist eine Liebe zu allem, zu aller Schöpfung, zu allem Leben, zum ganzen Universum. Und wenn ihr in der Natur seid, sind viele von euch in der Lage, ihre Schwingungen bis zu diesem wahren Gefühl echter Liebe zu erheben. Jedoch kann die Kraft und Fülle dieser Liebe noch viel intensiver sein. Eure physischen Körper sind einfach nicht imstande, noch erhabenere und feinere Manifestationen dieser wunderbaren Eigenschaft der Liebe zu empfinden. Jeder von euch liebt auf seine Weise, und jeder von euch hat sein individuelles, persönliches Verständnis von der Eigenschaft der Liebe. Gott teilte im Anbeginn der Schöpfung seine Liebe in unzählige Teile, und jeder von euch ist ein Teilchen Gottes und empfing sein Quäntchen an Liebe. Und jetzt habt ihr die Möglichkeit, diese Liebe zu empfinden und zu vervollkommnen. Daher müsst ihr aus eurem Leben entfernen, was dem Wachstum des Gefühls der Liebe in euch hinderlich ist. Betrachtet aufmerksam euer Leben und versucht nachzuvollziehen, welche Zustände ihr am häufigsten erlebt. Ihr werdet überrascht sein, doch das Gefühl der Liebe, das ursprünglich aller Schöpfung innewohnt, das wahre Gefühl der Liebe, erlebt ihr fast nie. Und selbst wenn die erste Liebe zu euch kommt, ist dieses Gefühl selten frei vom Besitzinstinkt und von dem Wunsch, das Objekt eurer Liebe zu besitzen. Wie sehr ihr daher die Eigenschaft der göttlichen Liebe in euch entwickeln könnt, davon hängt es ab, wie erfolgreich ihr die Evolution auf eurem wunderschönen Planeten fortsetzen könnt.

Deshalb bin ich heute gekommen, um euch diese Botschaft zu geben, die auf dem Gefühl der größten Liebe für die Menschheit der Erde beruht.

Und wenn ich und die anderen Meister nicht dieses Gefühl der bedingungslosen, vollkommenen Liebe in sich trügen, so wären wir wohl kaum in der Lage, für die Dauer des gesamten Entwicklungszyklus des materiellen Universums zu kommen und euch zu hegen und pflegen, uns um euch zu kümmern und euch unsere Anweisungen und unsere Lehre zu geben.

Wir wissen nur zu gut, dass ihr, wie sehr ihr euch auch sträuben mögt, keine andere Wahl habt und früher oder später dem Weg folgen werdet, der euch durch den Plan des großen Schöpfers dieses Universums vorbestimmt ist.

Und dies ist der Weg der höchsten Liebe und der höchsten Glückseligkeit. Alles, was euch von diesem Zustand trennt, wird nach und nach aufgegeben und muss euer Bewusstsein und Leben verlassen. Denn so ist es das Gesetz. Und ihr selbst müsst eure Wahl treffen und diesem Gesetz folgen. Dem Gesetz der höchsten und bedingungslosen Liebe.

Es fällt euch jetzt schwer zu glauben, dass alles, was euch umgibt, nur eine Manifestation des nicht-göttlichen Gefühls der Anti-Liebe ist. Ja, alles, was ihr geschaffen habt, was nicht auf dem erhabenen Gefühl der Liebe beruht, wird mit der Zeit verschwinden und aufhören zu existieren. Es wird nur das bleiben, was vollkommen in Gott ist, und das ist vor allem das Gefühl der göttlichen, bedingungslosen Liebe, die nicht durch das menschliche Bewusstsein getrübt ist.

Ich freue mich sehr, euch heute diese Lehre geben zu können. Es ist eine große Freude, von der Liebe zu sprechen und Liebe für euch Kinder der Erde zu empfinden. Ihr könnt euch gar nicht vorstellen, wie glücklich ich bin.

Jetzt möchte ich noch einige Worte über unsere weiteren Pläne sagen. Und diese Pläne unterscheiden sich nicht von all dem, was ihr bereits gehört habt. Wir ziehen auch weiterhin die Menschheit der Erde zu der evolutionären Ebene empor, der sie entsprechen muss, aber sie bleibt weiterhin eigensinnig. Es scheint euch, dass ihr große Errungenschaften erzielt habt, aber eure Errungenschaften sind alle darauf gerichtet, die Illusion zu vermehren, aber in diesem Entwicklungsabschnitt werden andere Leistungen von euch verlangt. Leistungen, die die Entwicklung der göttlichen Eigenschaften in euch betreffen, von denen die göttliche Liebe die wichtigste ist. Es gibt aber noch andere Eigenschaften, die ihr in euch entwickeln müsst. Und damit ihr euch auf die wahren inneren Errungenschaften konzentrieren könnt, müsst ihr in euch gehen. Und das ist gerade der Weg, den wir lehren. Der Weg der Mystiker, der Weg, der euch zu eurem Ursprung führt.

Aber um diesem Weg zu folgen, müsst ihr den Bindungen an eure Welt entsagen und das Erreichen aller Ziele aufgeben, die in eurer Welt liegen. Und das ist sehr schwierig. Denn um eure innere Verbindung mit uns und mit dem höheren Teil eurer selbst zu erreichen, braucht ihr einen vorbehaltlosen und bedingungslosen Glauben. Der Glaube und die Liebe sind zwei Geschwister, zwei liebende Geschwister, die in Ewigkeit untrennbar miteinander verbunden sind. Und dann gibt es noch die Hoffnung. Die Hoffnung, die allein euer Bewusstsein beflügeln kann, wenn es euch schon so scheint, als gäbe es keinen Ausweg aus der Sackgasse der Wechselfälle und Turbulenzen des Lebens.

Daher kommen wir, um euch ständig im Einklang mit der höheren Realität zu halten und euch Hoffnung für den morgigen Tag zu geben, der zweifellos besser sein wird. Denn so ist das Gesetz dieses Universums. Und mit jedem nachfolgenden Evolutionszyklus werdet ihr der göttlichen Realität immer näher kommen, und es wird für euch immer leichter werden. Und mit der Zeit werdet ihr diese Realität erkennen, und ein Gefühl des Glücks wird euch erfüllen und nie wieder verlassen. Die Zeit der Finsternis eures Bewusstseins geht zu Ende. Die Morgenröte und das Erwachen in einer neuen Realität stehen bevor.

Ich freue mich, euch die Ankunft einer neuen Realität, der Sonne einer neuen Realität in eurer Welt verkünden zu können.

ICH BIN Surya,
mit dem Gefühl großer Liebe bin ich zu euch gekommen!

Nur die Unwissenheit und Begrenztheit eures Bewusstseins hindern euch daran, in eurem Bewusstsein eure Einheit mit jedem Teilchen des Lebens zu akzeptieren

Gott Maitreya
5. Juli 2005

ICH BIN Maitreya, und ich bin an diesem Tag wieder durch meine Gesandte Tatyana zu euch gekommen.

ICH BIN gekommen, um euch daran zu erinnern, dass jeder von euch ein einmaliges und einzigartiges Teilchen Gottes ist. Und in Übereinstimmung mit den Plänen Gottes müsst ihr euch entwickeln, das heißt, dem Weg der evolutionären Entwicklung folgen, so wie er von Gott im Anbeginn dieses Universums geplant war. Es scheint euch, dass ihr unabhängig und autonom seid, dass ihr völlig getrennte Wesen seid, die weder untereinander noch mit irgendjemand anderem in diesem Universum verbunden sind. Auf eurer Bewusstseinsstufe ist diese Überzeugung beinahe unbestreitbar. Denn ihr seht um euch herum unbestreitbare Bestätigungen für eure Überzeugung, eure Sichtweise, eure Sicht der Weltordnung. Viele Male wurde das Beispiel angeführt, dass ihr noch vor einigen Jahrhunderten dachtet, eure Erde sei eine Scheibe und drehe sich nicht um die Sonne. Die Ansichten und Überzeugungen, die ihr jetzt habt, werden in der Zukunft Veränderungen unterliegen, und zwar grundlegenden Veränderungen. Ihr habt eure physische Welt gemeistert. Und da ihr eure Welt gemeistert habt, müsst ihr in eurem Bewusstsein weiter voranschreiten, zur Erkenntnis anderer, feinstofflicher Welten. Und ihr müsst immer mehr die Verbindung spüren, die zwischen euch und mir, zwischen euch und den Aufgestiegenen Meistern und auch unter euch selbst besteht.

Wie sehr es euch auch scheinen mag, dass ihr getrennt und selbstständig seid, ihr müsst mit der Zeit nicht nur eure innere Einheit mit dem einen und unteilbaren Schöpfer dieses Universums spüren, sondern auch eure Einheit mit jedem von euch, eure Einheit untereinander.

Da ich an diesem Tag zu euch gekommen bin, möchte ich jeden Augenblick unseres Zusammenseins sinnvoll nutzen. Und so beginne ich mit dem Wichtigsten, wozu ich gekommen bin. Ihr wisst, dass euer Planet nicht der einzige Planet im Kosmos ist. Es gibt andere Welten und andere Sternensysteme. Ihr seid nicht allein im Kosmos. Und eure Interaktionen und eure Verbindungen mit anderen Wesenheiten im Kosmos, die sich gelegentlich ereignen, rufen bei euch unterschiedliche Gefühle hervor, von Angst bis hin zu Neugier. Jedoch wird sich eure Interaktion mit anderen Wesenheiten in diesem Universum gemäß eurer eigenen Entwicklung fortsetzen. Und alles hängt davon ab, in welchem inneren Zustand des Bewusstseins ihr euch befindet. Wenn ihr weiterhin auf euren Unvollkommenheiten beharrt, dann werdet ihr Vertreter von ebenso technokratischen und ganz auf sich selbst bedachten Zivilisationen zu eurem Planeten hinziehen. Und wenn ihr versucht, euch selbst zu ändern und euch auf die Entwicklung göttlicher Eigenschaften in euch selbst zu konzentrieren, dann werdet ihr sehr bald mit Engeln, Elementarwesen und Vertretern jener Welten kommunizieren können, die dem göttlichen Entwicklungsweg folgen. Daher führen wir immer wieder Argumente an und versuchen euch zu überzeugen, dass ihr euch ernsthaft mit eurem Bewusstsein befassen müsst.

Die gesamte Lehre, die wir geben, ist untrennbar nur mit einer Sache verbunden – mit der Veränderung eures Bewusstseins, mit der Erweiterung eures Bewusstseins. Wir tun alles, damit ihr über den Rahmen der euch eigenen Begrenzungen hinausgehen könnt – Begrenzungen durch den religiösen Rahmen, den Rahmen der nationalen Kultur und nationaler Interessen. Alles, was auf Annäherung, auf Integration, auf das Gemeinwohl ausgerichtet ist, ist nützlich. Alles, was auf Trennung ausgerichtet ist, wird der Vergessenheit anheimfallen.

Aber die Einheit, von der wir sprechen, ist nur dann möglich, wenn ihr euch auf der Basis gemeinsamer Grundsätze vereint. Es ist nicht möglich, sich zu vereinen, wenn jeder nur auf seinem Standpunkt beharrt und den Standpunkt des anderen nicht sehen will. Doch gibt es gemeinsame Berührungspunkte, eine gemeinsame Position, bei der eine Vereinigung möglich ist. Und eine solche Position setzt den Verzicht auf das Ego voraus. Der Weg des Verzichts auf das Ego ist das, was wir lehren. Was euch trennt ist in euch nur so lange stark, wie jeder zum Nachteil des anderen seinen Standpunkt verteidigt. Und erst wenn ihr in der Lage seid, dasjenige in euch aufzugeben, was euch daran hindert, den Standpunkt eines anderen Menschen unvoreingenommen zu betrachten, erst dann könnt ihr auf dem Weg zur Einheit und Einigung voranschreiten.

Es wird sehr viel über Einheit geredet, doch es ändert sich wenig. Weil jeder, der von Einheit spricht, davon ausgeht, dass alle seinen Standpunkt anhören und ihn teilen sollen. Aber alles, was ihr tun müsst, ist, in eurem Bewusstsein auf jene Stufe emporzusteigen, auf der alle Widersprüche ausgeglichen werden und nicht länger sichtbar sind.

Dies ist die Aufgabe, von der wir möchten, dass jeder sie für sich in seinem Bewusstsein löst.

Versucht zu analysieren, was euch von den Vertretern verschiedener spiritueller Richtungen trennt, und ihr werdet verstehen, dass alles, was euch trennt, euer Ego, eure Unwissenheit ist. Und wie immer bieten wir euch einen Weg an, auf dem ihr euch von euren Unvollkommenheiten befreien und die Einheit erreichen könnt, die euch zum Gebot gemacht wurde.

Tatsächlich hindern euch nur die Unwissenheit und Begrenztheit eures Bewusstseins daran, eure Einheit mit jedem Teilchen des Lebens in eurem Bewusstsein zu akzeptieren.

In naher Zukunft müsst ihr Schritte und Anstrengungen unternehmen, die darauf gerichtet sind, die inneren Begrenzungen zu überwinden, die euch voneinander trennen. Beachtet bitte, ich sage nicht, dass ihr jemanden davon überzeugen sollt, dass seine Lehre falsch ist, eure aber wahr und echt. Ich spreche davon, dass ihr in eurem Bewusstsein die Barrieren und Begrenzungen entfernen müsst, die euch daran hindern, andere Lehren zu akzeptieren.

Denkt darüber nach, dass die Gründer aller Religionen der Welt zu verschiedenen Zeiten, in verschiedenen Sprachen ein und dieselbe

Wahrheit gaben. Und wenn ihr euch als gebildete, intelligente Vertreter der Menschheit betrachtet, richtet eure Bemühungen darauf, das Gemeinsame zu finden, was allen Religionen zugrunde liegt. Richtet eure Aufmerksamkeit nicht auf das, was unterschiedlich ist. Konzentriert die Aufmerksamkeit auf die gemeinsamen Grundsätze und Herangehensweisen, und ihr werdet die Einheit aller Religionen und aller moralisch-sittlichen Lehren erkennen, die die Menschheit jemals aus reinen Quellen erhalten hat.

Und die Vereinigung aller Religionen, wie auch die Gründung einer neuen Religion, die alle Weltreligionen umfasst, wird dann erfolgen, wenn ihr in eurem Bewusstsein in der Lage sein werdet, den Standpunkt anderer zu achten und zu akzeptieren und nicht blind auf eurem eigenen Standpunkt zu beharren und ihn sogar mit einer Waffe in der Hand zu verteidigen. All dies muss der Vergangenheit angehören. Jegliche Feindschaft hat in der neuen Welt keinen Platz. Und Feindschaft wird mit der Veränderung und dem Wachstum eures Bewusstseins eure Welt verlassen.

Alle Probleme eurer Welt liegen nur in eurem Kopf, in eurem Inneren. Und alle göttliche Vollkommenheit liegt ebenso in eurem Inneren.

Und um alle wichtigen Probleme in eurem Leben zu lösen, müsst ihr es euch zur Gewohnheit machen, euch nach innen, an euer Höheres Selbst zu wenden.

Die Verbindung mit dem Höheren Selbst und die Befreiung vom Ego sind die wichtigsten Grundpfeiler der Lehre, die euch gegeben wird.

Und nun möchte ich mich von euch verabschieden.

Bis zum nächsten Treffen!

ICH BIN Maitreya.

Ein erweitertes Verständnis des Gesetzes des Karmas

Der Geliebte Kuthumi
6. Juli 2006

ICH BIN Kuthumi, und ich bin an diesem Tag zu euch gekommen.

In der Zeit, in der wir uns nicht getroffen haben, hatte ich die Möglichkeit, die Verantwortung zu analysieren und zu verstehen, die unsere Kommunikation mir und euch auferlegt. Denn wenn ihr darüber nachdenkt, werdet ihr zu der unausweichlichen Schlussfolgerung kommen, dass alles, was sich während unserer Kommunikation, während dem Empfang der Botschaften ereignet, von außerordentlichem Wert ist und mit Sorgfalt und Respekt behandelt werden muss. Am Anfang könnt ihr nicht verstehen, und ihr mögt unseren Botschaften keine große Bedeutung beimessen, aber je weiter ihr mit dem Lesen unserer Botschaften kommt und in unsere Energien eintaucht, desto mehr werdet ihr die Minuten unserer Kommunikation würdigen und sowohl die Qualität unserer Botschaften wertschätzen als auch die Möglichkeit der Kommunikation mit uns. Daher bin ich heute gekommen, um mit euch wie mit alten Freunden zu reden. Darüber hinaus kann ich euch sagen, dass ich mich mit vielen von euch fast täglich während eures nächtlichen Schlafs in meiner Lichtstätte auf der ätherischen Ebene treffe. Und wenn das Wissen, das ihr während unserer Kommunikation in meiner Lichtstätte von mir erhaltet, in diesen Botschaften eine äußere Bestätigung findet, so keimt dieses Wissen in eurem Bewusstsein, und ihr beginnt bewusst, viele Dinge auf der physischen Ebene zu tun. Und euer Bewusstsein erreichen jene Wahrheiten, die sonst nicht in eure dichte Welt vordringen könnten.

Und wir setzen unsere gemeinsame Tätigkeit fort, um eure physische Welt zu verändern. Und diese gemeinsame Tätigkeit bedeutet nicht, dass ihr unseren Ratschlägen und Empfehlungen blind gehorchen sollt, sondern dass ihr das gesamte erworbene Wissen auf schöpferische Weise in eurem Leben anwendet. Wir brauchen keine blinden Anhänger, die bereit sind, auf unseren ersten Ruf hin zu tun, was wir sagen. Wir brauchen bewusste und ernsthafte Schüler, die nicht einfach etwas tun, ohne darüber nachzudenken, sondern bewusst das erhaltene Wissen in ihrem äußeren Bewusstsein reflektieren und die beste Möglichkeit finden, wie unsere Pläne optimal umgesetzt werden können.

Auf diese Weise werdet ihr an der kosmischen schöpferischen Arbeit beteiligt sein. Und wir schätzen diejenigen unserer Schüler sehr, die in Situationen des täglichen Lebens nicht von einem Lehrer zum nächsten laufen, um Rat zu suchen, sondern imstande sind, ihr eigenes Bewusstsein über die alltäglichen und gewöhnlichen Dinge zu erheben und jene Perspektiven zu sehen, die sich eröffnen, und mit der Umsetzung dieser Perspektiven zu beginnen, ohne auf ideale Bedingungen auf der physischen Ebene zu warten. Nur indem ihr euch selbst und die Schwierigkeiten in eurem Leben überwindet, werdet ihr euch entwickeln können. Ihr solltet die Probleme des Lebens und drohende Misserfolge nicht fürchten. Es geht vor allem um eure Einstellung zu diesen Problemen und Misserfolgen. Die Lehre gibt euch die richtigen Herangehensweisen. Und ihr selbst gestaltet euer Leben, indem ihr euch von diesen Herangehensweisen leiten lasst.

Ihr ändert euer Bewusstsein und beginnt, euch anders gegenüber den Problemen zu verhalten, auf die ihr trefft. Ihr analysiert diese Probleme und Hindernisse und dankt Gott dafür, dass Er euch die Möglichkeit gab, Fehler aus der Vergangenheit einzusehen und sie auszugleichen, indem ihr die richtige Einstellung zu den Problemen annehmt, die vor euch liegen.

Niemals solltet ihr euch der Enttäuschung und Mutlosigkeit hingeben. Ihr erhaltet die Lehre, um in euch selbst die richtige Einstellung zu dem zu entwickeln, was euch in eurem Leben begleitet und womit ihr konfrontiert werdet. Und wenn manche von euch plötzlich mit meiner Hilfe oder durch ihre innere Intuition, durch einen Hinweis von ihrem Höheren Selbst, den Grund erkennen, der karmisch zu einer bestimmten Situation in ihrem Leben geführt hat, so beginnen sie Gott unzählige Male dafür zu danken, dass Er es ihnen gestattet hat, ihre karmische Schuld auf eine so einfache Weise abzuarbeiten.

Die Gnade des Himmels ist wahrlich grenzenlos, und nur ihr selbst mit eurem unvernünftigen Verhalten wart imstande, die Ursachen für die Probleme und das Elend zu schaffen, mit denen ihr in eurem Leben konfrontiert werdet. Manchmal sind diese Probleme so groß, dass euch buchstäblich euer ganzes Leben lang die Möglichkeit versagt bleibt, der Bruderschaft in vollem Umfang zu dienen. Weil ihr zu sehr mit karmischen Schulden belastet seid. Aber die Weisheit, die ihr durch unsere Kommunikation mit euch erhalten habt, hilft euch zu erkennen, dass ihr im nächsten Leben euren Dienst fortsetzen könnt, und ihr werdet Umstände in euren Leben erhalten, die nicht so schwierig und belastend für euch sein werden. Denn ihr habt im jetzigen Leben bereits einen großen Teil eurer karmischen Schuld abgearbeitet. Und da ihr eure Schuld selbst abgearbeitet habt, werden auch eure Kinder eine weitaus geringere Last tragen. Denn die Eigenschaft des Karmas ist derart, dass eine nicht abgearbeitete karmische Last manchmal als schwere Bürde auf Kinder und Enkelkinder übergeht. Seid daher froh über Unglück und Nöte, die über euch hereinbrechen. Auf diese Weise bereitet ihr eine lichte Zukunft für euch selbst im nächsten Leben und für eure Kinder und Enkelkinder in diesem Leben. Das richtige Verständnis des Gesetzes des Karmas macht euch selbst dann glücklich, wenn ihr vom Standpunkt der Menschen um euch eine unerträgliche karmische Last tragt.

Es ist alles eine Frage dessen, wie euer äußeres Bewusstsein die Last wahrnimmt, die ihr tragt. Seid daher niemals traurig wegen eurer Probleme. Erlaubt euch die Freude darüber, dass ihr durch ein Überwinden eurer heutigen Probleme eine lichte Zukunft für euch selbst und für eure Kinder und Enkelkinder bereitet.

Die nächste Generation wird viel glücklicher sein als ihr, denn viele von euch haben sehr große karmische Verpflichtungen auf sich genommen, um sie in diesem Leben abzuarbeiten. Ihr habt dies mit Absicht getan, um den Prozess der Umwandlung und der Veränderungen zu beschleunigen, der sich auf der Erde vollzieht. Und diejenigen aus eurem Umfeld, die mit dem Finger auf euch zeigen und sagen, dass ihr wahrscheinlich zu viel gesündigt habt, da eure Last so schwer ist, verstehen nichts von der Wirkungsweise des Gesetzes des Karmas, und ihr Bewusstsein ist nicht imstande, das ganze Ausmaß des Opfers wahrzunehmen, das ihr vor eurer Verkörperung freiwillig auf euch genommen habt. Wir aber, die Aufgestiegenen Lichtwesen, wissen euer Opfer sehr zu schätzen. Darüber hinaus sind wir bereit, auf eure Bitten einzugehen und euch in dem Maße zu helfen, wie es das Gesetz erlaubt, um eure Last zu erleichtern. Manchmal, wenn das von euch in dieser Verkörperung geschaffene gute Karma es erlaubt, können wir auf euren Ruf hin kommen und euch in einer Situation helfen, in der es scheint, dass ihr nicht länger die Kraft habt, sie auszuhalten. Und nach eurem Ruf seht ihr einige Zeit später erstaunt zurück und versteht, dass das, was als unerträgliche Last auf euren Schultern lag, mit einem Mal verschwunden ist, sich wie in Luft aufgelöst hat, von euren Schultern genommen wurde. Und in diesem Falle vergesst niemals, den Himmel zu preisen und euren Dank zu senden. Der beste Dank für uns wird der Dienst sein, den ihr für das Wohlergehen des Lebens auf der Erde tun könnt.

Jetzt werde ich euch eine Formel geben, mit deren Hilfe ihr eine Erleichterung eurer karmischen Last erhalten könnt, solange euer gutes Karma euch dies erlaubt. Und so sagt ihr:

„Im Namen des ICH BIN WAS ICH BIN, im Namen meiner mächtigen ICH-BIN-Gegenwart, im Namen meines heiligen Christus-Selbst (oder einfach im Namen Gottes, des Allmächtigen), ich wende mich an den großen Karmischen Rat und bitte darum, dass das Momentum meiner guten Errungenschaften zur Löschung des Karmas verwendet wird, das dazu geführt hat, dass … (ihr müsst die Situation näher beschreiben, in der ihr vom Karmischen Rat Hilfe erhalten möchtet).

Möge alles in Übereinstimmung mit dem Willen Gottes geschehen."

Ihr könnt einen Brief an den Karmischen Rat schreiben, eure Anrufung laut aussprechen und den Brief dem Feuer übergeben. Wenn die Menge des von euch erarbeiteten guten Karmas es erlaubt und der Karmische Rat die Erfüllung eurer Bitte für möglich erachtet, so wird eure karmische Situation bis zu einem bestimmten Grad gelöst werden.

In Übereinstimmung mit der Möglichkeit, die euch bereits zu einem früheren Zeitpunkt gegebenen wurde,[17] werdet ihr während des nächtlichen Schlafs in eurem feinstofflichen Körper zu einer Sitzung des Karmischen Rates gerufen, und eure Seele wird eure Bitte bestätigen müssen, die ihr in eurem äußeren Bewusstsein niedergeschrieben habt.

Manchmal gibt es Fälle, in denen das äußere Bewusstsein eines Menschen die karmische Belastung nicht länger ertragen will, aber die Seele des Menschen lehnt die Hilfe ab. In diesem Fall hört der Karmische Rat auf

---

[17] „Lasst euer Bewusstsein über die Grenzen eurer Familie, eurer Stadt und eures Landes hinausgehen, und nehmt die ganze Erde als euer Zuhause wahr" (Gott Maitreya, 5. Juni 2006).

den Wunsch eurer Seele. Wenn daher eure Bitte nach dem Verstreichen einiger Zeit nicht erfüllt wurde, so könnt ihr mit eurer Seele reden und versuchen, mit ihr in dieser Frage einig zu werden.

Ich empfehle euch sehr, das Gespräch mit eurer Seele zu üben. Und erst dann einen Brief an den Karmischen Rat zu schreiben, wenn ihr bereits mit eurer Seele einig geworden seid.

Ihr seid vielschichtige Wesen. Ihr habt viele Körper. Daher müsst ihr Harmonie und Einigkeit zwischen allen euren Körpern erreichen. Bei den meisten Menschen sind die Körper so sehr aus dem Gleichgewicht geraten, dass ihr euch nicht einmal darüber im Klaren seid, wie ihr beim Handeln die Interessen aller Körper berücksichtigen sollt. Hört bitte auf, euch nur mit dem zu assoziieren, was ihr im Spiegel vor euch seht. Ihr seid viel mehr als euer physischer Körper. Und der nächste Abschnitt in der Entwicklung der Menschheit wird darin bestehen, dass ihr euch eurer feinstofflichen Natur bewusst werdet und harmonische Bedingungen für die Manifestation eurer feinstofflichen Natur schafft. Denn die Bedingungen, in denen ihr lebt, helfen euch manchmal überhaupt nicht, Harmonie in euren feinstofflichen Körpern herzustellen. Dies ist der nächste Abschnitt in der Entwicklung der Menschheit. Doch ihr müsst euch schon jetzt Gedanken darüber machen, wie ihr in eurer Umgebung die Bedingungen für eine harmonische Entwicklung aller eurer Körper schaffen könnt.

Ich habe euch heute viel Neues gegeben. Und ich verlasse euch in der Hoffnung auf zukünftige Treffen.

ICH BIN Kuthumi.

Es wird diejenigen geben, die ihre Beständigkeit und Hingabe manifestieren und uns bei der Verwirklichung unserer Ziele helfen können

Meister Morya
7. Juli 2006

ICH BIN El Morya, und ich bin wieder durch meine Gesandte gekommen, um die Lehre zu geben und mit euch über wichtige Probleme zu reden. Ich bin froh darüber, dass sich mir diese Möglichkeit bietet. Jedes Mal, wenn ich komme, kann ich meine Freude darüber nicht verbergen, dass es eine Möglichkeit für unsere Kommunikation gibt. Daher beginne ich heute ohne Zeit zu verlieren mit der Darlegung dessen, was notwendig ist. Und es gibt viele Dinge, die ihr wissen müsst. Und wenn ihr euch ständig auf die Ziele der Bruderschaft konzentrieren und unsere Pläne ausführen könntet, so würde die Evolution auf dem Planeten mit einem viel größeren Tempo voranschreiten. Doch ihr verbleibt auch weiterhin in der Illusion, unterhaltet euer Bewusstsein mit den illusorischen Manifestationen, die euch umgeben. Deshalb komme ich immer wieder und versuche, eurem Bewusstsein jene Dinge nahezubringen, die notwendig für euch sind. Ihr vergesst alles, was ich euch sage, buchstäblich in dem Moment, in dem ihr aufhört, meine Botschaften zu lesen. Und ich muss erneut kommen und euch ein und dieselbe Lehre aus einem etwas anderen Blickwinkel geben in der Hoffnung, dass es diejenigen geben wird, die ihre Beständigkeit und Hingabe manifestieren und uns bei der Verwirklichung unserer Ziele helfen können. Euch scheint es mit eurem agilen menschlichen Verstand, dass ihr alles, wovon wir reden, bereits wüsstet, und ihr macht euch auf die Jagd nach neuen Eindrücken in der Hoffnung, euren fleischlichen Verstand zu beschäftigen. Aber ihr braucht kein neues Wissen. Denn es gibt nur eine Lehre und eine göttliche Wahrheit. Und diese Wahrheit lässt sich nur mit dem Verstand eines Kindes erfassen. Überflüssige philosophische Spekulationen und intellektuelle Spitzfindigkeiten aufgeben – das ist es, was ihr tun müsst.

Ich bin mir bewusst, dass eure Mentalkörper noch nicht vollständig entwickelt sind. Daher versucht ihr, sie mit allerlei intellektuellen Finessen und Absonderlichkeiten zu beladen. Ihr kommt in die dichte Welt, und eines der Ziele, mit denen ihr kommt, besteht darin, nicht nur euren physischen Körper, sondern auch eure feinstofflichen Körper zu entwickeln: den astralen Körper, den mentalen Körper und den ätherischen Körper. Eure feinstofflichen Körper sind der Ausdruck eurer Seele. Und eure Seele muss sich entwickeln. Daher werdet ihr euch so lange in der Materie aufhalten, bis ihr ausreichend Erfahrung gesammelt habt und alle eure Körper entwickelt sind. Jetzt ist der Zyklus so, dass eure mentalen Körper einen Impuls für ihre Entwicklung erhalten. Sie sind neugierig wie Kinder und versuchen, immer wieder neuen Boden für ihre Aktivität zu finden. Doch genauso wie ihr Alkohol, Nikotin und andere Abhängigkeiten und Gewohnheiten eures physischen Körpers aufgebt, müsst ihr die Kraft in euch finden, den Bindungen eures mentalen Körpers, eures fleischlichen Verstandes zu entsagen. Alle eure vier niederen Körper durchlaufen eine Evolution auf dem Planeten Erde. Und ihr müsst Harmonie und einen entwickelten Zustand für alle eure Körper erreichen. Solange ihr nicht ausreichend Erfahrung gesammelt habt, solange nicht alle eure Körper ausreichend Erfahrung gesammelt haben, könnt ihr nicht in die Welt zurückkehren, aus der ihr ursprünglich als göttliche Teilchen gekommen seid. Und in diese göttliche Welt werdet ihr die von euch gesammelten Erfahrungen mit zurückbringen, doch nur jenen Teil eurer Erfahrungen, der den göttlichen Vorbildern entspricht.

Da also die mentalen Körper eines großen Teils der Menschheit jetzt ihre Erfahrungen durchlaufen und notwendiges Wissen erwerben, müsst ihr dies bei eurer eigenen Entwicklung berücksichtigen. Ihr müsst euch ständig bemühen zu erkennen, wann euer Verstand euch in den dichten Wald intellektueller Spekulationen entführt, und wann ihr wirklich mit der ewigen göttlichen Wahrheit in Berührung kommt. Und ihr müsst versuchen, diese Unterscheidung in eurem Inneren zu treffen. Die göttliche Weisheit hat nichts mit intellektueller Spekulation gemeinsam, die für euren fleischlichen Verstand wie eine Art Droge ist.

Sehr viele Menschen, wenn sie die nächste Botschaft öffnen und darin keine Nahrung für ihren scharfsinnigen Verstand sehen, machen sich sogleich auf die Suche nach solcher Nahrung an anderen Orten und erhalten das, wonach sie suchen, in reichlicher Menge. Wir können jedoch sehen, was euch nicht sichtbar ist. Wir sehen, dass das, was ihr manchmal erhaltet und für besonders wertvoll und notwendig erachtet, im besten Fall nutzlos für euch ist, im schlimmsten Fall aber die Entwicklung eurer Seele um Jahre und Verkörperungen zurückwirft.

Es gibt viele intellektuelle Fallen, in die sehr viele lichterfüllte Menschen hineingeraten. Und diese Fallen sind so geschickt aufgestellt, dass es manchmal unmöglich ist, sie zu vermeiden, wenn ihr nicht ständig den Einklang mit unserer Hierarchie bewahrt und die Aufgestiegenen Meister um Hilfe bittet. Viele verlassen sich auf ihre eigenen Kräfte, auf den fleischlichen Muskel und vernachlässigen die Hilfe der Hierarchie des Lichts. Doch dies ist nur noch eine weitere Manifestation des intellektuellen Stolzes. Ihr könnt im jetzigen Abschnitt der Entwicklung der Menschheit die wahren Vorbilder nicht von ihren hässlichen Doppelgängern unterscheiden, und intellektuelle Spekulationen nicht von der göttlichen Weisheit. Denn der Unterschied zwischen den beiden ist mitunter nur auf der Ebene der göttlichen Intuition sichtbar und in den Schwingungen, die diesen Manifestationen eigen sind.

Jetzt muss ich euch noch etwas Wichtiges sagen. Und das betrifft euren Weg der Einweihungen, dem viele Menschen zu folgen versuchen, und Verpflichtungen auf sich nehmen, um diesem Weg zu folgen. Aber genauso eifrig, wie sie die Sache angehen, so schnell wenden sie sich auch wieder vom Weg ab, entweder aufgrund ihrer eigenen Faulheit oder aus Mangel an Glauben und Hingabe.

Denn die Eigenschaften der Beständigkeit, der Hingabe und des Strebens wohnen nur einer sehr kleinen Anzahl von Individuen inne. Und in der Regel wurden diese Eigenschaften in früheren Verkörperungen erarbeitet, indem man sie sich in Gemeinschaften spiritueller Lehrer oder in den Hütten der Einsiedler zur Gewohnheit machte. Denkt nicht, dass ihr alles, was ihr in diesem Leben habt, von euren Eltern geerbt oder durch eure Leistungen in diesem Leben erworben habt. Viele eurer Errungenschaften und Eigenschaften reichen in die ferne Vergangenheit zurück, bis hin zu den Zeiten des alten Atlantis und Lemuriens. Und erst jetzt, in diesem Leben, treten sie in euch zum Vorschein, und euch wird das Recht gegeben, sie zu gebrauchen. Daher nutzt bitte eure göttlichen Gaben und Eigenschaften, um dem Gemeinwohl zu dienen, dem Leben auf der Erde zu dienen, und uns, der Großen Weißen Bruderschaft. Denn wir sind die Lehrer der Menschheit, die die Menschheit seit Millionen von Jahren begleiten. Und wir waren während eurer Verkörperungen im alten Lemurien und Atlantis bei euch und unterrichteten euch – zu jener Zeit noch als weniger entwickelte Individuen – in unseren Schulen und Ashrams.

Schätzt daher das, was euer Besitz ist, eure Errungenschaften, die aus der fernen Vergangenheit zu euch gekommen sind. Gebraucht eure Gaben nicht dazu, um in die Illusion einzutauchen, sondern um zum Gipfel des göttlichen Bewusstseins aufzusteigen. Denkt nicht, dass ihr auf eurem Weg allein seid. Wir sind ständig an eurer Seite und halten eure Hand in unseren Händen. Jedoch können wir euch nicht mit Gewalt an die Hand nehmen und führen, wenn ihr wie ein trotziges kleines Kind eure Hand wegreißt und vom evolutionären Weg der Entwicklung davonlauft. Anscheinend reicht der Entwicklungsgrad eures intellektuellen Körpers noch nicht aus, damit ihr euch dem Gesetz unterordnet und das ganze Ausmaß des Privilegs versteht, wenn die Aufgestiegenen Meister euch führen und auf eurem Weg helfen.

Für heute verabschiede ich mich von euch, aber ich freue mich auf weitere Treffen und Gespräche.

**ICH BIN El Morya,
mit Hoffnung auf euch.**

Ich bin bestrebt, von Herz zu Herz mit denen zu kommunizieren, die für eine solche Kommunikation bereit sind

Der Geliebte Jesus
8. Juli 2006

ICH BIN Jesus, und ich bin an diesem Tage erneut zu euch gekommen, um euch meine Unterweisung zu geben, die ich für euch vorbereitet habe.

Nicht oft haben wir die Möglichkeit, direkt mit denen zu kommunizieren, die sich jetzt in der Verkörperung befinden. Doch diese Möglichkeit der direkten Kommunikation zwischen mir und euch liegt in eurer Natur. Und wenn ihr euch die Mühe machen und mit ganzem Herzen, mit ganzer Seele die Kommunikation mit mir erstreben würdet, dann könntet ihr mich hören. Ich würde auf die gleiche Weise zu euch kommen, wie ich jetzt in den körperlichen Tempel von Tatyana komme, und wir würden uns miteinander unterhalten und ein Gespräch führen. Ich könnte euch Unterweisungen direkt geben, ohne einen Vermittler. Und das ist es, was ich mir sehnlichst wünsche – mit jedem von euch in direkten Kontakt zu kommen.

Die meisten Menschen, die diese Botschaften lesen, sind mit dem Christentum vertraut. Ein Religionsbekenntnis ist jedoch kein Hindernis für meine Kommunikation mit euch. Weil die Menschen selbst den Glauben in verschiedene Religionen teilten. Und jedes religiöse System versucht, sich seine Gemeinde untergeben zu machen und achtet wachsam darauf, dass die Gläubigen die Grenzen der Kirche nicht verlassen. Doch ich existiere und bin bestrebt, mit allen zu kommunizieren, unabhängig von der Religion, der ihr selbst angehört und der eure Familie angehört. Versucht, mich in eurem Bewusstsein als Aufgestiegenen Meister zuzulassen, nicht als das Idol, das von der Mehrheit der Christen der Welt verehrt wird, sondern als euren älteren Bruder, als Freund, der bereit ist, auf eure Bitten zu antworten und euch zu Hilfe zu kommen, wenn ihr mich ruft.

Ich bin der Meister, der der Menschheit der Erde sehr nahe ist, und ihr könnt euch nicht einmal vorstellen, wie nahe meine Gegenwart ist. Ich kann während eurer Gebete unter euch sein, wenn ihr mich ruft. Und ich kann in der Stille eurer Einsamkeit zu euch kommen, wenn ihr aufrichtig die Absicht habt, euch mit mir zu treffen und meinen Rat in einer schwierigen Lebenssituation zu erhalten. Seid nicht verlegen, euch an mich zu wenden. Ich bin ein Aufgestiegener Meister und habe der Menschheit der Erde die ganze Zeit gedient seit meinem Übergang in dem Leben, als ich Jesus war. Seit jener Zeit bin ich häufig den Menschen erschienen, die sich in ihrem Herzen zum wahren Christentum bekennen. Nicht aber denen, die die Religion des Christentums zur Quelle ihres Lebensunterhalts gemacht haben, und nicht denen, die scheinheilig kirchlichen Dogmen und Regeln folgen. Ich bin bestrebt, von Herz zu Herz mit denen zu kommunizieren, die für eine solche Kommunikation bereit sind. Für viele bin ich nicht so sehr ein Symbol des Christentums, als vielmehr ein Freund. Und vor vielen Verkörperungen traf ich mich mit euch und gab euch meine Lehre während meiner Verkörperung als Jesus. Auch jetzt ist unsere Verbindung auf der feinstofflichen Ebene nicht unterbrochen. Ihr habt die Möglichkeit, während des Schlafs Unterricht in meinem heiligen Refugium zu erhalten. Diejenigen von euch, die diese Möglichkeit für unsere Kommunikation noch nicht nutzen, rufe ich dazu auf, diese Möglichkeit zu nutzen. Wenn ihr euch vor dem Schlafengehen in einem ruhigen, harmonischen Zustand befindet, so könnt ihr nach einem Gebet in Gedanken ein Treffen mit mir erstreben, und wir werden uns bestimmt während eures nächtlichen Schlafs treffen. Ich werde eure Fragen beantworten und euch alle nur mögliche Hilfe erweisen. Lasst euch nicht dadurch verunsichern, wenn ihr euch nach dem Aufwachen nicht an alle Einzelheiten unseres Treffens erinnern könnt. Oder wenn ihr euch gar nicht daran erinnert, dass unser Treffen stattgefunden hat. Dies ist nicht wichtig, denn ihr werdet in eurem Leben die erhaltenen Lehren und Anweisungen nutzen, selbst wenn dies von eurem äußeren Bewusstsein nicht wahrgenommen wird. Bewahrt in euch das Streben, mich zu treffen, und wir werden uns bestimmt treffen.

Erwartet nicht, dass ich zu euch komme wie ein Mensch, der euch einen Besuch abstattet. Nein, unsere Kommunikation wird auf der feinstofflichen Ebene stattfinden. Und ihr müsst euch Mühe geben, um mich zu hören. Ich werde mit eurer Seele oder mit eurem Höheren Selbst sprechen. Und ihr werdet meine Worte in eurem Herzen hören. Es werden keine gewöhnlichen menschlichen Worte sein, und es mögen nicht einmal Gedanken sein. Es wird so sein, dass ihr meine Gegenwart spürt, und ihr werdet spüren, wie ich euch mit meiner Energie erfülle. Ich werde den Kelch eures Herzens mit einem erquickenden Labsal füllen, und ich werde euch Ruhe und ein Gefühl von Frieden und Glückseligkeit geben. All das, woran es euch in eurem Leben mangelt. Und nachdem ihr den Nektar der Glückseligkeit aus meinem Kelch getrunken habt, werdet ihr verstehen, dass alles, was euch beunruhigt und gequält hat, alle eure Probleme euch nicht länger bedrängen. Und viele von ihnen werden nicht wieder zu euch zurückkehren, weil ich euch ein Teilchen meines Bewusstseins gegeben habe. Und da sich euer Bewusstsein geändert hat, werdet ihr nicht länger in jene karmischen Situationen verwickelt werden, die euch Angst und Sorgen bereitet haben.

Euch wird nach eurem Glauben gegeben. Und wenn euer Glaube stark ist und kein Misserfolg im Leben euer Streben brechen kann, dann werden wir uns immer mit euch treffen. Und ich hoffe sehr, dass wir uns treffen werden. Denn die Möglichkeit unseres Treffens ist jene Hilfe, die der Himmel euch gibt.

Glaubt denen nicht, die sagen, dass ihr einen Vermittler braucht, um mit mir zu kommunizieren. Nein, wir können uns in der Stille eures Herzens treffen, und ich werde euch bei der Lösung eurer gegenwärtigen Probleme helfen. Doch die Stärke des Glaubens und der Hingabe, die es mir ermöglicht, in eurer Aura gegenwärtig zu sein, ist bei den Menschen nicht oft anzutreffen. Ich kann nicht zu euch kommen, wenn ihr euch in einer großen Stadt befindet und wenn ihr allzu sehr mit euren irdischen Angelegenheiten und Problemen beschäftigt seid. Ich kann nicht zu euch kommen, wenn ihr mit Gewohnheiten belastet seid, die uns trennen. Ich meine damit alle eure Abhängigkeiten und Schwächen: Alkohol, Nikotin, Fernsehen; negative Bewusstseinszustände, die euch heimsuchen: Verärgerung, Neid, Eifersucht und Zorn.

Ich kann nicht in eurer Aura gegenwärtig sein, wenn ihr mit diesen oder anderen Mängeln belastet seid, die ihr mit Leichtigkeit selbst aufzählen könnt, weil ihr sie nur zu gut kennt und euch Verkörperung um Verkörperung nicht von ihnen befreien könnt.

Ich bin offen für die Kommunikation, aber ihr selbst müsst euch bemühen, euch mir zu nähern, eure Schwingungen auf ein Niveau anzuheben, auf dem unsere Kommunikation stattfinden kann. Und jeder von euch kennt nur zu gut die Unzulänglichkeiten, die ihn daran hindern, sich mir zu nähern, doch ihr habt es nicht eilig, euch von euren Mängeln und Problemen zu befreien.

Nun, ich werde warten, bis ihr reif genug seid und euch dazu entschließt, die direkte Kommunikation mit mir aufzunehmen. Jetzt nutze ich die Möglichkeit und spreche mit euch durch diese Gesandte. Und ich erinnere euch ebenso an die Möglichkeit, euch während eures Schlafs mit mir zu treffen.

Die Möglichkeit für unser Treffen besteht immer, und nur ihr selbst schränkt die Möglichkeit unserer Kommunikation ein.

Und jetzt möchte ich euch wünschen, dass ihr jenes innere Streben findet, das alle eure Unzulänglichkeiten überwindet und es euch ermöglicht, ohne anzuhalten und ohne abzurutschen zum Gipfel des göttlichen Bewusstseins aufzusteigen.

Denn manchmal reicht eine falsche Entscheidung aus, um die Möglichkeit unserer Kommunikation bis zum Ende eurer jetzigen Verkörperung für euch zu verschließen. Seid vorsichtig, wenn ihr durchs Leben geht, und denkt über jede eurer Entscheidungen und jeden eurer Schritte nach.

Denn es gibt viele Bewohner in der Astralwelt, die ebenfalls versuchen, mit euch Kontakt aufzunehmen, um in eurer Person jemanden zu erhalten, der ihren Willen tut und ihre Pläne ausführt. Und mit solchen Wesenheiten zu kommunizieren und zu interagieren ist weitaus leichter, als mit mir zu kommunizieren und zu interagieren. Ihr braucht dafür keine eurer Gewohnheiten aufzugeben.

Daher werdet ihr selbst immer wissen, mit wem ihr euch auf der feinstofflichen Ebene trefft. Mit mir oder mit einem Doppelgänger von mir, der nicht vom Licht ist. Und der Schlüssel zur Antwort auf diese Frage liegt in der Reinheit eures Bewusstseins und in den Gewohnheiten und Bindungen, von denen ihr euch nicht befreien könnt.

Ihr braucht nicht einmal jemanden zu fragen, mit wem ihr auf der feinstofflichen Ebene kommuniziert. Ihr braucht nur eure Gedanken, eure Lebensweise und eure Beziehungen zu euren Mitmenschen unvoreingenommen zu analysieren. Daher steht alles in euren Kräften, und ihr selbst entscheidet, mit wem ihr auf der feinstofflichen Ebene in Kontakt tretet.

Ihr braucht Unterscheidungsvermögen, doch manchmal braucht ihr über keine besondere Gabe zu verfügen, um eine Unterscheidung zu treffen. Ihr müsst nur eure Denkweise und eure Gewohnheiten und Bindungen analysieren.

Ich verliere nicht die Hoffnung auf ein Treffen mit euch. Und ich freue mich sehr auf unser Treffen.

ICH BIN Jesus,
mit großer Liebe zu euch.

Eine Lehre über die karmische Verantwortung für euer Handeln bei der Übersetzung der Botschaften und beim Verfügen über Geldmittel

Sanat Kumara
9. Juli 2006

ICH BIN Sanat Kumara, und ich bin wieder zu euch gekommen.

Von diesem Tag an und bis zum Ende dieses Zyklus von Botschaften möchte ich, dass ihr jeden Tag, bevor ihr die Botschaft lest, die elektronische Gegenwart des Meisters ruft, der die Botschaft gibt. Diese scheinbar einfache Methode ermöglicht es euch, unsere Gegenwart zu spüren, und viele Thesen unserer Botschaften werden sich euch von einer ganz anderen Seite erschließen, denn die Gegenwart der Meister während des Lesens der Botschaften verstärkt die Wirkung, die ihr beim Lesen der Botschaften erhaltet, um ein Vielfaches. Dies ist eine besondere Dispensation, und sie wird noch einige Zeit nach dem Abschluss dieses Zyklus von Botschaften in Kraft bleiben. Ihr werdet anhand eurer eigenen Empfindungen beurteilen können, ob diese Dispensation noch wirksam ist oder nicht.

Um also die Gegenwart des Meisters zu rufen, der die Botschaft gibt, müsst ihr laut oder in Gedanken die folgende Anrufung machen:

„Im Namen des ICH BIN WAS ICH BIN, ich rufe die elektronische Gegenwart … (es folgt der Name des Meisters, der die Botschaft gibt)".

Probiert es aus, diese Dispensation anzuwenden, beginnt mit der heutigen Botschaft. Lest diese Botschaft zu Ende, dann lest sie noch einmal, nachdem ihr die Anrufung gemacht habt, und spürt den Unterschied. Ich empfehle euch, stets diese Anrufung zu machen, bevor ihr unsere Botschaften lest, die wir durch diese Gesandte geben. Die Wirkung dieser Anrufung wird manifestiert werden, wenn es möglich und notwendig ist.

Alle Meister können ihre elektronische Gegenwart offenbaren, und der Grad dieser Gegenwart ist direkt proportional zu eurer Fähigkeit, unsere Schwingungen wahrzunehmen, zur Bereitschaft eurer feinstofflichen Körper für die Wahrnehmung unserer Schwingungen.

Ihr wisst, dass wir unsere Botschaften manchmal auf einer höheren Ebene geben, manchmal auf einer etwas niedrigeren Ebene. Und dies ist nicht immer durch die Qualität der Leitfähigkeit der Körper unserer Gesandten bedingt. Es gibt einfach bei den Individuen, die sich in der Verkörperung befinden, unterschiedliche Entwicklungsstufen des Bewusstseins. Und verschiedene Individuen sind fähig, unterschiedliche Informationen und unterschiedliche energetische Komponenten der Botschaften wahrzunehmen.

Wir prüfen die von uns gegebenen Informationen sorgfältig. Und wenn sich euer äußeres Bewusstsein zur Analyse der gegebenen Informationen einschaltet, ist dies nicht immer nützlich. Denn jede kritische Wahrnehmung der Informationen unterbricht den Energiefluss. Und das Lesen unserer Botschaften wird für euch nutzlos. Die Botschaft selbst bewirkt in euch eine Ausrichtung auf die Energien der Meister, und beim Lesen der Botschaften nehmt ihr unsere Energien wahr. Es gibt Schlüssel, die eure feinstofflichen Kanäle aktivieren, und ihr erlangt die Fähigkeit, nicht nur den Informationsgehalt der Botschaften wahrzunehmen, sondern auch ihren Energiegehalt. Dies erklärt, warum unsere Botschaften nicht nacherzählt werden können. Eine Nacherzählung trägt nicht jene Schlüssel in sich, die im Textkörper der Botschaft enthalten sind. Ihr nehmt unsere Botschaften als Text wahr, der mit Symbolen der einen oder anderen Sprache geschrieben wurde, jedoch ist dies nicht ganz richtig. Die Botschaft trägt in sich verborgene Schlüssel. Und wenn ihr unsere Botschaften in andere Sprachen übersetzt, können diese Schlüssel verloren gehen. Alles hängt von der Qualität des Übersetzers ab. Und wenn der Übersetzer mit uns im Einklang ist, dann trägt die Übersetzung unsere Schwingungen in sich. Andernfalls trägt die Übersetzung nur den Informationsgehalt. So erklärt sich die Tatsache, warum ihr selbst dann, wenn ihr die Botschaften hört, die von unserer Gesandten gelesen werden, und die Worte nicht versteht, weil ihr eine andere Sprache sprecht, dennoch den Energiegehalt unserer Botschaften empfangt. Ihr spürt die Energien und die Schwingungen der Meister.

Wenn ihr aber unsere Botschaften in eure Muttersprache übersetzt lest, kann euch der Energiegehalt verloren gehen. Daher empfehle ich denen, die in Zukunft unsere Botschaften in andere Sprachen übersetzen, vor dem Übersetzen die elektronische Gegenwart des Meisters zu rufen, dessen Botschaft ihr übersetzen möchtet. Ich empfehle euch ebenfalls, die Übersetzung in einem ausgeglichenen Zustand zu beginnen, nach einer guten Meditation oder Gebetspraktik.

Jede eurer Unvollkommenheiten wird sich im Text der Übersetzung niederschlagen. Und wenn ihr den Text bei der Übersetzung verzerrt, liegt die karmische Verantwortung für die Verzerrung der Worte der Meister bei euch. Jedoch kann eine solche karmische Verantwortung durch das gute Karma neutralisiert werden, welches ihr bei der Übersetzung und bei der Verbreitung der Botschaften in anderen Sprachen erwerbt. Aber ihr müsst beachten, dass ihr nur dann gutes Karma erlangt, wenn euer Motiv rein ist und ihr wirklich die Übersetzung anfertigt, um die Lehre zu verbreiten, und nicht um Geld zu verdienen.

Die Beziehung zum Geld ist ein schwieriges Thema. Und tatsächlich wird euch Geld nicht dann zukommen, wenn ihr eine Arbeit für die Bruderschaft ausführt. Aber wenn ihr eine Arbeit für die Bruderschaft ausführt, erhaltet ihr die Möglichkeit, dass die Energie des Geldes den energetischen Aufwand ausgleicht, der für euch bei der Ausführung der Arbeit der Bruderschaft entstanden ist.

Alles in dieser Welt ist auf einem Austausch von Energien aufgebaut. Und jegliche Stagnation von Energie führt zu einem Mangel an Geldenergie. Wenn ihr also Geld habt, müsst ihr darüber nachdenken, wofür es ausgegeben werden soll. Jegliches Horten von Geldenergie ist ohne Nutzen und ein Zeichen für das Karma einer falschen Einstellung zum Geld. Denkt darüber nach, wie ihr über das Geld, das in eurem Besitz ist, verfügen sollt. Und wenn ihr dieses Geld für Vergnügungen ausgebt, so werdet ihr das nächste Mal keinen Ausgleich durch Geldenergie erhalten.

Und umgekehrt, wenn ihr eure geldlichen Ersparnisse für gute Zwecke ausgebt, so wird der Strom der Geldenergie sogar unabhängig davon verstärkt werden, welche Anstrengungen ihr zum Erwerb dieses Geldes unternehmt. Es kann sein, dass euch eine Erbschaft zufällt oder dass jemand euch unter irgendeinem Vorwand Geld zukommen lässt. Verfügt über die Geldenergie in der rechten Weise. Je uneigennütziger ihr gebt, desto mehr werdet ihr erhalten.

Doch dürft ihr nie vergessen, dass ihr dafür verantwortlich seid, wem ihr Geld gebt, und wie viel. Denn falls das Geld, das ihr anderen gebt, nicht für gute Zwecke verwendet wird, werdet ihr Karma für die falsche Verwendung der Geldenergie tragen.

Und umgekehrt, wenn ihr euer Geld für gute Zwecke spendet, wird euch das gute Karma vom rechten Gebrauch eures Geldes die Möglichkeit geben, über dieses gute Karma nach eigenem Ermessen zu verfügen. Darauf beruht das Prinzip des Zehnten, den die Kirche erhebt. Und im Grunde ist dies ein wahres und rechtes Prinzip, doch nur dann, wenn die Kirche oder sonstige religiöse Organisation euren Zehnten für gute Zwecke aufwendet und nicht zur Vermehrung des eigenen Besitzes.

In allem gilt das Prinzip des vernünftigen und rechten Gebrauchs der göttlichen Energie, und die Geldenergie unterscheidet sich darin nicht von jeder anderen Art von Energie. Eine Art von Energie wird recht gut in eine andere Art von Energie umgewandelt. Und wenn ihr in der rechten Weise über euren Zehnten verfügt, so wird er euch die Manifestation von Möglichkeiten auf der physischen Ebene bringen. Und diese Möglichkeiten können euch in Form von finanziellem Wohlstand, einer glücklichen Zukunft für eure Kinder, eurer eigenen Gesundheit und der Gesundheit eurer Nächsten zufließen.

Gutes Karma kann ebenso für Dinge verwendet werden, für die ihr es persönlich verwenden möchtet. Dazu wird euch die Möglichkeit gegeben, Briefe an den Karmischen Rat zu schreiben.[18]

Ich habe euch heute eine Lehre über die karmische Verantwortung für euer Handeln bei der Übersetzung der Botschaften und beim Verfügen über Geldmittel gegeben. Und diese wichtige Lehre erfordert unmittelbare Anwendung in eurem Leben.

Und jetzt gestattet mir, dass ich mich von euch verabschiede. Und bis zu neuen Treffen!

ICH BIN Sanat Kumara. Om.

---

[18] „Lasst euer Bewusstsein über die Grenzen eurer Familie, eurer Stadt und eures Landes hinausgehen und die ganze Erde als euer Zuhause wahrnehmen". *Gott Maitreya, 5. Juni 2006.*
„Eine Erweiterung des Verständnisses vom Gesetz des Karma". *Der Geliebte Kuthumi, 6. Juli 2006.*

Eine Lehre über das Glück

Gautama Buddha
10. Juli 2006

ICH BIN Gautama Buddha, und ich bin erneut gekommen. Und wie immer bin ich gekommen, um euch meine Unterweisung zu geben, eine Botschaft für die Welt, die die Welt jetzt braucht.

Heute möchte ich eure Aufmerksamkeit auf die Umstände richten, die in eurem Leben bestehen und die euch daran hindern, inneres Gleichgewicht, Frieden, Harmonie und Glück zu erlangen.

Und dieses Glück ist nicht ganz das Glück, an das die Menschen denken, wenn sie mitten im Leben stehen. Mein Verständnis von Glück und euer Verständnis von Glück unterscheiden sich voneinander. Und wisst ihr warum? – Weil ihr Glück vom Standpunkt der Umstände eines einzelnen Lebens betrachtet, in dem ihr euch jetzt befindet. Ich aber betrachte Glück nicht nur vom Standpunkt des gegenwärtigen Lebens, sondern vom Standpunkt aller meiner Verkörperungen und vom Standpunkt der Verkörperungen aller Lebewesen, die jetzt auf dem Planeten Erde verkörpert sind oder ihre nächste Verkörperung erwarten.

Daher unterscheidet sich mein Verständnis von Glück von dem euren. Doch wir können unsere Verständnisse von Glück einander annähern, wenn ihr zulasst, dass eure Vorstellungen über den Rahmen der euch umgebenden Wirklichkeit hinausgehen. Erweitert ein wenig den Bereich eurer Wahrnehmung der Welt. Geht über den Rahmen dessen hinaus, was euch in eurem Leben umgibt, eure täglichen Sorgen und Probleme. Denn was ihr in eurem äußeren Bewusstsein zulasst, wird sich früher oder später in eurem Leben manifestieren. Und wenn ihr ständig auf eure gegenwärtigen Probleme fixiert seid, so werdet ihr auch in Zukunft nichts anderes als diese Probleme bekommen.

Glück ist einfach ein Zustand eures Geistes. Und selbst wenn es für euer äußeres Bewusstsein so scheint, als nähmen die Probleme und Sorgen in eurem Leben kein Ende, werdet ihr, wenn ihr euer Bewusstsein ein wenig erhöhen könnt, verstehen, dass ihr tatsächlich das glücklichste Wesen in diesem Universum seid.

Es kommt euch so vor, als würde ich mir einen Scherz mit euch erlauben. Doch aus meiner Sicht als Aufgestiegenes Wesen beneide ich euch, die ihr jetzt in der Verkörperung seid. Glaubt mir, dass alles nur eine Sache eures Bewusstseins ist und wie ihr alles wahrnehmt, was um euch herum geschieht. Und die meisten eurer Probleme, 99 Prozent eurer Probleme, schafft ihr euch selbst einfach dadurch, dass ihr nicht in der Lage seid, mit eurem Bewusstsein aus den Rahmen der euch umgebenden Wirklichkeit auszubrechen. Glück ist einfach ein Zustand eures Geistes. Und tatsächlich ist die Lehre, die wir geben, die Lehre, die für euch Glück in sich trägt.

Euer Bewusstsein lernt, alles, was euch umgibt, aus der Perspektive der Existenz einer anderen, einer höheren Realität wahrzunehmen. Und ihr erwerbt Wissen über das Gesetz des Karmas. Und dieses Wissen und diese Fähigkeiten ermöglichen es euch, eure Lebenssituation zu bewältigen. Ihr müsst verstehen, dass ihr selbst derjenige seid, der euch vom Zustand des Glücks trennt. Mit anderen Worten, ihr selbst hindert euch daran, glücklich zu sein.

Lasst uns die Situation anhand eines Beispiels betrachten. Es lässt euch beispielsweise keine Ruhe, dass einer eurer Nachbarn oder ein anderer Mensch mehr besitzt als ihr. Ihr beginnt, Neid zu empfinden, wünscht diesen Menschen Böses und werdet dadurch immer unglücklicher. Ihr treibt euch buchstäblich selbst in die Enge. Und euer Bewusstsein kann das Netz aus Neid und Wut nicht länger durchbrechen.

Jetzt lasst uns ansehen, wie ein weiser Mensch sich verhält. Er kann sich über das Glück anderer Menschen freuen, und er kann sich darüber freuen, dass nicht er selbst, sondern jemand anderes die Möglichkeit hat, etwas zu kaufen, etwas zu tun. Ein solcher Mensch erlangt Verdienste in seinem Herzen, die es ihm ermöglichen, sein Bewusstsein über das Gewöhnliche zu erheben und Freude und Glück in seinem Bewusstsein zu finden.

Und wenn ihr lernt, euch über die Errungenschaften anderer zu freuen, werdet ihr auf diesem Wege für euch selbst die Möglichkeit eröffnen, ebenfalls erfolgreich zu sein. Und selbst wenn es euch aus karmischen Gründen in dieser Verkörperung nicht erlaubt ist, recht viel zu besitzen und in Wohlstand zu leben, so schafft ihr dennoch für euch selbst günstigere Bedingungen für die nächste Verkörperung, und euer nächstes Leben wird erfolgreicher sein und voller Dinge, die die Menschen als Manifestation des Glücks betrachten. Wenn ihr aber zunehmend eine positive Denkweise entwickelt, so werdet ihr verstehen, dass keine der in eurer Gesellschaft anerkannten Zeichen des Glücks euch wahres Glück bringen. Und wahres Glück liegt in eurer Fähigkeit, euch für das Wohlergehen anderer Lebewesen zu opfern. Ihr opfert euch selbst, und aus der Sicht der Menschen, die heute auf der Erde leben, seid ihr ein Versager, aber euer Zustand ähnelt einem Zustand des stillen inneren Glücks und der Glückseligkeit. Und ihr werdet diesen Zustand für keine Reichtümer der Welt eintauschen.

Oh, dieser Zustand, von dem ich euch erzähle, ist den höchsten Eingeweihten zugänglich. Und viele von euch, die diese Zeilen lesen, mögen denken, dass ich von etwas rede, was mit ihnen nichts zu tun hat, weil sie zu sehr auf ihre menschlichen Probleme fixiert sind. Ich werde euch jedoch kein Geheimnis verraten, wenn ich sage, dass der Zustand, von dem ich rede, euch allen in einem bestimmten Stadium eurer Entwicklung zugänglich wird. Es ist der Geisteszustand eines Buddhas. Und ihr alle werdet im Laufe der Zeit zu Buddhas. Denn dies ist die nächste Stufe in der Entwicklung der Menschheit. Und wie sehr ihr auch versucht, diese Entwicklungsstufe hinauszuzögern, sie wird trotz allem kommen. Weil Tausende von Wesenheiten, die bereits die Stufe des Buddha-Bewusstseins erreicht haben, bereitstehen und darauf warten, sich in eurer Welt zu verkörpern und ihr zu helfen, indem sie die Sünden der Welt auf sich nehmen und für die Menschheit leiden. Auf diese Weise sühnen sie für das Karma der Menschheit und geben der Menschheit eine Chance nach der anderen, auf den evolutionären Weg der Entwicklung zurückzukehren und nicht durch den nächsten zerstörerischen Kataklysmus vernichtet zu werden.

Ich bin glücklich, euch heute diese Lehre über das Glück geben zu können. Denn sehr viele von euch sind nur deswegen unglücklich, weil sie in einem Umfeld leben, in dem das Wissen von der Wahrheit fehlt. Unwissenheit ist eine allgemeine Krankheit der Menschheit. Unwissenheit umhüllt euch wie ein narkotischer Nebel und löscht in euch den Funken des Verstandes, den ihr vor langer Zeit von den Meistern der Weisheit erhalten habt und der bis zu einer bestimmten Zeit im Inneren eures Wesens verborgen ist. Aber der Moment wird kommen, wenn euer Funke zu brennen beginnt, und die Flamme, die im Inneren eures Wesens auflodert, wird vielen verirrten Seelen den Weg erhellen können. Ihr verbrennt, aber ihr erhellt den Weg für andere. Daher ist die Fackel oder Kerze ein Symbol der Erleuchtung.

Selbstaufopferung und Dienen – dies sind die Eigenschaften, die ihr beharrlich erarbeiten müsst, sobald ihr beginnt, aus dem Nebel der Unwissenheit hervorzutreten. Der Zustand des Glücks ist für euch unmittelbar davon abhängig, wie erfolgreich ihr die Unwissenheit und Faulheit überwinden könnt, die den meisten Menschen in diesem Stadium eigen sind.

Ich verabschiede mich jetzt von euch. Und ich bin traurig, dass ich meinen Zustand des Glücks nicht einer möglichst großen Anzahl von Individuen vermitteln kann, die jetzt auf der Erde verkörpert sind.

ICH BIN Gautama,
und ich wünsche euch Erleuchtung und Glück.

Verfolgt nicht die Suche nach der Wahrheit, die dem menschlichen Bewusstsein entstammt; strebt nach der Wahrheit, die aus den höheren Oktaven des Lichtes in eure Welt kommt, und ihr werdet eine lichte Zukunft für den Planeten Erde manifestieren

Der Geliebte Cyclopea
11. Juli 2006

ICH BIN Cyclopea, und ich bin an diesem Tag zu euch gekommen.

ICH BIN gekommen, und wie immer möchte ich jede Möglichkeit, die sich für die Kommunikation zwischen dem Himmel und der irdischen Ebene bietet, nutzbringend für die Entwicklung eures Bewusstseins verwenden.

Eure Bestimmung ist es, zu hochentwickelten kosmischen Wesen zu werden. Ihr wachst mit eurem Bewusstsein in immer feinere Schichten hinein, zuerst auf der mentalen Ebene, und dann auf höheren Ebenen. Und meine Vision von eurem Wachstum und eurer Bestimmung, die auf meiner Erfahrung basiert, sagt mir, dass ihr die Hoffnungen erfüllen werdet, die in euch gesetzt wurden. Ich bin froh, dass es nach langen Jahren des völligen Unglaubens und der Finsternis, die die Erde in den letzten Jahrhunderten umhüllt haben, uns endlich gelingt, Keime des ewigen Wissens zu geben. Und sei es auch nicht auf einer besonders hohen Ebene. Es ist wichtig, das Bewusstsein der heutigen Generation zu erwecken, damit kommende Generationen den Boden für ein größeres Wachstum ihres Bewusstseins erhalten und imstande sein werden, größeres Wissen über die göttliche Wahrheit wahrzunehmen.

Ihr überladet euer Bewusstsein mit einer Menge unnötiger Dinge. Und jetzt ist die Zeit gekommen, in der ihr alles bewusst angehen müsst, wobei eure Aufmerksamkeit verweilt. Denn alles, worauf ihr eure Aufmerksamkeit richtet, übt einen sehr starken Einfluss auf euch aus. Daher müsst ihr verstehen, dass manchmal ein schlechter Film, den ihr schaut, oder ein Treffen mit einem Menschen, der negative Schwingungen in sich trägt, ausreicht, um eure Entwicklung entweder zum Stillstand zu bringen oder sie auf eine unnötige Bahn zu lenken.

Deshalb möchten wir, dass ihr in euch die Eigenschaft der göttlichen Vision und der Voraussicht der Situation entwickelt.

Und die Eigenschaft der göttlichen Vision ist gerade jene Eigenschaft, die ich die Menschheit in meiner heiligen Lichtstätte lehre. Ich bin glücklich, jetzt vor ein so großes Publikum treten zu können, das diese Botschaften in vielen Sprachen liest. Und ich bin glücklich, euch meine Lehre nahezubringen, nicht wenn ihr euch im Schlafzustand befindet, sondern im Wachzustand eures Bewusstseins.

Jetzt ist die Zeit gekommen, wenn eure göttlichen Fähigkeiten erwachen sollen und ihr euch zunehmend eurer göttlichen Bestimmung bewusst werden müsst. Und diese Wissenschaft wird leider nicht in euren Bildungseinrichtungen unterrichtet, und selbst in den Regalen eurer Geschäfte und Bibliotheken kann man nur selten Bücher finden, die wirklich göttliches Wissen lehren. Denn leider bringt euch die Art der Literatur, die in eurer Welt verbreitet ist, nur vom wahren Weg ab und beraubt euch der göttlichen Stimmung, sodass ihr gezwungen seid, euch auf den fleischlichen Verstand und intellektuelle Spekulationen zu verlassen. Dieser Weg ist nicht der göttliche Weg, denn er bringt euch dazu, nicht die göttlichen Eigenschaften in euch zu entwickeln, sondern rein menschliche. Um die göttlichen Eigenschaften in euch zu entwickeln, müsst ihr alle Bindungen an die Dinge eurer Welt aufgeben. Es ist notwendig, dass ihr euch auf den Weg der Einweihungen begebt und ihm folgt. Zu verschiedenen Zeiten existierten auf der Erde Schulen, in denen die göttliche Wissenschaft unterrichtet wurde. Und ich sehe in naher Zukunft die Wiederaufnahme dieser Traditionen auf der Erde voraus. Dazu ist es erforderlich, das Bewusstsein der Menschen so weit zu verändern, dass Schulen dieser Art auf Regierungsebene volle Unterstützung und Anerkennung finden und in das staatliche Programm für die Erziehung und Bildung von Kindern und Erwachsenen aufgenommen werden.

Dies ist eine dringende Aufgabe, und ich sage euch, dass die Regierung des Landes, das auf offizieller Ebene unsere Gesandte anerkennt und auf staatlicher Ebene unsere Pläne verwirklichen kann, all unseren Segen und unsere Hilfe erhalten wird. Und dies wird der nächste sehr wichtige Schritt in der Entwicklung des Planeten Erde sein. Denn auch wenn die Regierenden verschiedener Länder unter unserem Einfluss standen, blieben unsere Verbindungen geheim und vor neugierigen Blicken verborgen. Jetzt ist die Zeit gekommen, in der wir bereit sind, aus dem Schleier des Geheimnisses hervorzutreten und unser Wissen und unsere Lehre offen zu geben. Denn die Situation auf dem Planeten begünstigt jetzt diese Entwicklung der Ereignisse. Und damit es euch besser verständlich wird, sage ich euch, dass bereits frühere Gesandte versucht haben, auf Regierungsebene Verbindungen mit den Regierungen verschiedener Länder aufzubauen, doch dies blieb ohne Erfolg. Wir haben unsere Versuche nicht aufgegeben und erklären jetzt durch unsere Gesandte, dass die Große Weiße Bruderschaft für die Zusammenarbeit auf staatlicher Ebene mit den Regierungen aller Länder der Welt offen ist. Wir haben nichts mehr zu verbergen, denn die Wahrheit wird frei durch das Internet kundgegeben, und unsere Boten haben die Möglichkeit, die Wahrheit frei zu verkünden, ohne verfolgt zu werden.

Jetzt möchte ich noch auf ein weiteres wichtiges Thema eingehen, das die Zukunft der Menschheit auf dem Planeten Erde betrifft. Eure Zukunft ist unmittelbar mit euren Kindern verbunden. Und wie gut ihr die nächste Generation vorbereiten könnt, davon wird es abhängen, in welchem Maße sie die göttlichen Eigenschaften in sich entwickeln und ihre göttliche Bestimmung erfüllen kann. Vergesst nicht, dass wenn ihr für die nächste Generation sorgt, ihr in Wirklichkeit auch für euch selbst sorgt. Denn es wird nach irdischen Maßen nicht so viel Zeit vergehen, bis ihr euch wieder auf der Erde verkörpern werdet. Und abhängig davon, welche Bemühungen ihr jetzt bei der Erziehung der heranwachsenden Generation unternehmt, werdet ihr eine Verkörperung in einer günstigeren Umgebung erhalten, die eure spirituelle Entwicklung fördern wird. Alles wurde von Gott durchdacht, und alle Folgen gehen aus ihren Ursachen hervor. Denkt darüber nach, was ich euch gesagt habe. Und selbst wenn eure Bemühungen bei der Erziehung eurer Kinder im jetzigen Leben nicht von Erfolg gekrönt sind, wird das Momentum eurer Sorge für die zukünftige Generation eine unauslöschliche Spur in eurer Aura hinterlassen, und die Errungenschaften in eurem Kausalkörper werden von euch selbst in zukünftigen Leben genutzt werden.

Das Gesetz des Karmas und das Gesetz der Wiederverkörperung oder Reinkarnation – dies sind die beiden wichtigsten Gesetze, die in euren Bildungseinrichtungen auf gleicher Ebene mit Physik, Mathematik und Chemie studiert werden müssen. Und glaubt mir, der Nutzen vom Studium dieser Gesetze wird weitaus größer sein als der Nutzen vom Studium der Gesetze Newtons oder Pascals.

Und jetzt möchte ich, dass ihr sorgfältig in eurem Herzen nachdenkt und euch in eurem Herzen eine Vorstellung davon macht, was ihr persönlich tun könntet, damit die neue Generation, die in diese Welt kommt, bereits von ihren ersten Schritten an wahres Wissen und wahre Vorstellungen von dieser Welt erhält, in die sie gekommen ist – Wissen, das nicht auf abgedroschenen menschlichen Wahrheiten basiert, sondern auf der Wahrheit, die im Laufe der Jahrhunderte bestätigt wurde. Denn wie sehr auch unsere Boten in der Vergangenheit und Gegenwart bedrängt und unterdrückt wurden, die Wahrheit, die sie lehrten, lebt und wird die Jahrhunderte überdauern. Denn alles, was von Gott ist, wird ewig leben, und alles, was vom Menschen ist, wird der Vergessenheit anheimfallen, und wenn nicht in dieser Generation, dann in der nächsten.

Verfolgt nicht die Suche nach der Wahrheit, die dem menschlichen Bewusstsein entstammt; strebt nach der Wahrheit, die aus den höheren Oktaven des Lichtes in eure Welt kommt, und ihr werdet eine lichte Zukunft für den Planeten Erde manifestieren.

ICH BIN Cyclopea,
und ich sehe eine lichte Zukunft für den Planeten Erde voraus.

Eine Lehre über den Weg der Lehrzeit

Der Geliebte Lanello
12. Juli 2006

ICH BIN Lanello, und ich bin an diesem Tag erneut zu euch gekommen.

Ich bin gekommen, um mit euch über das zu sprechen, was dringend notwendig ist. Und jedes Mal kommen wir in unserem Gespräch immer mehr zur Sache, weil euer Bewusstsein mehr und mehr von der göttlichen Wahrheit wahrnehmen kann. Daher nimmt die Komplexität der Botschaften zu. Und dies betrifft nicht so sehr die Komplexität der Darbietung des Materials, als vielmehr die Komplexität der besprochenen Themen. Denn das Spektrum der besprochenen Themen erweitert sich, und ihr erlangt in eurem Bewusstsein die Fähigkeit, einen größeren Umfang an Themen wahrzunehmen und über die Grenzen gewohnter Vorstellungen hinauszugehen. Daher geben wir euch bereits bekanntes Material jedes Mal auf eine etwas andere Weise, oder wir versuchen, Elemente neuer Begriffe mit einzubeziehen, mit denen ihr bisher nicht in Berührung gekommen seid.

Alle besprochenen Themen betreffen jeden heute lebenden Menschen. Doch gibt es ein besonders hoch aktuelles Thema. Und dieses Thema betrifft eure Beziehungen zu Gott, zu den Aufgestiegenen Meistern. Es gibt eine Vielzahl religiöser Systeme und unterschiedlicher religiöser Richtungen. Und es wird immer schwieriger, sich in all diesen religiösen Richtungen zurechtzufinden. Sobald bei den Menschen ein Bedürfnis nach einem bestimmten Wissen entsteht, oder sobald irgendeine wissenschaftliche Entdeckung gemacht wird, nutzen die uns entgegengesetzten Kräfte augenblicklich alle ihre Fähigkeiten und Möglichkeiten, um das Bewusstsein der Menschen in einem Netz von falschen Begriffen, falschen Vorstellungen und falschen Dogmen und Regeln zu verstricken. Genau dies könnt ihr jetzt im Bereich der verschiedenen religiösen Systeme und Auffassungen beobachten. Neben den aus der Vergangenheit bekannten Glaubensrichtungen erscheinen viele neue religiöse Bewegungen. Viele, die gewisse Vorstellungen von Gott und den Aufgestiegenen Meistern gewonnen haben, trachten danach, sich zu neuen Gurus zu erklären und eine Gemeinde um sich zu versammeln, die ihnen jedes Wort von den Lippen abliest. Und dies ist ein trauriges Phänomen eurer Zeit. Die Menschen sind sich der ganzen karmischen Verantwortung nicht bewusst, wenn sie unter den Einfluss solcher Gurus geraten. Sie erkennen nicht, dass alle unvollkommenen Schwingungen und Manifestationen während der Gruppentreffen und Gebetspraktiken von der Aura eines solchen Lehrers in ihre eigene Aura übergehen. Und diese Unvollkommenheit kommt zu ihren eigenen Unvollkommenheiten hinzu, und anstatt sich von der Last karmischer Ansammlungen zu befreien, nehmen diese Menschen in ihren elektronischen Gürtel die ganze Unvollkommenheit ihrer Gurus auf.

Besonders bedauerlich ist der Stand der Dinge, wenn die Menschen wie Steppenläufer im Wind von einer Gruppe zur nächsten überlaufen. Dies ist zu einer Geißel eurer Zeit geworden.

Alles, was wir in einer solchen Situation tun können, ist, euch davor zu warnen, dass dieses Problem existiert und eine echte Gefahr darstellt, weil eure Entscheidungen euch eine karmische Verantwortung auferlegen, die ihr in der Zukunft abarbeiten müsst.

Ich möchte euch nun eine Vorstellung davon geben, wie ihr euch im Meer der verschiedenen Strömungen, die euch umgeben, verhalten sollt. Als Erstes müsst ihr euch die Frage stellen, was euch dazu bewegt, euch dieser oder jener spirituellen Gruppe anschließen zu wollen. Denn die Reinheit eures Motivs bestimmt, von welchem Schwingungsniveau die Gruppe und der Religionsführer sein werden, zu denen ihr hingezogen werdet. Habt ihr schon einmal darüber nachgedacht, dass die Umstände, die euch umgeben, euch in Wirklichkeit einfach bereitwillig das zur Wahl anbieten, was fest in eurem Bewusstsein und Unterbewusstsein verankert ist? Und wenn ihr bestrebt seid, verschiedene magische Praktiken zu meistern, um eure eigenen Lebensumstände und die Lebensumstände eurer Mitmenschen unter eure Kontrolle zu bringen, so wird es euch automatisch und unweigerlich zu einer Gruppe hinziehen, die schwarze Magie praktiziert, und ihr werdet euch nicht nur mit den Folgen dieser Wahl belasten, sondern auch das Karma des Gruppenleiters und der Mitglieder dieser Gruppe teilen.

Es ist an der Zeit, dass ihr alles, was sich in eurem Leben ereignet, und alle eure Entscheidungen bewusst angeht. Denn manchmal hängt euer weiterer Weg nicht nur in diesem Leben, sondern auch in einer Reihe nachfolgender Verkörperungen von einer einzigen Entscheidung ab. Wenn ihr euch einmal einer Gruppe angeschlossen habt, die schwarze Magie praktiziert, so erhaltet ihr automatisch das gesamte Karma, das von dieser Gruppe angesammelt wurde, in euren elektronischen Gürtel.

Geht an alles bewusst heran. Und analysiert vor allem bewusst euren inneren Zustand und euer Motiv, das euch bewegt.

Hier sind die wahren Motive, die unseren Schülern innewohnen:

- Unsere Schüler sind bestrebt, sich von allen ihren Unzulänglichkeiten und allen Bindungen an die Dinge dieser Welt zu befreien, um allen Lebewesen auf dem Planeten Erde, die Hilfe brauchen, jede mögliche Hilfe zu erweisen.
- Sie sind bestrebt, sich selbst zu reinigen, alle ihre niederen Körper, um ihren Dienst noch erfolgreicher zu leisten.
- Unsere Schüler sind bestrebt, die Verbindung mit Gott herzustellen, der in ihrem Inneren wohnt, und unsere Schüler verehren die

Hierarchie des Lichtes und steigen bewusst auf die Stufen der Hierarchie.

- Und keine Umstände der äußeren Welt können sie vom Weg abbringen, wenn sie die Antworten ihres Höheren Selbst vernehmen und sich in allen schwierigen Lebenssituationen mit ihrem Höheren Selbst beraten.

Und jetzt möchte ich euch darauf aufmerksam machen, dass sehr viele unserer Schüler, die bereits eine große Menge an Wissen und Fertigkeiten erworben haben, dennoch den Weg verlassen, um Prestige, Ruhm und Geld nachzujagen. Und das ist sehr bedauerlich. Denn für diejenigen unserer Chelas, die bereits auf dem Weg waren und uns treu und ergeben dienten, ist das Verlassen des Weges mit dem schwersten Verbrechen gleichzusetzen – nämlich mit Verrat. Und man kann solchen Verrat nur abarbeiten, indem man eine Verkörperung unter noch schwierigeren karmischen Umständen erhält, wenn es weitaus schwieriger ist, den Weg zu beschreiten. Ihr könnt jederzeit zum Weg der Einweihungen zurückkehren, doch manchmal sind dazu einige sehr schwierige Verkörperungen erforderlich, und erst dann wird euch gestattet, zum bewussten Dienst für die Bruderschaft zurückzukehren.

Ich versuche nicht, euch Angst zu machen. Ich gebe euch die Lehre, die ihr jetzt braucht. Und diese Lehre ist in diesem Stadium sehr wichtig. Denn allzu oft werden wir mit der Tatsache konfrontiert, dass unsere Schüler, die vom Licht erfüllt wurden und die Möglichkeit erhalten haben, uns, den Aufgestiegenen Meistern, zu dienen, unter irgendeinem völlig nichtigen Vorwand ihren Dienst abbrechen und den Weg verlassen, um den Trugbildern der physischen Welt nachzujagen. Und wie traurig es auch ist, darüber zu reden, wir verlieren einen allzu großen Prozentsatz unserer Schüler auf dem Weg.

Wenn ihr daher diese Lehre gefunden habt und die Botschaften, die durch unsere Gesandte gegeben werden, mit ganzem Herzen angenommen habt, so überwacht bitte mit doppelter Kraft eure Motive. Bringt alle Gedanken unter Kontrolle, die euch vom Weg abbringen. Jagt alle hinterhältigen Flüsterer davon, die euch Zweifel an dem gewählten Weg einflößen und dazu bringen, immer neuem intellektuellen Plunder nachzujagen.

Diesen Weg gefunden zu haben, ist eine große Ehre für euch, die ihr euch in vergangenen Verkörperungen verdient habt. Schützt daher, was ihr erhalten habt, und bemüht euch, es durch euren Dienst für die Bruderschaft zu vermehren.

Während meiner Verkörperung in Amerika als Mark Prophet hatte ich die Möglichkeit, viele Fälle zu beobachten, in denen Menschen Verrat begingen und den Weg verließen. Und ich rate euch, mit allem bewusster umzugehen, was in den Botschaften gesagt wird, die wir durch diese Gesandte geben. Glaubt mir, wir sagen kein unnötiges Wort. Und alles, was wir sagen, ist dafür gedacht, dass ihr es viele Male in der Stille eures Herzens überdenkt.

Ich habe mich über unser heutiges Treffen gefreut. Und es wird mich freuen, wenn wir uns auch in Zukunft treffen können.

ICH BIN Lanello.

Eine Lehre über Propheten und Prophezeiungen

Johannes der Geliebte
13. Juli 2006

ICH BIN Johannes der Geliebte. Ich bin euch als Autor der Apokalypse bekannt. Ich bin erneut gekommen, um die Lehre zu geben, die auf innerem Wissen beruht, auf Wissen, das nur Propheten und Mystikern zugänglich ist. Auch in euren Tagen gibt es solche Menschen, doch werden sie bisweilen mit Scharlatanen verwechselt, die sich selbst Prophet, Hellseher oder Medium nennen, aber deren Schwelle der Wahrnehmung der göttlichen Welt so niedrig liegt, dass es mitunter besser für ihre Zukunft wäre, wenn sie mit ihren Prophezeiungen aufhörten und schwiegen.

Was glaubt ihr – tragen Propheten Karma, und welcher Art ist dieses Karma? Ich werde es euch sagen. Denn ich verstehe sehr gut, um welche Art von Karma es geht.

Das Prophezeien unterscheidet sich nicht von jeder anderen Tätigkeit, die ihr in der physischen Welt ausführt. Und es gibt verschiedene Arten von Propheten. Es gibt Propheten, die aus dem Licht weissagen, und es gibt Propheten, die aus der Finsternis weissagen. Jeder Prophet wählt selbst, welchen Kräften er dient.

Prophezeiung ist eine Gabe der Verbindung mit der unsichtbaren Welt. Und diese Gabe wird nicht nur in einer einzigen Verkörperung erworben. Und wenn sich diese Gabe offenbart, erkennt der Mensch, der von Gott weissagt, gewöhnlich das ganze Ausmaß der karmischen Verantwortung, die auf seinen Schultern liegt. Prophezeiungen stellen Wahrscheinlichkeiten verschiedener Ereignisse dar, die von der feinstofflichen Ebene abgelesen werden. Und je nach der Ebene, auf der die Prophezeiung abgelesen wurde, kann sie mehr oder weniger glaubwürdig sein. Da es jedoch in der feinstofflichen Welt nicht die Dinge gibt, die ihr auf der physischen Ebene gewohnt seid, setzt die Gabe der Prophezeiung auch die Gabe voraus, Ereignisse anhand der Eindrücke zu deuten, die beim Kontakt mit der feinstofflichen Ebene erhalten werden.

Und da bei der Deutung der Eindrücke der menschliche Verstand beteiligt ist, kommt es in diesem Stadium zu einer Verzerrung der Information, und die Prophezeiung verliert an Glaubwürdigkeit. Weil ich die Apokalypse in Symbolen schrieb, konnte ich das Karma vermeiden, das einen Propheten in jenem Fall trifft, wenn sich die Prophezeiung nicht erfüllt. Und jeder Prophet, der ein hohes Niveau erreicht hat, verschleiert sein Wissen in Form von Versen, Gleichnissen, Vierzeilern. Und das ist durchaus richtig, denn so lässt sich das Karma für den Fall vermeiden, wenn die Prophezeiung sich als falsch herausstellt.

Es gibt andere Propheten, die sich das Interesse der Menschen an Prophezeiungen und Weissagungen zunutze machen und ihre Prophezeiungen in einer leicht zugänglichen Sprache geben, wobei sie sich auf Kenntnisse stützen, die sie aus den niederen Schichten der Astralwelt oder während einer narkotischen Trance erhielten.

Solche Prophezeiungen enthalten nicht viel Wahrheit. Und in der Regel gehen sie nicht in Erfüllung. Die Wahrscheinlichkeit, dass sich solche Prophezeiungen erfüllen werden, liegt bei 50 Prozent. Und dies ist der Fall, wenn man sagt: „Die Großmutter sagte das eine, und auch das andere".

Doch der Wunsch, das Interesse der Menschen an Prophezeiungen zu befriedigen, belastet solche Propheten und Hellseher mit einer großen karmischen Verantwortung. Und diese Verantwortung ist umso größer, je mehr Menschen von der Prophezeiung erfahren, falls sich die Prophezeiung als falsch erweist. Tatsache ist, dass jede Prophezeiung das Bewusstsein der Menschen programmiert, die sie wahrnehmen. Und wenn die Menschen an eine Prophezeiung glauben wollen und die Menge solcher Menschen groß ist, dann schaffen diese Menschen durch ihr Bewusstsein die Möglichkeit, dass die Prophezeiung in Erfüllung geht. Und wenn das von dem Propheten vorausgesagte Ereignis nicht mit der göttlichen Vision übereinstimmte, doch aufgrund des Momentums des menschlichen Bewusstseins zustande kam, das in dieses Ereignis hineingelegt wurde, so wird, wenn das Ereignis stattgefunden hat, das Karma auf dem Propheten lasten sowie auf den Leuten, die mit ihrem Bewusstsein zur Erfüllung des Ereignisses beigetragen haben.

Daher ist jede Prophezeiung ein zweischneidiges Schwert. Wenn eine Prophezeiung den göttlichen Plan zum Besseren hin verändert, so bringt die Erfüllung dieser Prophezeiung gutes Karma für alle, die sich mit ihrem Bewusstsein an der Erfüllung der Prophezeiung beteiligt haben. Wenn sich aber der göttliche Plan infolge der Prophezeiung zum Schlechteren hin gewandelt hat, so wurde durch die Prophezeiung negatives Karma verursacht.

Prophezeiungen sind ein duales Phänomen, wie alles in eurer Welt.

Und jene Menschen, die sich von der Energie der Prophezeiungen falscher Propheten beeinflussen lassen, schaffen negatives Karma.

Die Propheten vom Licht standen nie in hohem Ansehen, denn die Prophezeiungen, die durch sie kamen, fanden bei den meisten Menschen keinen Gefallen. Und die Menschen verhielten sich immer mit Vorsicht gegenüber solchen Propheten. Sie zogen es vor, den Kontakt mit ihnen zu vermeiden, oder sie versuchten, sie physisch zu vernichten. Das Karma von Gewalttaten gegen die Propheten des Lichts lastete schwer auf den nachfolgenden Generationen.

Umgekehrt brachte die Verehrung der Propheten Gottes stets gutes Karma für die Familie derer, die einem Propheten Gastfreundschaft erwiesen.

Wahre Propheten waren schon immer die Gesandten Gottes, und ihre Mission war notwendig, um die richtige Entwicklung des Bewusstseins der Menschen zu fördern. Diejenigen, die sich selbst zu Propheten erklärten, aber nicht das Siegel Gottes trugen, brachten schweres Karma über sich. Daher beobachtet und prüft stets sorgfältig, und lasst euch nicht in Tätigkeiten in Verbindung mit Prophezeiungen hineinziehen, die nicht von Gott sind, die dämonischen Ursprungs sind.

Ich gebe euch diese Lehre, weil seit meiner Verkörperung Hunderte von Jahren vergangen sind, aber diese Lehre nichts an Aktualität verloren hat. Im Gegenteil, sie hat an Aktualität gewonnen, weil sehr viele Weissager und Hellseher erschienen sind, die weitaus mehr Schaden als Nutzen bringen. Und wenn ihr euch an ihren Aktivitäten beteiligt, ihre Dienste nutzt oder für ihre Dienste bezahlt, so verursacht ihr dadurch das Karma einer falschen Handlung.

Ich bin gekommen, um euch diese wichtige Lehre über wahre und falsche Propheten zu geben. Und damit ihr in eurem Bewusstsein alles bewusst angehen könnt, was euch auf eurem Weg in diesem Bereich begegnet.

Denn es ist sehr wichtig, wohin ihr eure Energie lenkt. Kein falscher Prophet könnte prophezeien, wenn ihr ihm nicht die Energie eurer Aufmerksamkeit und euer Geld geben und ihn auf diese Weise zu seinem Werk ermutigen würdet, das nicht gottgefällig ist.

Falsche Propheten sind das Produkt eines unreinen menschlichen Bewusstseins, der Unwissenheit und des Aberglaubens.

Jetzt, da der Hauptteil der Lehre gegeben ist, möchte ich euch eine Prophezeiung geben, die eure Zukunft betrifft. Vor meinem Kommen haben ich und andere Aufgestiegene Meister darüber nachgedacht, ob wir diese Prophezeiung durch diese Gesandte geben sollten. Denn wir mussten die

Reinheit der Übertragung und das Ausmaß der Informationsverzerrung abwägen, zu der es kommen kann. Wir entschlossen uns dazu, es zu riskieren, und ich werde beginnen.

In dieser schwierigen Zeit, in der ihr lebt, denkt ihr ständig über viele Dinge nach und insbesondere über die Zukunft des Planeten, und ob ihm nicht ein weiterer globaler Kataklysmus droht. Daher wird es sehr wichtig für euch sein zu hören, dass zu Lebzeiten der heutigen Generation kein globaler Kataklysmus vorausgesehen wird. Dennoch kann sich alles ändern, wenn ihr nicht tagtägliche Anstrengungen unternehmt, euer Bewusstsein zu verändern. Das stabile Gleichgewicht auf dem Planeten, das jetzt erreicht wurde, wurde dank der großen Anzahl von Menschen erreicht, die in ihrem Bewusstsein zu jener Ebene emporgestiegen sind, auf der sie in der Lage sind, positiv zu denken und ihre Bemühungen auf das Gemeinwohl, das Gute und das Licht zu richten. Und wenn sich die Anzahl dieser Menschen jedes Jahr vergrößert, so wird sich auch zu Lebzeiten der nächsten Generation kein globaler Kataklysmus ereignen. Denn jede vorausgehende Generation bereitet den Boden für die nächste Generation. Und mit eurem Bewusstsein bereitet ihr eine stetige Entwicklung für alles Leben auf dem Planeten Erde für den nächsten kosmischen Zyklus vor.

Ich wünsche euch, dass ihr auch weiterhin euer Bewusstsein so erfolgreich auf einem hohen Niveau haltet.

**ICH BIN Johannes der Geliebte,
und ich verbleibe mit großem Respekt für eure ICH-BIN-
Lebensströme.**

Ich wünsche mir, dass eine immer größere Anzahl von Menschen über unseren Weg informiert wird und auf die Stufen der Hierarchie steigt

Der Geliebte Serapis Bey
14. Juli 2006

ICH BIN Serapis Bey, und ich bin erneut zu euch gekommen!

ICH BIN jetzt gekommen, um eine Unterweisung zu geben. Und genau wie vor sechs Monaten[19] möchte ich euch Wissen und Informationen geben. Doch inzwischen hat sich die Situation auf dem Planeten geändert, und ich bin froh, dass sie sich zum Besseren geändert hat. Der Tag ist nicht mehr fern, wenn wir mit der Menschheit der Erde auf Augenhöhe reden können. Und jetzt bin ich zu denen gekommen, die bereit sind, mir zuzuhören, weil eure Bewusstseinsebene euch ermöglicht, dies zu tun. Denkt nicht, dass eure Errungenschaften in diesem Leben es euch ermöglicht haben, den Weg der Einweihungen zu beschreiten. Ich kenne viele von euch bereits aus den Zeiten des alten Ägypten, und ihr erhieltet Einweihungen mit mir in den Pyramiden. Die Umstände führten uns jedoch auf dem Weg des Lebens in unterschiedliche Richtungen. Und nun treffe ich mich erneut mit euch, meinen alten Freunden und Bekannten. Und wenn es euch gegeben ist, euch an die Umstände jenes Lebens zu erinnern, als wir uns in den Pyramiden trafen, solltet ihr verstehen, dass die Einweihungen damals wie auch in eurer Zeit für dieselbe Eigenschaft gegeben werden – eure Bindung an alles, was materiell ist, einschließlich eurer Bindung an alles, was den feinstofflichen Ebenen angehört, den Ebenen der Gedanken und Gefühle.

Weil ihr an die materielle Ebene gebunden bleibt, kommt ihr auch weiterhin in die Verkörperung. Es ist nicht möglich, die Materialität völlig aufzugeben, ohne von den vielen Versuchungen und Verlockungen eurer Welt gekostet zu haben. Zuerst kostet ihr von diesen Versuchungen, dann

---

[19] "Ich bin gekommen, um euch zu warnen, dass diese Botschaft die letzte sein könnte", *Der Geliebte Serapis Bey, 23. Dezember 2005*.

erntet ihr die Früchte in Form von Karma, überwindet das geschaffene Karma und löst euch allmählich von den Fesseln, die euch an die materielle Welt binden. Ihr könnt die Einweihungen durchschreiten, ohne euer Leben zu verlassen, ihr könnt in eurem Leben verbleiben. Dies ist eine völlig neue Herangehensweise, die für eure Zeit charakteristisch ist. Ich werde dies an einigen Beispielen erklären.

Um in eine Schule der Eingeweihten aufgenommen zu werden, musstet ihr früher eine Aufnahmeprüfung für Demut und Gehorsam bestehen. Und erst dann wurdet ihr zum Unterricht in der Schule zugelassen. Jetzt habt ihr die Möglichkeit, Wissen zu erhalten, ohne eine solche Aufnahmeprüfung zu bestehen. Aber die Umstände eures Lebens zwingen euch, dasjenige in euch zu überwinden, was euch daran hindert, die Eigenschaften der Demut und des Gehorsams zu entwickeln. Und die vielen Leiden und Entbehrungen, Krankheiten und Sorgen, die ihr erlebt, sind die beschleunigte Rückkehr des Karmas, damit ihr in eurem Bewusstsein Klarheit erlangen könnt, dass es das Gesetz gibt, und dieses Gesetz verlangt euch voll und ganz, es fordert eure völlige Unterordnung unter das Gesetz. Dabei wird diese Unterordnung von euch selbst erreicht, während der harten Arbeit an euch selbst, an eurem Bewusstsein und Unterbewusstsein, an allen Ansammlungen vergangener Leben, die in euren niederen Körpern verborgen sind.

Ihr selbst könnt die Ansammlungen in eurem Bewusstsein abbauen, die euch davon abhalten, das Gesetz dieses Universums zu akzeptieren. In vielen Verkörperungen habt ihr euch dem Gesetz nicht untergeordnet und euch so verhalten, wie ihr wolltet, wie euer Ego es euch vorgab. Und jetzt müsst ihr euch aus freiem Willen von eurem Ego trennen und euch dem höheren Willen und dem höheren Gesetz dieses Universums unterordnen. Je weiter ihr auf dem Weg voranschreitet, desto mehr müsst ihr die Eigenschaft der Einheit mit allem Leben manifestieren. Und wenn unter euch irgendwelche Widersprüche und Konflikte entstehen, so ist dies durch eure Unvollkommenheit und jene Energien bedingt, die noch überarbeitet werden müssen. Ihr könnt euch von eurem Karma, von den negativen Energien, die ihr in der Vergangenheit angesammelt habt, nicht augenblicklich befreien.

Aber ihr könnt den Entschluss fassen, euch von ihnen zu befreien, und damit beginnen, euch von eurem Ego zu befreien, durch tägliche Arbeit an euch selbst, durch tägliche Entscheidungen und Einweihungen.

Jeder von euch muss verstehen, dass nur euer Bewusstsein und euer inneres Motiv euch begrenzen und euer Fortschreiten auf dem Weg verlangsamen. Denn wenn ihr die Eigenschaften der Demut, der Ergebenheit und der Beständigkeit in euch entwickelt, so ist dies eine Garantie für euer erfolgreiches Vorankommen. Ihr könnt euch nicht augenblicklich von eurer karmischen Last befreien, aber ihr könnt es durch tägliche Anstrengungen tun. Tag für Tag. Jahr um Jahr. Es gibt nur eine sehr kleine Anzahl von Menschen, die in der Lage sind, sich schnell von ihrem Karma zu befreien. Und in der Regel kommen diese Menschen bereits mit großen Errungenschaften in die Welt, um eine besondere göttliche Mission zu erfüllen. Die anderen Menschen müssen verstehen, dass ihre Position auf dem Weg allein durch ihre Fehler und falschen Entscheidungen aus der Vergangenheit bedingt ist.

Das erste Gebot, welches ich euch gebe, ist, dass ihr erkennen müsst, dass niemand anderes die Schuld an eurer gegenwärtigen Position und eurem Platz auf dem Weg trägt. Nur ihr selbst seid für alle Umstände eures Lebens verantwortlich. Und sobald ihr euch dieser Bestimmung meiner Lehre bewusst werdet, öffnet ihr euch für die Wahrnehmung vieler Wahrheiten, die bisher von eurem Bewusstsein blockiert wurden.

Die Verehrung der Hierarchie, der Lehrer ist eine sehr wichtige Eigenschaft auf dem Weg. Denn ohne Ehrerbietung für den Lehrer könnt ihr nicht auf dem Weg voranschreiten.

Wenn ihr aufrichtig und liebevoll dem Lehrer eure Hingabe und Liebe schenkt, empfangt ihr in eurer Aura das Momentum der Errungenschaften, das euer Lehrer bereits besitzt. Und dabei ist es unwichtig, ob sich dieser Lehrer auf der physischen oder auf der feinstofflichen Ebene befindet.

Viele von euch brauchen einen Kanal auf der physischen Ebene, in dessen Nähe ihr euch die höheren Energien zu eigen machen könnt. Und diese Energien werden euch helfen, euch von vielen Unzulänglichkeiten und Problemen zu befreien, die euer Voranschreiten auf dem Weg behindern.

Daher rate ich euch, das Seil zu nutzen, das wir euch reichen, wenn ihr beginnt, die steilen Felsen zum Gipfel zu erklettern. Und dieses Seil ist für euch unsere Gesandte. Verschmäht ihre Hilfe nicht, und zieht eure Hand nicht zurück, wenn sie euch eine helfende Hand anbietet. Es ist weitaus schwieriger, die Felsen allein zu erklimmen. Wir bieten euch einen bewährten Weg an, der auf Guru-Chela-Beziehungen und auf dem Weg der Einweihungen aufgebaut ist, auf dem ihr, wenn ihr freiwillig auf die Stufen der Hierarchie steigt, all unsere Hilfe und Unterstützung erhaltet.

Dies ist der Weg, der sich im Laufe der Jahrhunderte bewährt hat. Es ist der Weg, auf dem euch alle großen Eingeweihten der Vergangenheit geführt haben. Und jetzt ist die Zeit gekommen, wenn ihr eine Vorstellung von diesem Weg bekommen müsst. Nutzt die Möglichkeit, die der Himmel euch gewährt, und seid bestrebt zu empfangen, was gegeben wird. Die Türen der Möglichkeit stehen offen. Eine neue Dispensation wird gegeben. Und jene von euch, denen es gelungen ist, auf die Stufen der Hierarchie zu steigen und unter den Einfluss dieser Möglichkeit zu kommen, haben seither eine noch nie dagewesene Beschleunigung ihrer Entwicklung erfahren. Viele von denen, die diese Botschaften ganz von Anfang an lesen und unsere Veranstaltungen besuchen, die wir mit Hilfe unserer Gesandten durchführen, spüren unsere Segnungen und unsere Hilfe.

Ich wünsche mir, dass eine immer größere Anzahl von Menschen über unseren Weg informiert wird und auf die Stufen der Hierarchie steigt.

ICH BIN Serapis,
und ich wünsche euch viel Erfolg auf eurem Weg.

Ich und meine Engel sind bereit, auf euren ersten Ruf hin zu kommen!

Der Heilige Erzengel Michael
15. Juli 2006

ICH BIN Michael, ich bin gekommen!

ICH BIN gekommen! Ich bin gekommen, damit meine Ankunft durch diese Gesandte auf der physischen Ebene manifestiert wird!

Ich bin glücklich über unser erneutes Treffen und hoffe, dass unser Treffen von Nutzen für euch sein wird, denn alle unsere Kontakte und Interaktionen mit euch sind sehr wichtig.

Ihr kennt mich als den, der die Heerscharen Gottes anführt und jede Manifestation negativer Energie bekämpft. Ja, mein Dienst besteht darin, über die Interessen Gottes in diesem Universum zu wachen und meine Arbeit so auszuführen, wie meine Ehre es mir gebietet.

Ich und meine Engel sind bereit, auf euren ersten Ruf und eure erste Bitte hin zu kommen, um euch die Hilfe zu erweisen, die ihr erbittet. Auf der Astralebene des Planeten Erde gibt es viele unreine Geister aller Art, und ich bin derjenige, der gemäß seiner Position dazu verpflichtet ist, darüber zu wachen, dass diese unreinen Geister die evolutionäre Entwicklung auf dem Planeten nicht behindern. Ich halte Ordnung und fördere eure evolutionäre Entwicklung. Ich folge euren Rufen und erfülle sie sorgfältig, doch nur, wenn sie dem Willen Gottes entsprechen.

Jetzt bin ich bereit, mit doppelter Kraft und Energie zu dienen, weil ich mit Freude feststelle, dass eine große Anzahl menschlicher Individuen zur Vernunft gekommen ist und versucht, das Gesetz dieses Universums zu verstehen und es zu befolgen. Dies ist sehr erfreulich. Doch liegt auch ein Beigeschmack von Traurigkeit in dieser frohen Nachricht, denn es gibt

Menschen, die in ihrem Bewusstsein so tief gefallen sind, dass sie dem Evolutionsweg nicht mehr folgen können. Und für diese Menschen spielen wir die Rolle der Totengräber. Denn nach dem Tod von Individuen, die sich völlig der Verbindung mit Gott beraubt haben, bleibt auf der feinstofflichen Ebene eine dunkle Energiewolke zurück, die zu keiner weiteren Evolution fähig ist. Unsere Aufgabe ist es, diesen kosmischen Unrat zu beseitigen, um allem, was der Evolution folgt, die Möglichkeit zum weiteren Fortschreiten zu geben. Es ist traurig, doch zu viele menschliche Individuen haben sich so sehr an die physische Ebene gebunden, dass sie nicht länger in der Lage sind, sich weiterzuentwickeln. Und dieses Leben wird ihr letztes sein. Denn sie haben schon seit vielen Verkörperungen keine Verbindung mehr mit Gott und bemühen sich auch nicht um diese Verbindung, und somit ist der Evolutionsprozess für sie beendet. Sie können nicht länger auf der Erde bleiben und werden gezwungen sein, ihren Evolutionsweg auf anderen Planeten und in niedrigeren Formen fortzusetzen, oder den Weg der Entwicklung als Individualität ganz zu verlassen und ins Herz des Einen zur Repolarisation zurückzukehren. All dies verursacht viel Arbeit für mich und meine Legionen, doch unsere Arbeit macht den Weg für euch frei. Für diejenigen von euch, die das Gesetz dieses Universums befolgen.

Ihr solltet Dingen, die nicht mit eurer Evolution zusammenhängen, nicht zu viel Aufmerksamkeit schenken. Aber ich und meine Legionen wären euch dankbar, wenn ihr Anrufungen macht, damit wir unsere Arbeit auf der feinstofflichen Ebene erfolgreicher bewältigen können.

Ihr wisst, dass sich viele Katastrophen und Unglücke ereignen, bei denen Menschen umkommen, viele Menschen. Menschen kommen aus verschiedenen Gründen ums Leben, und es ist nicht eure Aufgabe, über diese Gründe zu urteilen und sie zu analysieren. Ihr könnt aber den Seelen der Menschen helfen, die unter tragischen Umständen ihren Übergang vollziehen. Und wenn ihr eine Anrufung zu mir und meinen Legionen macht und uns auffordert, die Seelen der Menschen unter unsere Obhut zu nehmen, die bei der einen oder anderen Katastrophe ums Leben gekommen sind, wird es uns leichter fallen, unsere Arbeit auszuführen.

Wenn ihr Zeugen einer Katastrophe wurdet oder aus den Nachrichten darüber erfahren habt, so macht daher bitte die folgende Anrufung:

„Im Namen Gottes, des Allmächtigen, im Namen meines Höheren Selbst, ich bitte den geliebten Erzengel Michael und die Schutzengel, die Kontrolle über die Situation in Verbindung mit dem folgenden Ereignis zu übernehmen (gebt den genauen Ort an und beschreibt das Ereignis, zum Beispiel: ‚die Katastrophe in Verbindung mit dem Flugzeugabsturz an einem bestimmten Ort'). **Ich bitte dich und deine Engel, den Seelen der Menschen zu helfen, die bei dieser Katastrophe ums Leben gekommen sind, und sie zu jener Ebene in der feinstofflichen Welt zu geleiten, die ihren Errungenschaften in diesem und in früheren Leben entspricht.**

Möge alles gemäß dem heiligen Willen Gottes geschehen. Amen."

Eure Hilfe für diese Seelen kann dabei kaum überschätzt werden, denn ihr gebt diesen Seelen die Möglichkeit, nicht in den niederen Schichten der Astralwelt umherzuirren, sondern mit unserer Hilfe zu den Lichtstätten der ätherischen Oktaven aufzusteigen, wo ihnen alle notwendige Hilfe und Rehabilitation vor der nächsten Verkörperung gewährt werden.

Fällt niemals ein Urteil darüber, ob eure Mitmenschen in den Augen Gottes würdig sind oder nicht. Das menschliche Bewusstsein kann weder die Stufe der Errungenschaften anderer Menschen kennen, noch das Maß ihrer Verdienste vor Gott. Und nur von unserer Stufe und Ebene aus lässt sich erkennen, wer wer ist, und was die Verdienste eines jeden vor Gott und den Menschen sind. Daher belastet euch nicht mit einer übermäßigen Sorge um die Rettung anderer Menschen, denkt mehr über die Rettung eurer eigenen Seele nach. Ich und meine Engel sind immer bereit, euch zu Hilfe zu kommen und in unvorhergesehenen Situationen zu beschützen, in die ihr hineingeraten seid, wenn euer Karma es mir und meinen Engeln erlaubt, euch diese Hilfe zu erweisen. Daher sorgt bitte dafür, dass ihr Verdienste und gutes Karma erwerbt, um in kritischen Momenten eures Lebens über ausreichend Energie zu verfügen, damit eure Anrufung erfüllt werden kann.

Meine Engel und ich sind immer auf der Hut und halten unermüdlich rund um die Uhr Wache. Wir dienen der Menschheit der Erde. Und ich bitte euch, dass ihr uns nicht vergesst und uns täglich in euren Anrufungen und in der Stille eures Herzens um Hilfe bittet.

Oh, wie schön ist es, Dankbarkeit von den Menschen zu hören, denen Hilfe erwiesen wurde. Ich schwelge nur so in den Strahlen eurer Liebe, wenn ihr mir eure Liebe und Dankbarkeit sendet. Und in diesen Minuten bin ich von einer solchen göttlichen Energie erfüllt, dass meine Bemühungen, der Menschheit der Erde zu helfen, sich um ein Vielfaches vermehren.

Ich bin glücklich, dass es unter euch Menschen gibt, die bereit sind, mir einfach ihre Liebe zu senden, ohne mich um irgendetwas zu bitten. Eure Liebe hilft mir, mit doppelter Energie denen zu dienen, die meine Hilfe und meinen Schutz brauchen.

Und jetzt bin ich bereit, euch noch eine weitere sehr wichtige Anweisung zu geben. Und diese Anweisung betrifft eure Verbindung mit dem höheren Teil eurer selbst. Viele Menschen versuchen jetzt, mit dem höheren Teil ihrer selbst zu kommunizieren. Und dies ist sehr erfreulich und wird von den Aufgestiegenen Lichtwesen begrüßt. Doch dürft ihr nie vergessen, dass euch auf diesem Weg genauso Gefahren auflauern wie bei jeder anderen Aktivität dualer Natur auf dem Planeten Erde. Wenn euer Motiv nicht völlig rein ist und die Reinheit eurer vier niederen Körper unzureichend, ihr aber einen sehr großen Wunsch zum Kontakt in der feinstofflichen Ebene verspürt, so kann es sein, dass ihr nicht die Erfahrung einer Kommunikation mit dem höheren Teil eurer selbst macht, sondern mit Wesenheiten auf der Astralebene, die sich im besten Falle einen Scherz mit euch erlauben, im schlimmsten Falle aber euch versklaven und zu ihren eigenen Zwecken gebrauchen. Nehmt daher die Verbindung mit eurem Höheren Selbst nur unter der Führung eines erfahrenen Lehrers auf, und bevor ihr mit eurer Meditation beginnt, wendet euch mit einer Anrufung und Bitte an mich, euch vor jeglichen negativen Einwirkungen auf der feinstofflichen Ebene und vor dem Einfluss jeglicher Wesenheiten, Dämonen und entkörperter Geister zu schützen.

Ich rate euch dringend, diese Anrufung vor jeder Meditation und jedem Versuch der Kommunikation mit eurem Höheren Selbst zu machen.

Vergesst nicht, dass keiner euch verbieten kann, mit der Kommunikation in der feinstofflichen Welt zu experimentieren, aber ihr selbst tragt die ganze karmische Verantwortung, wenn ihr die Interaktion mit den Mächten der Finsternis beginnt, die sich vor allem auf der Astralebene befinden und durch die Astralebene handeln. Und während eurer Meditation kommt ihr stets mit der Astralebene in Berührung, zumindest bis ihr lernt, blitzschnell wie ein Hochgeschwindigkeitsaufzug in die höheren Oktaven des Lichtes aufzusteigen.

Ich habe euch für heute genügend Informationen zum Nachdenken gegeben und werde mich jetzt von euch verabschieden.

**ICH BIN der heilige Erzengel Michael,
und ich bringe euch die blaue Flamme meines Schutzes.**

Nur von euch selbst hängt es ab, ob ihr für euer Höheres Selbst günstige Gesprächsbedingungen gewährleisten könnt

Der Geliebte Hilarion
16. Juli 2006

ICH BIN Meister Hilarion, und ich bin zu einer Unterweisung, für die innere Arbeit zu euch gekommen. Denn die Unterweisungen, die ihr von uns erhaltet, sollen in der Stille eures Herzens überdacht werden. Wir handeln durch euer Bewusstsein. Wir versuchen, euer Bewusstsein zu erweitern und ihm jene Wahrheiten nahezubringen, die sich im Laufe der Jahrhunderte unwiderlegbar bestätigt haben. Und diese Wahrheiten könnt ihr in eurem Herzen prüfen.

Hört auf euer Herz. Spürt den Moment der Stille, wenn ihr ruhig werdet und alles in euch in einem vollkommenen, harmonischen Zustand ist. Solche Minuten sind sehr selten, doch gibt es sie im Leben eines jeden Menschen. Gott gewährt euch diese Momente der inneren Stille, damit ihr bewusst nach einer Erneuerung solcher inneren Zustände streben könnt, wenn in euch alles in Frieden und im Gleichgewicht ist. Gerade in diesen Momenten ist es am leichtesten für euch, die Stimme eures Höheren Selbst zu hören. Die leise innere Stimme in der Stille eures Herzens. Und manchmal könnt ihr diese Stimme nicht einmal von euren inneren Gedankengängen unterscheiden, die eurem Verstand entspringen. Ihr müsst versuchen, dies zu unterscheiden. Diese Stimme zeichnet sich durch eine äußerst respektvolle Haltung euch gegenüber aus. Sie ist sehr liebevoll und unterscheidet sich durch ihre Einfachheit, Anspruchslosigkeit, Aufrichtigkeit und Liebe. Ihr könnt nicht umhin, den Unterschied zu euren alltäglichen Monologen zu spüren, die ihr in eurem Inneren führt. Ihr müsst genau hinhören. Dies ist die Stimme eures Höheren Selbst. Es kommt nicht so oft vor, dass ihr diese Stimme hört. Aber wenn ihr es in eurem äußeren Bewusstsein erwartet, diese Stimme zu hören, so werdet ihr immer den Unterschied erkennen und diese sanfte Stimme von Hunderten und

Tausenden anderer Stimmen unterscheiden können, die zur Astralebene gehören.

Ihr müsst lernen, euch in eurem inneren Raum zu orientieren. Ihr müsst nach innerer Ruhe und innerem Frieden streben, denn inmitten der Geschäftigkeit, in der ihr lebt, werdet ihr euer Höheres Selbst nicht hören können. Es ist aber notwendig für euch, dass ihr euer Höheres Selbst hört, denn den Rat und das Wissen, das ihr aus eurem Inneren erhaltet, werdet ihr in keiner Enzyklopädie und in keinem Buch finden und in keiner Sendung im Fernsehen sehen.

Ich werde euch eine Unterweisung geben, die euch helfen wird, eure innere Stimme wahrzunehmen. Und diese Unterweisung betrifft die Änderung eurer Lebensweise. Ihr müsst euch zurückziehen, um euer Höheres Selbst hören zu können. Es kann einfach nicht zu euch kommen, wenn ihr zu sehr mit allem beschäftigt seid, was in der physischen Welt um euch herum ist. Stellt euch ein Kind vor, das in eure Welt gekommen ist, das gerade geboren wurde. Für dieses Neugeborene ist alles Stress. Alles, was euch in eurem Leben umgibt und woran ihr euch gewöhnt habt, nimmt dieses neugeborene Kind als beängstigend und fremd wahr. Der Lärm der Autos, dröhnende Musik und die Geräusche eurer Welt sind für eine Seele, die gerade in eure Welt gekommen ist, ungewohnt und erfordern eine gewisse Anpassung.

Euer Höheres Selbst ist wie ein Kind, das durch euch in eure Welt kommt. Und die Umgebung, in der ihr euch befindet, ist manchmal so schrecklich, dass euer Höheres Selbst augenblicklich eure Welt verlässt, um jahrzehntelang auf eine günstige Gelegenheit zu warten, bevor es erneut zu einem Gespräch mit euch in euren inneren Raum kommt. Daher hängt es nur von euch selbst ab, ob ihr für euer Höheres Selbst günstige Gesprächsbedingungen gewährleisten könnt.

Diese physische Welt unterscheidet sich so sehr von der göttlichen Welt, dass der Aufenthalt in eurer Welt nicht nur für euer Höheres Selbst, sondern auch für alle Aufgestiegenen Wesenheiten, die sich auf den höheren feinstofflichen Ebenen befinden, sehr schwierig oder ganz unmöglich ist. Daher müsst ihr zunächst in eurer Welt die Bedingungen schaffen, damit wir euch gemeinsam mit eurem Höheren Selbst besuchen und mit euch sprechen können.

Es ist vollkommen verständlich, dass ihr nicht in der Lage sein werdet, augenblicklich alle Umstände in eurem Leben zu ändern, an einen ruhigen, abgelegenen Ort zu ziehen, eure gewohnte Arbeit und Familie zurückzulassen. Nein, dies wird nicht von euch verlangt, aber ihr müsst nach den richtigen Verhaltensmustern streben, nach ruhiger, bezaubernder Musik, nach dem zarten Rascheln der Gräser, dem Zwitschern der Vögel und dem sanften Murmeln des Wassers. Wenn die richtigen Muster von Musik, Filmen, Bildern, von allem, was euch umgibt, euer Bewusstsein und eure unmittelbare Umgebung erfüllen, dann werdet ihr in der Lage sein, allmählich die negativen Einflüsse eurer Welt zu überwinden und in eine andere Welt, die feinstoffliche Welt überzugehen. Euer Übergang in die feinstoffliche Welt ist dann gewährleistet, wenn ihr die Gegenwart der feinstofflichen Welt in eurem inneren Raum und in eurem äußeren Raum sicherstellen könnt. Und dann werden euch Engel und Elementarwesen besuchen können, und ihr werdet sie mit euren gewöhnlichen menschlichen Augen sehen können. Alles liegt in eurer Macht, und alles ist durch eine Veränderung eures Bewusstseins erreichbar. Allmählich, Schritt für Schritt. Aber alle Schritte, die ihr unternehmt, müssen in die richtige Richtung gemacht werden. Darin besteht die Schwierigkeit. Denn die meisten von euch vergessen bereits am nächsten Tag alle ihre guten Absichten und Pläne, die sie in ihrem Kopf gemacht haben, als sie Botschaften der Meister lasen.

Daher müsst ihr als Erstes die Beständigkeit eurer Bemühungen in euch entwickeln. Lasst euch nicht von eurem fleischlichen Verstand ablenken und einreden, dass ihr noch genügend Zeit vor euch hättet und euch die kleinen unschuldigen Schwächen erlauben könntet, an die ihr euch so gewöhnt habt.

Spürt die Grenze zur feinstofflichen Welt, und entfernt aus eurem Bewusstsein alles, was euch daran hindert, diese Grenze zu überschreiten.

Entfernt aus eurem Bewusstsein alle falschen Muster und Manifestationen, alles, was euch dazu veranlasst, tiefer in die Materialität zu sinken und euch an sie zu binden. Die richtige Einstellung ist notwendig. Und außer euch selbst kann niemand eure Unzulänglichkeiten und Bindungen überwinden. Die Hilfe des Himmels wird nicht auf sich warten lassen, doch ihr selbst müsst eure Mängel erkennen und euch von ihnen befreien wollen. Eine sehr kleine Bindung erfordert manchmal viele tägliche Anstrengungen, um sich von ihr trennen zu können. Wenn aber euer Streben stark ist, dann wird jede weitere Bindung immer weniger Zeit und Mühe erfordern, um sich von ihr zu befreien.

Bewahrt die rechte Orientierung in eurem Bewusstsein. Und wenn euch das Leben aus dem Zustand des Friedens und Gleichgewichts wirft, umgebt euch mit Zeichen eurer Errungenschaften aus der Vergangenheit. Dies mögen Fotos, Filme oder Tagebuchaufzeichnungen sein, in denen ihr eure erhöhten Bewusstseinszustände festgehalten habt. Jeder von euch wird sein eigenes Zeichen und Symbol haben, das ihn an die feinstoffliche Welt erinnert. Dies kann das Bild oder Bildnis eines euch nahestehenden Meisters sein. Weist nichts zurück, was eure Schwingungen wieder erhöhen und euch in den Zustand der Harmonie und Einheit mit der feinstofflichen Welt zurückführen kann.

Je höher die Schwingungen eurer Körper sind, desto höher werden die Schichten der feinstofflichen Welt sein, zu denen ihr in eurem Bewusstsein Zugang erhaltet. Ihr geht im Inneren eures Bewusstseins in die feinstoffliche Welt über, indem ihr selbst die Schwingungen eures Körpers verändert. Eure Aufgabe ist es, eine Vorstellung von den Schwingungsunterschieden zu gewinnen und nach den höheren Schwingungen zu streben. Ihr müsst alles tun, um so lange wie möglich in einem Zustand hoher Schwingungen zu verbleiben. Für manche ist es Musik, für andere sind es Gemälde, für wieder andere Gebete oder Meditationen. Nutzt das ganze Arsenal der euch zugänglichen Mittel, um ständig einen hohen Zustand des Bewusstseins aufrechtzuerhalten, fern von finsteren Gedanken und Gefühlen. Und dann werdet ihr beobachten können, wie alles in eurem Leben sich zu ändern beginnt. Euer Umfeld, eure Arbeit. Ihr werdet in euch die Gewohnheit entwickeln müssen, dass sich mit der Veränderung eurer Schwingungen alles um euch herum zu verändern beginnt. Euer Umfeld und alles, was sich nicht an eure Schwingungen anpassen kann, wird euer Leben verlassen, oder ihr selbst werdet alles zurücklassen, was eurem spirituellen Wachstum hinderlich ist. Ihr müsst euch sehr gut darauf verstehen, zwischen den Launen eures Egos und dem Streben nach der feinstofflichen erhabeneren Welt zu unterscheiden, das von Anbeginn in euch wohnt. Und ihr müsst sehr sorgfältig alle karmischen Aspekte unterscheiden, die ihr noch nicht überwunden habt und die euch dazu zwingen, in Bedingungen zu leben, die unangenehm für euch sind. Dies lässt sich nicht ändern. Alles, was wir selbst geschaffen haben, müssen wir abarbeiten, auch wenn es uns sehr schwerfällt und unangenehm ist. Alle feinen Aspekte der Unterscheidung stehen aber ganz unter der Kontrolle eures Höheren Selbst. Und ihr könnt immer von eurem Höheren Selbst alle notwendigen Ratschläge erhalten.

Ich habe heute über viele Dinge mit euch gesprochen. Und all dies ist notwendig für euch. Denn je weiter die Entwicklung der Menschheit voranschreitet, desto feiner werden die Facetten der Illusion sein, denen ihr begegnet. Und ihr müsst bereit sein, eure Entscheidungen unter allen äußeren und inneren Umständen zu treffen.

Ich wünsche euch, dass ihr nur die richtigen Entscheidungen trefft!

ICH BIN Hilarion.

Ich wünsche euch, dass ihr in eurem Leben nur positive Eigenschaften manifestiert und unentwegt zu den erhabenen Gipfeln der göttlichen Welt strebt!

Der Geliebte Lanto
17. Juli 2006

ICH BIN Lanto, und ich bin zu euch gekommen.

ICH BIN gekommen, um euch wie immer eine Botschaft von unserer Ebene der ätherischen Oktaven zu geben. Gerade von dieser Ebene wird die Lage der Dinge auf der Erde offensichtlich und die Probleme, mit denen die Menschheit konfrontiert ist, ohne sie jedoch zu erkennen, weil sie sich inmitten der problematischen Situation befindet. Tatsächlich sind unsere Botschaften für euch, meine Geliebten, die Informationsquelle, die euch die Orientierung in eurer Welt ermöglicht. Und daher kommen wir unermüdlich, um unsere Botschaften zu geben, und wir nutzen dazu die Möglichkeit, die der Himmel gibt – die Kommunikation mit der Menschheit der Erde durch diese Gesandte, die sich in der Verkörperung befindet.

Die Institution des Gesandtentums gab es schon immer. Zu allen Zeiten kamen auf der Erde Menschen in die Verkörperung, deren Mission darin bestand, die Verbindung zwischen den Welten sicherzustellen und als Kanal für die göttlichen Energien und das göttliche Wissen für die physische Ebene zu dienen. Ohne diese Möglichkeit könnte sich die Menschheit der Erde nicht entwickeln, denn sie bedarf der ständigen Fürsorge und Obhut, die nur höher entwickelte Wesenheiten ihr geben können, welche auf einer höheren Ebene, in der feinstofflichen Welt und in der feurigen Welt wohnen. Aus diesem Grunde entschlossen wir uns zu der Mission, der Menschheit der Erde zu dienen und sie auf unsere Entwicklungsebene heraufzuziehen. Es scheint euch so, als beträfe euch alles, was ich sage, nicht direkt, jedoch kann ich euch ein kleines Geheimnis verraten. Ich habe jetzt die Möglichkeit, mit denen zu sprechen, mit denen ich bereits vor ihrer Verkörperung auf der Erde Gespräche geführt habe. Denn es mag euch als ein Zufall erscheinen, dass ihr diese Botschaften gefunden habt und sie jetzt lest. Doch ihr wusstet bereits vor eurer Verkörperung, dass ihr diese Lehre finden müsst, denn diese Lehre zieht euch unweigerlich durch ihre Schwingungen an, und ihr spürt Dinge, die über den Text hinausgehen und zwischen den Zeilen geschrieben stehen. Dies ist eine besondere Feinfühligkeit, Intuition und ein Programm, das von euch selbst vor der Verkörperung auf der Erde festgelegt wurde.

Ihr könntet euch nicht entwickeln, wenn ihr nicht tägliche Führung während des Schlafs erhieltet, wenn ihr unsere heiligen Lichtstätten aufsucht. Und ihr könntet euch nicht entwickeln, wenn eure Seelen in der Zeit zwischen euren Verkörperungen auf der Erde nicht die notwendigen Unterweisungen erhielten. Die Schwingungen eurer dichten Welt berauben euch leider der Möglichkeit, euch an das zu erinnern, was ihr auf der feinstofflichen Ebene als Anweisungen zum Handeln erhaltet. Dennoch führt ihr in eurem Leben ständig die von euch selbst erstellten Pläne aus. Ihr nennt es nach Eingebung handeln oder eure Intuition gebrauchen. Viele Menschen denken, dass der Zufall sie zu bestimmten Menschen führt, und die Situation entwickelt sich von selbst. Nun, ihr mögt dieses oder jenes glauben, doch der Evolutionsprozess wird nach dem zuvor festgelegten Plan ablaufen. Es ist nicht möglich, alle Nuancen und Einzelheiten vorherzusagen, aber der allgemeine Verlauf der Evolution auf dem Planeten Erde wird sorgfältig überwacht, und Millionen von Wesenheiten auf der feinstofflichen Ebene gewährleisten eure Entwicklung. Dies sind Engel und Elementarwesen, die Aufgestiegenen Meister und viele andere Vertreter verschiedener kosmischer Hierarchien und Strukturen. Ihr solltet euch nicht zu sehr in die Struktur der kosmischen Hierarchie vertiefen. Die Zeit wird kommen, und ihr werdet alles nötige Wissen und Verstehen erhalten. Jetzt ist es am wichtigsten für euch, euer Bewusstsein auf jene Stufe zu erhöhen, auf der ihr bewusst die feinstoffliche Welt und die Aufgaben der feinstofflichen Welt wahrnehmen könnt. Dann werdet ihr eure eigene Kommunikation mit dem höheren Teil eurer selbst erhalten können, und durch ihn die Kommunikation mit uns, den Aufgestiegenen Lichtwesen. Wenn die Bewusstseinsebene der Menschheit es zulässt, wird eine solche Kommunikation leicht durchzuführen sein und für die Mehrheit der Erdbevölkerung üblich sein, ganz so, wie heute das Internet weite Verbreitung gefunden hat. Dieses neue Netzwerk der Kommunikation wird es der Menschheit ermöglichen, eine neue Ebene der Kommunikation zu erreichen und Zugang zur kosmischen Datenbank zu erhalten, so wie ihr jetzt Zugang zu den Daten im Internet erhaltet.

Daher kommen wir immer wieder, um euer Bewusstsein aus dem langen Schlaf zu wecken und euch jene Möglichkeiten und Perspektiven aufzuzeigen, die sich vor euch öffnen, wenn ihr freiwillig alle Bindungen an die physische Welt aufgebt. Erinnert euch daran, wie schwer es euch beim ersten Mal fiel, ins Internet zu gehen und eine Vorstellung davon zu bekommen, wie es funktioniert. Und jetzt steht ihr an der Schwelle zu einer neuen Möglichkeit. Ihr steht an der Schwelle zu einer neuen kosmischen Möglichkeit, die euch den Zugang zum kosmischen Internet erlaubt. Und genauso wird es Menschen geben, die diese Möglichkeit als Erste erhalten, und es wird andere geben, die noch viele Verkörperungen in Unwissenheit bleiben müssen. Nicht, weil diese Möglichkeit für sie nicht existiert, sondern weil der Mensch selbst zu faul ist, die von Gott gegebene Möglichkeit zu nutzen. Seid daher nicht faul, und gebt eure Bindungen an die physische Welt, an eure menschlichen Gewohnheiten auf, und richtet endlich euren Blick gen Himmel! Erweitert euren Wahrnehmungsbereich der Realität! Strebt nach den höheren Welten, und ihr werdet erhalten, wonach ihr strebt!

Es ist unmöglich für euch, etwas zu erreichen, wenn ihr keine Vorstellung davon habt, was ihr braucht und wonach ihr streben sollt. Darum kommen wir und geben euch eine Vorstellung davon, wonach ihr streben müsst, und wir geben euch auch die Werkzeuge und die Methoden, die ihr meistern müsst.

Alle göttliche Vollkommenheit liegt in eurem Inneren. Ihr müsst nur lernen, Zugang zu dieser Vollkommenheit zu erhalten. Und dazu ist es für euch notwendig, eure energetischen Kanäle von dem Unrat zu reinigen, den ihr in Tausenden von Verkörperungen auf der Erde angesammelt habt. Ihr müsst lernen, euch von allem zu trennen, was ihr in eurem neuen Leben nicht braucht.

Habt keine Angst vor Veränderungen, habt keine Angst davor, euch von alten Gewohnheiten und Bindungen zu trennen. All dies begrenzt euer Fortschreiten und hindert euch daran, euch zu einer neuen Ebene des Bewusstseins aufzuschwingen und wahrlich kosmische Möglichkeiten zu erlangen.

Eure Bindung an eure Welt ist euch hinderlich. Versteht, dass letztlich alles von der Bewusstseinsebene bestimmt wird, die ihr habt. Und die Ebene eures Bewusstseins wird nur durch eure Fähigkeit bestimmt, euch von allem zu befreien, was euch daran hindert, dem Weg der Evolution zu folgen. Ihr selbst treibt euch mit euren negativen Gedanken in die Enge, mit eurer negativen Wahrnehmung der Welt, eurer Kritik und Verurteilung all dessen, was euch umgibt. Lernt, ein Gefühl der ständigen inneren Freude zu empfinden, selbst wenn es euch so scheint, dass die äußeren Umstände eures Lebens schlimmer sind als je zuvor. Denn einer Zeit der Finsternis wird unfehlbar eine Zeit des Lichtes folgen, und einer finstern Nacht das Morgenrot des neuen Tages! Und so wird es sein, solange dieses materielle Universum existiert. Bald wird das Gefühl der Freude für euch eine so natürliche Manifestation eurer Natur sein, dass ihr nie mehr irgendwelche negativen Gefühle oder Niedergeschlagenheit empfinden werdet!

Ich wünsche euch, dass ihr in eurem Leben nur positive Eigenschaften manifestiert und unentwegt zu den erhabenen Gipfeln der göttlichen Welt strebt!

**ICH BIN Lanto,
und ich wünsche euch Glück auf dem Weg!**

Wir geben euch das lebendige Wort, die lebendige Lehre, und wir erwarten, dass ihr unser Wort und unsere Lehre durch konkretes Handeln auf der physischen Ebene ins Leben tragt

Sanat Kumara
18. Juli 2006

ICH BIN Sanat Kumara, und ich bin an diesem Tag wieder zu euch gekommen. Ich bin mit der Absicht gekommen, euch die göttliche Wahrheit zu bringen. Ihr habt euch danach gesehnt, in euren Herzen Zugang zur ganzen Fülle der göttlichen Wahrheit zu erhalten. Und jetzt kommt die Zeit, in der euch das Wort Gottes offenbart werden muss. Nicht weil dieses Wort bisher unverständlich für euch gewesen war, sondern weil eure Herzen der göttlichen Wahrheit verschlossen waren.

Ihr könnt nur das in euren Herzen hören, wofür ihr bereit seid und was ihr erwartet. Und wir sind unsererseits immer bereit, euch das zu geben, wonach ihr strebt. Es ist ganz ähnlich wie bei der Erziehung von Kindern. Wenn sie größer werden, sind die früheren Spielzeuge für sie nicht länger interessant, und sie richten ihren Blick auf neue Spielzeuge, zu denen ihr Bewusstsein herangereift ist. Dann werden die Kinder allmählich erwachsen und beginnen das Leben eines Erwachsenen, wobei sie auch als Erwachsene weiterhin die Spiele spielen, für die ihr Bewusstsein bereit ist. Und schließlich kommt der Moment, wenn keine Spiele der physischen Welt das Bewusstsein des Menschen zufriedenstellen können, und dies bedeutet, dass der Mensch für den Übergang auf eine neue Bewusstseinsebene, in eine andere Welt bereit ist.

Anfangs erfolgt der Übergang in diese andere Welt unmerklich und kaum wahrnehmbar. Diese Welt öffnet sich in eurem Inneren. Zuerst nur ein wenig, dann immer stärker fühlt ihr diese andere Welt, die sich von eurer physischen Welt unterscheidet. Ihr kommt im Schlaf mit dieser Welt in Berührung, in den

Minuten eurer Erleuchtung in der Stille eures Herzens. Und diese Welt beginnt allmählich, sich von euren Herzen in eure physische Welt auszubreiten. Und eure physische Welt beginnt sich zu verändern, zu verfeinern und die Merkmale der feinstofflichen Welt anzunehmen. Diese Durchdringung der Welten beginnt in eurem Inneren, und ihr seid die Vorhut von Freiwilligen, die mit ihrem Bewusstsein in die neue Welt hineinwachsen und das Kommen dieser Welt für den ganzen Planeten näherbringen.

Dieser Prozess ist im Gange. Er hat vor langer Zeit begonnen. Aber in letzter Zeit beschleunigt sich dieser Prozess immer mehr. Und der Übergang in die neue Welt, auf eine neue Entwicklungsebene kann viel schneller erfolgen als geplant, wenn das Tempo des Wachstums eures Bewusstseins ebenso schnell zunimmt.

Glaubt mir, euer Bewusstsein ist der größte zurückhaltende Faktor, der den Verlauf der Evolution auf eurem Planeten behindert. Ihr habt bis jetzt denjenigen geähnelt, die zum zweiten Mal die gleiche Klasse besuchen müssen und die gegebenen Lektionen noch nicht lernen konnten. Und wir mussten auf viele künstliche Methoden zurückgreifen, um eure Entwicklung von dem toten Punkt aus wieder voranzubringen, an dem ihr stecken geblieben seid. Und jetzt geht das finstere Mittelalter eures Bewusstseins dem Ende entgegen. Es beginnt das Erwachen und der Anbruch eines neuen Tages. Ich bin froh, diesen Übergang eures Bewusstseins auf eine neue Stufe zu bekunden.

Wie jubeln die Himmel über die Tatsache, dass so viele Individuen den Zustand des Erwachens ihres Bewusstseins erreicht haben!

Entspannt euch nicht, denn der Sumpf der physischen Welt kann euer Bewusstsein erneut hinabziehen und es auf eine niedrigere Stufe senken, die für den Tiermenschen charakteristisch ist. Vergesst dies nicht, und wisst immer, dass ihr Götter seid. Und der nächste Abschnitt eurer Evolution besteht darin, endlich zu vernünftigen Menschen und Gottmenschen zu werden.

Ihr unterscheidet euch von uns nur in der Ebene eures Bewusstseins, und viele Aufgestiegene Meister sind bereit, einen Teil ihrer Kausalkörper zu opfern, um das Wachstum eures Bewusstseins sicherzustellen. Und viele der Aufgestiegenen Meister opfern wirklich sehr viel und kommen teilweise in die Verkörperung, indem sie in jene Individuen eingehen, die auf der feinstofflichen Ebene ihre Zustimmung dazu gegeben haben. Dies gibt euch die Möglichkeit, einen Sprung voran in der Entwicklung eures Bewusstseins zu machen. Und indem ihr eine solche Beschleunigung erfahrt, könnt ihr einen Einfluss auf jene Menschen ausüben, die sich in eurer Nähe befinden, eure Verwandten, Bekannten und Arbeitskollegen. Ein solcher Sprung voran in eurem Bewusstsein kann vor den Augen der Menschen nicht verborgen bleiben, die euch seit langem kennen. Und sie werden sich weder erklären können, was mit euch geschehen ist, noch, warum sie das Interesse verloren haben und nicht länger versuchen, den Umgang mit euch zu pflegen. Aber andere Menschen, die in euch die Schwingungen spüren, nach denen sie seit langem streben, werden gemeinsame Berührungspunkte mit euch finden. Und ihr werdet in der Lage sein, euch auf einer neuen Bewusstseinsebene zu vereinen und auf dieser neuen Bewusstseinsebene eine neue Zukunft zu schaffen. Ihr werdet alles beeinflussen können, was euch umgibt. Die Fähigkeit, euch zu vereinen und gemeinsam zu handeln, ist ein unbestreitbarer Beweis dafür, dass ihr auf eine neue Ebene eures Bewusstseins aufgestiegen seid. Ihr könnt anderen Menschen so viel von euren Verdiensten und Errungenschaften erzählen, wie ihr wollt, doch wenn eure inneren Errungenschaften sich nicht auf der physischen Ebene in Form von konkretem Handeln manifestieren und Früchte tragen, so sind diese Errungenschaften wertlos. Und höchstwahrscheinlich sind es bloß astrale Scherzbolde, die sich einen Spaß mit euch erlaubten und euch von eurer Größe erzählten, ohne dass ihr sie erreicht hättet, denn eure

Bewusstseinsstufe erlaubt es euch nicht, euch über die Astralebene zu erheben.

Alle eure Errungenschaften müssen auf der physischen Ebene manifestiert werden. Und eure wichtigste Errungenschaft ist die Fähigkeit, auf der physischen Ebene zusammenzuarbeiten und konkrete Aufgaben zu erfüllen. Nicht, imaginäre Projekte auf der feinstofflichen Ebene durchzuführen, sondern die Ärmel hochzukrempeln und ein Altenheim oder einen Kindergarten zu bauen, einen Garten anzulegen und euren Nächsten zu helfen. Es gibt viel zu tun in eurer Welt, und alles wird von Menschen getan, die bestimmte spirituelle Errungenschaften erreicht haben und nicht bloß denken, dass sie etwas erreicht haben.

So können wir die Welt verändern, indem wir durch diejenigen handeln, die ihren Tempel für unsere Ankunft vorbereitet haben und ihre Bereitschaft zum Dienen erklärt haben.

Jetzt haben sich die Zeiten geändert. Und während ihr früher Dekrete lesen und beten musstet, um Karma abzuarbeiten, so ist jetzt die Zeit für konkretes Handeln auf der physischen Ebene gekommen. Und wenn ihr eure Interaktion beginnt, um die Pläne der Meister auf der physischen Ebene zu verwirklichen, wird euer Karma in Blitzesschnelle abgearbeitet. Dies ist eine neue Dispensation für eure Zeit. Die Abarbeitung von Karma wird für jene Menschen beschleunigt, die konkrete Taten und Handlungen auf der physischen Ebene unternehmen, um die Pläne der Bruderschaft auszuführen.

Unsere Pläne sind seit Millionen von Jahren unverändert geblieben. Unsere Pläne sind das Geben der Lehre und die Befolgung der Lehre. Und besonders gut ist es, wenn ihr eure Bemühungen im Bereich der Erziehung von Kindern und Jugendlichen unternehmt. Denn in zehn bis zwanzig Jahren werden eure Bemühungen wahre Früchte tragen, wenn die neue Generation das Erwachsenenalter erreicht und ihr Leben auf den göttlichen Grundsätzen aufbauen wird.

Ich wollte heute eure Aufmerksamkeit noch einmal darauf richten, wie notwendig die Arbeit an eurem Bewusstsein ist und gleichzeitig eure kollektive Arbeit miteinander auf der physischen Ebene. Es gibt keine Zeit zu warten, bis ihr ganz vollkommen sein werdet. Eure Bemühungen werden viel schneller Früchte tragen, wenn ihr in eurem täglichen Leben alles erhaltene Wissen anwendet, sobald ihr es bekommt. Alles, was nicht durch praktische Anwendung gefestigt wird, bleibt unnützes, totes Wissen.

Wir geben euch das lebendige Wort, die lebendige Lehre, und wir erwarten, dass ihr unser Wort und unsere Lehre durch konkretes Handeln auf der physischen Ebene ins Leben tragt.

ICH BIN Sanat Kumara,
mit Hoffnung auf euch und Glauben an euch.

Über die Dispensation am 23. eines jeden Monats und andere Möglichkeiten, die vom Himmel gegeben werden

Der Geliebte El Morya
19. Juli 2006

ICH BIN El Morya Khan, und ich bin zu euch gekommen, um eine Botschaft zu geben. Und an diesem Tag muss ich euch an die Dispensation am 23. eines jeden Monats erinnern. Diese Dispensation erlaubt euch, mit der richtigen Einstellung und dem richtigen Verhalten am 23. eines jeden Monats die Möglichkeit zu erhalten, das Karma für den nächstfolgenden Monat abzuarbeiten. Ihr kennt die Bedingungen für die Dispensation[20]. Ich möchte heute noch einmal auf den Punkt eingehen, der die Abarbeitung eures persönlichen Karmas betrifft. Ihr könnt diese Dispensation dazu nutzen, bei der Abarbeitung des planetaren Karmas und des Karmas eures Landes zu helfen. Aber ich möchte euch noch einmal daran erinnern und klarstellen, dass ihr diese Möglichkeit auch zur Abarbeitung eures persönlichen Karmas und des Karmas eurer engsten Verwandten nutzen könnt, die mit euch karmisch verbunden sind. Wenn ihr daher am 23. des Monats eine Stunde der Gebetspraxis widmet und die entsprechende Anrufung macht, so wird die gesamte Energie mit der Anzahl der Teilnehmer multipliziert, die an der Dispensation dieses Tages teilnehmen. Und diese Energie wird vor allem auf die Transmutation des Karmas gerichtet, das die

---

[20] Die folgenden zuvor von den Meistern gegebenen Botschaften beziehen sich auf die Dispensation am 23. eines jeden Monats:
„Über den bevorstehenden Tag der Sommersonnenwende und die göttlichen Gnadengaben, die mit diesem Tag verbunden sind". Gott Maitreya, 15. Juni 2006.
„Ich habe für euch zwei Nachrichten mitgebracht. Eine traurige und eine erfreuliche". Der Geliebte El Morya, 7. Januar 2006.
„Über die neue göttliche Gnade". Der Geliebte El Morya, 27. Juni 2005.
„Über die Möglichkeit, das Karma für den nächsten Monat zu erleichtern, und über Briefe an den Karmischen Rat". Der Geliebte Surya, 23. Juni 2005.
„Die beste Predigt wird euer persönliches Beispiel sein". Die Göttin der Freiheit, 22. April 2005.

beständige evolutionäre Entwicklung auf dem Planeten Erde behindert. Die verbleibende Energie wird auf die Lösung eurer persönlichen karmischen Probleme gerichtet, eurer Bitte entsprechend. Dies ist eine Möglichkeit für euch, eure karmische Last zu erleichtern. Daher nutzt sie, stellt eure Bitten, und euch wird in dem Maße gegeben, wie ihr eure Bemühungen unternehmt, nicht nur in Form von Gebeten, sondern ihr könnt alles, was ihr an diesem Tag tut, jede eurer Aktivitäten, der Abarbeitung des Karmas für den nächstfolgenden Monat widmen.

Leitet die göttliche Energie durch euch hindurch und lenkt sie auf die Auflösung eurer karmischen Probleme, mögen sie nun mit eurem Mann, eurer Frau, euren Kindern, Eltern oder Arbeitskollegen zu tun haben.

Dies ist eine sehr wichtige Dispensation, die jetzt besonders wirksam ist und euch hilft, eure karmischen Probleme zu überwinden. Jeder Mechanismus, den der Himmel zur Verfügung stellt, muss von euch in vollem Umfang genutzt werden.

Nachdem ich euch nun an eure Möglichkeiten und die göttliche Gnade am 23. eines jeden Monats erinnert habe, möchte ich nun mit der Hauptsache beginnen, weswegen ich gekommen bin. Und ich bin gekommen, um euch eine Vorstellung von eurer Situation zu geben. Nicht von der konkreten Situation eines jeden von euch, sondern von der Situation, die sich auf der Erde entwickelt hat, von der gegenwärtigen Situation auf dem Planeten Erde. Euch ist aus früheren Botschaften, die wir in diesem Zyklus durch diese Gesandte gegeben haben, bereits bekannt, dass sich die Situation auf dem Planeten verbessert hat. Ihr sollt euch jedoch jetzt nicht entspannen und aufhören, euch anzustrengen. Denn der Prozess hat gerade erst begonnen, und jede Entspannung wäre fehl am Platz. Nur wenn ihr imstande seid, tagtäglich eure Anstrengungen zu unternehmen, werdet ihr das stetige Tempo der Umwandlung des Planeten Erde aufrechterhalten können.

Zurzeit reichen eure Anstrengungen noch nicht aus, und die Energiereserve, die von uns zur Stabilisierung verwendet wird, ist noch nicht aufgefüllt. Die Auffüllung der Energie ist dann möglich, wenn eine immer größere Anzahl von Mitarbeitern uns die Energie ihrer Herzen schenken kann. Wir schätzen die Liebe sehr, die ihr uns sendet. So kann eure Liebe die fehlende Energiemenge auffüllen. Wir schätzen auch eure Taten und Handlungen sehr, die ihr uneigennützig für die Bruderschaft ausführt. Und die Hilfe, die unsere Mitarbeiter in kritischen Momenten ihres Lebens vom Himmel erfahren, wird durch das Maß des Opfers bestimmt, das sie uns früher durch ihren Dienst erbringen konnten. Wir schätzen jene Menschen sehr, die imstande sind, sich in ihrem Bewusstsein auf die Stufe der bewussten Zusammenarbeit mit der Hierarchie zu erheben. Wir senden euch Gedanken und Wünsche, und ihr spürt die Energie, die ihr benötigt, um die Arbeit der Bruderschaft auf der physischen Ebene zu erfüllen. Und von diesen unseren Mitarbeitern, die in der Verkörperung sind, gibt es immer mehr. Ich kann nicht zu jedem einzelnen von euch kommen und meine Anerkennung und Dankbarkeit für die Arbeit ausdrücken, die ihr für die Bruderschaft leistet, doch kann ich meine Anerkennung und Dankbarkeit durch diese Gesandte übermitteln. Nehmt eine tiefe Verbeugung von mir an. Ich verneige mich aufrichtig vor dem Licht Gottes in euch und vor euren göttlichen Eigenschaften, die euch ermöglichen, nicht vom Kurs abzukommen und während dieser schwierigen Zeit für den Planeten Erde im Interesse der Bruderschaft zu handeln.

Spürt die Verantwortung und lasst nicht von eurem Streben ab. Tatsächlich zeichnen Liebe zu ständiger Anstrengung und der unermüdliche Einsatz der Kräfte unsere Schüler aus. Ihr könnt unfehlbar unsere Schüler unter euch erkennen. Sie jammern nicht und beklagen sich nicht über das Leben, sondern setzen tagtäglich ihre Arbeit fort, für die sie in die Verkörperung kamen. Und keine Misserfolge des Lebens und Prüfungen können sie aufhalten. Denn ihr Glaube ist stark, und ihre Verbindung mit dem höheren Teil ihrer selbst lässt sie nicht vom Weg abkommen.

Unsere Mitarbeiter zwingen niemanden dazu, ihnen Aufmerksamkeit zu schenken. Und sie erzählen nicht jedem, welch großartige Arbeit geleistet wurde und geleistet wird. Nein, sie ziehen es vor, ihre Arbeit still und unermüdlich zu tun, ohne unnötig die Aufmerksamkeit der uns entgegengesetzten Kräfte zu wecken. Jeder kennt seine Aufgabe und erfüllt sie.

Unsere Mitarbeiter sind über verschiedene Länder und Kontinente verteilt. Und ich möchte die besondere Arbeit unserer Mitarbeiter in Ländern wie Russland, Bulgarien, Lettland, Deutschland, der Ukraine, Litauen und Armenien erwähnen.

Wir warten darauf, dass im Land Amerika Menschen erscheinen, die ebenfalls erwachen und ihre verlorene Verbindung mit der Hierarchie wiederherstellen werden. Jede neue Dispensation und jede neue Möglichkeit, die der Himmel gibt, bietet neue Perspektiven für die Menschen und Länder, die diese Möglichkeit nutzen und sich ihr anschließen. Daher zögert nicht, eure Verbindung mit der russischen Gesandten aufrechtzuerhalten. Es gibt weder nationale noch kontinentale Grenzen für unsere Lehre. Wir lehrten die Menschheit schon zu jenen Zeiten, als von den Kontinenten noch keine Spur war, die heute auf dem Planeten existieren. Und wir werden unsere Arbeit zur Ausbildung und Aufklärung der Menschheit fortsetzen, weil wir glauben, dass die Menschheit der Erde allen Prüfungen standhalten und die göttlichen Eigenschaften mit Ehren manifestieren wird, die bei den meisten Menschen auf dem Planeten jetzt noch schlummern.

Wir hoffen auf die Zusammenarbeit mit jedem, und um die Zusammenarbeit mit der Hierarchie aufzunehmen, könnt ihr meinen Fokus, mein Bildnis verwenden und euch jeden Tag mit euren Bitten und Problemen, mit euren Fragen und Wünschen an mich wenden. Die Teilbarkeit meines Bewusstseins und die mir von Gott gegebene Möglichkeit erlauben es mir, an vielen Orten gleichzeitig gegenwärtig zu sein und euch meine Unterweisungen und Empfehlungen zu geben. Ich höre euch alle, wenn ihr euch an mich wendet. Jetzt müsst ihr nur noch lernen, mich zu hören. Ich komme zu euch und spreche aus der Stille eures Herzens. Versucht, mich zu hören. Lasst die Geschäftigkeit des Alltags zurück, setzt euch ruhig vor mein Bildnis, oder macht euch einfach in eurer Vorstellung ein Bild von mir, und ich versichere euch, dass ihr, wenn euer Wunsch mich zu hören stark ist, gewiss meine Stimme in der Tiefe eures Herzens hören werdet. Nur wird es nicht eine euch gewohnte menschliche Stimme sein. Es wird aber eine

Antwort auf alle eure Fragen sein. Ihr werdet eine Antwort erhalten und wissen, dass ich sie euch gegeben habe.

Übt euch darin. Möglicherweise hört ihr es nicht gleich beim ersten Mal. Entwickelt in euch die Fähigkeit zur Kommunikation mit der feinstofflichen Welt.

Ich bin stets in der Stille eures Herzens bei euch, aber ich kann nicht bei euch sein, wenn ihr eure Tempel nicht auf die Kommunikation mit mir vorbereitet, wenn ihr euch nicht von den meisten Gewohnheiten befreit, die der Menschheit eigen sind. Ich werde einige davon aufzählen: Alkohol, Rauchen, Rockmusik hören, negative Bewusstseinszustände wie Ressentiment, Wut, Depressionen, Selbstmitleid und anderes mehr – all dies hindert mich daran, eine Verbindung auf der feinstofflichen Ebene mit euch herzustellen, und es hindert euch daran, mich zu hören.

Verzweifelt nicht, wenn ihr viele Mängel habt. Wenn ihr den Weg gewählt habt und ihn unermüdlich jeden Tag geht, werdet ihr sehr bald alles Überflüssige, alles, was euch hinderlich ist, als unnötig und eine Last auf dem Weg verwerfen.

Und nur jene eurer Eigenschaften werden bleiben, die göttlich, unvergänglich sind. Und in einigen Jahren werdet ihr überrascht auf euch zurückblicken, wie ihr jetzt seid, und ihr werdet erstaunt sein, wie vieles sich in euch geändert hat.

Ich werde euch jetzt verlassen, und ich freue mich schon auf neue Treffen in euren Herzen.

Also, bis wir uns wieder treffen werden!

**ICH BIN El Morya,
ich bin immer bei euch!**

Verpasst eure Chance nicht, und bemüht euch, im Korridor der evolutionären Möglichkeit zu bleiben

Der Geliebte Zarathustra
20. Juli 2006

ICH BIN Zarathustra, und ich bin erneut gekommen!

Ich bin wie immer gekommen, um euch eine Unterweisung zu geben, die den Erfordernissen der heutigen Zeit entspricht.

Eure Bestrebungen, Wissen zu erlangen, müssen in dem Maße erfüllt werden, wie es das Gesetz erlaubt. Ihr glaubt, alles zu wissen, alles zu können und alles in dieser Welt erfasst zu haben. Gestattet mir, euch darauf hinzuweisen, dass ihr in diesem Falle bloß von gewöhnlichem menschlichen Stolz getrieben seid. Denn es ist euch nicht möglich, das Gesetz dieses Universums zu verstehen, solange ihr euch auf eurer menschlichen Ebene der Entwicklung des Bewusstseins befindet. Und erst wenn ihr euren Stolz aufgebt, wird wahres Wissen in euren Tempel eingehen und den leeren Raum nutzen, der in eurem Gefäß entstanden ist und endlich mit Wissen gefüllt werden kann. Aber bis dahin füllt ihr euer Gefäß mit allerlei Dingen, die nicht nur völlig unnötig, sondern außerdem überaus schädlich für euch sind. Denn ein solch wahlloses Konsumieren, wie es heute auf dem Planeten vorherrscht, gab es im Laufe von Jahrmillionen nicht. Stets gab es Verbote für viele Manifestationen und Erscheinungsformen, und solche Verbote wurden auf religiöser oder staatlicher Ebene umgesetzt. In der heutigen Zeit ist es anders. Ihr erhaltet die Möglichkeit, auf vieles zuzugreifen, was nicht gut für euch ist, aber was heute nicht länger verboten ist. Und nur euer Bewusstsein kann als Zensor dienen, der euch verbieten kann, dies oder jenes zu tun, dies oder jenes zu lesen.

Daher kommen wir, um euch die Möglichkeit zu geben zu verstehen, was für euer Bewusstsein schädlich ist, und was ihr für eure Entwicklung braucht. Aber die Wahl, *eure* Wahl, trefft ihr selbst. Und diese Wahl, die ihr buchstäblich in diesen Tagen trefft, bestimmt eure Zukunft, sie bestimmt den

Verlauf eurer individuellen Entwicklung und den Verlauf der Evolution auf der Erde.

Ihr erhaltet keine Verbote, sondern das moralisch-sittliche Gesetz in eurem Inneren muss bestimmen, was nützlich für euch ist und was nicht. Euer Unterscheidungsvermögen, das jetzt an erste Stelle tritt, ist für euch so notwendig wie Luft und Nahrung. Ihr müsst lernen zu unterscheiden. Und euer jetziges Leben ist der Schlüssel für den Verlauf der Evolution eurer Seele. Denn von eurer Wahl in diesem Leben hängt der ganze weitere Verlauf der Evolution eurer Seele ab. Ihr werdet entweder mit hohem Tempo voranschreiten oder gezwungen sein, der Evolution hinterherzuhinken. Und es würde mich nicht wundern, wenn euer Leben in einer der nächsten Verkörperungen dem Leben der Papuas irgendwo in Neuguinea ähneln wird, denn die Vorlieben, die ihr in diesem Leben habt, zeugen von keinem höheren Entwicklungsstand als dem der Papuas. Und ihr werdet euren Sackgassen-Zweig der Evolution fortsetzen, während ihr am Feuer sitzt und eure Portion Fleisch verschlingt.

Gott ist so gnädig, dass er euch selbst den Wunsch gewährt, nichts zu tun und nur zu essen, zu schlafen und Geschlechtsverkehr zu haben. Einen solchen Verfall gab es schon immer auf diesem Planeten. Und die Stämme, die ihr für unentwickelte Menschen haltet, trafen irgendwann einmal ihre endgültige Wahl, als die Zeit für diese Wahl gekommen war. Und der weitere Evolutionsweg ist für sie verschlossen. Sie arbeiten noch das Karma des physischen und der anderen niederen Körper ab, doch dann endet ihre Evolution, und der kosmische Ordnungsdienst entfernt sie von der Bühne des evolutionären Entwicklungswegs.

Gemäß den kosmischen Fristen müsst ihr jetzt eure Wahl treffen. Sehr viele Seelen haben sich auf dem Planeten Erde angesammelt, und nicht alle von ihnen sind für die weitere Evolution geeignet. Für manche ist die Frage der Wahl nicht so dringend, und sie können noch unbesorgt ihre Existenz weiterführen und versuchen, ein höheres Bewusstsein zu entwickeln. Für andere sind alle kosmischen Fristen verstrichen, und die jetzige Verkörperung ist entscheidend und wird den Verlauf der weiteren individuellen Evolution der Seele bestimmen.

Ich möchte euch keine Angst machen, doch wir halten es für ratsam, dass ihr die Entscheidungen bewusster angeht, die vor euch liegen, und dass ihr verstehen könnt, was euch in Zukunft droht, wenn eure Wahl nicht in den Rahmen der kosmischen Möglichkeit passt, die euch gegeben wird.

Deshalb sind wir so offen. Und ich bin froh, dass die Zeit gekommen ist, in der wir euch unsere Besorgnisse so direkt mitteilen können. Und wenn ihr es nicht für nötig haltet, uns zuzuhören, so ist dies eure Wahl, und ihr trefft sie bewusst, geleitet von dem Gesetz des freien Willens, das für euch gilt. Und dieses Gesetz hat seinen eigenen Zeitrahmen. Während andere Gesetze bis zum Ende des manifestierten Universums gelten, hört das Gesetz des freien Willens auf, sich zu manifestieren, wenn eure Entwicklung nicht in den Rahmen der durch das Gesetz vorgegebenen kosmischen Möglichkeit passt. Deshalb warnen wir euch. Es gibt noch Zeit, aber sie ist sehr kurz, und für viele endet die Zeit der Wahl mit dieser Verkörperung.

Verpasst eure Chance nicht, und bemüht euch, im Korridor der evolutionären Möglichkeit zu bleiben.

Ihr werdet zustimmen, dass, wenn ein Kind in der Schule oder in der Universität nicht lernen will, die Eltern nach einiger Zeit ihre Bemühungen einstellen, ihren Zögling zum Lernen zu drängen, und ihn sich selbst überlassen. So werden auch wir euch dazu drängen, euch zu entwickeln und das Gesetz zu befolgen, doch früher oder später werden wir unsere Versuche aufgeben und es euch selbst überlassen, die Früchte eurer Entscheidungen in einem der Papua-Stämme zu ernten.

Geht die Entscheidungen, die ihr Tag für Tag trefft, bewusst an. Je weiter ihr fortschreitet, desto weniger eindeutig und offensichtlich werden eure Entscheidungen, desto feiner wird die Illusion um euch herum, und es wird von euch verlangt, die göttlichen Eigenschaften und Fähigkeiten zu entwickeln, um die feinstoffliche Welt zu sehen, damit ihr euch nicht verirrt und die Grenzen der illusorischen Welt verlasst, euch in eurem Bewusstsein auf eine neue Runde der Evolution erhebt. Und wir rufen euch und kommen unermüdlich, um immer wieder zu versuchen, euch das Grundwissen der Gesetze dieses Universums zu erklären. Aber viele von euch weisen uns ab und lesen auch weiterhin mit Begeisterung immer wieder Literatur, die eure göttlichen Möglichkeiten einschläfert und Nahrung für die Ausschweifungen der Illusion in euren vier niederen Körpern gibt.

Euch ist die physische Vision gegeben, aber euch ist ebenso die spirituelle Vision gegeben. Warum nutzt ihr eure Gabe nicht? Wie lange werdet ihr noch unter den Einfluss verschiedener Betrüger fallen, die darin geübt sind, euch das Hirn zu vernebeln und euch dazu zu drängen, eine falsche Wahl nach der anderen zu treffen? Alle Unterscheidung, der ganze Mechanismus der Unterscheidung ist in eurem Inneren verborgen, in eurem Herzen. Ihr alle wurdet nach dem Bilde Gottes und Gott ähnlich geschaffen. Warum vergesst ihr dies immer wieder und sucht nach einem Halt in der physischen Welt, um nicht zu fallen? Ihr braucht keine Stütze in der Gestalt von Hellsehern, Medien und Wahrsagern. Ihr müsst nur den Mechanismus der Unterscheidung nutzen, der in eurem Inneren liegt. Euer Höheres Selbst wartet seit Jahrhunderten und Jahrtausenden, dass ihr ihm endlich Aufmerksamkeit schenkt und auf seinen Rat hört, den es euch in der Stille eures Herzens geben möchte. Aber nein, ihr beschäftigt eure Aufmerksamkeit unentwegt mit äußerlichen Nichtigkeiten, nur um nicht mit euch selbst allein zu sein und auf euer Herz hören zu müssen.

Ich war heute streng. Doch wollte ich euch den ganzen Eifer meines Herzens und meine ganze Flamme geben, um eure Herzen zu wärmen und sie der Kälte der Unwissenheit und Finsternis zu entreißen, in der sich viele von euch auch weiterhin befinden.

Ich habe getan, wozu ich gekommen bin. Und ich verspüre eine innere Ruhe, dass ihr jetzt nicht länger sagen könnt, ihr hättet von nichts gewusst und man hätte euch nicht gewarnt.

ICH BIN Zarathustra,
mit Liebe zu euch, denn nur meine Liebe
hat mich zu diesem Gespräch bewegt.

Der Sommerzyklus von Botschaften, den wir in Bulgarien durch unsere Gesandte übermittelt haben, geht jetzt zu Ende

Der Geliebte El Morya
21. Juli 2006

ICH BIN El Morya Khan, und ich bin wieder gekommen. Ich bin gekommen, um euch mitzuteilen, dass der Sommerzyklus von Botschaften, den wir in Bulgarien durch unsere Gesandte übermittelt haben, jetzt zu Ende geht.

Ich bin froh, dass es uns gelungen ist, diesen Zyklus von Botschaften in Bulgarien zu geben. Denn jedes Mal, wenn wir unsere Botschaften übermitteln, wird am Ort des Empfangs der Botschaften eine große Menge Licht freigesetzt. Und das Land und die Menschen, die am Vorgang des Empfangs der Botschaften mit beteiligt sind, erhalten einen bedeutenden Anteil an Licht. Und jedes Mal kommt es darauf an, wie ihr über das empfangene Licht verfügt.

Als vor etwas mehr als zwei Jahren der Mantel des Gesandten der Bruderschaft auf Tatyanas Schultern gelegt wurde, konnte niemand garantieren, dass Russland eine lichte Zukunft bevorstehen würde. Auf der physischen Ebene herrschten völliges Chaos und Unordnung. Doch wir kamen und bestätigten in unseren Botschaften, dass auf der feinstofflichen Ebene eine große Zukunft für dieses Land vorbereitet wird. Und es vergingen nicht einmal zwei Jahre, bis das, was auf der feinstofflichen Ebene vorbereitet worden war, sich auf der physischen Ebene zu präzipitieren begann. Und selbst die Skeptiker, die noch vor einem Jahr murrten und sagten, dass Russland verloren sei, haben sich jetzt verwundert aufgerichtet und kratzen sich am Kopf.

Dies gilt auch für Bulgarien. Wenn dieses Land über das empfangene Licht in der rechten Weise verfügt, so sind sehr bald große Veränderungen zu erwarten, die sowohl die Bildung als auch die Wirtschaft betreffen. Alles liegt in euren Händen! Und alle Veränderungen vollziehen sich durch die Veränderung eures Bewusstseins.

Es besteht immer die Gefahr, dass das Licht, das wir auf die Erde herabgießen, falsch verwendet und entstellt wird, aber jedes Mal hoffen wir, dass euer Kelch sich nicht als löchrig erweist und dass ihr die erhaltene Energie gemäß dem göttlichen Plan und der göttlichen Bestimmung gebraucht.

Ich bin froh, dass es uns gelungen ist, in diesem Zyklus von Botschaften eine beträchtliche Menge an Wissen zu übermitteln. Denkt immer daran, dass euch das Wissen zum Nachdenken gegeben wird, zur Meditation in der Stille eures Herzens. Habt keine Eile, das Buch mit den Botschaften beiseitezulegen. Versucht, alles vollständig aufzunehmen, was in jeder Botschaft enthalten ist. Jeden Tropfen der lebensspendenden göttlichen Energie und jedes Wort der göttlichen Wahrheit.

Wir kommen zur Menschheit der Erde, um unsere Verbindungen zu stärken, die Verbindungen zwischen der physischen und der feinstofflichen Ebene. Und das Erreichen unserer Ziele und Aufgaben ist ganz davon abhängig, wie vollständig ihr euch die Informationen und Energien zu eigen machen könnt, die in diesen Botschaften enthalten sind.

Zwingt uns nicht dazu, euch immer wieder daran zu erinnern, dass die enorme Verantwortung für die Veränderung der physischen Ebene des Planeten Erde auf euch liegt. Erinnert euch daran, dass ihr in die Verkörperung gekommen seid, um konkrete Handlungen auf der physischen Ebene auszuführen. Aber damit eure Handlungen vollkommen sind und den Plänen Gottes entsprechen, müsst ihr euch zuallererst um eure energetischen Kanäle kümmern. Reinigt eure feinstofflichen Körper unablässig durch Beten und Fasten, Spaziergänge in der Natur und durch den Umgang mit Kindern und mit Tieren. Betrachtet das Schöne, und unter dem Einfluss des Schönen werdet ihr euren inneren Zustand verändern. Nichts hat eine solch große Wirkung auf den Menschen wie das Schöne und die Natur. Bewahrt und kultiviert die richtigen Muster und Vorbilder in eurem Leben. Bemüht euch, dass alles, was euch umgibt, euch mit Harmonie und Schönheit erfüllt. Zögert nicht, anderen Menschen die Richtung zu weisen, erinnert sie daran, dass alles, was sie umgibt, einen ständigen Einfluss auf ihr Bewusstsein und ihre innere Welt ausübt. Und dies gilt auch für das Fernsehen und unkontrolliertes Radiohören. Schützt euch vor allen negativen Schwingungen, vor denen ihr euch schützen könnt. Es gibt viele Methoden, wie man sich vor negativen Energien schützen kann, und viele von ihnen erfordern keinerlei Geldaufwand.

Deshalb bin ich gekommen, um euch daran zu erinnern, dass alles in eurer Macht liegt. Ihr könnt euch auf die Hilfe der Meister verlassen und Anrufungen machen, doch auf der physischen Ebene müsst ihr selbst handeln. Und alle Wunder, die geschehen, sind sorgfältig geplant. Und das Wunder der Veränderung der physischen Ebene wird mit Sicherheit geschehen, doch damit es geschieht, müsst ihr dieses Wunder in euren Herzen vorbereiten.

Ich wünsche euch eine erfolgreiche Arbeit an euch selbst. Gebt acht, dass nicht auch nur der geringste Teil der göttlichen Energie abweichend von seiner Bestimmung verwendet wird. Euch wurde viel gegeben, und jetzt müsst ihr eure Bereitschaft zeigen, mit dem Himmel zusammenzuarbeiten.

Alle eure Bemühungen werden vermehrt und mit Sicherheit Früchte tragen.

Es scheint so, als bestehe kein Zusammenhang zwischen den Veränderungen auf der physischen Ebene und den Botschaften, die wir geben. Doch glaubt mir, dass praktisch alle positiven Veränderungen auf dem Planeten immer damit verbunden waren, dass die Menschen unsere Gesandten und das Wort, das sie tragen akzeptierten. Wenn unsere Gesandten nicht akzeptiert und geehrt wurden, so fiel das Land, das diese negativen Handlungen zuließ, lange Jahre in einen Dämmerzustand des Bewusstseins. Und wir konnten nur Gott bitten, ihnen zu vergeben, denn sie wissen nicht, was sie tun[21].

Wir hoffen aufrichtig, dass der Dämmerzustand des menschlichen Bewusstseins in der fernen Vergangenheit geblieben ist. Und vor euch liegt die helle Morgenröte des Wissens, das ihr in euren Herzen tragt.

Ich bin gekommen, um die abschließende Botschaft dieses Zyklus zu geben und euch mitzuteilen, dass wir die Arbeit durch unsere Gesandte fortsetzen werden, solange diese Möglichkeit für unsere Arbeit auf der physischen Ebene besteht.

Vergesst nicht, dass jeder von euch die Verantwortung dafür trägt, sich um unsere Gesandte zu kümmern. Denn die Menschen Gottes lebten immer dank der Fürsorge gutherziger Menschen.

Ich werde jetzt Abschied von euch nehmen, doch ich hoffe, dass unsere Trennung nicht lange dauern wird, und dass wir uns wieder durch diese Gesandte treffen werden. Und zu denen von euch, die bereit sind, werde ich kommen und mich persönlich mit euch in der Stille eures Herzens treffen.

**ICH BIN El Morya,
und bis zu neuen Treffen!**

---

[21] Lukas 23:34.

Botschaften der Aufgestiegenen Meister zwischen dem vierten und dem fünften Zyklus

Die Eigenschaft der Veränderung des Bewusstseins ist die wichtigste Eigenschaft in diesem historischen Zeitabschnitt

Gott Maitreya
13. September 2006

ICH BIN Maitreya, und ich bin erneut gekommen!

ICH BIN gekommen, um wie immer die Menschheit der Erde zu grüßen und euch meine ganze Liebe und Unterstützung zum Ausdruck zu bringen, die der Himmel euch in diesem Moment zu geben bereit ist und die er weiterhin immer geben wird, trotz eurer Beharrlichkeit, einige eurer Unzulänglichkeiten und Unvollkommenheiten zu verteidigen.

Ihr seid Kinder, und wie alle Kinder, wie alle heranwachsenden Kinder, erlebt auch ihr die Schwierigkeiten eurer Übergangszeit. Dies ist nicht schlimm, es wird nicht viel Zeit vergehen, und ihr werdet euch verändern und mit Beschämung und Verlegenheit an die Jahre eures Heranwachsens zurückdenken.

Seht, noch vor wenigen Jahrhunderten, als wir kamen und durch bestimmte Menschen der Erde handelten, wurden diese Menschen verfolgt, hingerichtet und auf dem Scheiterhaufen verbrannt. Wie haben sich die Zeiten geändert! Ich sage euch, dass sich die Zeit beinahe bis zur Höchstgeschwindigkeit beschleunigt hat. Und eine größere Beschleunigung der Bewusstseinsveränderung ist in eurer physischen Welt schwer zu erreichen. Das liegt an den Besonderheiten eurer Welt.

Ich bin gekommen, um euch zu versichern, dass jeder, der kontinuierlich auf dem Weg der Einweihungen voranstrebt und dies trotz aller Schwierigkeiten und Misserfolge mit erstaunlicher Beharrlichkeit und Beständigkeit tut, von mir und meiner Ebene aus als eine nach oben gerichtete Flamme gesehen wird. Ich erkenne euch und erweise euch auf euren ersten Ruf hin alle nur mögliche Hilfe. Nicht immer erlauben mir die Umstände eures Lebens und euer Geburtshoroskop, euch sofort zu helfen, aber soweit es das kosmische Gesetz zulässt, erweise ich euch immer meine Hilfe. Der Grund dafür ist, dass bisher nur wenige Menschen ihre Hingabe und Treue gegenüber der Bruderschaft bewahren. Und wenn auch Millionen von Menschen aufflammen und danach streben, so sind nur wenige Menschen imstande, die Flamme ihres Herzens Jahr um Jahr über einen beträchtlichen Zeitraum am Brennen zu halten. Und eine noch geringere Anzahl kann zielstrebig und bewusst in Übereinstimmung mit unseren Aufgaben handeln.

Jetzt bin ich bereit, euch noch einige weitere Informationen zu geben, die eure Beziehung mit dem höheren Teil eurer selbst betreffen. Vor kurzem wurde eine neue Botschaft des Höchsten Kosmischen Rates über eine besondere Gnade für den Planeten Erde gegeben. Und denen von euch, die das erforderliche tägliche Streben zeigen, wird jetzt dabei geholfen, die Verbindung mit dem höheren Teil ihrer selbst herzustellen. Dazu müsst ihr einen Brief an den Karmischen Rat schreiben und darum bitten, dass euch in Übereinstimmung mit dem kosmischen Gesetz Gnade erwiesen und die Rückkehr des Karmas vorübergehend ausgesetzt wird, welches euch daran hindert, die Verbindung mit dem höheren Teil eurer selbst herzustellen.

Habt ihr verstanden, meine Geliebten? Dies bedeutet nicht, dass die Rückkehr des Karmas für alle Menschen unterbrochen wird. Nein, hier geht es nur um jene Individuen, die beinahe die erforderliche Ebene erreicht haben, um die Verbindung mit dem höheren Teil ihrer selbst herzustellen, doch die irgendein altes Karma oder eine Energie, irgendeine noch nicht bewältigte Eigenschaft daran hindert. In diesem Fall wird euch Gnade erwiesen, und die Rückkehr des betreffenden Karmas wird unterbrochen, damit ihr die Verbindung mit dem höheren Teil eurer selbst herstellen könnt. Ihr werdet diese Verbindung spüren und euch in Zukunft von eurer Erfahrung und euren Empfindungen leiten lassen. Und wenn die Rückkehr des Karmas wieder fortgesetzt wird, kann euch nichts mehr daran hindern, eure Verbindung mit dem höheren Teil eurer selbst wieder herzustellen und aufrechtzuerhalten und durch diese Verbindung auch zur Verbindung mit allen Aufgestiegenen Lichtwesen zu gelangen, und möglicherweise mit mir persönlich. Denn ich bin jetzt der Meister, der seine Ankunft auf der Erde vorbereitet, und ich bemühe mich darum, mit jedem zusammenzuarbeiten, der die erforderlichen Bemühungen und Bestrebungen zeigt.

Und nun muss ich über das Wichtigste sprechen, was sich in der letzten Zeit ereignet hat und nicht in unseren früheren Botschaften angesprochen wurde.

Ich muss euch sagen, dass die Bemühungen der Menschen, die an der Verbreitung unserer Botschaften beteiligt sind, die wir durch diese Gesandte geben, nicht vergeblich waren, und die Situation auf der Erde entwickelt sich auf die günstigste Weise. Das bedeutet nicht, dass es keine Kataklysmen und Katastrophen geben wird. Es bedeutet nur, dass wir den allgemeinen Verlauf der Evolution der Menschheit unter verstärkte Kontrolle genommen haben und jetzt in der Lage sind, die Situation auf dem Planeten Erde vollständig zu kontrollieren. Ich bin froh, dass eure Bemühungen so effektiv waren. Und stellt euch vor, wenn unsere Botschaften für die Mehrheit der Bevölkerung des Planeten Erde zugänglich wären. Was würde passieren?

Ich werde euch sagen, was passieren wird. Die Veränderung des Bewusstseins bei nur einem Prozent der irdischen Menschheit kann den Verlauf der Evolution auf dem Planeten völlig verändern. Und die Veränderung des Bewusstseins bei der Hälfte der Erdbevölkerung kann den Planeten in Blitzesschnelle auf die nächste Evolutionsstufe heben. Und wir werden gezwungen sein, den Prozess der Veränderungen zu verlangsamen, damit eure physischen Körper solch einer blitzschnellen Veränderung standhalten könnten. Denn ihr werdet noch einige Zeit in euren physischen

Körpern verbringen müsst, um das Karma vollständig abzuarbeiten, das ihr auf der physischen Ebene geschaffen habt. Und danach werdet ihr euch von eurem Körper trennen und in einer feinstofflichen Welt existieren. Und dies wird geschehen, und danach solltet ihr streben.

Meine Gegenwart auf dem Planeten Erde war noch nie so groß, und dies ist dank meiner Verbindung mit euch, dank eures Strebens zu mir und dank eurer Fähigkeit, euch zu verändern.

Die Eigenschaft der Veränderung des Bewusstseins ist die wichtigste Eigenschaft in diesem historischen Zeitabschnitt. Und diejenigen unter euch, die diese Eigenschaft in einem größeren Maße gemeistert haben, verstehen, dass man tatsächlich nur mit dieser einen Eigenschaft die ganze Welt verändern kann.

Um aber die Eigenschaft zu meistern, euer Bewusstsein verändern zu können, braucht ihr bedingungslose Liebe und göttliche Geduld und Toleranz gegenüber allem, was noch nicht vollkommen ist.

Ich wünsche euch, dass ihr so bald wie möglich alles in euch überwindet, was nicht von Gott ist, und ich möchte mich mit jedem von euch treffen, der mutig alle Schwierigkeiten und Hindernisse in seinem Leben überwindet, und euch die Hand drücke.

Also, bis auf ein neues Treffen!

ICH BIN Maitreya!

Ich bin gekommen, um die Eigenschaft der Freude, des Strebens und des Sieges für euer Bewusstsein zu bejahen

Gott Maitreya
9. Oktober 2006

ICH BIN Maitreya, und ich bin wieder durch meine Gesandte gekommen. ICH BIN gekommen, um den Menschen des Planeten Erde eine weitere Botschaft zu geben. Wie immer möchte ich über vieles reden, doch ich muss mich auf das Wichtigste konzentrieren, auf das, was keinen Aufschub erlaubt und mitgeteilt werden muss, ohne auf den nächsten Zyklus von Botschaften zu warten. Also, ich bin gekommen, um euch einige neue Informationen mitzuteilen, damit ihr das bereits Gesagte in einer neuen Weise sehen und einige eurer Ansichten und Stereotypen überdenken könnt. Und die heutigen Informationen betreffen vor allem jene Veränderungen, die sich auch weiterhin mit beschleunigtem Tempo im Bewusstsein der Menschen vollziehen. Wir freuen uns darüber, dass sich das Tempo dieser Veränderungen so sehr beschleunigt hat, dass endlich die Zeit gekommen ist, in der wir mit Zuversicht sagen können, dass die Veränderungen auf der Erde vom Standpunkt der Evolution günstig verlaufen. Diese Veränderungen finden in allen Tätigkeitsbereichen statt. Und ich muss besonders betonen, dass sich dieser Prozess der Veränderungen im Bewusstsein bei den Völkern beschleunigt hat, die in Russland und anderen Ländern leben, in denen man die Botschaften liest, die wir durch unsere Gesandte geben. Ich bin froh, und die Aufgestiegenen Lichtwesen sind froh, dass die Menschheit in einen Bereich der beständigen Entwicklung eintritt, und keine äußeren Umstände können uns mehr an der Ausführung unserer Pläne hindern.

Sobald die Welten in Berührung kamen, beschleunigte sich der Prozess der gegenseitigen Durchdringung der Welten, und nichts kann mehr die ablaufenden Veränderungen verhindern. Ich bin froh, dass eine ausreichende Anzahl von Menschen in der Verkörperung gefunden werden konnte, die unserem Ruf folgten und die Bürde auf sich nahmen, uneigennützig der Menschheit der Erde zu dienen. Euren Reihen schließen sich tagtäglich mehr Menschen an. Natürlich gibt es diejenigen, die zuließen, dass Zweifel ihr Bewusstsein beherrschten, und sie verloren vieles von dem, was durch harte Arbeit erobert worden war. Aber nicht alles ist verloren, denn Rückschläge und Zweifel sind in eurer Welt unvermeidlich. Weil sich eure Welt von jeher in Wellen entwickelt hat. Lasst es nicht zu, dass negative Zustände euer Bewusstsein beherrschen. Ich verstehe, dass es mit dem Wechsel der Jahreszeit und dem Beginn der trüben Herbsttage, wenn die Sonne ein seltener Gast ist, für euch schwierig ist, euer Bewusstsein auf der Höhe zu halten. Daher bin ich heute gekommen, um euch aufzumuntern und eine Botschaft als Bejahung und Bekräftigung des bereits erzielten Fortschrittes zu geben. Und euer Fortschritt ist so offensichtlich, dass nur sehr skeptische Menschen weiterhin so tun können, als gebe es keine Veränderungen. Ich bin gekommen, um die Eigenschaft der Freude, des Strebens und des Sieges für euer Bewusstsein zu bejahen; der Sieg ist unabwendbar und erwartet euch in nicht allzu ferner Zukunft. Weiter so!

Ich bin glücklich, dass es gelungen ist, die göttliche Wahrheit einer solch großen Anzahl menschlicher Individuen nahezubringen, die sich in dieser schwierigen, schicksalsträchtigen Zeit in der Verkörperung befinden. Und ich bin glücklich, dass viele von euch aus dem langen und tiefen Schlaf erwacht sind, in dem sie mehr als eine Verkörperung verbrachten. Natürlich ist die Stunde gekommen, und für die Erde hat sich die kosmische Möglichkeit eröffnet, die von den Propheten der Vergangenheit als Vermächtnis hinterlassen wurde. Und diese Möglichkeit wird sich sehr bald in der manifestierten Welt offenbaren. Beobachtet alle Umstände, die sich um euch herum verändern. Haltet die Veränderungen, die sich ereignen, unermüdlich in euren Tagebüchern fest. Denn nie zuvor gab es solche Wunder, die immer offensichtlicher werden. Und es wird mich nicht wundern, wenn die

Regierenden in vielen Ländern der Welt bald eine Politik aufbauen, die dem kosmischen Gesetz entspricht. Es wird ihnen einfach nicht gelingen, auf die alte Art und Weise zu regieren und die alten Methoden des Regierens anzuwenden, weil das Bewusstsein der Massen sich verändert hat und verlangt, dass alle Institutionen der Macht sich an das veränderte Bewusstsein der Menschen anpassen.

Und die Generation, die jetzt ins Leben tritt, bedarf der besonderen Fürsorge und des Schutzes. Denn es ist gerade diese Generation, der es in naher, absehbarer Zukunft bevorsteht, die Werke Gottes zu erfüllen. Habt keine Angst vor Veränderungen in eurem Leben oder in der Situation auf der Welt. Nichts kann euch bedrohen, wenn ihr euch in der rechten Weise verhaltet und das Gesetz richtig befolgt. Keine Katastrophen und Kataklysmen bedrohen Menschen, die treu und ergeben Gott dienen, der in allem Leben und in jedem Teilchen des Lebens ist.

Es war mir eine Freude, in dieser Botschaft meine eigene Begeisterung zum Ausdruck zu bringen und eure Bemühungen zu würdigen, die ihr jeden Tag unternehmt.

Und jetzt möchte ich noch einige Informationen geben, und diese Informationen betreffen die Ereignisse der sogenannten Übergangszeit, die viele Menschen erwarten und auf die sich viele Menschen vorbereiten. Man sollte Prophezeiungen und bevorstehende Katastrophen niemals zu ernst nehmen. Denn viele Prophezeiungen wurden ausgesprochen, ohne in Erfüllung zu gehen, während andere Prophezeiungen, die nicht ausgesprochen wurden, in Erfüllung gingen. Ich empfehle euch, dass ihr euch auf die Gegenwart einstimmt und jeden Augenblick eures Lebens als etwas auffangt, was jahrhundertelang von Wert ist. Tatsächlich gibt es in der göttlichen Welt nichts außer dem ewigen „Jetzt". Und dieses „Jetzt" formt ihr mit eurem eigenen Bewusstsein. Man sollte niemals zu viel Aufmerksamkeit auf das richten, was bereits geschehen ist, und auf das, was noch nicht geschehen ist. Nur wie ihr in jedem Moment eures Lebens gestimmt seid, formt die Zukunft, die euch erwartet. Daher konzentriert euch darauf, jeden Augenblick eures Lebens mit Freude, Liebe, Wärme und Glück zu erfüllen. Denn ihr selbst seid die Schöpfer eures Glücks, und ihr selbst seid die Schöpfer eurer Zukunft.

Wir kommen, um die Lehre zu geben, doch ihr und ihr allein könnt die Veränderungen auf eurem Planeten zustande bringen, wenn ihr euch die Lehre zu eigen macht und zu Trägern dieser Lehre für Millionen von Menschen werdet, die noch nicht erwacht sind.

Ich bin froh, dass für viele die Zeit des Erwachens kommt, und ich bin froh, dass ich so leicht kommen und meinen Zustand und meine Stimmung mit euch teilen kann. Ich werde noch glücklicher sein, wenn es mir gelingt, meinen Zustand so vielen Menschen wie möglich zu übermitteln, die sich in der Verkörperung befinden.

Ich habe mich über unser erneutes Treffen gefreut, und wie immer tut es mir ein wenig leid, Abschied zu nehmen.

Wir werden uns wieder treffen, liebe Freunde!

ICH BIN Maitreya!

Zyklus V: Botschaften der Aufgestiegenen Meister
vom 20. Dezember 2006 bis zum 10. Januar 2007

Ihr werdet die ganze Kraft eures Willens brauchen, um nicht den Energien der Vergangenheit zum Opfer zu fallen, sondern nach dem neuen Tag zu streben

Sanat Kumara
20. Dezember 2006

ICH BIN Sanat Kumara, und ich bin erneut gekommen, um euch eine freudige Nachricht mitzuteilen! Wir beginnen einen neuen Zyklus von Botschaften durch unsere Gesandte. Und wie immer gibt es vieles zu sagen. Und dieser Prozess unserer Kommunikation und der von uns unternommenen Anstrengungen bleibt nicht vergeblich. Jedes Mal bemerken wir immer neue Veränderungen im Bewusstsein einer immer größeren Anzahl menschlicher Individuen, die in dieser schwierigen Zeit in der Verkörperung sind.

Wir kommen, um unseren Fokus des Lichts, unsere Flamme, zu bestätigen und zu verankern, die wir seit Millionen von Jahren unermüdlich tragen und der Menschheit geben. Und jetzt, mehr als je zuvor, sind wir glücklich, sagen zu können, dass sich unsere Bemühungen so deutlich in den Köpfen der Menschen und in den Aktivitäten auf der physischen Ebene widerspiegeln, dass wir aus dem Staunen nicht herauskommen, welche Wunder sich mit unserer Hilfe und mit eurer Hilfe auf dem Planeten Erde bereits ereignet haben und noch ereignen werden. Mit der Hilfe jener Menschen, die sich entschlossen haben, sich dem Dienst am Leben, dem Dienst an der Menschheit der Erde zu widmen. Und jeder von euch, unseren Dienern, muss erkennen, dass in dieser schwierigen, schicksalsträchtigen Zeit manchmal gerade ein Mensch fehlt, der die Kette der göttlichen Möglichkeit schließen könnte. Und wenn ihr euch noch in einem Zustand der Unentschlossenheit und des Zögerns befindet, rate ich euch, so bald wie möglich aufzuhören, eure Aufmerksamkeit auf eure kleinlichen Probleme des Alltags zu richten und stattdessen mit all eurem Wesen zu uns zu streben, um die Aufgaben zu erfüllen, die wir in eurem Bewusstsein bejahen und zu deren Ausführung wir rufen.

Wir werden nicht müde, immer wieder darüber zu sprechen, dass wir ergebene Diener brauchen, die auf unseren ersten Ruf hin bereit sind, aufzustehen und dorthin zu gehen, wo der Einsatz eurer Kräfte, eurer Fähigkeiten und die Erfüllung des göttlichen Plans erforderlich sind, wozu ihr jetzt, in dieser für den Planeten schwierigen Zeit in die Verkörperung gekommen seid.

Ich werde nicht müde, immer wieder über eure Verantwortung und eure Verpflichtungen zu sprechen, die ihr selbst vor eurer Verkörperung auf euch genommen habt. Denn jedes Mal, wenn ihr unsere Botschaften lest, empfindet ihr ein inneres Beben und die Bereitschaft, eure Pflicht zu erfüllen. Doch nach kurzer Zeit vergesst ihr eure Verpflichtungen und euer Streben und gebt euch den nichtigen Dingen des Lebens hin, die euch wie ein Sumpf hinabziehen und dazu nötigen, auf dem falschen Weg dahinzueilen, auf dem Weg des kurzzeitigen Glücks und Vergnügens zum Nachteil dessen, was ewig ist.

Und jetzt möchte ich euch noch einmal daran erinnern, dass die finsterste und schwierigste Zeit des Jahres naht. Dies ist Silvester, der letzte Abend vor dem neuen Jahr und Neujahrstag. Doch gerade kurz vor der Morgendämmerung ist die Nacht am finstersten. Und daher werden sowohl in eurer Umgebung als auch in eurem Bewusstsein die Schatten der Vergangenheit erscheinen, die Gespenster eurer früheren Fehler und eures Versagens in Form von nicht abgearbeiteten Energien. Und diese Energien werden euch vom Weg zerren. Und ihr werdet die ganze Kraft eures Willens brauchen, um nicht den Energien der Vergangenheit zum Opfer zu fallen, sondern nach dem neuen Tag zu streben!

Es ist sehr schwer für euch zu glauben, dass das, wovon ich jetzt rede, für euch sehr wichtig und aktuell ist. Glaubt mir. Nicht die festliche Geschäftigkeit und der Trubel sollen eure Aufmerksamkeit in Anspruch nehmen, sondern stilles Nachdenken bei Kerzenlicht darüber, was ihr tun müsst und wie ihr die Hindernisse beseitigen könnt, die euch daran hindern, eure Bestimmung zu erfüllen. Sucht diese Hindernisse nicht außerhalb von euch selbst. Analysiert euren bisherigen Lebensweg und versucht zu verstehen, was in eurem Inneren euch zurückhält und daran hindert, auf dem Weg fortzuschreiten.

Ihr kennt den Weg. Euch ist der Weg gezeigt worden. Und diejenigen von euch, die eine Vorstellung von diesem Weg bekommen haben und Geschmack an der Überwindung innerer Hindernisse und Unvollkommenheiten gefunden haben, werden sich nie wieder vom Weg der Einweihungen abwenden, zu dem wir euch rufen und der allein euch in Blitzesschnelle dem Sumpf des Lebens entreißen und wie mit einem Hochgeschwindigkeitsaufzug auf den Gipfel des göttlichen Bewusstseins erheben kann. Ich bin froh, dass viele emporstreben. Und ich bin froh, dass unsere Botschaften vielen Menschen als Leuchtfeuer in der Finsternis dienen, welches euch den Weg weist. Ich bin froh, dass Tausende und Zehntausende erwacht sind, doch unsere Aufgabe ist es, Millionen von schlafenden Seelen zu wecken.

Daher kommen wir und wiederholen unermüdlich die Lehre, die so alt wie die Welt ist. Und viele von euch beginnen, sich an ihre vergangenen Verkörperungen zu erinnern, an die heroischen Taten, die sie für das Wohl allen Lebens vollbrachten. Und das ist kein Zufall, denn jetzt sind auf dem Planeten so viele lichterfüllte Seelen verkörpert, dass der Himmel buchstäblich leer ist, weil jeder von denen, die sich auf der anderen Seite des Schleiers befinden, euch von ganzem Herzen und ganzer Seele zu Hilfe eilt und versucht, bei der Geburt einer neuen Denkweise, eines neuen Bewusstseins zu helfen, welches nicht auf den alten Dogmen basiert, sondern auf dem Wissen und der Weisheit der Jahrtausende. Ihr habt die Weisheit vergessen, die euch ursprünglich in unseren heiligen Lichtstätten gelehrt wurde. Und jetzt ist die Zeit gekommen, zur göttlichen Weisheit zurückzukehren und die Labyrinthe des fleischlichen Verstandes zu verlassen. Euer fleischlicher Verstand versucht, euch zu überzeugen und durch geheime Gänge und unterirdische Labyrinthe einer falschen Logik zu führen. Eure unmittelbare Aufgabe in der nächsten Zeit besteht jedoch darin, euch an die einzig wahre Logik zu erinnern, die Logik der göttlichen Welt. Und wie sehr sich diese Logik auch von allem unterscheidet, worauf ihr in eurem Leben stoßt, ihr müsst diese Logik akzeptieren und sie nicht mit eurem äußeren Bewusstsein studieren, sondern mit eurem Herzen. Denn nur wenn ihr euer Herz öffnet und euch in der richtigen Weise bemüht, werdet ihr in der Lage sein, das göttliche Gesetz und die göttliche Weisheit zu verstehen. Nur wer sich von der irdischen Logik lossagt, kann von der göttlichen Logik durchdrungen werden. Und darin liegt die Schwierigkeit eurer Zeit. Denn ihr müsst unseren Worten Vertrauen schenken und manchmal ohne Sicherheitsausrüstung steile Felsen erklimmen. Und nur wenn euer Glaube stark ist, erhaltet ihr die Werkzeuge zu eurer Verfügung, die euch ermöglichen, euren Weg so effizient wie möglich zu bewältigen. Und irgendwann kommt der Moment, wenn ihr feststellt, dass sich euer Bewusstsein so sehr verändert hat, dass es nicht wiederzuerkennen ist, und dass es keine Rückkehr in die Vergangenheit gibt. Und der göttliche Verstand in euch wird den Sieg über die Logik des fleischlichen Verstandes erringen. Wir wiederholen jene Dinge, die offensichtlich scheinen. Und dennoch gibt es nur eine sehr kleine Anzahl von menschlichen Individuen, die unsere Lehre vollständig verstehen und erfassen kann.

Alles Göttliche ist sehr einfach. Und diese Einfachheit verschreckt jene Menschen und erfüllt sie mit Zweifeln, die immer noch nach komplizierten Wegen suchen und sich freiwillig in ein Dickicht von Lehren treiben, die nirgendwohin führen als zum Tod der Seele. Wir wollen niemandem Angst machen, aber wir warnen davor, dass die kosmischen Fristen nahe sind, und dass es für Altes und Abgelebtes in der neuen Welt keinen Platz gibt. Und zum Jahreswechsel müsst ihr eine gründliche Revision in euren Köpfen, in eurem Bewusstsein durchführen und euch aus freiem Willen von allem trennen, was nicht von Gott ist, von allem, was euer Fortschreiten auf dem Weg behindert. Ihr habt noch Zeit, aber die Zeit ist kurz.

Ich war an diesem Tage bei euch. Ich bin froh, dass wir uns erneut getroffen haben.

ICH BIN Sanat Kumara. Om.

Jetzt, zum Wechsel des Jahreszyklus, ist es besonders nützlich, den Entschluss zu fassen und sich von allem zu befreien, was in eurem Bewusstsein unnötig ist

Der Geliebte Surya
21. Dezember 2006

ICH BIN Surya, und ich bin erneut gekommen, um den Menschen der Erde eine Botschaft zu geben. Ich bin von der Großen Zentralsonne zu euch gekommen und habe große Entfernungen überwunden. Dennoch bin ich ein Meister, der euch sehr nahe ist, weil alles, was die Erde und ihre Evolutionen betrifft, meiner Führung und unmittelbaren Obhut untersteht, und weil jeder Abschnitt der evolutionären Entwicklung auf dem Planeten Erde von mir direkt begleitet und beaufsichtigt wird. Ich führe und lenke die Evolutionen des Planeten Erde. Ich bin derjenige, der für den Verlauf der Evolution auf dem Planeten verantwortlich ist. Und ich bin jene Wesenheit, die immer in eurer Nähe ist, ungeachtet der kosmischen Distanz, die uns trennt. Jetzt bin ich gekommen, um euch eine Vorstellung vom Verlauf eurer Entwicklung zu geben und von jenem Entwicklungsabschnitt, auf dem sich die Menschheit der Erde jetzt befindet. Wie immer werden meine Worte sehr einfach sein, aber hinter der Einfachheit der Darlegung verbirgt sich die schwierige Arbeit von Tausenden und Millionen von Lichtwesen, die für eure physischen Augen nicht sichtbar sind, und die die Evolution auf eurem Planeten überwachen und rund um die Uhr bereit sind, euch alle notwendige Hilfe zu geben.

Ihr ähnelt Kindern in der jüngsten Gruppe eines Kindergartens, die ständig Fürsorge und Obhut brauchen. Und ihr mögt nicht all die Leute sehen, die sich um euch kümmern, das Essen für euch zubereiten, die Wäsche waschen und die Räumlichkeiten reinigen, aber diese Leute sind ständig in eurer Nähe, selbst wenn ihr sie nicht immer mit euren physischen Augen seht. Unsere Gegenwart muss von euch ebenso anhand der Resultate in eurer Umgebung wahrgenommen werden. Und die Tatsache, dass es uns trotz der nicht immer vernünftigen Taten und Handlungen der

Menschen auf der Erde gelingt, günstige Bedingungen für eure Entwicklung auf dem Planeten zu bewahren, zeugt von der Präzisionsarbeit aller Aufgestiegenen Lichtwesen, deren Arbeit auf das Wohl der Evolutionen der Erde ausgerichtet ist. Nicht immer könnt ihr unsere Arbeit wertschätzen, doch wir sind immer bei euch.

Die Schwierigkeit besteht darin, dass der Schleier, der unsere Welten trennt, immer noch sehr dicht ist, und viele Dinge, die wir verhindern und ungefährlich machen könnten, können wir gerade deswegen nicht abwenden, weil unsere Welten zu sehr getrennt und einander fern sind. Nicht im Hinblick auf die Entfernung, sondern auf das Schwingungsniveau. Deshalb sprechen wir zu euch unermüdlich und immer wieder über die Notwendigkeit, euer Bewusstsein und euer Schwingungsniveau zu erhöhen. Wenn eure Schwingungen eine höhere Stufe erreichen, können wir euch näher sein und euch mehr Hilfe und Unterstützung leisten. Daher müsst ihr alle verfügbaren Mittel einsetzen, um eure Schwingungen zu erhöhen. In eurem Leben gibt es Dinge, die eure Schwingungen senken, und in eurem Leben gibt es Dinge, die eure Schwingungen erhöhen. Und dies gilt für alles – sowohl für eure Nahrung und Kleidung als auch für alles, was euch umgibt. Eure Unterkünfte und Städte befinden sich auf einem sehr niedrigen energetischen Niveau. Wenn ihr euch daher um euren Wohnort und eure Umgebung kümmert, erhöht ihr automatisch euer Schwingungsniveau, und ihr werdet zunehmend imstande sein, eure Bewusstseinszustände zu unterscheiden, die Klänge der feinstofflichen Welt zu hören und unsere Gegenwart wahrzunehmen.

Es wäre seltsam zu erwarten, dass ihr uns hören könnt, wenn ihr auch weiterhin eure Lebensweise fortsetzt – jene Lebensweise, die für das Massenbewusstsein der Menschheit charakteristisch ist. Ihr müsst jetzt über alles in eurer Umgebung nachdenken, und dies ist der nächste Abschnitt eurer Entwicklung, wenn ihr dem, was euch in eurem Leben, zu Hause und bei der Arbeit umgibt, mehr Aufmerksamkeit widmen müsst. Ihr müsst euch um eure Umgebung kümmern, denn wenn ihr keine Anstrengungen unternehmt, euch von allem zu trennen, was niedrige Schwingungen hat, werdet ihr eure Entwicklung verlangsamen und nicht in den Korridor der kosmischen Möglichkeit gelangen können, der sich nähert und bereits gekommen ist.

Wir reden von einem Übergang, und dieser Übergang muss in eurem Bewusstsein vollzogen werden. Ihr selbst müsst euren eigenen Übergang vorbereiten. Denn wenn ihr nicht in der Lage seid, dies auf natürlichem, evolutionärem Wege zu tun, werden wir zu härteren und schmerzhafteren Maßnahmen greifen müssen, wie man es auch bei der Bestrafung von ungehorsamen kleinen Kindern tut. Seid nicht widerspenstig. Es ist Zeit erwachsen zu werden und zu lernen, sich dem Gesetz dieses Universums unterzuordnen. Ansonsten werdet ihr den Kindergarten nicht verlassen und eure Entwicklung nicht in der Schule und Universität fortsetzen können, und ihr werdet nicht die Arbeit ausführen können, die eurem Lebensstrom vorbestimmt ist.

Daher schiebt die Sache nicht auf die lange Bank und beginnt gleich jetzt zu analysieren, was euch in eurem Leben umgibt, und euch von dem zu befreien, was euch in keiner Weise auf dem nächsten Abschnitt der evolutionären Entwicklung nützlich ist. Hört auf, die Spiele von gestern zu spielen, und strebt dem neuen Tag entgegen, mit seiner freudigen Sonne und dem frischen Wind des Wandels.

Euer Bewusstsein muss in der Sonne gelüftet und getrocknet werden. Entfernt aus eurem Bewusstsein alle unnützen Gedankenformen und Bilder, entfernt alles, was nicht von Gott ist, und euer Leben wird sich wie durch ein Wunder zu verändern beginnen.

Erlaubt euch, zu Göttern in der Manifestation zu werden. Erlaubt euch freudige Bewusstseinszustände, erlaubt euch, für eure Nächsten zu sorgen. Erlaubt euch, zu SEIN und euch des Lebens zu erfreuen. Und erst dann, wenn ihr eure Einstellung zu allem ändert, was euch umgibt, werden sich alle Umstände eures Lebens ändern.

Jetzt, zum Wechsel des Jahreszyklus, ist es besonders nützlich, den Entschluss zu fassen und sich von allem zu befreien, was in eurem Bewusstsein unnötig ist. Vergesst nicht die Dispensation der Briefe an den Karmischen Rat. Schreibt eure Briefe. Ihr habt diese Möglichkeit bis zum

Ende dieses Jahres. Bittet den Karmischen Rat, euch von dem zu befreien, wovon ihr euch befreien wollt. Welche Eigenschaften oder schlechten Gewohnheiten belasten euch und behindern eure Entwicklung? Richtet das Momentum eurer Gebete im Laufe der nächsten sechs Monate darauf, euch von euren lieben Unvollkommenheiten zu befreien. Und in sechs Monaten werdet ihr euch nicht wiedererkennen. Je größer die Menge an Gebetsenergie, zu deren Freisetzung ihr euch für die nächsten sechs Monate vor dem Karmischen Rat verpflichtet, desto schneller werdet ihr euch von all euren unglücklichen Bindungen und karmischen Problemen befreien.

Um also die Dispensation nutzen zu können und Briefe an den Karmischen Rat zu schreiben, müsst ihr sorgfältig analysieren, wovon ihr euch in erster Linie befreien möchtet. Wendet euch an die Mitglieder des Karmischen Rates und listet eure Bitten und Wünsche auf. Verpflichtet euch zu Gebeten oder nehmt Verpflichtungen anderer Art auf euch, die ihr im Laufe der nächsten sechs Monate regelmäßig auszuführen bereit seid. Schreibt eure Bitten und Verpflichtungen auf ein Blatt Papier und bittet den Erzengel Michael und die Schutzengel, euer Schreiben seiner Bestimmung gemäß direkt zum Karmischen Rat zu bringen, und verbrennt den Brief. Ihr könnt eine Kopie des Briefes für euch behalten, und unter Voraussetzung, dass ihr die von euch übernommenen Verpflichtungen erfüllt habt, könnt ihr in sechs Monaten sehen, was sich geändert hat. Ich bin sicher, dass ihr euch von einer oder mehreren eurer größten Unzulänglichkeiten befreien werdet. Vergesst nicht, euch zu bedanken. Und sobald ihr euch von euren Problemen befreit habt, schreibt einen Dankbrief an den Karmischen Rat.

Ich verabschiede mich von euch mit Bedauern. Denn ich möchte euch alle nur mögliche Hilfe erweisen und euch genau den Rat geben, der am wichtigsten ist und euch am meisten weiterhelfen wird. Ich hoffe, dass ich euch wenigstens teilweise geholfen und einige sehr wichtige Ratschläge gegeben habe.

Ich verabschiede mich von euch, und bis zu neuen Treffen!

ICH BIN Surya.

Nehmt unsere Hand und lasst sie nicht los, bis der Glaube zu euch zurückkehrt und eure Zweifel sich wie ein Herbstnebel auflösen

Serapis Bey
22. Dezember 2006

ICH BIN Serapis Bey, und ich bin erneut gekommen, um euch eine weitere Botschaft zu geben, die euch helfen wird und die ihr braucht. Denn jede unserer Botschaften wird immer notwendiger für euch. Ihr beginnt endlich, euch unsere Spielregeln zu eigen zu machen. Und diese Regeln bestehen darin, regelmäßig eine Portion göttlicher Energie aufzunehmen. Und sobald ihr euch diesem Prozess unterzieht, der aus euch einen neuen Menschen formt, beginnt ihr den Prozess eurer Umwandlung entsprechend unseren göttlichen Vorbildern. Und jedes Mal, wenn wir kommen, versuchen wir, eine neue Portion des lebensspendenden Balsams in euer Bewusstsein zu gießen. Und ihr werdet fähig, euch zu verändern.

Tatsächlich gibt es in diesem Prozess der Veränderung eures Bewusstseins nichts, was den Lernprozess unter unserer Führung von einem beliebigen anderen Lernprozess unterscheidet. Und ihr selbst trefft die Wahl und entscheidet, ob ihr unter unseren Einfluss fallt, oder unter den Einfluss der Massenmedien, oder unter den Einfluss anderer Menschen, die uns nicht vertreten, aber es als ihre Pflicht betrachten, euch ihre Lehre zu geben.

Der Unterschied zwischen der Lehre, die euch durch unsere Gesandte gegeben wird, und vielen, vielen anderen Lehren durch Menschen, die es für ihre Pflicht halten, euch eine Lehre zu geben, besteht in der Reinheit der Quelle. Erst wenn wir die Möglichkeit haben, uns von der Hingabe und Aufrichtigkeit unseres Vertreters zu überzeugen, beginnen wir regelmäßig unsere Lehre durch ihn zu geben. Und jedes Mal, wenn wir kommen, müssen wir euch an Material erinnern, das bereits besprochen wurde, und ein wenig neues Material hinzufügen. Denn euer Bewusstsein ist sehr begrenzt, und alles, was unsere göttliche Welt betrifft, ist für euer menschliches Bewusstsein so ungewöhnlich, dass es bisweilen Ablehnung und sogar Zurückweisung hervorruft.

Aber wir haben es nicht eilig. Für uns ist es viel wichtiger, dass ihr euch wenigstens einige kleine Wahrheiten zu eigen macht, als dass ihr in hohem Tempo auf unbekannten und unerprobten Wegen dahineilt, die euch in Hülle und Fülle angeboten werden. Ich meine die vielen falschen Lehren und Sekten. Und ihr mögt mit Erstaunen in eurem Bewusstsein feststellen, dass hier nun wieder von einer einzig wahren Lehre die Rede ist und alles andere, worauf ihr in eurem Leben stoßt, abgelehnt wird. Gestattet mir, dass ich euch darin nicht zustimme. Denn die Wahrheit ist über fast alle Lehren verstreut und in verschiedenen Quellen vorhanden. Aber es ist alles eine Frage des Verhältnisses von Wahrheit und Lüge, und der Fähigkeit zu unterscheiden, wo Wahrheit und wo Lüge ist. Wir lehren euch zu unterscheiden. Wir sagen euch nicht, alles auf Treu und Glauben anzunehmen. Ihr könnt die gegebene Lehre in eurem äußeren Bewusstsein analysieren und sie erproben, ihr könnt sie mit anderen Lehren vergleichen und zu bestimmten Schlussfolgerungen kommen. Aber früher oder später müsst ihr dennoch die Wahl treffen und euch für den Weg entscheiden, den wir euch lehren. Denn dieser Weg ist der kürzeste und für euch durch den Verlauf eurer evolutionären Entwicklung vorbestimmt.

Wir sind die Meister der Weisheit, die euch in alten Zeiten mit unserem Bewusstsein ausgestattet haben. In euch wohnt ein Teilchen von uns. Und ob ihr es wollt oder nicht, ihr müsst uns das, was euch geliehen wurde, zurückgeben, damit ihr euch weiterentwickeln könnt. Die Zeit ist gekommen, in der ihr in euch selbst den göttlichen Verstand entwickeln und uns die Gehhilfen zurückgeben müsst, die wir euch gaben. Ihr seid jetzt genesen, euer Bewusstsein erlangt wieder die göttliche Reinheit, und ihr könnt jetzt weitergehen, indem ihr euch von unserer Lehre und unseren Grundsätzen leiten lasst. Doch nicht alle von euch haben den erforderlichen Entwicklungsstand erreicht. Daher müssen wir erneut kommen und unsere Lehre geben, die für ein ziemlich breites Publikum gedacht und vielen verständlich ist. Wir werfen unsere Netze weit aus und sind bestrebt, dass möglichst viele Seelen so schnell wie möglich den wahren Weg finden und nach Hause zurückkehren. Wir zwingen euch nicht, unserem Weg zu folgen, wir sagen und warnen euch einfach, dass dies der kürzeste Weg ist. Und ihr wählt, ob ihr diesem Weg folgen werdet oder nicht, und ihr geht ihn selbst.

Ich bin immer wieder erstaunt, wie viele Menschen, die sich nach der wahren Lehre gesehnt haben, in unsere Unterrichtsklassen kommen, und jedes Mal gibt es Tausende und Millionen verschiedener Gründe und Ausreden, die unsere Schüler nach und nach vom Weg abbringen. Wenn sie zwischen den Verkörperungen in unsere ätherischen Unterrichtsklassen zurückkehren, sind sie über ihre eigene Blindheit sehr erstaunt und darüber, dass sie eine falsche Wahl nach der anderen trafen und überhaupt nicht sahen, was offen vor ihren Augen lag, sondern nur das, was sie selbst sehen wollten. Nun, ihr habt das Recht, Fehler zu machen.

Ihr könnt versuchen zu gehen, ihr mögt fallen, wieder aufstehen und weitergehen. Ich möchte euch einfach das Seil der Zuversicht in eure Hände geben. Ich möchte euch das ganze Momentum meines Glaubens, meines Strebens und das ganze Momentum meiner Errungenschaften geben. Ich möchte euch so sehr helfen. Und ich möchte, dass diejenigen von euch, die negative Bewusstseinszustände erleben und häufig an der Richtigkeit des gewählten Weges zweifeln, sich öfter an mich wenden und mit mir reden. Ihr findet mich in meiner heiligen Lichtstätte über Luxor. Visualisiert vor dem Einschlafen ein Bild meiner Lichtstätte und versucht, Fragen zu formulieren, und was euch zweifeln lässt. Ich werde während eures nächtlichen Schlafs mit euch arbeiten, und am Morgen werdet ihr eine Erleichterung verspüren, denn ich werde die einzig wahren Worte und Argumente finden, die euch auf eurem Abschnitt des Weges helfen werden. Ich werde euch meine Hand reichen, und den ganzen Tag werdet ihr euch daran erinnern, wie ihr meine Hand fest in euren Händen hieltet und nicht loslassen wolltet.

Ich werde euch alle Hilfe erweisen, die euch erwiesen werden kann, bittet nur um diese Hilfe. Denn wenn ihr in eurem Stolz nicht einmal um unsere Hilfe bitten könnt, können wir euch nicht helfen. Zögert nicht, scheut euch nicht, und entfernt alles aus eurem Bewusstsein, was euch daran hindern könnte, um unsere Hilfe und Unterstützung zu bitten. Ihr wisst, dass das Gesetz dieses Universums euch freien Willen gegeben hat, und wir können nicht euren freien Willen verletzen und euch ohne eure Bitte und euren Ruf helfen. Doch sobald der Ruf ausgesprochen ist, sind wir verpflichtet zu antworten. Und wir werden euch alle mögliche Hilfe und Unterstützung geben. Vernachlässigt unsere Hilfe insbesondere jetzt nicht, am Ende des Jahres, wenn alte negative Energien aktiv werden und viele von euch Zustände schwerer Depression und Hoffnungslosigkeit erleben.

Wir reichen euch eine helfende Hand. Wir möchten und können euch helfen.

Nehmt unsere Hand und lasst sie nicht los, bis der Glaube zu euch zurückkehrt und eure Zweifel sich wie ein Herbstnebel auflösen.

Und jetzt bin ich bereit, euch eine weitere wichtige Unterweisung zu geben, die euch zweifellos helfen wird. Und diese Unterweisung betrifft eure Ergebenheit und eure Liebe. Bitte kultiviert die Ergebenheit und Liebe in euch. Scheut euch nicht, uns in Momenten zu danken, in denen ihr ohne besonderen Grund eine hohe Stimmung erlebt und bereit seid, die ganze Welt zu lieben und zu umarmen. Sendet uns eure Liebe. Und wenn einer eurer Mitmenschen unsere Hilfe braucht, werden wir dem bedürftigen Herzen den Strom eurer Liebe und Dankbarkeit senden. Und so könnt ihr euch gegenseitig helfen. Und auf diese Weise können wir die Freude und Liebe in eurer Welt vermehren.

Ich sende euch meine Liebe und Unterstützung.

ICH BIN Serapis!

Wir kommen, um euch über die Grundsätze aufzuklären, auf denen die Gemeinschaft aufgebaut ist

Babaji
23. Dezember 2006

ICH BIN Babaji, und ich bin erneut gekommen, um die Lehre zu geben, die so alt ist wie die Welt. ICH BIN an diesem Tage gekommen, und die Sonne hat mein Kommen angekündigt.[22]

Ich bin sehr froh, dass sich diese Möglichkeit bietet. Denn jede Möglichkeit unserer Kommunikation erfordert zu ihrem Zustandekommen immer noch erhebliche Anstrengungen und einen sehr großen Energieaufwand. Doch wir kommen euch entgegen und überwinden alle Schwierigkeiten des Raumes und der Zeit, die mit dem Schwingungsunterschied unserer Welten einhergehen.

Ich bin gekommen, um die alten Wahrheiten und die Weisheit der Zeitalter noch einmal in eurem Bewusstsein zu festigen. Und diese Wahrheit und diese Weisheit besagen, dass noch nie etwas, was sich von der Welt trennte, lange existieren konnte. Zu jeder Zeit gab es Weise und Propheten, die sich von der Welt absonderten und versuchten, in der Einsamkeit die ganze Fülle der göttlichen Wahrheit zu erkennen. Und ihr Weg war nicht leicht und voller Entbehrungen. Viele von ihnen starben einfach, ohne die göttliche Wahrheit zu erkennen oder sie überhaupt zu berühren. Dies ist der Weg der Einzelgänger, es ist der Weg der Pioniere. Und nur sehr wenigen von ihnen gelang es unter unsagbaren Anstrengungen, die göttliche Wahrheit zu berühren, die in den Tiefen ihres Herzens verborgen war. Und jedes Mal erhielt die Welt einen neuen Philosophen, einen neuen Weisen oder Propheten, der imstande war, die empfangene Wahrheit mit Tausenden und Millionen anderer Menschen zu teilen. Der Prozess, die Wahrheit zu erkennen, und der Prozess, die Wahrheit anderen Menschen

---

[22] Am Morgen war der Himmel bedeckt und es schneite. In dem Moment, als Babaji kam, brach ein Sonnenstrahl zwischen den Wolken hervor, und die Sonne blieb die ganze Zeit, während die Botschaft gegeben wurde. Später bedeckte sich der Himmel, und es schneite wieder.

nahezubringen, sind zwei Prozesse, die sich gegenseitig ergänzen und nicht ohneeinander existieren können. Denn es ist nicht möglich, Zugang zu den unzähligen Schätzen im Himmel zu erhalten, ohne diese Schätze mit anderen zu teilen. Jedes Mal, wenn jemand versuchte, die Schätze des Himmels für sich persönlich, für seine eigene Entwicklung zu erhalten, scheiterte es. Gott möchte, dass die Entwicklung der Menschheit in einem mehr oder weniger gleichmäßigen Rhythmus verläuft, und es ist nicht möglich, in eurer Welt zu existieren, wenn ihr euch in eurem Schwingungsniveau zu sehr von allem entfernt habt, was euch umgibt.

Daher komme ich und lehre euch. Und alle Aufgestiegenen Lichtwesen kommen zu euch, um euch ihre Lehre zu geben. Denn man kann in diesem Universum nicht isoliert sein. Früher oder später kann jemand, der sich zu sehr isoliert hat, nicht mehr existieren.

Und ich versuche, eurem Bewusstsein die Grundsätze der Gemeinschaft nahezubringen. Grundsätze, die es ermöglichen, unsere Lehre auf der Grundlage der Gemeinschaft in eurer Welt zu verbreiten. Das Prinzip der Gemeinschaft ist ein seit Jahrhunderten erprobtes Prinzip, neues Wissen zu verankern und die moralisch-sittlichen Grundsätze der Erdbewohner auf ein neues Niveau zu heben. Jedes Mal, wenn eine Gemeinschaft geschaffen wird, ist sie dazu berufen, das Wissen, das in einem neuen Abschnitt der Entwicklung der Menschheit vom Himmel freigegeben wurde, auf einer qualitativ neuen Ebene zu festigen. Die Gemeinschaft selbst hat keinen praktischen Wert. Die Gemeinschaft hat nur dann einen Wert, wenn sie ihre Aufgaben erfüllt, die ihr vom Himmel gegeben wurden. Wenn man unter der Gemeinschaft das Zusammenleben von Menschen auf einem bestimmten Territorium versteht, wird damit das Prinzip einer falschen Gemeinschaft umgesetzt. Eine wahre Gemeinschaft kann nur im Umfeld von Wesenheiten verwirklicht werden, die mit unserer Macht und unserem Vertrauen ausgestattet sind. Wenn nämlich eine Gemeinschaft nach unseren Grundsätzen geschaffen wird, gießen wir in den Kelch der Gemeinschaft die göttliche Energie, die für ihre Entwicklung und Aufrechterhaltung notwendig ist.

Und jetzt rate ich euch, in eurem Herzen über alles nachzudenken, was euch heute gesagt wurde, und über alles, was ihr jemals über die Gemeinschaften und ihre Mitglieder gelesen habt.

Sobald der Mensch, der auf der physischen Ebene unsere Interessen vertritt, die Gemeinschaft verlässt, verliert die Gemeinschaft allmählich ihre Bedeutung und löst sich auf. Es gibt noch keinen angemessenen Mechanismus, der der Gemeinschaft ermöglichen würde, ohne das Fundament zu bestehen, welches der Lichtfokus ist, den wir im Herzen unserer Gesandten verankern. Dies ist einem Haus ähnlich, das unter den Bedingungen eines strengen Winters nicht bestehen und nicht bewohnt werden kann, wenn im heimischen Herd kein Feuer brennt. Wir kommen, um euch über die Grundsätze aufzuklären, auf denen die Gemeinschaft aufgebaut ist. Der Aufbau einer Gemeinschaft erfolgt ganz allmählich. Zuerst wird eine Matrix auf der feinstofflichen Ebene geschaffen. Und diese Matrix entspricht vollkommen den göttlichen Vorbildern, den göttlichen Prinzipien für die Schaffung der Gemeinschaft. Dann, im Laufe einer bestimmten kosmischen Zeitspanne, wenn ein Zyklus nach dem anderen vergeht, beginnt diese Matrix mit der Präzipitation auf der physischen Ebene und keimt in der physischen Welt in Form eines Territoriums, Gebäudes und zugrunde liegender rein menschlicher Regeln und Grundsätze. Jedes Mal muss sich die Gemeinschaft an die bestehenden Bedingungen in dem Land anpassen, das wir für den Aufbau der Gemeinschaft wählen. Und jedes Mal werden die Bedingungen für den Aufbau der Gemeinschaft von uns auf der feinstofflichen Ebene geschaffen und dann in Raum und Zeit präzipitiert. Jetzt ist der Aufbau der Gemeinschaft auf der feinstofflichen Ebene abgeschlossen, und wir erwarten, dass diese Gemeinschaft in der nächsten Zeit mit der Präzipitation auf der physischen Ebene beginnt. Es wird keine Materialisation im vollen Sinne sein. Dazu wäre eine große Menge an Energie erforderlich, die wir noch nicht geben können. Doch wir werden gerne eure Hilfe und eure Ressourcen nutzen, die ihr uns für den Aufbau unserer Gemeinschaft zu opfern bereit seid. Natürlich werden dieser Gemeinschaft nicht alle beitreten können, die es wünschen. Diese Gemeinschaft öffnet ihre Türen nur für Menschen, deren Schwingungen und Bestrebungen mit unseren Plänen und Hoffnungen übereinstimmen.

Ich wäre sehr glücklich, wenn innerhalb einiger Jahre eine solche Gemeinschaft auf dem Territorium Russlands aufgebaut werden könnte, als dem Land, in dem wir jetzt mit dem Aufbau beginnen. Russland als dem Land, dem wir jetzt unsere Sponsorschaft verliehen haben, und das verpflichtet ist, in der nächsten Zeit die Grundsätze umzusetzen, die wir in jedem Land der Welt einführen möchten.

Ich bin sehr froh, dass es mir heute gelungen ist, einige grundlegende Punkte anzusprechen, die notwendig sind, um das Bewusstsein der Gemeinschaft in euren Köpfen und Herzen zu bejahen. Ich bin sehr froh, dass dies zu einem astrologisch wichtigen Zeitpunkt beim Wechsel des Sonnenzyklus geschehen ist. Und so wird ein neues Bewusstsein und ein neues Denken, das mit der Gemeinschaft verbunden ist, in eurem Bewusstsein zusammen mit der Zunahme des Sonnentages auf der nördlichen Hemisphäre aufkeimen. Und alles, was der Schaffung einer solchen Gemeinschaft im Wege steht, wird dahinschmelzen wie die nächtliche Finsternis beim Aufgang der Sonne.

Ich habe über die Gemeinschaft gesprochen und einige Grundsätze der Gemeinschaft eurem Bewusstsein nahegebracht. Ich werde mich freuen, wenn das, was gesät wurde, zu den entsprechenden Jahreszeiten keimen, wachsen und Ernte bringen kann.

Wenn ihr später diese Botschaft erneut lest, werden in eurem Bewusstsein immer neue Details zu keimen beginnen. Und ihr werdet den Plan verstehen können, den wir auf dem Boden von Mutter Russland haben und in unseren Herzen tragen.

Es war mir eine Freude, euch gerade jetzt diese wichtige Lehre zu geben.

Und nun muss ich mich verabschieden, und ich verliere nicht die Hoffnung, dass wir uns auch weiterhin treffen können. Om.

ICH BIN Babaji.

Es ist an der Zeit, nicht von Gott zu reden, sondern in eurem Leben in Übereinstimmung mit dem göttlichen Gesetz zu handeln

Meister Lanello
24. Dezember 2006

ICH BIN Lanello[23], und ich bin an diesem Tag zu euch gekommen, um euch eine weitere Botschaft zu geben. Das Gute an unseren Botschaften ist, dass sie die Möglichkeit haben, auf ein breites Publikum Einfluss zu nehmen. Wir geben ein gewisses Maß an Informationen, das sich Millionen von Menschen aneignen können. Und wir rechnen aufrichtig damit, dass Millionen von Menschen in der nächsten Zeit an uns, die Aufgestiegenen Meister, glauben und damit beginnen können, die Illusion der physischen Ebene unter unserer Führung zu transformieren. Endlich ist die Zeit gekommen, dass die Veränderungen der physischen Ebene in Übereinstimmung mit dem göttlichen Plan für diese Zeit stattfinden. Die voranschreitende Epoche erfordert grundlegende Veränderungen in allen Bereichen des menschlichen Lebens. Und dies gilt nicht nur für den spirituellen Bereich, sondern auch für Politik, Wirtschaft, Bildung und Gesundheitswesen. Alles muss unter dem Einfluss der neuen Energien und Schwingungen, die auf die physische Ebene herabströmen, verändert werden.

Und wenn früher für bestimmte Veränderungen ein Zeitraum von Jahrhunderten erforderlich war, so werden jetzt die notwendigen Veränderungen in wenigen Jahren vollzogen. Denn so ist das Gebot der Zeit,

---

[23] Die letzte Verkörperung von Meister Lanello war die Verkörperung als Mark Prophet in Amerika. Der geliebte Lanello spricht über sich in seiner Botschaft vom 6. April 2005 („Wir errichten unseren Fokus des Lichtes auf russischem Boden").

und so ist der Ratschluss des Höchsten Kosmischen Rates für den Planeten Erde. Strebt daher danach, euch selbst zu ändern und euch so bald wie möglich von denjenigen eurer Eigenschaften und Mängel zu befreien, die euer Fortschreiten auf dem Weg der Veränderungen behindern. Erst wenn ihr euch von den Energien der Vergangenheit reinigt und von karmischen Ablagerungen befreit, werdet ihr die Aufgaben sehen können, die vor euch liegen, und was ihr tun müsst. Doch solange ihr in eurem Inneren Widerstand leistet und beharrlich eure alten stereotypen Denkweisen und Fehler verteidigt, könnt ihr nicht zu den schönen Horizonten des neuen Tages aufbrechen, der für euch vorbestimmt ist.

Habt keine Angst davor, euch selbst und euren Mängeln ehrlich ins Gesicht zu sehen. Wenn meine Worte euch irritieren und es euch so scheint, als wärt ihr die leibhaftige Vollkommenheit und niemand, einschließlich der Aufgestiegenen Meister, hätte das Recht, euch Anweisungen zu erteilen, so fehlt euch die wichtigste Eigenschaft auf eurem Weg – göttliche Demut und Gehorsam. Es scheint euch so, dass ihr selbst Herr eures Schicksals seid und mit euch tun könnt, was ihr wollt. Ihr müsst euch jedoch der göttlichen Logik bewusst werden. Euer Gott, der Vater, ist sehr fürsorglich und liebevoll. In diesem Sinne habt ihr viel Glück mit eurem Vater im Himmel. Und weil er euch sehr liebt, kann er nicht zulassen, dass ihr durch eure Handlungen eurer Seele weiterhin Schaden zufügt. Vertraut eurem himmlischen Vater und unterwerft euch in Demut seinem Willen.

Der Wechsel der kosmischen Zyklen ist ein unausweichliches Erfordernis der Zeit. Daher muss alles, was in euch dem großen Übergang im Wege steht, von euch selbst überwunden werden. Seid nicht eigensinnig; nur wenn ihr selbst in eurem Inneren den Entschluss fasst, alles Unnötige, Abgelebte und Negative loszuwerden und Gott bittet, euch von eurer karmischen Last zu befreien, nur dann können die Aufgestiegenen

Lichtwesen euch zu Hilfe eilen und bei der Überwindung jahrhundertealter Schichten von negativer Energie helfen.

Wenn ihr aber eigensinnig bleibt und eure Mängel und schädlichen Gewohnheiten verteidigt, kann niemand euch helfen, weder Gott noch Mensch.

Reue und Bekenntnis sind von jeher die Werkzeuge, die es einer Seele ermöglichen, gereinigt zu werden und dem göttlichen Weg zu folgen.

Nicht immer folgen die Menschen, die viel von Gott reden, dem göttlichen Weg. Nicht immer folgen diejenigen, die den größten Teil des Tages im Gebet verbringen, dem göttlichen Weg.

Die Zeit ist gekommen, wenn ihr, jeder in seinem eigenen Leben, die Gebote erfüllen müsst, die von den Propheten gegeben wurden, die Gebote, die schon zu Zeiten Moses auf Steintafeln geschrieben wurden[24].

Analysiert diese Gebote und analysiert euer Verhalten. Wie viele von euch halten diese Gebote wirklich in ihrem Leben? Wie viele von euch handeln im Leben in Übereinstimmung mit dem göttlichen Gesetz?

---

[24]
1. Ich bin der HERR, dein Gott. Du sollst keine anderen Götter haben neben mir.
2. Du sollst dir kein Bildnis machen.
3. Du sollst den Namen des HERRN, deines Gottes, nicht missbrauchen.
4. Den Sabbattag sollst du halten.
5. Du sollst deinen Vater und deine Mutter ehren, auf dass du lange lebest.
6. Du sollst nicht töten.
7. Du sollst nicht ehebrechen.
8. Du sollst nicht stehlen.
9. Du sollst nicht falsch Zeugnis reden wider deinen Nächsten.
10. Du sollst nicht begehren deines Nächsten Frau. Du sollst nicht begehren deines Nächsten Haus, Acker, Knecht, Magd, Rind, Esel noch alles, was sein ist.
(vgl. Deuteronomium 5: 6-21.)

Es ist an der Zeit, nicht von Gott zu reden, sondern in eurem Leben in Übereinstimmung mit dem göttlichen Gesetz zu handeln.

Und für viele von euch wird dies viel schwieriger sein als den Gottesdienst zu besuchen, zu beten und zu fasten. Doch dies ist das Gebot der Zeit. Hört auf zu heucheln, zumindest euch selbst gegenüber. Verhaltet euch, wenn ihr allein seid, so, wie ihr euch in Gegenwart anderer Menschen verhalten würdet, und verhaltet euch mit anderen Menschen so, wie ihr euch verhalten würdet, wenn ihr Gott, den Vater, vor euch hättet.

Alle eure Taten und alle eure Gedanken werden unablässig, jede Minute und jede Sekunde eures Lebens in der Akasha-Chronik aufgezeichnet. Und wenn ihr imstande seid, diese Chronik einzusehen, werdet ihr sofort feststellen, warum das, was in eurem Leben geschieht, gerade so geschieht und nicht anders. Und warum Not und Unglück euch verfolgen.

Alles Unheil und alles, was euch in eurem Leben umgibt, habt ihr selbst in der Vergangenheit geschaffen. Das Gesetz des Karmas funktioniert einwandfrei.

Daher wird die größte Errungenschaft in eurem Leben die Erkenntnis sein, dass ihr in eurem Leben mit den Folgen eurer eigenen Handlungen aus der Vergangenheit konfrontiert werdet und dass niemand anderes als ihr selbst die Schuld an dem trägt, was euch widerfährt. Und kein anderes Ereignis in eurem Leben lässt sich an Bedeutung mit dieser Entdeckung vergleichen, die ihr in eurem Herzen machen werdet.

Und wenn ihr die Wirkung des großen Gesetzes seht, werdet ihr verstehen, dass Gott sehr barmherzig mit euch ist. Und was ihr in der Vergangenheit getan habt, müsste mit weit größeren Entbehrungen, Krankheiten und Unglück gestraft werden. Und ihr werdet über die Gnade des himmlischen Vaters erstaunt sein und eine vollkommene Demut und Gehorsam vor seinem Willen und seinem Gesetz empfinden.

Erst wenn ihr voller Reue in eurem Herzen seid, werdet ihr in der Lage sein, das Himmelreich zu erkennen und dem Weg zu folgen, ohne abzuweichen oder euch den Verpflichtungen zu entziehen, die ihr vor eurer Verkörperung auf euch genommen habt.

Und jetzt bin ich bereit, euch daran zu erinnern, dass heute Heiligabend, der Abend vor Weihnachten ist[25]. Und der westliche Teil der Menschheit feiert dieses lichte Fest als eines der bedeutendsten im Jahr. Denkt daher am Vorabend dieses Festes darüber nach, dass Christus in jedem von euch geboren werden kann, wenn ihr eurem Höheren Selbst die Möglichkeit gebt, durch euch zu handeln. Euer Höheres Selbst kann nicht durch euch zu handeln beginnen, solange ihr eigensinnig bleibt und euch nicht dem göttlichen Gesetz dieses Universums unterordnet. Doch sobald ihr euch in eurem Herzen dazu entschließt, dem Gesetz zu folgen, wird euer Höheres Selbst durch euch handeln können, und eure Handlungen werden zu den Handlungen eines Christuswesens in der Manifestation.

Ich wünsche euch lichte Festtage zu Weihnachten, und ich wünsche euch, einem jeden von euch, dass ihr Christus in euch selbst findet!

ICH BIN Lanello,
mit Liebe zu euch.

---

[25] Im westlichen Christentum wird Weihnachten am 25. Dezember gefeiert. Im russisch-orthodoxen Christentum wird Weihnachten am 7. Januar gefeiert.

Der Dispensation am 23. eines jeden Monats wird noch ein weiterer sehr wichtiger Punkt hinzugefügt

Gautama Buddha
25. Dezember 2006

ICH BIN Gautama Buddha, und ich bin erneut zu euch gekommen, um eine weitere Botschaft zu geben, die auf der Kraft der Liebe beruht, die ich, wie auch andere Aufgestiegene Meister, für euch Menschen der Erde empfinde, die sich jetzt in der Verkörperung befinden. Dies ist eine sehr schwierige Zeit, und die Jahreswende ist eine besonders wichtige und schwierige Zeit. Gerade zum Wechsel des Sonnenzyklus kommen wir und geben euch unseren Unterricht, denn alles, was wir bei zunehmender Sonne pflanzen, wird im Frühling und Sommer mit dem Beginn der nächsten Sonnenzyklen, dem Tag der Frühlings-Tagundnachtgleiche und dem Tag der Sommersonnenwende, keimen und wachsen. Das Alte geht zu Ende, und das Neue nimmt seinen Anfang, und dieses Neue ist absolut wunderbar!

Ich kann das sagen, weil ich eine unmittelbare Beziehung zu der Zukunft habe, die sehr bald kommen wird. Wir sind froh, dass sich eine ausreichende Anzahl menschlicher Individuen gefunden hat, die uns, den Aufgestiegenen Meistern dienen wollen, und gemeinsam mit euch können wir unsere Pläne umsetzen.

Ich stehe in großer Aufregung vor euch, denn heute hat bei der Sitzung des Karmischen Rates ein sehr wichtiges Ereignis stattgefunden, und dieses Ereignis wird schon sehr bald das Leben eines jeden Erdbewohners beeinflussen. Heute wurde während der Sitzung beschlossen, dass jeder Bewohner des Planeten Erde, der eine bestimmte Bewusstseinsebene erreicht hat, einen Teil der Energie, die er beim Beten oder während seines Dienstes am Leben freisetzt, dazu verwenden kann, dass der Rest der irdischen Menschheit so bald wie möglich ebenfalls die Bewusstseinsebene erreichen kann, die für diesen Abschnitt der evolutionären Entwicklung notwendig ist. Wir haben diese wichtige Entscheidung zeitlich auf die

Dispensation am 23. eines jeden Monats[26] abgestimmt, und von jetzt an, mit Beginn am 23. Januar des nächsten Jahres, zusätzlich zu den Bestimmungen dieser wichtigen Dispensation, die auch weiterhin für den gesamten Zeitraum des nächsten Jahres gelten, wird noch ein weiterer sehr wichtiger Punkt hinzugefügt. Jeder von euch, der es wünscht, kann seine Energie auf die Transmutation des Karmas derer richten, die in ihrer Entwicklung das Tempo verlangsamt haben und viele göttliche Wahrheiten nicht verstehen können. Dies kann eure Nächsten, eure Verwandten und selbst fremde Menschen betreffen, zu denen ihr eine besondere Nähe empfindet. Ihr könnt am 23. Tag eines jeden Monats des nächsten Jahres eine Anrufung machen und das Karma transmutieren, das den von euch gewählten Menschen daran hindert, die nächste Stufe des Bewusstseins zu erreichen. Fürs erste kann diese Dispensation von jedem von euch nur auf einen anderen Menschen angewendet werden. Zum Beispiel auf euren Ehepartner, eines eurer Kinder, eure Mutter oder euren Vater, oder auf einen anderen Menschen, dem ihr helfen möchtet.

Wir hoffen aufrichtig, dass diese neue göttliche Möglichkeit uns erlaubt, mit euch gemeinsam die Bewusstseinsebene der irdischen Menschheit mit größerem Tempo zu erhöhen. Stellt euch vor, dass zu der Anzahl von Menschen, die die Bewusstseinsebene erreicht haben, auf der sie uns

---

[26] Der Leser kann sich in den folgenden Botschaften der Meister mit der Dispensation am 23. eines jeden Monats vertraut machen:
„Über die Möglichkeit, das Karma für den nächsten Monat zu erleichtern, und über Briefe an den Karmischen Rat" (Der Geliebte Surya, 23. Juni 2005).
„Über die neue göttliche Gnade" (Der Geliebte El Morya, 27. Juni 2005).
„Die beste Predigt wird euer persönliches Beispiel sein" (Die Göttin der Freiheit, 22. April 2005).
„Ich habe für euch zwei Nachrichten mitgebracht. Eine traurige und eine erfreuliche" (Der Geliebte El Morya, 7. Januar 2006).
„Einige Anweisungen, wie ihr euch gegenüber allem verhalten müsst, was euch in eurer dichten Welt und in den feinstofflichen Welten umgibt" (Der Geliebte El Morya, 20. April 2006).
„Über den bevorstehenden Tag der Sommersonnenwende und die göttlichen Gnadengaben, die mit diesem Tag verbunden sind" (Gott Maitreya, 15. Juni 2006).
„Über die Dispensation am 23. eines jeden Monats und andere Möglichkeiten, die vom Himmel gegeben werden" (Der Geliebte El Morya, 19. Juli 2006).

bewusst dienen können, bis zum Ende des nächsten Jahres, nach Abschluss des Jahreszyklus und der Sitzung des Karmischen Rates noch einmal genau die gleiche Anzahl von Menschen hinzukommt! Auf diese Weise werden wir die Möglichkeit haben, bis zum Ende des Jahres die Anzahl der Menschen zu verdoppeln, die uns dienen und imstande sind, die Verantwortung für den Planeten und die evolutionäre Entwicklung aller Lebewesen auf dem Planeten Erde zu übernehmen.

Es war mir eine Freude, euch von dieser wichtigen Entscheidung zu berichten! Und jetzt bin ich bereit, euch noch einige weitere Informationen zu geben, die euch helfen werden, euch in der gegenwärtigen Situation auf der Welt zu orientieren. Es geht um die katastrophale Zunahme der negativen Schwingungen am Ende des Jahres. So viele Menschen leiden unter Depressionen, und so viele Menschen verbringen die festliche Zeit um Weihnachten und Neujahr auf einem sehr niedrigen Schwingungsniveau, wenn sie Alkohol trinken und andere unwürdige und unanständige Dinge tun. All dies verursacht ein zusätzliches Maß an planetarem Karma, das auf manchen Kontinenten nicht wiedergutzumachende Schäden anrichten kann. Daher bitte ich euch wie immer am Ende des Jahres, das Gleichgewicht zu wahren, vor allem in eurem Inneren, und möglichst große Anstrengungen zum Ausgleich des planetaren Karmas und des Karmas eures Landes zu unternehmen. Wenn ihr ein inneres Bedürfnis dazu verspürt, könntet ihr mit doppelter und dreifacher Kraft jeden verbleibenden Tag bis zum Ende dieses Jahres eurer Gebetspraxis widmen. Scheut nicht davor zurück, selbst von der Arbeit freizunehmen, um zu Hause in der Zurückgezogenheit oder in einer Gruppe von Gleichgesinnten für das Wohl des Planeten Erde zu arbeiten. Lest Rosenkränze, lest andere Gebete oder führt eure Meditationspraxis aus. Sendet der Erde eure Liebe und Dankbarkeit. Stellt euch Mutter Erde als ein Lebewesen vor, das euch erlaubt, zu leben und euch zu entwickeln, und das sich um euch kümmert. Sendet eure Liebe der Erde und den Elementarwesen, die der menschlichen Evolution auf der Erde dienen.

Jedes Mal am Ende des Jahres bitten wir euch um zusätzliche Energie, die ihr uns geben könnt, und dies erlaubt uns unsererseits, die Situation auf dem Planeten auszubalancieren und viele Katastrophen abzuwenden.

Deshalb komme ich und wende mich mit dieser Bitte an euch, als eine Wesenheit, die auf dem Planeten Erde Macht hat und das Gleichgewicht auf dem Planeten hält.

ICH BIN Buddha, und ich bin froh darüber, dass viele von euch die Entscheidung getroffen und sich auf den Weg gemacht haben, der Menschheit der Erde zu dienen, und darüber ihre persönlichen Probleme und ihre persönlichen Schwierigkeiten und Unannehmlichkeiten vergessen haben.

Tatsächlich verlassen euch erst dann alle eure kleinen Probleme eins nach dem anderen, wenn ihr ganz im Dienst am Leben aufgeht. Und eines schönen Tages stellt ihr fest, dass ihr frei seid von allem Kleinen und Unnötigen, was euch früher in eurem Leben belastet hat. Doch das war ein anderes Leben, das Leben eines Menschen, der auf sich selbst und seine Probleme konzentriert war. Jetzt seid ihr ein Lichtwesen, das sich um das Wohlergehen und die Harmonie auf dem ganzen Planeten kümmert.

Möge es der Welt wohlergehen!

Mögen alle Lebewesen, die unseren geliebten Planeten Erde bewohnen, glücklich sein. Om.

ICH BIN Gautama Buddha.

Ihr müsst ständig die Folgen eures Handelns analysieren und solltet nicht versuchen, dort zu lehren, wo eure Lehre sofort in den Schmutz gezogen wird

Der Geliebte Kuthumi
26. Dezember 2006

ICH BIN Kuthumi, und ich bin an diesem Tag durch unsere Gesandte zu euch gekommen. Ich bin gekommen, um einen weiteren Teil unserer Lehre zu geben, den ihr euch zu eigen machen müsst, weil die Zeit dafür gekommen ist. Die Zeit ist so, dass jede Manifestation der Göttlichkeit, der ihr in eurem Leben begegnet, zu einem Fest für eure Seele wird. Denn eure Seelen sehnen sich nach der göttlichen Welt, aus der sie kamen und in die es Zeit ist zurückzukehren. Deshalb bin ich immer sehr froh, euch eine Nachricht aus der göttlichen Welt zu übermitteln, und ich bin ebenso sehr froh, einige kleine Unterweisungen zu geben.

Ich weiß, dass so viele von euch mich lieben und mit mir reden. Fast immer, wenn ihr auf meine Wellenlänge eingestimmt seid, kann ich euch hören und eure Gedanken wahrnehmen. Denn so ist mein Dienen. Auf diese Weise weiß ich über viele von euch Bescheid. Und ich kenne die Probleme, mit denen ihr belastet seid. Daher möchte ich sehr gerne alles tun, was nur möglich ist und was immer in meinen Kräften steht, um euch die Wurzeln der Probleme verständlich zu machen, die auf euch zukommen, und euch den nötigen Impuls zu geben, damit ihr die Ursachen eurer Schwierigkeiten in euch selbst überwinden könnt.

Deshalb werden wir heute über etwas sprechen, was für viele von euch aktuell und wichtig ist. Und dies hat mit euren Beziehungen zu den Menschen zu tun, die euch in eurem Leben umgeben, aber eure Lehre, eure Anweisungen, eure Lebensweise und eurer Weltanschauungssystem nicht verstehen und nicht akzeptieren. Leider befinden sich alle Menschen auf völlig unterschiedlichen Entwicklungsstufen. Und unter euch gibt es viele, die nach der Ebene ihres Bewusstseins noch der vorherigen Vierten Wurzelrasse angehören. Die meisten von euch gehören verschiedenen Unterrassen der Fünften Wurzelrasse an, und es gibt eine bestimmte Anzahl, eine sehr kleine Anzahl von Individuen, die zu den letzten, abschließenden Unterrassen der Fünften Wurzelrasse gehören, und eine noch kleinere Anzahl von Individuen, die der Sechsten Wurzelrasse angehören, deren Zeit noch nicht gekommen ist, aber die ersten Pioniere dieser Rasse, besonders die Ungeduldigen, unternehmen jetzt probeweise ihre Verkörperungen.

Was die Entwicklungsgeschichte der Rassen betrifft, so erfordert dieses Thema eine längere Diskussion und wird nicht Gegenstand dieser Botschaft sein. Alles, worauf ich eure Aufmerksamkeit lenken möchte, betrifft die unbestreitbare Tatsache, dass ihr alle euch auf verschiedenen Stufen eurer evolutionären Entwicklung befindet. Und deshalb ist der Unterschied in eurem Bewusstsein mitunter so groß, dass es manchmal scheint, als ob ihr verschiedene Sprachen sprecht, so sehr unterscheiden sich sowohl eure Interessensbereiche als auch die Ebene eures Bewusstseins. Wenn ihr also das nächste Mal den Wunsch verspürt, unter Menschen eure Lehre zu geben oder eure Ansichten zu verbreiten, weil diese Menschen eurer Meinung nach eine Predigt benötigen, erinnert euch an diese Botschaft von mir, und erinnert euch an die Worte Jesu: „Eure Perlen sollt ihr nicht vor die Säue werfen"[27].

Alles, was gegeben wird, muss entsprechend der Bewusstseinsebene gegeben werden, und viele Dinge, die euch so offensichtlich erscheinen, dass ihr bereits aufgehört habt, ihnen Beachtung zu schenken, können

---

[27] „Ihr sollt das Heilige nicht den Hunden geben, und eure Perlen sollt ihr nicht vor die Säue werfen, damit die sie nicht zertreten mit ihren Füßen und sich umwenden und euch zerreißen" (Matth. 7:6).

andere Menschen schockieren, die euren Ansichten fern sind. Schlimmer noch, dies kann in diesen Menschen eine ganze Reihe von negativen Gefühlen hervorrufen und sogar negative Handlungen auslösen. Und was denkt ihr, wer in diesem Falle das Karma für die negativen Manifestationen tragen wird? Falls ihr es noch nicht geahnt habt, werde ich es euch sagen: Ihr selbst werdet das Karma tragen. Denn wer sich auf einer höheren Stufe der evolutionären Entwicklung befindet, trägt die volle karmische Verantwortung nicht nur für sein eigenes Handeln, sondern auch für das Handeln der Menschen, die er zu falschen Handlungen provozierte.

Das bedeutet nicht, dass die Menschen vom Karma für ihre falschen Handlungen vollständig befreit werden. Ich wollte nur sagen, dass ein Großteil des Karmas auf euch selbst fallen wird, weil ihr diese Menschen zu falschen Handlungen provoziert habt. Bevor ihr also damit beginnt, zu predigen und den Menschen, wer immer sie auch sein mögen, Ratschläge zu erteilen, wie sie im Leben handeln sollen, denkt bitte viele Male darüber nach, ob ihr dies tun solltet. Eure Verantwortung ist direkt proportional zu der Stufe der Evolutionsleiter, auf der ihr steht.

Dies bedeutet nicht, dass ihr euch absondern und aufhören sollt, den Umgang mit Menschen zu pflegen und mit ihnen über spirituelle Themen zu reden. Ihr müsst nur ständig die Folgen eures Handelns analysieren und solltet nicht versuchen, dort zu lehren, wo eure Lehre sofort in den Schmutz gezogen wird.

Denkt über meine Worte nach. Und vergesst nie, dass das beste Beispiel euer eigenes Verhalten im Leben sein wird, wie ihr auf bestimmte Situationen und Probleme des Lebens reagiert. Eure Predigt wird ganz aus euren Taten und Handlungen bestehen. Und an den Früchten eures Handelns werden die Leute in euch den Menschen erkennen, auf den man hören sollte und den man um Rat fragen sollte. Ich will also erneut darauf hinaus, dass der einzige Mensch in dieser Welt, mit dem ihr euch eingehend befassen solltet, ihr selbst seid. Und ihr selbst seid die würdigste Anwendung all eurer Kräfte und Fähigkeiten.

Denkt nicht darüber nach, dass jemand etwas Falsches tut, und denkt nicht darüber nach, wie er handeln sollte. Konzentriert euch auf euch selbst und denkt darüber nach, warum die Handlungen und Worte anderer Menschen euch gereizt stimmen. Ist es nicht deswegen, weil alles, was euch gereizt stimmt, in euch selbst als Manifestation eurer vergangenen falschen Handlungen vorhanden ist?

Die euch umgebende physische Welt ist ein Spiegel, in dem sich euer unvollkommenes Bewusstsein widerspiegelt. Daher wäre es nur natürlich anzunehmen, dass, wenn jemand in seinem Leben ständig auf Unwissenheit und Missverständnisse stößt, diese Eigenschaften in ihm selbst vorhanden sind. Und wenn ihr ständig den bösen Angriffen anderer Menschen ausgesetzt seid, dann ist diese negative Energie in euch vorhanden, die andere Menschen dazu bringt, euch gegenüber so zu handeln.

Wir haben das heutige Material viele Male behandelt. Und ihr habt sicherlich all dies schon viele Male gehört und gelesen. Doch eure Gedanken, eure eigenen Gedanken, die ihr mir sendet, bringen mich erneut dazu, diese kleine Lehre für euch zu wiederholen und euch an die Wahrheiten zu erinnern, die ihr gut kennt, doch aus irgendeinem Grunde nicht wagt, auf euch selbst anzuwenden.

Ich freue mich über die Gelegenheit, diese Lehre für euch zu wiederholen. Und ich werde mich noch mehr freuen, wenn manche von euch diese Lehre in der Praxis umsetzen können. Und selbst wenn es euch so vorkommt, als hätte nichts von dem, was ich gesagt habe, irgendetwas mit euch zu tun, habt dennoch keine Eile, diese Botschaft beiseitezulegen und in einer fernen Schublade verschwinden zu lassen. Bemüht euch, diese Botschaft wenigstens dreimal an verschiedenen Tagen und zu verschiedenen Tageszeiten zu lesen, wenn ihr euch in unterschiedlichen

Bewusstseinszuständen befindet. Und ich denke, dass ihr beim dritten Mal beginnen werdet zu verstehen, dass diese Botschaft euch persönlich direkt betrifft.

Glaubt mir, ich bin mit der menschlichen Psychologie sehr gut vertraut, und es bereitet mir manchmal Freude, Rätsel zu lösen, die sich aus den psychologischen Problemen ergeben, die ihr selbst im Laufe von Tausenden und Abertausenden von Verkörperungen auf der Erde geschaffen habt. Ich helfe euch jedoch immer gerne und ich antworte stets auf eure Bitten um Hilfe, die ihr aufrichtig in eurem Herzen ausspiecht, während ihr mein Bildnis anschaut, oder den Mut habt, sie auf ein Blatt Papier zu schreiben und mir mit der unfehlbaren Post zuzusenden, bei der unsere Engel arbeiten. Wisst ihr, dass, wenn ihr einen Brief verbrennt und die Anrufung macht, damit die Schutzengel den Brief bestimmungsgemäß mir oder einem anderen Aufgestiegenen Meister überbringen, der Brief physisch verbrennt, aber seine energetische feinstoffliche Substanz augenblicklich an die von euch angegebene Adresse überbracht wird?

Es war mir eine Freude, euch heute eine kleine Lehre zu geben.

ICH BIN Kuthumi,
mit großer Liebe zu euch,
und dem Wunsch zu helfen.

Jetzt, an der Schwelle des neuen Jahres, beeilen wir uns, eurem Bewusstsein neue Aufgaben nahezubringen, die ausgeführt werden müssen

Der Geliebte El Morya
27. Dezember 2006

ICH BIN El Morya, und ich bin an diesem Tag durch meine Gesandte zu euch gekommen.

ICH BIN gekommen! Ich bin gekommen, um die letzte Botschaft dieses Jahres zu geben, denn wir werden uns erst nächstes Jahr wieder treffen. Lasst uns also die Ergebnisse dieses Jahres zusammenfassen und feststellen, ob alles, was geplant war, erfüllt wurde.

Ich muss die wichtige Tatsache hervorheben, dass dieses Jahr im Gegensatz zum vorhergehenden Jahr erfolgreicher war, was die Entwicklung des Bewusstseins der Menschheit der Erde betrifft. Nicht alles verlief reibungslos, und nicht alles geschah so, wie wir es wollten. Viele Menschen, mit denen wir gerechnet hatten, wollten ihrem freien Willen nachgehen und wichen vom Weg ab. Nun, das ist ihre Wahl, und es ist ihre eigene Entscheidung. Daher werden wir nicht lange bei traurigen Dingen verweilen.

Aber ich muss mit Freude feststellen, dass viele Menschen, mit denen wir nicht einmal gerechnet hatten und die unserem Weg, dem Weg der Einweihungen, fern waren, erwacht sind und bei der Arbeit, die wir durch unsere Gesandte ausführen, spürbare Hilfe leisten. Und dies ist sehr erfreulich und lässt uns sehr hoffnungsvoll auf das nächste Jahr blicken, in das wir allmählich eintreten!

Ich bin froh, und alle Aufgestiegenen Lichtwesen sind froh, dass 2006 ein so erfolgreiches Jahr war!

Deshalb beeilen wir uns jetzt, an der Schwelle des neuen Jahres, eurem Bewusstsein neue Aufgaben nahezubringen, die ausgeführt werden müssen. Und diese Aufgaben sind direkt mit der Ausführung der Pläne der Bruderschaft verbunden.

Wie immer, wenn eine neue Dispensation zu wirken beginnt, eröffnet sich eine neue göttliche Möglichkeit. Dieses Mal steht die göttliche Möglichkeit für Mutter Russland offen. Wir haben viele Jahrzehnte auf diese Möglichkeit gewartet, und endlich hat sie sich eröffnet. Jetzt hängt es von euch, den Lichtträgern, ab, die jetzt in der Verkörperung sind, wie diese Möglichkeit auf der physischen Ebene verwirklicht wird. Wir brauchen einen Vorposten, einen Ort auf der physischen Ebene, an dem wir handeln können, an dem wir unsere Pläne bekanntgeben und uns hinsichtlich der Abfolge und des Zeitrahmens für ihre Umsetzung mit euch beraten können. Ich hoffe, dass das kommende Jahr es uns erlaubt, unsere weiteren Pläne zu verwirklichen, und wir können endlich mit der Umsetzung praktischer Dinge auf der physischen Ebene beginnen.

Wir brauchen einen Verlag, der unsere Aufgaben erfüllt und ganz unter der Sponsorschaft der Großen Weißen Bruderschaft steht.

Wir brauchen ein Schulungszentrum, in dem wir regelmäßig Wissen über die göttliche Wahrheit vermitteln können. Ein Lernzentrum, das als Wegweiser im Meer des Chaos dient, von dem es im Leben um euch herum reichlich gibt.

Wir brauchen eine Gemeinschaft, mehrere Gemeinschaften, so viele Gemeinschaften, wie ihr gründen könnt. Gemeinschaften, die den Geist der Großen Weißen Bruderschaft in der physischen Oktave verwirklichen. Mit Hilfe unserer Gemeinschaften werden wir die richtigen Muster und die richtigen moralisch-sittlichen Orientierungshilfen in der Gesellschaft einführen können.

Wir brauchen Menschen, die Erfahrung in unterschiedlichen Tätigkeitsbereichen haben, um mit der Umstrukturierung aller Tätigkeitsbereiche auf der Grundlage der göttlichen Prinzipien zu beginnen. Und diese Grundsätze werden als Einsichten und Offenbarungen aus der göttlichen Welt kommen. Ihr werdet sehr schnell das Leben nach den göttlichen Vorbildern umgestalten können, wenn ihr eure Hingabe und die Reinheit der Motive und Bestrebungen bewahrt.

Je mehr euer Bewusstsein von den göttlichen Vorbildern und der göttlichen Vision erfüllt ist, desto weniger wird die Möglichkeit zur Manifestation all dessen bestehen, was nicht von Gott ist, all dessen, was sich dem evolutionären Entwicklungsweg der Menschheit widersetzen will und die Menschheit in den Dschungel der Pseudokultur, Pseudogöttlichkeit, Pseudoschönheit und Pseudoliebe entführt.

Wir überlassen all diese nicht-göttlichen Manifestationen dem Willen Gottes, und ich denke, dass ihr eure göttliche Energie nicht länger damit vergeuden werdet, die negativen Manifestationen eurer Welt aufrechtzuerhalten und zu nähren. Denkt immer daran, dass die gesamte Energie in diesem Universum in den Händen Gottes konzentriert ist. Und erst dann, wenn ihr selbst die göttliche Energie, die Gott euch zuteilt, nicht gemäß ihrer Bestimmung verwendet, vermehrt ihr das Böse in dieser Welt.

Es ist an der Zeit, Gutes zu tun. Es ist an der Zeit, dass ihr in eurem Bewusstsein das Gute bewusst wählt und ihm in eurem Leben folgt Denn dies ist das Gebot der Zeit. Ihr habt zu viel Zeit damit verbracht, in der Illusion ein Schattendasein zu führen, und euch wurde zu lange erlaubt, mit eurem freien Willen zu experimentieren. Jetzt müsst ihr beginnen, eure physische Welt mit beschleunigtem Tempo zu verändern. Und ich hoffe, dass wir zusammenarbeiten werden und alles in dem nach kosmischen Maßen gedrängten Zeitrahmen erreichen können. Denn es bleibt keine Zeit mehr. Alle Zeitreserven, die für die Rückkehr auf den evolutionären Weg eingeräumt wurden, sind erschöpft.

Jetzt treten wir in das Zeitfenster des engen Korridors einer neuen kosmischen Möglichkeit ein. Und dieses Zeitfenster ist von sehr kurzer Dauer. Daher wird von euch eure ganze Kraft, eure ganze Energie verlangt, um Schritt zu halten und die Umwandlung des Planeten Erde innerhalb der vereinbarten und genehmigten Frist abzuschließen.

Ich werde euch nicht das genaue Datum nennen, bis zu dem die Veränderungen abgeschlossen werden müssen. Aber ich werde euch sagen, dass alles in der Erinnerung von ein oder zwei Generationen geschehen wird. Zumindest werden die grundlegenden Veränderungen sehr schnell erfolgen.

Auf dem Weg lauern Gefahren. Es gibt viele Stolpersteine, und wie immer erscheinen alle Gefahren und alle Stolpersteine dort, wo die menschliche Unwissenheit groß ist. Deshalb braucht ihr Wissen, göttliches Wissen, und indem ihr euch von ihm leiten lasst, werdet ihr euer Leben ändern und anderen ein Beispiel geben können.

Alle Veränderungen werden sehr schnell geschehen. Und in diesem Zusammenhang spreche ich noch ein weiteres Mal zu euch über eure Verantwortung. Jeder Verrat, den ihr euch gestattet, verzögert den Zeitpunkt der Umsetzung des kosmischen Plans. Und wenn ihr euer Leben noch nicht vom Standpunkt des allgemeinen Verlaufs der Evolution betrachtet habt, dann ist gerade jetzt die Zeit gekommen nachzudenken, denn ihr existiert in diesem Universum nicht für euch allein. Ihr seid Zellen des einen Organismus dieses Universums. Und daher hängt der Erfolg der ganzen Sache und der Zeitpunkt ihrer Erfüllung davon ab, inwieweit ihr richtig und in Übereinstimmung mit dem göttlichen Plan funktionieren werdet.

Hört auf, euch selbst als etwas zu betrachten, was von Gott getrennt ist. Spürt eure Einheit mit allem Leben, und sei es auch nur für eine kurze Zeit. Stellt euch vor, wie von einem eurer negativen Gedanken oder einer falschen Wahl, die ihr euch erlaubt habt, Menschen auf der anderen Seite der Erdkugel umkommen können.

Es gibt immer eine göttliche Möglichkeit der Entwicklung der Ereignisse, und es gibt immer die schlimmste Variante, zu der es durch die Nachlässigkeit der Menschen kommt.

Kümmert euch daher nicht ständig um euch selbst, sondern kümmert euch ständig um die Welt. Und bringt alles, was ihr tut, in Zusammenhang mit der kosmischen Zweckmäßigkeit und der göttlichen Möglichkeit, die euch gewährt wurde.

ICH BIN El Morya.

Wir bereiten euer Bewusstsein auf das Kommen des neuen Zeitalters vor

ICH BIN WAS ICH BIN
28. Dezember 2006

ICH BIN WAS ICH BIN. Ich spreche aus deinem Inneren. Wie immer werde ich eine kleine Botschaft geben, die euch ermöglicht, im Laufe der evolutionären Entwicklung die richtigen Orientierungspunkte und die richtige Richtung beizubehalten. Denn die Zeit ist gekommen, und die Zeit drängt. Es ist an der Zeit, über die Rückkehr in die geistige Welt nachzudenken. Es ist an der Zeit, über das väterliche Haus nachzudenken, über das Haus des Vaters, von dem alle Schöpfung ihren Anfang nahm, und wohin alles zurückkehren muss.

Wie oft in eurem Leben denkt ihr über das Ewige nach? Wie oft strebt ihr danach, zu erkennen, wer ihr wirklich seid? Nicht wer ihr in diesem Leben aufgrund eures Berufsstandes, eurer verwandtschaftlichen Beziehungen zu anderen Menschen seid. Wie oft denkt ihr über eure spirituelle Verwandtschaft nach? Über eure himmlischen Eltern? Darüber, wohin ihr geht und wo euer Ursprung liegt?

Ich komme, um euch Erklärungen zu diesen wichtigen Fragen des Seins zu geben. Denn wenn ihr nicht anfangt, über die höhere Realität nachzudenken, kann sich diese höhere Realität nicht in eurem Leben manifestieren.

So ist das Gesetz dieses Universums: Die gegenseitige Durchdringung der Welten ist bis zu einem bestimmten Entwicklungsstadium sehr schwierig. Und dies ermöglicht es den Welten, und Welten innerhalb von Welten, sich zu entwickeln und ihre eigenen Gesetze aufrechtzuerhalten. Wenn jedoch die große Zeit der Zyklenwende kommt, beginnen die Welten sich zusammenzuziehen. Die Schwingungen der Welten kommen einander näher, und die Welten beginnen, einander zu durchdringen.

Dies wird jedoch erst geschehen, wenn euer Bewusstsein für den Prozess der Verschmelzung und gegenseitigen Durchdringung der Welten bereit ist. Dieser Prozess wird Millionen von Jahren andauern. Und ihr befindet euch jetzt am tiefsten Punkt eures Weges. Wenn wir es mit dem Aufstieg zum Gipfel eines Berges vergleichen, befindet ihr euch jetzt am Fuß des Berges. Und wie sehr ihr auch versucht, schnell zum Gipfel aufzusteigen, es gibt natürliche Begrenzungen von Raum und Zeit, die euer Vorankommen zum Gipfel des göttlichen Bewusstseins behindern.

Der Zyklus des Herabsenkens in die Materialität, des Abstiegs in die Materialität ist abgeschlossen. Und die Rückkehr zum Haus des Vaters beginnt. Daher müsst ihr, wie lange ihr euch auch widersetzen mögt, über die Welt nachzudenken beginnen, aus der eure Seelen kamen. Als ihr in die Materie hinabgestiegen seid, wart ihr wie Jungvögel ohne Gefieder. Ihr trugt nicht all die strahlenden Gewänder, die ihr in naher Zukunft erwerben könnt. Die Gewänder, die ihr jetzt in Form eurer niederen Körper tragt, unterliegen einem Prozess der Reinigung. Ihr müsst euch ernsthaft mit der Reinigung eurer vier niederen Körper befassen. Ihr wisst, dass ihr einen physischen Körper habt. Und ihr habt gehört, dass ihr andere, für das physische Sehen nicht sichtbare energetische Körper habt, die eure Aura bilden. Dies sind euer Astralkörper oder der Körper der Wünsche und Verlangen, euer Mentalkörper oder der Körper der Gedanken und der Ätherkörper oder der Körper des Gedächtnisses. Zurzeit sind diese Körper in einem erbärmlichen, beklagenswerten Zustand. Während eurer Wanderungen durch die physische Welt habt ihr eure Körper verschmutzt. Und jetzt ist es Zeit, sich ernsthaft mit ihrer Reinigung zu befassen.

Beginnt mit eurem physischen Körper. Denkt darüber nach, was ihr esst, was ihr trinkt. Wie die Struktur eurer Nahrung und eures Wassers ist, so seid auch ihr selbst. Ist es euch nicht in den Sinn gekommen, die Lebensmittel, die ihr esst, und das Wasser, das ihr trinkt, mit den Standards zu vergleichen, die für eure rationale göttliche Ernährung notwendig sind? Denkt ihr, dass die Monster der Lebensmittelindustrie, die in eurer Welt existieren, ernsthaft darum besorgt sind, dass euer physischer Körper gesund ist? Niemand außer euch selbst kann damit beginnen, euren physischen Körper zu reinigen. Das Prinzip der Reinigung ist sehr einfach – entfernt aus dem Organismus alles Unnötige, was in ihm ist, und speist den Organismus mit wirklich nützlichen Nährstoffen, die in Naturprodukten enthalten sind, welche ohne Einsatz von Chemikalien und Gentechnologie gezüchtet und angebaut werden. Denkt über das System und die Struktur eurer Ernährung nach. Und sobald in euch der Gedanke aufkommt, ob ihr euch richtig ernährt, kommt aus dem Raum die Literatur zu euch, die ihr benötigt. Jetzt, da die Zyklen wechseln, kann der physische Körper nicht länger Experimente an sich zulassen. Der physische Körper wird unter den neuen energetischen Bedingungen nicht länger existieren können, wenn ihr euch nicht um ihn sorgt.

Das Gleiche gilt auch für eure anderen Körper. Wenn eure Emotionen nicht von Anflügen der Negativität gegen eure Nächsten gereinigt werden, gegen andere Menschen, gegen den Planeten und das Land, in dem ihr lebt, so werdet ihr unter den Bedingungen der neuen Schwingungen nicht existieren können. Die niederen Schwingungen von Neid, Bosheit, Eigennutz und Hass können im neuen Zeitalter nicht existieren, und ihr müsst euch von ihnen befreien.

Das Gleiche gilt für den Bereich eurer Gedanken. Wenn ihr ständig damit beschäftigt seid, in eurem Gehirn negative Situationen zu verarbeiten, befindet ihr euch ständig in einer grauen Wolke düsterer Gedanken, und die neuen Schwingungen werden mit euch unvereinbar. Ihr müsst die Wahl treffen, euch von den negativen Zuständen eures Bewusstseins zu befreien. Und wenn ihr dies nicht selbst tut, so werdet ihr euch der Tatsache stellen müssen, dass es für euch immer schwieriger wird, unter den Bedingungen der neuen Welt zu existieren.

Und wenn ihr euren Ätherkörper nicht von den negativen Aufzeichnungen und Zuständen der Vergangenheit reinigt, werdet ihr ebenfalls nicht mit den Energien kompatibel sein, die bereits auf dem Planeten Erde eingetroffen sind und auch weiterhin einströmen.

Wie ihr seht, bleibt euch tatsächlich keine andere Wahl. Und wenn ihr auch weiterhin eigensinnig bleibt und an euren alten Lastern und

Gewohnheiten festhaltet, so werdet ihr einfach aus dem Raum und der Zeit herausfallen, wo ihr euch jetzt befindet. Ich möchte mich nicht bei dem aufhalten, was geschehen kann, denn ich glaube, dass meine Worte euch dazu bewegen werden, über eure Lebensweise nachzudenken und zu versuchen, sie so bald wie möglich zu ändern. Alles, was noch vor kurzem ein Zeichen des wissenschaftlich-technischen Fortschritts war und als prestigeträchtig galt, verliert jetzt völlig seine Bedeutung. Das Leben in Großstädten, Unterhaltung für die Massen einschließlich Fernsehen, großer Feste und Feiern mit viel Alkohol und übermäßigem Essen – all dies gehört der Vergangenheit an, und von all dem muss sich die Menschheit in naher Zukunft befreien.

Ihr werdet einfach nicht länger in euren Großstädten leben können, und ihr werdet danach streben, in der Natur zu sein. Ihr werdet eure Musik nicht länger hören können, ihr werdet nur die Klänge der Natur hören können. Ihr werdet eure Nahrung nicht länger essen können, ihr werdet gezwungen sein, andere Nahrungsmittel mit höheren Schwingungen zu suchen und diese zu finden, und mit der Zeit werdet ihr dazu übergehen, euch von Sonnenenergie und den Schwingungen der göttlichen Liebe zu ernähren.

Alles, was euch an meinen Worten allzu fantastisch und unannehmbar erscheint, wird bald zu eurem Lebensstil und eurer Lebensweise werden. Glaubt mir, und vertraut auf die Erfahrung aus anderen Systemen von Welten.

Wie viele Anstrengungen ihr auch unternehmt, um an euren Gewohnheiten und Abhängigkeiten festzuhalten, alles Alte und Unnötige wird sehr bald vom frischen Wind der Veränderungen und von der glühenden Energie der feurigen Welt hinweggefegt werden.

Wir bereiten euer Bewusstsein auf das Kommen des neuen Zeitalters vor.

ICH BIN WAS ICH BIN.

Ich bin gekommen, um euch an euren göttlichen Ursprung zu erinnern und an die Notwendigkeit, den Sieg über euren unwirklichen Teil zu erringen

Das Kosmische Lichtwesen Mächtiger Sieg
29. Dezember 2006

ICH BIN der Sieg, und ich bin an diesem Tag zu euch gekommen!

ICH BIN das Kosmische Lichtwesen Mächtiger Sieg!

Und ich bin siegreich, denn ICH BIN der Sieg!

Die ganze Evolution des Universums ist zum Sieg bestimmt. Und ihr müsst in euch die Eigenschaft entwickeln, siegreich zu sein, oder die Eigenschaft des Sieges. Diese Eigenschaft braucht ihr einfach. Denn während der gesamten Zeit der muffigen Geschichte der Menschheit ist es gerade die Eigenschaft des Sieges, oder die Fähigkeit, den Sieg zu erringen, an der es euch immer gefehlt hat.

Es ist möglich, dass ihr unter dem Sieg nicht ganz die Eigenschaft versteht, die ich darunter verstehe. Denn in eurer dualen Welt hat jede göttliche Eigenschaft ihr Gegenstück. Und der göttlichen Eigenschaft des Sieges entspricht die nicht-göttliche Eigenschaft des Sieges über jemanden. Aber ich bin gekommen, um euch zu lehren, den Sieg zu bejahen. Genau dann, wenn ihr jegliche menschlichen Unzulänglichkeiten und niederen Zustände zurückweist, genau dann erringt ihr euren Sieg über die unwirkliche Manifestation und bejaht die Göttlichkeit in euch.

Und ich bin gekommen, um euch an euren göttlichen Ursprung zu erinnern und an die Notwendigkeit, den Sieg über euren unwirklichen Teil zu erringen. Ihr habt euch in Millionen von Jahren der Wanderungen durch eure Welt allzu sehr an den unwirklichen Teil eurer selbst gewöhnt. Aber niemand kann euch dazu zwingen, den unwirklichen Teil eurer selbst aufzugeben. Diese Entscheidung müsst ihr selbst in eurem Herzen treffen.

Ihr müsst nach der Göttlichkeit streben, und ihr müsst euch von der Unwirklichkeit trennen. Denn ohne dies ist eure weitere evolutionäre Entwicklung in diesem Universum nicht möglich. Und während wir früher kamen und einfach von dem alten Menschen und von dem anderen, wahren Menschen zu euch sprachen, der in euch verborgen ist, ist jetzt die Zeit für Gespräche vorbei, und ihr müsst anfangen, konkrete Dinge zu tun, die euch von der Dualität der Illusion befreien und zur Einheit der göttlichen Welt bringen. Glaubt mir, die ganze illusorische Manifestation ist nur in eurem Bewusstsein konzentriert, und ihr müsst dieses illusorische Bewusstsein in euch überwinden. Es gibt keinen anderen Weg. Und wie dies erreicht werden kann, der Weg zur Überwindung eurer illusorischen Manifestation, stellt einen großen Teil der Lehre dar, die euch durch diese Gesandte gegeben wird.

Ihr müsst es euch zur Regel machen und beginnen, jeden Tag die Manifestationen der Unwirklichkeit in eurem Inneren zu analysieren, die hinderlich sind, die eurem Sieg im Wege stehen. Versucht, euch von der Welt loszulösen, die euch umgibt, und stellt euch vor, dass ihr plötzlich in eine andere Welt gelangt, in die göttliche Welt. In dieser göttlichen Welt gibt es keine der euch gewohnten Formen, in dieser Welt gibt es nichts, was man mit den Händen tun muss. In dieser Welt braucht man sich nicht um den Körper zu kümmern. Dies ist die feurige Welt. Die Welt, in der feurige Gedanken herrschen. Die Welt, die durch die Kraft des Gedankens geschaffen wurde und dank der göttlichen Liebe existiert, die allein den ganzen freien Raum der feurigen Welt erfüllt. Dank dieser Liebe existiert diese Welt.

Und jetzt überlegt euch, was ihr von den Dingen, die euch in eurer Welt umgeben, in unserer göttlichen Welt brauchen könnt.

Braucht ihr die Sachen um euch herum, Geld, Luxusgüter, Essen, Kleidung?

Nein, nichts von den Dingen, die ich aufgezählt habe, werdet ihr in unserer Welt brauchen. Was bleibt dann übrig?

Was kann in unserer Welt weiterhin bei euch bleiben?

Ich werde es euch sagen. In unserer Welt können nur eure göttlichen Eigenschaften weiterhin bei euch bleiben. Selbstlosigkeit, Hingabe, Liebe, Mitgefühl, göttliche Barmherzigkeit, Reinheit ... Es gibt so viele Eigenschaften in der göttlichen Welt, die ihr bei euch behalten könnt. Doch um diese Eigenschaften zu besitzen, müsst ihr sie in eurer physischen, manifestierten Welt entwickeln.

Andernfalls werdet ihr, wenn die Zeit kommt, ins Haus des Vaters zurückzukehren, ohne eure strahlenden Gewänder in Form eurer Tugenden dastehen. Es ist unwürdig, nackt durch die göttliche Welt zu gehen. Ihr werdet ständig die mitfühlenden Blicke der Bewohner der göttlichen Welt erhalten. Und ihr werdet euch unwohl fühlen, weil ihr während eurer irdischen Verkörperungen eure Zeit ziellos verschwendet habt. Findet daher auf der Grundlage der Beschreibung der göttlichen Welt, die ihr in unseren Botschaften erhaltet, Kraft und Mut in euch und trennt euch von euren rein menschlichen Eigenschaften, und versucht, die göttlichen Eigenschaften und Vollkommenheit zu erlangen.

Was in eurer Welt gut ist, ist nicht immer so in der göttlichen Welt. Doch es gibt in eurer Welt einen Platz für die Manifestation göttlicher Eigenschaften. Und dies sind die Zustände, die ihr manchmal als ein Gefühl der Selbstaufopferung, des göttlichen Mitgefühls und der bedingungslosen Liebe erlebt. Jeder von euch war mindestens einmal im Leben in der Lage, solche Bewusstseinszustände zu erleben. Ihr müsst euch nur an diese Momente erinnern und versuchen, sie in eurem Leben so lange wie möglich auszuweiten, sodass euer ganzes Leben aus hohen, erhabenen, göttlichen Bewusstseinszuständen bestehen wird.

Ich komme, um euch noch einmal an eure Göttlichkeit zu erinnern. Denn in der Geschäftigkeit und im Trubel eures Alltags seid ihr zu weit von der Realität entfernt. Es ist Zeit, dass ihr euch an euer wahres Zuhause und eure göttliche Bestimmung erinnert. Habt keine Angst davor, in den Augen der Menschen um euch herum lächerlich oder komisch auszusehen. Wir werden sehen, wer lacht, wenn ihr in der göttlichen Realität angelangt seid. Und wenn ich euch sage, dass die Zyklen sich verkürzen und die Zeit sich beschleunigt hat, so bedeutet dies, dass euch nicht mehr viel Zeit zum

Experimentieren in der physischen Welt bleibt. Beeilt euch. Denn was von euch leicht erreicht werden kann, wenn ihr in der physischen Welt verkörpert seid, ist während eures Aufenthalts in der göttlichen Welt unmöglich zu erreichen. Aufgrund der Dichte der manifestierten Welt bringt jede Handlung in dieser Welt praktisch ein blitzschnelles Resultat. Und um die gleiche Wirkung zu erzielen, während ihr euch in der feurigen Welt befindet, benötigt ihr Millionen von Jahren.

Unsere Welten ergänzen sich gegenseitig, und was in eurer Welt möglich ist, ist bei uns unmöglich. Leider müsst ihr mir aufs Wort glauben. Denn um die Welt zu erreichen, in der ich mich befinde, werdet ihr Millionen und Abermillionen von irdischen Jahren brauchen.

Doch verliere ich nicht die Hoffnung, dass es menschliche Individuen geben wird, für die jedes meiner Worte in der heutigen Botschaft einen solch wichtigen Energie- und Informationsgehalt trägt, dass sich euer Leben so schnell ändern wird, wie ihr selbst in euren kühnsten Träumen nicht erahnen konntet.

Ich wünsche euch, dass ihr die Eigenschaft des Sieges entwickelt und mit eurem ganzen Wesen nach eurem göttlichen Sieg strebt!

ICH BIN der Sieg!

Konzentrieren wir uns gemeinsam auf die Erfüllung unserer Aufgaben

Gott Lanto
30. Dezember 2006

ICH BIN Lanto, und ich bin an diesem Tag durch unsere Gesandte zu euch gekommen, um in eurem Bewusstsein noch einmal die Punkte unserer Lehre zu bekräftigen, die ihr braucht.

Wie immer bin ich mit Freude und einem Gefühl tiefer Liebe für die Menschen der Erde gekommen, die sich jetzt in der Verkörperung befinden. Euch werden viele Geheimnisse enthüllt, wie niemandem in früheren Zeiten, denn euer Bewusstsein ist fähig, vieles zu erfassen, was in früheren Zeiten nicht gegeben werden konnte. Und wisst ihr warum? – Weil ihr unglaubliches Glück habt. Eure Entwicklung hat sich beinahe auf die Höchstgeschwindigkeit beschleunigt, und die Veränderungen in eurem Bewusstsein überraschen selbst jene Evolutionen, die keine direkte Beziehung zu den Evolutionen des Planeten Erde haben.

Der Planet Erde steht jetzt im Fokus der kosmischen Aufmerksamkeit. Und wenn wir dies in eure irdische Sprache übersetzen, gibt es ständige Berichte von der Erde, und die Engel tragen auf ihren Schwingen alle freudigen Nachrichten über den Planeten Erde bis in die entlegensten Winkel des Universums. Es scheint euch, dass ich speziell gekommen bin, um euch zu ermutigen, und deshalb solche Dinge sage. Doch in diesem Fall handelt es sich nicht um irgendwelche besonderen Gesten oder abgedroschene Phrasen, denn jede Zeit hat ihre eigenen Gesetze, und das Gesetz eurer Zeit erlaubt es, alle Veränderungen in kürzester Zeit und äußerst effektiv durchzuführen.

Es scheint euch, dass die Situation so geblieben ist, wie sie war, und dass alles, was euch umgibt, sich nicht verändert oder nur sehr langsam verändert. Ihr denkt in Kategorien des heutigen Tages. Aber wenn ihr zufällig in eurem Bewusstsein nur zehn oder zwanzig Jahre in der Zeit zurückgeht, wäret ihr überrascht, und es würde euch so vorkommen, als schliefe alles um euch herum und bewege sich in einem verlangsamten Tempo. Nein, die Beschleunigung ist erstaunlich, und die Entwicklung des menschlichen Bewusstseins zieht erhöhte Aufmerksamkeit von verschiedenen Systemen von Welten auf sich. Und für uns irdische Meister verursacht dies viel zusätzliche Sorgen und Arbeit, denn damit kommen Verpflichtungen auf uns zu, die Aktivitäten der verschiedenen Hilfsmissionen zu koordinieren, die jetzt zur Erde geeilt sind. Daher sind alle unsere Bemühungen jetzt in einem einzigen Impuls zusammengefasst – der Menschheit zu helfen, den kritischen Punkt ihrer Entwicklung so ruhig wie möglich zu überwinden.

Ihr wisst, dass, wenn ein Auto mit erhöhter Geschwindigkeit fährt, die Situationen, die auf der Straße normalerweise nicht gefährlich sind, in diesem Fall zu Punkten erhöhter Gefahr werden können. Und ein jeder Stein, der auf der Straße liegt, kann katastrophale Folgen haben. Deshalb sind wir auf die Straße konzentriert und geben uns alle Mühe, problematische Situationen und Manifestationen zu verhindern.

Wie könnt ihr uns in dieser Situation helfen?

Ihr könnt tatsächlich helfen, und wir werden eure Hilfe gerne annehmen, die gerade zur rechten Zeit kommen wird.

Was müsst ihr also tun, um die Situation zu erleichtern und eine ungünstige Entwicklung der Ereignisse zu verhindern? Die Empfehlungen sind hier die gleichen, wie wenn ihr bei ungünstigen Wetterbedingungen am Steuer eines Fahrzeugs sitzt und mit erhöhter Geschwindigkeit fahrt. Von euch werden Aufmerksamkeit, Konzentration und Ruhe verlangt. Ihr dürft eure Aufmerksamkeit durch nichts ablenken lassen, was nicht direkt mit dem

Ziel, mit eurer Fortbewegung zusammenhängt. Ihr müsst euch so gut wie möglich auf die Straße konzentrieren und auf das, was auf der Straße passiert. Ihr müsst alles aufmerksam verfolgen und dürft euch von eurem Verstand nicht ablenken lassen. Denn euer Verstand ist sehr agil und führt euch manchmal in ein solches Dickicht, dass ihr sogar alles vergessen mögt, sogar die Tatsache, dass ihr auf einer gefährlichen Straße mit hoher Geschwindigkeit fahrt.

Bewahrt daher eure Konzentration auf die Bewegung und auf alles, was mit der Bewegung zu tun hat.

Lasst euch von niemandem ablenken. Und versteht es, alle Umstände eures Lebens anzupassen, damit ihr die von euch gewählte Bewegungsgeschwindigkeit beibehalten könnt. Ihr könnt eure Fortbewegung verlangsamen. Aber denkt dann darüber nach, wie weit ihr hinter der evolutionären Möglichkeit zurückbleiben werdet. Außerdem kann die evolutionäre Möglichkeit vorübergehen, ohne dass ihr es überhaupt bemerkt.

Somit sollten alle eure Anstrengungen darauf gerichtet sein, das vorgegebene Tempo der Veränderung eures Bewusstseins beizubehalten. Und eure Konzentration auf den Weg wird eurer Fortbewegung helfen.

Wenn wir unsere bevorzugte Analogie zum Aufstieg auf einen Berggipfel heranziehen, so stellt euch vor, dass ihr euch in einer Felswand befindet und gleichzeitig versucht, das Konzert eines populären Sängers zu hören oder euch am Telefon mit euren Freunden über nichtige Dinge zu unterhalten. Natürlich könnt ihr weiterhin all die Dinge tun, die ihr im normalen Leben liebgewonnen habt, aber jeder Windstoß ohne eure rechtzeitige Bemühung, euch am Seil zu halten, kann zu einem schrecklichen Ergebnis führen.

Konzentrieren wir uns daher gemeinsam auf die Erfüllung unserer Aufgaben. Ihr werdet uns helfen, indem ihr versucht, euch nicht ablenken zu lassen und euren Blick nicht vom Weg abzuwenden, und wir werden unsererseits das Tempo der Veränderungen überwachen und eure Entwicklung koordinieren.

Ich hoffe, dass wir erfolgreich sein werden. Denn es kann einfach nicht anders sein.

Jedes Mal, wenn ich die Möglichkeit habe, euch einige Worte zu sagen, möchte ich auf das Wichtigste eingehen, auf das, was für euch besonders nützlich sein wird und euch auf eurem Weg am meisten helfen wird. Deshalb habe ich mich heute entschlossen, euch einen weiteren wichtigen Rat zu geben, der die Veränderungen eures Bewusstseins und die damit verbundenen Schwierigkeiten betrifft. Versucht alles, was um euch herum geschieht, als eine natürliche Entwicklung der Ereignisse wahrzunehmen. Und wie erstaunlich auch viele Dinge sein mögen, denen ihr in eurem Leben begegnen werdet, versucht, nicht zu sehr mit diesen Ereignissen mitzuschwingen. Vermeidet allzu große emotionale Reaktionen. Denn alle emotionalen Ausbrüche können euch daran hindern, das Tempo eurer Bewegung beizubehalten. Ich lenke eure Aufmerksamkeit insbesondere auf die Stabilität eurer Emotionen, weil eure Verletzlichkeit daher kommt, dass euer emotionaler Körper nicht immer ausreichend gereinigt ist und sich unvorhersehbare Reaktionen erlauben kann.

Versucht, eure Emotionen im Gleichgewicht zu halten. Und, was auch immer um euch herum in eurem Leben geschieht, betrachtet alles nicht vom Standpunkt der heutigen Zeit, sondern aus der Perspektive der Ewigkeit. Und dann werdet ihr alles, was früher allzu heftige Reaktionen in euch ausgelöst hat, wie aus der Vogelperspektive wahrnehmen.

Die Abfolge der Veränderungen in der Szenerie eures Lebens wird sich einfach beschleunigen. Von euch wird die Fähigkeit verlangt, dass ihr euch an die schnellen Veränderungen der Umstände eures Lebens anpasst. Und die Einweihungen, die früher in verschlossenen Mysterienschulen stattfanden und von den Schülern jahrelange Vorbereitungen erforderten, werden unter den Bedingungen eures Lebens auf natürliche Weise im Laufe einiger Monate erfolgen, und möglicherweise sogar in einigen Tagen.

Die Einweihungen wurden beschleunigt, und sie sind jetzt im gewöhnlichen Leben möglich geworden. Dies ist eine neue Dispensation und eine neue Möglichkeit, die mit der Änderung des kosmischen Zyklus der Zeit zu euch kam.

Freut euch, denn was für euch früher in mehreren Leben möglich war, könnt ihr jetzt sicher in einem einzigen Leben durchlaufen. Und vielen von euch wird es so vorkommen, als würdet ihr im Laufe eines Lebens viele Leben durchleben. Und ihr braucht nicht erneut in die Verkörperung zu kommen. Das Programm eines Lebens endet, und kurz darauf beginnt das Programm des Lebens, das sonst das nächste gewesen wäre.

Die Wunder in eurem Leben haben gerade erst begonnen. Gewöhnt euch an Wunder.

ICH BIN Lanto,
mit großer Liebe zu euch.

Je schneller ihr euer Verhalten und eure alten Gewohnheiten ändert, desto schneller wird die ganze Welt in das neue Zeitalter eintreten

Der Geliebte Zarathustra
31. Dezember 2006

ICH BIN Zarathustra, und ich bin an diesem Tag zum Wechsel des Jahreszyklus zu euch gekommen, gemäß der von euch anerkannten Zeitrechnung. Zu meinen Zeiten, als ich mich auf der Erde verkörperte, waren ganz andere Berechnungen von Tagen und Jahren gebräuchlich. Dies hindert euch jedoch nicht daran, eure Feste zu feiern und sie auf ein bestimmtes Datum festzulegen.

Alles in eurer Welt ist relativ, und was vor ein paar tausend Jahren noch anders war, hat seither einen Wandel durchlaufen. Und es wäre absolut wunderbar, wenn sich die menschliche Natur so schnell ändern würde wie alles andere in eurer Welt. Doch am langsamsten von allem ändert sich genau das, was mit dem menschlichen Bewusstsein und der Wahrnehmung der umgebenden Welt verbunden ist. Und auch zu meinen Zeiten neideten, hassten und stritten die Menschen, und sie verherrlichten Gott, und gleich darauf vergaßen sie Gott.

Daher hoffen wir aufrichtig, dass eure Zeit die menschliche Natur verändern und das menschliche Bewusstsein auf eine grundlegend andere Ebene führen kann, auf die Bewusstseinsebene eines vernünftigen Menschen und nicht des Tiermenschen, der immer noch die Mehrheit der Menschen ausmacht. Wie bedauerlich es für euch auch sein mag, dies am Ende des Jahres zu hören, ich riskiere es dennoch, euch daran zu erinnern. Und eure Beharrlichkeit, mit der ihr eure Traditionen verteidigt, eure Feste zu feiern, und eure Ausdauer, mit der ihr an diesen Traditionen festhaltet, verdienen eine weit bessere Anwendung. Nun, ihr habt noch Zeit, an euren Gewohnheiten festzuhalten. Doch wäre es weitaus besser, wenn ihr die Kraft in euch finden könntet, euch von alten Stereotypen zu befreien und zu versuchen, auf uns Aufgestiegene Lichtwesen zu hören.

Viele Traditionen, die ihr hoch und heilig haltet, müssen revidiert werden. Und das ist sehr wichtig, weil die neue Generation unbewusst, auf unterbewusster Ebene eure Verhaltensweisen, eure Traditionen des Feierns wichtiger Fest- und Feiertage übernimmt. Und dann erwartet ihr erstaunlicherweise, dass eure Kinder intelligenter, höher entwickelt und verfeinerter sind als ihr selbst? – Nein, ihr selbst übertragt mit eurem alltäglichen Handeln auf das Bewusstsein eurer Kinder Verhaltensstereotypen und eine Lebensweise, von der sie sich manchmal bis zum Ende ihres Lebens nicht befreien können.

Denkt darüber nach, ob es nicht einfacher für euch wäre, wenn ihr damit beginnt, euch von euren Unzulänglichkeiten zu befreien, als weiterhin eure Unzulänglichkeiten in euren Kindern zu vervielfältigen und ihnen zusätzlich zu den karmischen Problemen, mit denen sie ins Leben kommen, eure eigenen Mängel aufzuerlegen. Wenn euch eure Kinder wirklich am Herzen liegen und ihr das Beste für sie wollt, so macht es euch zur Regel, euer Verhalten zu Hause, bei der Arbeit und in der Öffentlichkeit zu kontrollieren. Macht es euch zur Regel, nicht nur euer Handeln, sondern auch eure Gedanken und Gefühle zu kontrollieren. Denn wenn euer Verhalten göttliche Züge annimmt, können eure Kinder wirklich viel von euch lernen, und sie werden es euch hundertfach vergelten, wenn ihr nicht länger für sie sorgen könnt, doch umgekehrt ihre Fürsorge und Obhut braucht.

Ihr legt in euren Kindern von Geburt an alle richtigen und falschen Verhaltensmuster an, und sogar schon vor der Geburt, wenn ihr eines schönen Tages überrascht feststellt, dass ihr ein Kind haben werdet.

Heute ist genau der Tag, der euch die Möglichkeit gibt, euch vom Alten zu trennen und mit einem neuen Verhalten zu beginnen. Probiert, euch zu wünschen, dass ihr euch im neuen Jahr so sehr verändert, dass euer Verhalten den besten göttlichen Vorbildern entspricht, zu denen sich euer Bewusstsein erheben kann. Versucht, ein neues Leben zu beginnen, und ihr werdet sehen, wie schwierig es für euch sein wird, dies zu tun. Nicht den Entschluss selbst zu fassen, sondern ihn in eurem Leben umzusetzen, und sei es auch nur einige Tage im neuen Jahr.

Ich habe euch zu sehr mit Gedanken über das Thema eurer eigenen Erziehung ermüdet. Doch je eher ihr darüber nachdenkt, was ihr an euch selbst, an eurem Verhalten ändern könnt, desto schneller könnt ihr auch eure Nächsten ändern, alle, mit denen ihr kommuniziert. Versucht nicht, eure Umgebung zu ändern, sondern versucht, euch selbst zu ändern, und eure Umgebung wird sich an die neuen Verhaltensmuster anpassen müssen, die ihr angenommen habt.

Irgendwann muss jemand den Anfang machen. Und nach und nach wird es aus der Mode kommen, fernzusehen und den Abend mit einer Flasche Bier und einer Zigarette zu verbringen. Falsche Muster werden verschwinden und durch neue Verhaltensmuster ersetzt werden. Ihr selbst bestimmt die Regeln in eurem Leben. Und irgendwann müsst ihr damit beginnen, euer Leben gemäß den Anforderungen der Zeit zu verändern.

Probiert es, und ihr werdet spüren, dass sich euer Wohlbefinden verbessern wird, denn euer Verhalten wird den Anforderungen der Zeit und den neuen Schwingungen entsprechen, die zur Erde gekommen sind. Die Zyklen haben sich geändert, und die Zeit beschleunigt sich weiter. Je schneller ihr daher euer Verhalten und eure alten Gewohnheiten ändert, desto schneller wird die ganze Welt in das neue Zeitalter eintreten.

Ihr braucht niemanden zu verurteilen oder ihm zu sagen, wie er sich verhalten soll. Ihr braucht nur eure eigenen Verhaltensmuster zu ändern und durch euer Beispiel anderen zu zeigen, wie man es machen kann.

Es ist an der Zeit, in eurem Bewusstsein eine Revolution zu vollbringen. Und die Veränderungen der Verhaltensmuster, die in naher Zukunft eintreten werden, werden schon in einigen Jahren die Menschen nicht mehr überraschen, denn für die neue Zeit kommen neue Wege und Methoden, alle Angelegenheiten des Lebens zu bewältigen, Familienbeziehungen und die gesamte Lebensweise der Familie zu gestalten.

Die neue Familie wird auf göttlichen Grundsätzen basieren und nicht auf den Grundsätzen von Gebetswachen und endlosen Selbstkasteiungen. Die neue Zeit wird durch die Umsetzung der göttlichen Prinzipien im Verhalten jedes Familienmitglieds gekennzeichnet sein. Und ihr werdet überrascht feststellen, dass eure Beziehungen mit anderen Menschen sich kaum von den Beziehungen in eurer Familie unterscheiden. Denn ihr seid alle Verwandte und gehört der einen großen menschlichen Familie an, deren Zuhause die ganze Erdkugel ist. Und genauso, wie ihr die menschliche Gesellschaft in Familien einteilt und euch dann überrascht im Kreis einer noch größeren Familie wiederfindet, genauso werdet ihr mit Erstaunen feststellen, dass es keine Widersprüche zwischen den verschiedenen Völkern und Nationen gibt, die verschiedene Länder bewohnen. Und zwischen den verschiedenen Nationen gibt es keine größeren Unterschiede als zwischen euch und euren fernen Verwandten, die Tausende von Kilometern von euch entfernt leben.

Ich stimme zu, dass alles seine Zeit hat, und alles, worüber wir heute gesprochen haben, wird nicht im nächsten Jahr geschehen. Doch in einem der Jahre des nächsten Jahrtausends kann es durchaus passieren.

Zumindest halte ich diese positive Vorstellung in meinem Bewusstsein, und ich empfehle euch eindringlich, so viele positive Vorstellungen wie möglich in eurem Bewusstsein zu halten, insbesondere während der Festtage, die von den Massen gefeiert werden. Jemand muss das Gleichgewicht halten, während viele Menschen die elementaren Normen des göttlichen Verhaltens noch nicht in ihrem Bewusstsein verinnerlicht haben.

ICH BIN Zarathustra,
und ich wünsche euch viel Erfolg im neuen Jahr!

Eine Botschaft zum Jahresbeginn

Gautama Buddha
1. Januar 2007

ICH BIN Gautama Buddha, und ich bin an diesem Tag wieder zu euch gekommen, zum Beginn des neuen Jahreszyklus.

Jedes Mal, wenn ein neuer Jahreszyklus beginnt, kommen wir, um Unterweisungen zu geben, die den neuen Zyklus der Zeit betreffen. Und heute bin ich gekommen, um eine solche Unterweisung zu geben.

Ihr wisst, dass der Jahreszyklus der Wirkung des Gesetzes des Karmas in einer solchen Weise unterliegt, dass das Karma nicht mit einem Mal herabkommt, sondern sich über den ganzen Zeitraum des Jahres erstreckt. Jeden Monat erhaltet ihr die Rückkehr einer bestimmten Menge an Karma. Auf diese Weise habt ihr die Möglichkeit, euer Karma aus der Vergangenheit schrittweise Jahr für Jahr und Monat für Monat abzuarbeiten. Wenn ihr die Möglichkeit erhieltet, euer ganzes Karma, eure negative Energie auf einmal abzuarbeiten, die Energie, die ihr in euren vergangenen Leben verzerrt habt, so könntet ihr dies nicht aushalten. Eure Körper würden augenblicklich in Stücke gerissen. Daher wirkt das Gesetz in einer solchen Weise, dass ihr jeden Moment eures Lebens die Möglichkeit erhaltet, genau die Menge an negativer Energie aus der Vergangenheit zu bewältigen, die ihr bewältigen könnt. Euch wird niemals mehr gegeben, als ihr aushalten könnt. Daher müsst ihr einfach vor dem Gesetz dieses Universums demütig sein und in Demut die Rückkehr der karmischen Energie erwarten, die ihr selbst geschaffen habt und die euch in Zyklen zur Abarbeitung gegeben wird.

Das neue Jahr kann man in gewissem Sinne als den Anfang der Abarbeitung einer neuen Schicht von Energien aus der Vergangenheit betrachten. Und mit jedem Jahr, das ihr erfolgreich abschließt, arbeitet ihr euer altes Karma ab und nähert euch einer neuen Bewusstseinsebene. Und wenn es nicht das neue Karma gäbe, das ihr unermüdlich schafft, dann würden bereits einige Jahre ausreichen, um euch vom Löwenanteil eures Karmas aus der Vergangenheit zu befreien.

Jedoch gebrauchen nicht alle von euch in einer vernünftigen Weise ihre göttliche Energie und ihre Zeit in der Verkörperung. Daher wird für viele von euch die Menge an negativer Energie, die ihr durch Leiden, Krankheiten, Not und Unglück abarbeitet, gleich wieder durch neues Karma aufgefüllt, das ihr unermüdlich durch eure falschen Handlungen und falschen Entscheidungen in eurem Leben schafft.

Und wenn es nicht die göttliche Gnade gäbe, dann würdet ihr völlig der Möglichkeit eures weiteren Fortschreitens beraubt, so großes Karma schaffen viele von euch in ihren Leben. Doch dank der göttlichen Gnade kehrt dieses Karma nicht sofort zu euch zurück, sondern wartet auf eine günstige Gelegenheit, wenn ihr in der Lage seid, die negative Energie aus der Vergangenheit zu überstehen und nicht nur eure karmische Last auszuhalten, sondern auch darüber nachzudenken, warum so viel Unglück auf einmal über euch hereinbricht. Und so können viele von euch die Existenz des höheren Gesetzes erkennen und mit ihrem Wesen danach streben, dieses Gesetz zu erfüllen.

Viele von euch haben eine solche Ebene des Bewusstseins erreicht, dass sie sich mit der Bitte an den Karmischen Rat wenden, die Rückkehr ihres Karmas zu beschleunigen, damit sie in diesem Leben die größtmögliche Menge an Karma abarbeiten können und die Möglichkeit erhalten, auf einer neuen, von Karma freien Ebene des Bewusstseins zu dienen.

Vor einem aber möchte ich euch warnen: Nachdem ihr solche Briefe geschrieben habt und das Karma beschleunigt zu euch zurückzukehren beginnt, vergesst nicht, worum ihr gebeten habt, und hadert nicht mit eurem

Schicksal. Tatsache ist, dass der Prozess der Rückkehr des Karmas, wenn er auf eure Bitte hin beschleunigt wird, auf eure Bitte hin auch wieder zurückgehalten und zu seinem natürlichen Fluss zurückgeführt werden kann. Vergesst nicht, worum ihr gebetet habt. Und wenn ihr zu voreilig wart und eure Kräfte nicht richtig eingeschätzt habt, schreibt einen weiteren Brief an den Karmischen Rat und bittet darum, dass der Prozess der Rückkehr eures Karmas in Zukunft nicht beschleunigt wird.

Viele von euch sind sich nicht über die Verpflichtungen im Klaren, die ihr auf euch genommen habt, als ihr euch im feinstofflichen Körper, auf der Ebene eurer Seele befandet. Wenn ihr daher in eurem Leben auf Schwierigkeiten stoßt und diese Schwierigkeiten euch überwältigen, so denkt tief nach. Sprecht mit eurem Höheren Selbst, beratet euch mit ihm. Denn der Prozess der Rückkehr des Karmas kann dank der großen Gnade des Himmels von euch reguliert werden. Dies ist besonders wichtig, wenn ihr gutes Karma habt, das mit der Hilfe für andere Lebewesen und für die Meister verbunden ist. Denn euer gutes Karma kann immer dazu verwendet werden, um die Intensität eurer karmischen Last zu verringern. Wenn ihr euch der Wirkung des Gesetzes des Karmas bewusst seid und danach strebt, in eurem Leben in Übereinstimmung mit diesem Gesetz zu handeln, so erfüllt ihr eine der wichtigsten Voraussetzungen für eure weitere Entwicklung, und die Gnade des Himmels wird nicht zögern, euch auf euren ersten Ruf hin zu Hilfe zu kommen. Bedauern rufen jene Individuen hervor, die das Gesetz des Karmas missachten und weiter nach dem Prinzip "nach mir die Sintflut" leben. Ihr solltet über diese Redewendung nachdenken. Und vielleicht geratet ihr in eurem nächsten Leben gerade in die Sintflut, die ihr für euch selbst heraufbeschworen habt.

Denkt darüber nach, wie viel Unheil und Probleme vermieden werden könnten, wenn die Menschen jede Minute ihres Lebens nicht nur über die

Folgen ihres Handelns, sondern auch über die Folgen ihrer Gedanken und Gefühle nachdenken würden.

Eines der Ziele unserer Botschaften besteht gerade darin, dass ihr euch angewöhnt, euch jeder Handlung, jedes Gedankens und jedes Gefühls bewusst zu werden. Denn für Gott, für das kosmische Gesetz gibt es keine Geheimnisse, und alle eure Gedanken werden ebenso in der Akasha-Chronik aufgezeichnet wie eure Taten und Handlungen. Ihr könnt euch gegenseitig Dinge vorheucheln und eure wahren Motive und negativen Gedanken voreinander verbergen. Gott sieht alles, und es ist nicht möglich, selbst die kleinste Regung eurer Seele vor Ihm zu verbergen.

Und es wäre gut, wenn ihr es euch zur Regel machen würdet, ständig die Anwesenheit eines unsichtbaren Zeugen in eurer Nähe zu spüren, der alle eure Handlungen und selbst Regungen eurer Seele beobachtet. Dann werdet ihr mit größerer Verantwortung auf alle Handlungen und alle Entscheidungen in eurem Leben zugehen können.

Und ich möchte euch noch einen sehr wichtigen Rat geben, und wenn ihr ihm folgt, könnt ihr sehr schnell den Prozentsatz des von euch abgearbeiteten Karmas erhöhen. Jedes Mal, wenn ihr im Leben vor einer Entscheidung steht, wie ihr tun sollt, versucht, das Motiv zu verstehen, das euch bei dieser Wahl bewegt. Und wenn ihr bestrebt seid, etwas zu tun, weil es für euch persönlich gut ist, so ist dies das falsche Motiv, und infolge eurer Wahl wird sich eure karmische Last vergrößern.

Wenn ihr euch aber in euren Entscheidungen von dem Motiv leiten lasst, dass es für andere Menschen, für andere Lebewesen gut ist, so verzweifelt nicht, selbst wenn es euch so scheint, dass eure Wahl euch Schaden zufügt und nach allen menschlichen Gesetzen und vom Standpunkt elementarer menschlicher Logik nicht günstig für euch ist. Vom Standpunkt der göttlichen Logik trefft ihr die richtige Wahl, und diese Wahl wird unweigerlich dazu führen, dass eure karmische Last erleichtert wird. Ihr verliert im Kleinen, doch ihr gewinnt im Großen.

Ihr fahrt zum Beispiel eine Bergstraße entlang, und vor euch auf der Straße erscheint ein Mensch, der eure Hilfe braucht. Ihr verbringt Zeit damit, ihm zu helfen, und ihr verliert diese Zeit. Die Sonne geht unter, und ihr werdet in eurem Vorankommen auf dem Weg aufgehalten. Doch wenn ihr euch nicht dem Gefühl der Verärgerung hingebt, so wird sich morgen eine neue Route vor euch öffnen, von der ihr bisher nichts ahntet und diese Route wird euren Weg erheblich beschleunigen. Und ihr werdet an dem Ort, an dem ihr sein müsst, viel früher ankommen, als ihr geplant hattet. So wirkt das Gesetz des Karmas.

Denkt nie darüber nach, welchen Vorteil ihr erhalten werdet, wenn ihr Gutes tut. Lasst jene himmlischen Lichtwesen eure karmische Schuld und eure Verdienste berechnen, deren Aufgabe dies ist. Tut einfach Gutes, und denkt nicht an die Belohnung.

Es war mir eine Freude, euch zu Beginn des Jahres an das große Gesetz zu erinnern, das in diesem Universum existiert, und ich hoffe, dass ich es wie immer rechtzeitig getan habe.

ICH BIN Gautama Buddha.

Ein Gespräch über Gott

Gott Shiva
2. Januar 2007

ICH BIN Shiva, und ich bin erneut gekommen, um euch eine weitere Botschaft zu geben!

Shiva – ICH BIN!

Ich bin gekommen, um euch gerade zum Jahresbeginn einen Besuch abzustatten, zu einer Zeit, wenn viele von euch sich auf ihre Pläne für die Zukunft konzentrieren und überrascht beobachten, wie sich ihr Leben und alles um sie herum verändert. Ich bin gekommen, um euch noch einmal die Richtung für eure innere Arbeit und für eure äußere Arbeit zu weisen.

Eure innere Arbeit an euch selbst besteht immer nur in einem – euch selbst als göttliche Manifestation zu verwirklichen und alles in euch aufzugeben, was nicht göttlich ist.

Jedes Mal, wenn ihr versucht, in eurem Inneren etwas nicht Reales zu finden und diese Eigenschaft anstelle der Göttlichkeit auf ein Podest zu stellen, bedeutet dies eine Abkehr vom Weg. Und ihr müsst alle diese Momente sorgfältig überwachen.

Ihr werdet in eurem Leben mit der Vergötterung euch nahestehender Menschen konfrontiert werden, eures Ehepartners, eurer Kinder und anderer Menschen, die ihr liebt. Ihr werdet in eurem Leben mit der Vergötterung von Luxusgütern, Geld und anderen Dingen konfrontiert werden. Ihr werdet mit der Vergötterung von Macht und Kraft konfrontiert werden. Ihr werdet vieles auf ein Podest stellen und solche Götzen wie einen Gott verehren.

Es wird aber viel Zeit vergehen, und ihr werdet zu ahnen beginnen, dass es nichts gibt, was den Platz der wahren Gottheit in eurem Herzen einnehmen könnte.

Einige von euch haben bereits begonnen, diese einfache Wahrheit zu erkennen. Und weil allzu viele Götter von euch selbst oder durch die Lebensumstände von ihren Podesten gestürzt wurden, habt ihr Angst, ein weiteres Mal etwas zu verlieren, woran ihr hängt. Und daher nähern sich viele von euch dem wahren Gott nur vorsichtig, der im Herzen verborgen ist und versucht, mit euch Kontakt aufzunehmen.

Habt keine Angst. Die Zeit ist endlich gekommen, da ihr der wahren Manifestation der Gottheit begegnen sollt. Es ist euch bestimmt, Gott in eurem Inneren zu treffen. Und dies geschieht erst dann, wenn ihr ein falsches Idol nach dem anderen vom Podest stürzt.

Habt keine Angst. Es gibt immer ein Kriterium, das euch ermöglicht, den wahren Gott von einer Vielzahl falscher Götter und Göttinnen zu unterscheiden.

Und ihr selbst wisst immer, wenn ihr der wahren Manifestation der Gottheit in eurem Leben begegnet.

Wenn ihr ruhig, friedvoll und von göttlichem Frieden in eurem Herzen erfüllt seid, wird niemand in der Welt euch davon überzeugen können, dass ihr einen falschen Gott gefunden habt.

Es ist unmöglich, dies mit etwas anderem zu verwechseln. Aber viele von euch suchen immer noch nach falschen Göttern und Idolen, und sie finden sie.

Wie könnt ihr euch nicht verirren, und wie könnt ihr den einen wahren Gott in eurem Herzen finden?

Die Wahrheit ist, dass ihr den wahren Gott nicht finden könnt, bis ihr die falschen Götter und alle Bindungen an diese Welt aufgebt. Wenn ihr versucht, Gott zu finden, um eure eigenen Bestrebungen oder eine Eigenschaft für euch selbst zu verwirklichen, so werdet ihr den wahren Gott nicht finden können. Ihr werdet den wahren Gott nicht finden können, solange ihr nicht mit ganzem Herzen nach ihm verlangt. Solange ihr nicht jedem rein menschlichen Streben entsagen könnt, einschließlich dem Streben, Gott zu verehren.

Es fällt euch schwer, dies zu glauben und zu verstehen, doch sehr viele Menschen ersetzen den wahren Glauben an Gott mit einer blinden Anbetung der Gottheit.

Die äußere Verehrung Gottes hat nichts mit der inneren Verehrung der Gottheit zu tun. Und die äußere Verehrung Gottes ist nur der erste, der allererste Schritt auf dem Weg zur wahren Gottheit, die auf dem Thron in eurem Herzen sitzt.

Jeder von euch muss zu Gott kommen. Jeder von euch wird unweigerlich zu seinem Gott kommen, der auf dem Thron eures Herzens sitzt. Doch wird jeder von euch nach vielen Göttern suchen, die in Tempeln und Kirchen, in Pagoden und Moscheen wohnen.

Ihr werdet euren Gott eine lange Zeit suchen. Doch ihr werdet ihn eines schönen Tages finden, wenn es euch scheint, dass euer Leben jeden Sinn verloren hat, wenn euch nichts mehr in eurer Welt anzieht. Ihr werdet vor dem Scherbenhaufen eures Lebens sitzen, und eure Familie, eure Arbeit und alles, was euch im Leben wichtig war, wird in Schutt und Asche liegen. Und in dem Moment, wenn es in eurer Welt nichts mehr gibt, was euch noch anzieht, in diesem Moment richtet ihr euren Blick in letzter Hoffnung zum Himmel und sagt in eurem Herzen:

„Gott, bitte hilf mir, Gott. Ich weiß, dass es Dich gibt. Ich weiß, dass Du mich hörst. Ich glaube an Deine Macht und Deine Barmherzigkeit. Ich liebe Dich, Gott, und ich glaube, dass alles, was Du mit mir getan hast, nur notwendig war, damit ich zu Dir komme. Vergib mir alles, Gott, was ich in meiner Unvernunft getan habe. Ich danke Dir, Gott, für Deine Lehre, und dass Du mir erlaubt hast, alle Prüfungen zu durchschreiten und sie mit Ehren zu bestehen. Bitte hilf mir, Gott, dass ich Dich finde und nie wieder im Leben von Dir getrennt werde".

Und in diesem Moment wird es euch so scheinen, als hätte sich der Himmel geöffnet. Ihr werdet etwas empfinden, was ihr nie zuvor in eurem Leben empfunden habt. Ihr werdet verstehen, dass ihr alles, wonach ihr gestrebt habt, bereits habt und immer hattet. Und all dies ist in eurem Inneren, in eurem Herzen, doch ihr wolltet es nicht sehen und nicht hören bis zu diesem Moment eures Lebens, als eure Ohren zu hören begannen und eure Augen sich öffneten.

Ich glaube und hoffe, dass jeder von euch ein solches Erlebnis bereits hatte oder noch haben wird. Und ich hoffe, dass dieses Erlebnis eine solch unauslöschliche Spur in eurer Seele hinterlässt, dass ihr bis zum Ende eures Lebens ständig im Einklang mit Gott bleiben werdet. Und in welch schwierige Lebenssituationen ihr auch hineingeratet, ihr werdet nicht länger Gott beschimpfen und ihm die Schuld für Not und Unglück geben. Ihr werdet verstehen und akzeptieren, dass nur ihr selbst an eurer Not und eurem Unglück Schuld hattet, weil ihr voller Stolz und Unwissenheit wart. Und die Unwissenheit blendete euch die Augen.

Ich freue mich, dass unser heutiges Gespräch stattgefunden hat. Und ich bin froh, dass ich eurem Bewusstsein den Zustand vermitteln konnte, der es euch ermöglicht, euch selbst zu überwinden und euch zu Gott zu erheben.

ICH BIN Shiva,
der Zerstörer des Unwirklichen in euch.

Eine Nachricht von der Sitzung des Karmischen Rates

Der Große Göttliche Lenker
3. Januar 2007

ICH BIN der Große Göttliche Lenker, und ich bin an diesem Tag zu euch gekommen, um eine weitere Botschaft zu geben, die mit diesem Tag, mit dem Beginn des Jahreszyklus der Zeitrechnung, verbunden ist.

Und noch etwas ist wichtig. Die jährliche Wintersitzung des Karmischen Rates ist zu Ende gegangen, und ich bin bereit, euch einige seiner Entscheidungen mitzuteilen.

Ich freue mich auf den Moment, wenn ihr diese Botschaft mit angehaltenem Atem lesen werdet. Denn diese Botschaft hält für euch viele Überraschungen bereit, die ihr nicht erwartet. Ich bin wie euer Weihnachtsmann, der zum Fest mit einem Sack voller Geschenke gekommen ist und vor der Tür wartet.

Lasst uns also in mein Säckchen schauen und sehen, was ich euch mitgebracht habe. Dieses Mal gibt es weitaus mehr erfreuliche Nachrichten als traurige. Wir möchten eurem Bewusstsein die Ergebnisse des vergangenen Jahres nahebringen. Und diese Ergebnisse sind, wie ihr wahrscheinlich alle ahnt, viel ermutigender als die Ergebnisse der letzten paar Jahre. Das alles bedeutet, dass viele von euch erwacht sind und begonnen haben, in ihrem erwachenden Bewusstsein konkrete Schritte zu unternehmen, die zum Erwachen anderer Menschen führen. Ihr wisst, dass alles in eurer Welt miteinander verbunden ist. Und auf der feinstofflichen Ebene seid ihr alle viel mehr vereint als auf der physischen Ebene. Und was einem zugänglich wurde, seine spirituellen Errungenschaften, kann von vielen erlernt werden. So ist das Gesetz. Daher kümmern wir uns so sehr um diejenigen von euch, die an der Schwelle zur Öffnung des neuen Bewusstseins stehen. Wir sind buchstäblich wie eine Amme, die bereit ist, sich um euch zu kümmern und alles für euch zu Ende zu bringen, was ihr beginnt und manchmal aus Faulheit und Nachlässigkeit nicht fertigstellen könnt. Denn jeder von euch, der mit seinem Bewusstsein eine bestimmte

Ebene erreichen kann, dient auf der feinstofflichen Ebene als Katalysator und Übermittler von Informationen für Tausende von Seelen, mit denen er karmisch verbunden ist oder zum selben Stammbaum menschlicher Abstammung gehört.

Daher bemühen wir uns, dass unsere Lehre in so viele Sprachen wie möglich übersetzt und so weit wie möglich auf der ganzen Welt verbreitet wird. Wir sind bereit, jedem von euch, der in dieser Richtung arbeitet, alle mögliche Hilfe zu erweisen. Zögert nicht, den Karmischen Rat um Hilfe zu bitten. Schreibt mir persönlich Briefe. Wenn ihr auf Probleme trefft, die eurem Dienst zur Verbreitung unserer Botschaften hinderlich sind, und wenn es die karmische Situation zulässt, so werden eure Bitten geprüft und alle Maßnahmen unternommen werden, um euch zu helfen, das Hindernis in eurem Inneren zu beseitigen und die karmischen Umstände zu ändern.

Denn jeder von euch, der an der Verbreitung unserer Botschaften beteiligt ist, arbeitet tatsächlich für Tausende von Menschen. Und die Seelen dieser Menschen sind in der Lage, auf der feinstofflichen Ebene zu erwachen und alle notwendigen Informationen auf der feinstofflichen Ebene durch euch zu erhalten.

Ihr könnt euch nicht vorstellen, wie schnell sich in eurer Zeit alles ausbreitet. Und dies ist nicht nur dem Internet und anderen schnellen Kommunikationsmedien zu verdanken. Die Zeit selbst bringt euch enorme Möglichkeiten. Und wir Aufgestiegenen Lichtwesen sind jedes Mal bereit, euch eine weitere Möglichkeit zu geben. Daher kommt es vor, dass wir in unseren Sitzungen alle Reserven ausfindig machen, um euch zu helfen. Wir suchen buchstäblich nach jedem freien Erg an Energie, um euch bei der Bewältigung von Problemen zu helfen, die eurem Dienst im Wege stehen. Daher zögert nicht, euch mit euren Bitten und Problemen an uns zu wenden. Sobald die Möglichkeit besteht, werden wir eure Bitte erfüllen und euch helfen.

Besonders wichtig ist der Dienst derjenigen von euch, die uns uneigennützig die Energie ihrer Gebete senden. In diesem Fall haben wir die Möglichkeit, eine Energiereserve zu schaffen, die in erster Linie verwendet wird, um denjenigen von euch zu helfen, deren Arbeit und Dienst in direktem Zusammenhang mit der Veränderung des Bewusstseins der Menschen steht.

Ich bin froh, dass ich euch dieses Jahr zum ersten Mal seit vielen Jahren sagen kann: „Macht weiter so!".

Eure Bemühungen waren nicht umsonst, und unsere Zusammenarbeit – zwischen euch, die ihr in der Verkörperung seid, und uns, den Aufgestiegenen Lichtwesen – wird immer erfolgreicher!

Jedes Mal, bevor wir zum Jahresende eine weitere Sitzung beginnen, verspüre ich ein Beben im Herzen. Denn das Bild ist nicht immer eindeutig, und manchmal ist die Tendenz zur günstigen Möglichkeit im Verlauf der Ereignisse kaum wahrnehmbar.

Dieses Mal bezweifelte niemand von uns vor der Sitzung, dass wir zum ersten Mal seit vielen Jahren eine deutliche Tendenz zu einem günstigen Verlauf der Ereignisse auf dem Planeten Erde erreicht hatten. Natürlich gibt es einzelne Länder und ganze Regionen, in denen die Lage der Dinge sehr ernst ist, und die unsere und eure uneigennützige Hilfe brauchen. Doch wir sind froh, dass sich die Lage auf dem größten Kontinent, Eurasien, zu verbessern beginnt.

Die westliche Hemisphäre bleibt hinsichtlich der Bewusstseinsebene in ihrer Entwicklung zurück. Und dies stimmt uns traurig. Insbesondere bereitet es uns Kummer, wenn wir unsere Blicke auf das Land Amerika richten. Das enorme Potenzial dieses Landes ist leider immer noch nicht auf die evolutionäre Entwicklung ausgerichtet. Wir bemühen uns, einen Zugang zum Bewusstsein der wenigen Vertreter dieser Nation zu finden, die Neues in unserer Lehre wahrnehmen können, die neue Herangehensweise im Bereich der Entwicklung des Geistes. Ich hoffe aufrichtig, dass unsere Bemühungen im neuen Jahr Früchte tragen werden. Die Schwierigkeit liegt im Charakter dieser Nation selbst. Denn die Amerikaner können nicht zugeben, dass ihr Land unsere Hoffnungen nicht erfüllt hat. Und jetzt muss dieses Land sich umstellen und die Kraft und den Wunsch in sich finden, erneut die Schulbank zu drücken und mit dem Lernen zu beginnen – eine neue Denkweise und ein neues Bewusstsein zu erlernen, unabhängig davon, aus welchem Land diese neue Denkweise und das neue Bewusstsein zu ihnen kommen.

Die Stereotype zu ändern und das eigene Bewusstsein zu ändern – dies müsst ihr alle in der nächsten Zeit lernen, unabhängig davon, in welchem Land und auf welchem Kontinent ihr lebt.

Die Entwicklung des menschlichen Bewusstseins kennt weder staatliche noch religiöse Grenzen. Die Entwicklung des menschlichen Bewusstseins ist grenzenlos und unendlich.

Es ist unmöglich, Gott zu begrenzen. Und es ist unmöglich, Gott von eurer menschlichen Ebene des Bewusstseins aus vorzuschreiben, was er tun soll.

Wir hoffen, den Erfolg im neuen Jahr 2007 zu festigen, das bereits angebrochen ist und beginnt, auf dem Planeten Fuß zu fassen.

Was für ein Jahr wird es werden? – Leider können auch wir, die Aufgestiegenen Lichtwesen und die Mitglieder des Karmischen Rates, nur über die wahrscheinliche Entwicklung der Ereignisse sprechen. Die Zukunft bleibt unvorhersehbar. Und es wäre uninteressant zu leben, wenn das Ergebnis bereits im Voraus bekannt und vorhersehbar wäre.

Wir sind bereit für Schwierigkeiten und ihre Überwindung!

Seid auch ihr bereit?

**ICH BIN der Große Göttliche Lenker,
mit dem Glauben an unseren gemeinsamen Erfolg!**

Ein Gespräch über die Heilung von Seele und Körper

Der Geliebte Hilarion
4. Januar 2007

ICH BIN Meister Hilarion, und ich bin an diesem Tag zu euch gekommen.

ICH BIN wie immer gekommen, um euch Unterweisungen zu geben, die ihr für eure innere Arbeit braucht, welche jeder von euch allein mit sich selbst in der Tiefe seines Herzens tut. Wie selten sind solche Momente, in denen ihr euch selbst überlassen seid. Alles tritt in den Hintergrund, und auf einmal seid ihr allein mit euch selbst.

Denkt darüber nach, wie gut es wäre, wenn ihr nicht nur hin und wieder mit euch selbst reden würdet, sondern jeden Tag die Möglichkeit zu einem Zwiegespräch mit euch selbst hättet und wenigstens einige Minuten dieser Kommunikation mit eurem Herzen widmen würdet.

Ich, Meister Hilarion, erinnere mich an die Momente während meiner Verkörperung, als ich in der Einsamkeit, in der Wildnis die Möglichkeit hatte, mich selbst den ganzen Tag lang wie von der Seite zu beobachten. Ich verstand, dass ich ein lebendiger Mensch in der Verkörperung war, mit allen Funktionen meines Körpers, doch gleichzeitig begann ich mir bewusst zu werden, dass in meinem Inneren noch ein anderer Mensch war, der nicht direkt mit den Funktionen meines menschlichen Körpers verbunden war. Es war eine eigenartige Spaltung der Persönlichkeit. Ich war auf der Erde in der Verkörperung, und gleichzeitig wurde mir klar, dass ich unsterblich bin. Ich bin ewig. Ich bin in dieser Verkörperung mir selbst überlassen, und ich versuche, den Sinn meines Lebens zu verstehen, und gleichzeitig bin ich viel größer als mein physischer Körper. Tatsächlich ist mein physischer Körper nur eine Art Schutzanzug, der es meinem höheren Teil ermöglicht, in mir zu wohnen.

Und in diesen Momenten der klaren Einsicht, wer ich wirklich bin, erhob sich mein Bewusstsein zu unvorstellbaren Höhen, von denen aus ich klar die Einheit allen Lebens sah, das auf der Erde existiert.

Ich sah deutlich die Einheit aller Reiche der Natur, der Engel und der Elementarwesen. In diesen freudigen Momenten der stillen Kommunikation mit meinem Herzen spürte ich, wie Tausende von Wesenheiten, die dem menschlichen Auge nicht sichtbar sind, die aber dennoch lebten und mich umgaben, mit mir redeten und den Kontakt mit mir herzustellen versuchten. In diesen Momenten spürte ich meine Einheit mit jedem Insekt, mit Vögeln, Tieren.

Wie wunderbar es war! Und es war nur dann möglich, wenn ich allein mit mir selbst war. Um mich herum war niemand außer den Tieren, Vögeln, Engeln und Elementarwesen.

Dann kamen Leute zu mir. Diese Leute suchten Heilung bei mir. Sie wollten zu mir kommen, um ein Stückchen von meinem stillen Glück und Frieden zu erhalten. Doch sobald sie mit ihren Sorgen und Problemen in meine Welt kamen, versteckten sich die Bewohner meiner Welt, weil die Schwingungen dieser Menschen unvertraut und feindlich für ihre Schwingungen und für meine Schwingungen waren, an die sich die Bewohner meiner Welt im Laufe unserer stillen Kommunikation gewöhnt hatten.

Ich half vielen Menschen. Ich heilte ihre Seelen. Ich bereitete Heilmittel aus Kräutern zu und gab ihnen diese Heilmittel. Aber es waren nicht wirklich die Kräuter, die ihre geschädigten und schwachen Körper heilten. Die Menschen heilten sich selbst, als ihr Bewusstsein zu jener Ebene emporstieg, auf der sie zu begreifen begannen, welchen Schaden sie ihrer Seele und ihrem physischen Körper zufügten, wenn sie falsche Dinge taten und falsche Gefühle zuließen.

Wenn nicht-göttliche Gefühle einen Menschen überwältigen, ist das so, als würde ein Orkan durch seine feinstofflichen Körper fegen. Und wenn ihr oft von Hass, Schwermut, Kummer, Neid, Eifersucht und anderen negativen Gefühlen ergriffen seid, dann zieht jedes Mal ein Orkan nach dem anderen durch eure feinstofflichen Körper, und schließlich werden eure feinstofflichen Körper ganz zerfetzt sein und können nicht länger als Kanal für die göttliche Energie dienen. In diesem Fall fängt euer physischer Körper an, krank zu werden. Und ihr werdet anfangen, an Beschwerden zu leiden, die euch dazu bringen, bei vielerlei Heilern und Ärzten Heilung zu suchen.

Und ihr werdet unbeschreibliches Glück haben, wenn ihr auf eurem Weg einem Heiler oder Arzt begegnet, der nicht euren Körper, sondern eure Seele heilt.

Denn in erster Linie brauchen eure feinstofflichen Körper Heilung. Euer emotionaler Körper, euer Gedächtniskörper oder ätherischer Körper und euer mentaler Körper. Gerade diese Körper, die der veränderlichere Teil eurer selbst sind und der ständigen Einwirkung negativer Gedanken und Gefühle ausgesetzt sind, werden als Erstes zerstört.

Die Zerstörung und die Krankheiten des physischen Körpers sind nur die Folgen der Zerstörung und Krankheit der feinstofflichen Körper. Daher muss vor allem eure Seele geheilt werden. Ihr müsst zu dem Verständnis gebracht werden, dass ihr durch eure falschen Handlungen, Gedanken und Gefühle euren physischen Körper krank gemacht habt.

Viele von euch hegen auch weiterhin Aggressionen in ihrem Herzen und geben Ärzten, Angehörigen, der Arbeit, dem Chef die Schuld an ihrem schlechten Zustand. Dies ist jedoch die falsche Herangehensweise. Der erste Schritt zu eurer Heilung ist zu verstehen, dass niemand außer euch selbst an euren Krankheiten schuld ist. Und alle eure Krankheiten habt ihr selbst verursacht, als ihr wütend wart, anderen Menschen Schaden zufügtet, euch üble Rede und verwerfliches Tun erlaubtet und Lebensmittel und Getränke zu euch nahmt, die euren Organismus verschmutzten.

Ihr selbst seid die Ursache eurer Krankheiten. Und wenn ihr diese einfache Tatsache versteht, so ist dies der erste und wichtigste Schritt zu eurer Heilung.

Der nächste Schritt besteht darin, dass ihr den Entschluss fasst, nicht länger Dinge zu tun, die zu eurer Krankheit geführt haben. Für manche wird dies die Befreiung von negativen Gedanken sein, für andere von negativen Gefühlen, für wieder andere von negativen Handlungen.

Ihr müsst den Wunsch haben, euch von allem zu befreien, was die Krankheit eurer Seele und eures Körpers verursacht hat. Und erst danach seid ihr für den nächsten Schritt bereit, wenn ihr mit gebrochenem Herzen aufrichtig eine Anrufung zu Gott macht und um die Heilung eurer Seele und eures physischen Körpers von Krankheiten bittet.

Viele von euch befinden sich in einem solch beklagenswerten Zustand, dass der physische Körper in diesem Leben nicht länger geheilt werden kann. Doch wenn ihr euch der Gründe für eure Erkrankung bewusst seid und die richtige Verhaltensweise und Denkweise annehmt, wird dies eurer Seele Frieden bringen, und im nächsten Leben werdet ihr viel schneller die Ursachen für eure Beschwerden erkennen, und ihr werdet euch bereits in jungen Jahren nicht nur um euren physischen Körper kümmern, sondern auch um die richtige Einstimmung eurer Gedanken und Gefühle.

Es kommt selten vor, dass ein Mensch selbst beginnt, den direkten Zusammenhang zwischen seinen Krankheiten und seinem Handeln in der Jugend und in reifen Jahren zu erkennen. Und wenn man vielen von euch die abscheulichen Taten zeigen könnte, die ihr begangen habt, so wären viele von euch erstaunt, weil es unmöglich ist, in eurer zivilisierten Zeit dergleichen zuzulassen. Jedoch ist eure Zivilisation leider auf die Zerstörung eurer Seele ausgerichtet. Und viele sogenannte Spielfilme haben eine verheerende Wirkung auf eure feinstofflichen Körper, einem Tsunami vergleichbar. Hütet euch davor, solche Werke anzuschauen, und schützt besonders sorgfältig eure Kinder. Denn ihre feinstofflichen Körper haben noch keinen ausreichenden Schutz, und der ganze Albtraum, den sie auf den Fernsehbildschirmen sehen, programmiert sie einfach auf Krankheit und Tod.

Wir warnen euch und versuchen, euch die Ursachen eurer Leiden zu erklären.

Ihr könnt jederzeit den Teufelskreis der Probleme eurer Zivilisation durchbrechen. Alles, was von euch verlangt wird, ist, einfach den Entschluss zu fassen und in eurem Leben nach den göttlichen Grundsätzen zu handeln.

Und jetzt möchte ich auf einen weiteren sehr wichtigen Punkt eingehen. Wenn ihr eine Anrufung macht und die Engel, Gott und die Meister um Hilfe bittet, versucht immer, euch in einen Zustand der Demut zu versetzen und aus Ehrfurcht vor dem Leben und vor dem Schöpfer zu bitten.

Denn alle Gnade kommt von Gott, und was euch daran hindert, diese Gnade zu empfangen, ist die undurchdringliche Kruste des Egoismus, die eurem Herzen anhaftet.

ICH BIN Hilarion,
mit Liebe zu euch.

Eine Lehre darüber, wie ihr Angst durch göttliche Liebe ersetzen könnt

Der Heilige Erzengel Michael
5. Januar 2007

ICH BIN der Heilige Erzengel Michael, und ich bin an diesem Tag zu euch gekommen!

ICH BIN gekommen! Ich bin gekommen, um den Beginn des neuen Tages anzukündigen! Euer Planet tritt in den neuen Tag ein. Und der neue Tag bricht in eurem Bewusstsein an. Die Dämmerung geht zu Ende, und euer Bewusstsein wird von allen Ängsten der Nacht gereinigt, in denen es sich viele Jahrtausende befand.

Ihr habt mit eurem unvollkommenen Bewusstsein Unmengen von Ängsten erzeugt, und jetzt ziehen diese Massen von Ängsten unabhängig von euch durch die astrale und mentale Welt. Und wenn ihr mit den Schöpfungen eures eigenen Bewusstseins konfrontiert werdet, erlebt ihr Angst und Schrecken, die scheinbar grenzenlos und unkontrollierbar sind.

Ich bin gekommen, um euren Ängsten ein Ende zu setzen! Ich bin gekommen, um euch zu verkünden, dass mit dem Anbruch des neuen Tages alle eure Ängste verblassen und keine Macht mehr haben werden. Ihr und euer Bewusstsein seid sowohl die Quelle der Angst als auch die Manifestation ihrer Macht. Daher werden die Ängste, wenn ihr sie aus eurem Bewusstsein entfernt, in der Welt um euch herum zu existieren aufhören, weil sie eurer Energie beraubt sind, mit der ihr sie gefüttert habt.

Sehr viele Menschen haben Ängste. Und Ängste sind tatsächlich die Geißel eurer Zeit. Angst existiert dort, wo es an göttlicher Liebe mangelt, und an Liebe mangelt es in eurer Welt überall.

Ihr könnt gegen eure Ängste nicht ankämpfen. Die Energie, die ihr auf den Kampf richtet, wird eure Ängste nur verstärken. Doch ihr könnt eure Ängste mit dem allwirksamen Lösungsmittel des Universums auflösen, welches die Liebe eurer Herzen ist. Alles, was ihr in der nächsten Zeit tun müsst, ist daher, eure Herzen für die Liebe, für die göttliche Liebe, zu öffnen.

Und wenn eure Welt von der göttlichen Liebe erfüllt ist, werden sich eure Ängste auflösen wie die Dämmerung beim Anbruch des Tages.

Euer Zustand wird dadurch bestimmt, wie viel göttliche Energie ihr durchlassen könnt. Und wenn es euch an göttlicher Energie mangelt, erlebt ihr verschiedene negative Zustände, einschließlich Angst.

Die Angst vor dem Tod ist die vorherrschende Angst in eurer Welt. Ihr fürchtet genau das, was in der Natur nicht existiert. Ihr fürchtet das, was ihr mit eurem unvollkommenen Bewusstsein geschaffen habt. Ihr fürchtet den Tod, aber es gibt keinen Tod. Der Tod existiert nur in eurem Bewusstsein. In der göttlichen Welt gibt es nur ewiges Leben und ewige Glückseligkeit. Und der Tod ist tatsächlich nur der Prozess des Übergangs eurer Seele von einer Existenzform in eine andere.

Ihr nehmt die Zustände, die mit dem Tod einhergehen, nur deswegen als schmerzhaft wahr, weil ihr Angst vor dem Tod habt. Und wenn ihr eure Angst überwindet, wird der Tod für euch ein weniger besorgniserregender Prozess sein. Darüber hinaus werden sowohl das Ereignis der Geburt als auch das Ereignis des Übergangs nicht so schmerzhaft und beängstigend sein, wie sie jetzt in eurer Welt sind. Ändert euer Bewusstsein, und viele Probleme eurer Welt werden zunächst an Wichtigkeit verlieren und sich schließlich wie die Dunkelheit am Mittag auflösen. Es bleiben die Schatten der Vergangenheit, doch sie werden immer weniger eure Aufmerksamkeit in Anspruch nehmen.

Ich bin gekommen, um euch zu sagen, dass es keinen Tod gibt, und ich bin gekommen, um euch zu sagen, dass alle eure Ängste von eurem Bewusstsein erzeugt werden. Und wenn ihr in euer Bewusstsein die Liebe einlasst, wird sie alle eure Ängste auflösen, einschließlich der Angst vor dem Tod.

Wie könnt ihr die Liebe in euer Herz einlassen? Das ist eigentlich sehr einfach. Ihr müsst euer Herz von allen Dingen befreien, die es belasten, nämlich von Angst, Hass, Wut, Neid… besonders hinderlich ist für euch der Hass. Hass geht Hand in Hand mit Unwissenheit. Und der Hass ersetzt die göttliche Liebe in eurem Herzen und lässt nicht zu, dass sie sich manifestiert.

Wenn ihr also die Feinde kennt, die von eurem Herzen Besitz ergriffen haben, könnt ihr euch allmählich Schritt für Schritt von euren Feinden befreien.

Ich werde euch eine universelle Methode geben, die euch helfen wird, euer Herz von allem zu reinigen, was nicht göttlich ist, von jeglichen Eigenschaften, die euch im Wege stehen und euch hinderlich sind.

Wenn ihr also eine Minute freie Zeit habt, stellt euch vor, wie ihr ein sauberes Stück Stoff nehmt und es in perlendem, absolut reinem Wasser befeuchtet, das zu euren Füßen plätschert. Beugt euch nieder und schöpft dieses Wasser mit euren Händen. Tränkt den Stoff darin und stellt euch vor, dass ihr euer Herz in euren Händen haltet. Euer Herz ist wie ein Kristallgefäß. Doch dieses Gefäß ist während eurer Verkörperungen auf der Erde schmutzig geworden und hat aufgehört, das göttliche Licht durchzulassen. Nehmt euer Gefäß, euer Herz, und stellt euch vor, wie ihr von ihm Schicht um Schicht alle angesammelten negativen Eigenschaften und Gefühle abwascht. Hass, Feindseligkeit, Angst, Wut, Unwissenheit, Faulheit, Neid. Ihr alle werdet mehrere Eigenschaften haben, von denen ihr euch vor allem trennen müsst. Reinigt euer Herz von den Ablagerungen dieser negativen Eigenschaften und Manifestationen.

Wiederholt diesen Vorgang jeden Tag. Denkt nicht, dass ihr diese Arbeit mit einem Mal bewältigen und euer Herz von den Ablagerungen negativer Energien aus vielen Jahrhunderten reinigen könnt.

Bemüht euch ständig, das Bild in eurem Bewusstsein zu halten, wie ihr euch von euren negativen Eigenschaften trennt. Stellt euch vor, wie euer Herz mit jedem Mal immer mehr göttliche Energie durchlassen kann.

Es wird einige Zeit vergehen, und euer Herz wird vollständig von allen Anhäufungen aus der Vergangenheit gereinigt sein, und ihr werdet die Schwingungen der göttlichen Liebe in vollem Umfang aufnehmen können, von denen die ganze Welt, die ganze Schöpfung durchdrungen ist. Aber ihr könnt diese Schwingungen einfach nicht wahrnehmen wegen eurer eigenen Unvollkommenheit und eures Unwillens, euch von der Unvollkommenheit zu trennen.

Doch ich bin sicher, dass jeder von euch nachdenken und sich entschließen wird, seine Einstellung zum Leben zu ändern, und aufhören wird, die Stirn zu runzeln, und den neuen Tag freudig mit einem lächelnden Gesicht begrüßen wird.

Stellt euch vor, ihr sitzt am Ufer eines Flusses, eines Sees oder Baches, und die helle Sonne scheint direkt in euer Gesicht. Ihr genießt die Berührung der sanften Sonnenstrahlen. Jeden Tag dringt die Sonne tiefer und tiefer in euch ein, und eines schönen Tages werdet ihr selbst zur Sonne und gebt euer Licht, eure Liebe allen, die Licht und Liebe brauchen.

Der Tag wird kommen, und die Sonne eures göttlichen Bewusstseins wird durch euch leuchten und eure Wärme vielen Menschen schenken können, die sich noch nicht von dem befreien konnten, was sie daran hindert, zur Sonne der göttlichen Gegenwart in ihrem Inneren vorzudringen.

Ihr seid wie die Sonne. Und ihr müsst nur euer Gefäß von der jahrhundertealten Schmutzschicht reinigen, damit es erneut seine Reinheit und Transparenz erlangt. Und ihr werdet euer Gefäß mit göttlicher Energie füllen und jedem, den es dürstet, die Möglichkeit geben, aus eurem Gefäß zu trinken.

Die göttliche Energie erschöpft sich nie. Nur das menschliche Bewusstsein begrenzt den Strom der göttlichen Energie in eurer Welt.

Der neue Tag bricht an, und dieser Tag kennt keine Begrenzungen, dieser Tag ist durch göttliche Freiheit und göttliche Liebe gekennzeichnet.

ICH BIN der Heilige Erzengel Michael,
mit unendlicher Liebe zu euch.

Eine Lehre über eure Seele

Der Geliebte Kuthumi
6. Januar 2007

ICH BIN Kuthumi, und ich bin wieder zu euch gekommen.

Ich bin wie immer zu einer Unterweisung gekommen, die für euch notwendig ist, zu einer Unterweisung, die eure Seele, die sich nach der realen göttlichen Welt sehnt, braucht.

Wir kommen immer wieder, um für eure Seele zu sorgen und ihr die Nahrung zu geben, die sie braucht. Und so bin ich heute gekommen, um eine kleine Lehre über eure Seele und für eure Seele zu geben.

Lasst uns gemeinsam einen Moment darüber nachdenken, was eure Seele ist. Ist eure Seele eure gesamte Manifestation? Was versteht man unter Seele?

Tatsächlich seid ihr ein sehr komplexes Geschöpf. Ihr habt einen göttlichen Teil, der in der göttlichen Welt existiert und niemals die göttliche Welt verlassen hat. Und ihr habt eine Seele, den Teil eurer selbst, der eigens von den Schöpfern der Form für eure Reise durch die manifestierten Welten geschaffen wurde. Und euren physischen Körper, der das Gefäß für eure Seele für die Zeit der irdischen Verkörperungen ist.

Ihr seid ein sehr komplexes Gebilde. Und wenn es nicht ein Erfordernis der Zeit wäre, so wäre ich nicht gekommen, um euch diese wichtige Lehre über eure Seele zu geben.

Tatsache ist, dass viele von euch verwirrt sind, was die Begriffe angeht, und unter Seele etwas anderes verstehen als das, was sie wirklich ist.

Eure Seele ist eng und untrennbar mit eurem physischen Körper verbunden, doch die Verbindung eurer Seele mit euren höheren feinstofflichen, mit euren göttlichen Körpern ging irgendwann im Laufe der Entwicklung eurer Seele verloren. Dies wurde durch den Wendepunkt hervorgerufen, als ihr die göttliche Welt verlassen und tiefer in die Materie eintauchen wolltet. Ihr wolltet menschliche Erfahrung sammeln, dies war für die Evolution eurer Seele notwendig. Denn eure Seele hätte sich nicht entwickeln können, wenn sie nicht die Erfahrung der menschlichen Evolution gemacht hätte. Ihr könnt euch nicht entwickeln, wenn ihr nicht ständig eure Erfahrung vertieft. Ihr steigt in immer dichtere Manifestationen der physischen Welt hinab, und dies ist in etwa so, als würden eure Seele und der höhere Teil eurer selbst sich in einem Tiefseetauchboot auf den Grund des physischen Ozeans hinablassen. Als Tauchboot dient in diesem Fall euer physischer Körper. Und eure Seele, die untrennbar mit ihm verbunden ist, stellt eure feinstofflichen Körper dar: den astralen Körper, den mentalen Körper und den ätherischen Körper. Eure feinstofflichen Körper sind untrennbar mit eurem physischen Körper verbunden und entwickeln sich dank eures physischen Körpers.

Wenn wir zur Analogie mit dem Tauchboot zurückkehren, so sind eure feinstofflichen Körper die elektronischen Systeme und die Lebenserhaltungssysteme eures Tauchboots.

Doch erst wenn es einen Menschen gibt, der das Tauchboot steuert, kann das Tauchboot bestimmte Aufgaben am Boden des Ozeans ausführen.

Viele von euch befinden sich in einem Bewusstseinszustand, in dem die Kontrolle über das Tauchboot verloren geht. Eure höheren, göttlichen Körper verlieren die Verbindung mit dem Tauchboot, und das Tauchboot bleibt sich selbst überlassen.

Ein anderes Bild, das man heranziehen kann, ist das Bild von einem Segelboot, das in einem Sturm die Kontrolle verloren hat. Ihr lebt euer rein physisches Leben und denkt nicht darüber nach, wer ihr seid, woher ihr kamt und wohin ihr geht. Dies beschränkt eure Ziele und Aufgaben auf die rein physische Welt und erlaubt es euch nicht, euch weiterzuentwickeln.

Es gab einen Entwicklungsabschnitt, in dem ihr die Erfahrung des Abstiegs in die Materie machen musstet, die Erfahrung eurer Verkörperungen. Eure feinstofflichen Körper, eure Seele, konnten sich während eurer Reise durch die Materie entwickeln und vervollkommnen. Eure Struktur wurde immer komplexer. Doch auf einem bestimmten

Abschnitt in eurer Entwicklung habt ihr die Einheit mit eurer Seele verloren. Ihr habt aufgehört, die feinstofflichen Welten wahrzunehmen, und ihr habt euch von eurer Seele gelöst. Eure Seele ist von euch getrennt worden, genauso wie sich eure höheren Körper getrennt haben. Dies verursachte das Leiden eurer Seele. Und ihr habt viele Teile eurer Seele in euren zahlreichen Verkörperungen verloren. Als ihr euch unharmonisches Verhalten, äußerst gottlose Taten erlaubtet, litt eure Seele sehr, und dieses Leiden zwang sie, euch teilweise zu verlassen. Daher tragen eure feinstofflichen Körper schon bei der Geburt die Mängel aus euren früheren Verkörperungen.

Ihr müsst verstehen, dass es einen feinstofflichen Teil eurer selbst gibt. Dies ist eure Seele, die wie ein kleines Kind ist. Und viele Manifestationen eurer Welt traumatisieren eure Seele sehr stark. Sie schrumpft und kann sogar euren physischen Körper verlassen. Doch ohne eure Seele verliert ihr die Fähigkeit, göttliche Gefühle zu manifestieren, und ihr verliert noch mehr die Verbindung mit der göttlichen Welt, denn durch eure Seele kann sich der höhere Teil eurer selbst manifestieren.

Ihr müsst zu einer harmonischen Entwicklung eurer Seele, eures physischen Körpers und des höheren Teils eurer selbst zurückkehren. Alle eure Körper müssen ins Gleichgewicht gebracht und harmonisiert werden.

Damit ihr zur nächsten Stufe in eurer evolutionären Entwicklung aufsteigen könnt, müsst ihr alle verlorenen Teilchen eurer Seele einsammeln. Ihr müsst eure Ganzheit, innere Harmonie und euren Frieden wiederherstellen.

Und dies lässt sich durch besondere Praktiken und Methoden erreichen. Jede Zeit brachte neue Praktiken und neue Methoden, die eure feinstofflichen Körper in einen geordneten Zustand bringen konnten. Und jede Methode war auf ihre Zeit abgestimmt.

Jetzt, da neue Energien und Schwingungen auf die Erde gekommen sind, ist es für eure Seele am besten, wenn ihr euch in der Ruhe der Natur aufhaltet. Es gibt auf der Erde immer noch Gegenden, in denen die Natur noch nicht dem zerstörerischen Einfluss der Zivilisation ausgesetzt wurde.

Diese Orte sollen euch als Zufluchtsorte und Heilstätten dienen, in denen ihr die Ganzheit eurer Seele, eures Körpers und des göttlichen Teils eurer selbst wiederherstellen könnt.

Ihr werdet dies nicht in großen Städten erreichen können.

Ihr werdet Zeit brauchen, um eure Energien wiederherzustellen.

Und wenn ihr eure Meditationen so lange wie möglich in der Natur praktizieren könnt, werdet ihr allmählich aus dem Raum alle Teilchen eurer Seele anziehen können. Wenn eure Seele eure Liebe und Fürsorge spürt, wird es sie aus dem Raum zu euch hinziehen, um euch nie wieder auf eurem Weg zu verlassen.

Ich versuche, euch eine sehr wichtige Lehre zu geben. Und ich versuche, eurem Bewusstsein nahezubringen, dass eure weitere Evolution nicht möglich ist, bis ihr die Ganzheit eurer Seele und die Harmonie zwischen allen euren Körpern wiederherstellen könnt.

Wenn ihr in der Natur seid, wird dies auf natürliche Weise geschehen. Und wenn ihr eure Seele heilen könnt, ihre Wunden aus vielen Jahrhunderten, könnt ihr den Menschen als Vorbild dienen, die es leid sind, in der Hölle eurer technokratischen Zivilisation zu leben. Auf natürliche Weise wird eure Zivilisation auf den Weg zurückkehren können, der für sie ursprünglich geplant war – den Weg der spirituellen Entwicklung und der Entwicklung der göttlichen Fähigkeiten und Möglichkeiten.

Wie sehr ihr euch auch davon zu überzeugen versucht, dass ihr euch in einem Zustand der Ganzheit und Harmonie befindet, ich muss euch sagen, dass die Harmonie, die ihr durch Autosuggestion erreicht, nichts mit der natürlichen Harmonie zu tun hat, zu der ihr alle sicherlich gelangen werdet.

Ich habe euch eine wichtige Lehre gegeben – eine Lehre über eure Seele.

ICH BIN Kuthumi.

Die Zeit der Wahl

Sanat Kumara
7. Januar 2007

ICH BIN Sanat Kumara, und ich bin wieder durch meine Gesandte zu euch gekommen. Ich bin zu euch geeilt, um euch eine wichtige Mitteilung in Bezug auf euren Planeten zu überbringen, der eine schwierige Zeit durchlebt. Hört ihr mich?

ICH BIN Sanat Kumara, derjenige, den ihr als den Alten der Tage kennt und der in der finstersten Zeit auf euren Planeten gekommen ist und ihn bis zum heutigen Tage nicht verlassen hat.

ICH BIN der, der für euch der fürsorglichste Vater ist. Und als euer Vater bin ich gekommen, um euch eine Botschaft über die Zeit zu geben, die ihr durchlebt.

Ihr alle befindet euch in einem Zustand des Übergangs eures Bewusstseins auf eine höhere Ebene. Ihr alle müsst den Übergang in eurem Bewusstsein vollziehen. Doch unter euch gibt es diejenigen, die dem evolutionären Weg der Entwicklung nicht folgen wollen. Ihr bremst den Gang der Evolution, und daher kommt für euch die Zeit, vor der wir gewarnt haben.

Jegliche Veränderungen auf dem Planeten sind erst dann möglich, wenn sie von der höchsten leitenden und koordinierenden Instanz dieses Universums genehmigt werden. Und so bin ich gekommen, um euch eine Erklärung zu geben, die gerade eintraf und die den Planeten Erde und seine Evolutionen betrifft.

Diejenigen von euch, die bis zum Ende dieses Jahres die Eigenschaften in sich nicht überwinden können, die euch daran hindern, auf eurem Weg voranzukommen, werden besonders nachdrücklich in ihrer Entwicklung vorangetrieben werden.

Leider werden diejenigen von euch, die diese Botschaft von mir in erster Linie erhalten müssen, wohl kaum unsere Botschaften lesen, die wir durch unsere Gesandte geben. Aber auf der feinstofflichen Ebene werdet ihr die Warnung durch das Bewusstsein derer erhalten, die unsere Botschaften lesen.

Unsere Warnung wurde in eurer physischen Welt ausgesprochen, und dies bedeutet, dass jeder in eurer physischen Welt sie hören kann und muss, unabhängig davon, ob ihr unsere Worte mit eurem äußeren Bewusstsein wahrnehmt oder nicht. Auf der inneren Ebene werdet ihr unsere Botschaft erhalten. Und ihr werdet vor der Wahl stehen, entweder der Evolution zu folgen oder weiterhin euer Ego zu verwöhnen und euch in der Illusion zu vergnügen.

Es gibt unter euch diejenigen, für die die Zeit der kosmischen Möglichkeit noch nicht gekommen ist. Und es bleibt noch Zeit für euch und ihr könnt eure Entwicklung fortsetzen. Es gibt jedoch andere, die alle gewährten Fristen verpasst haben, und für sie gebe ich die heutige Botschaft.

Ihr wisst in eurem Inneren, auf wen sich diese Botschaft bezieht. Ihr verpasst eine kosmische Möglichkeit nach der anderen. Und ihr glaubt, dass es keine Grenzen gibt, wie lange ihr euch vor dem Entwicklungsweg drücken könnt, der euch bestimmt ist. Nun, die Zeit ist gekommen, wenn ihr mit Nachdruck dazu gedrängt werdet, eine endgültige Entscheidung zu treffen und entweder die weitere Entwicklung zu wählen, oder eurer weiteren Entwicklung selbst ein Ende zu setzen.

Gott ist sehr barmherzig. Und wer dem Gesetz dieses Universums nicht folgen will, den überlässt Er einfach sich selbst. Und die Sackgassen der evolutionären Entwicklung, die man auf einigen Inseln in den Ozeanen antrifft und deren Individuen auch weiterhin am Lagerfeuer sitzen und ihre Portion Fleisch verschlingen, haben ebenfalls einst ihre Wahl getroffen. Die Wahl, die jetzt vor euch liegt.

Gemäß der neuen Dispensation werdet ihr diese Wahl bewusst treffen. Ihr werdet in eurem äußeren Bewusstsein wissen, welche endgültige Entscheidung ihr trefft. Und wir werden euch in Ruhe lassen. Die Evolution wird für euch aufhören zu existieren, und ihr werdet auf der absteigenden Leiter Tausende und Abertausende von Jahren zurückrutschen.

Und bereits am Ende dieses Lebens werdet ihr die Früchte eurer eigenen Wahl sehen.

Ihr alle befindet euch auf verschiedenen Stufen eurer evolutionären Entwicklung.

Unter euch sind Vertreter der Dritten, Vierten, Fünften und bereits der Sechsten Wurzelrasse. Jetzt ist die Zeit der Wahl für diejenigen gekommen, die auf die nächste Stufe übergehen müssen, dies aber aufgrund ihrer eigenen Faulheit und Nachlässigkeit nicht tun können. Ich spreche von den Vertretern der Fünften Wurzelrasse, die es nicht eilig haben, der aufsteigenden Leiter zu folgen, und so weiterleben, als ob nichts in der Welt passieren würde. Als hätten sich die Zeiten nicht geändert, und als hätten sich nicht alle Prozesse beschleunigt.

Ihr müsst euch bis zum Ende dieses Jahres darüber im Klaren sein und verstehen, wie ihr weiter zu existieren beabsichtigt.

Eure Zeit ist nicht deswegen gekommen, weil ihr in eurer Entwicklung zurückgeblieben seid. Mit eurem Intellekt ist alles in Ordnung, aber ihr seid gemessen an der Entwicklung eurer Seele zurückgeblieben. Und die Entscheidungen, die ihr trefft, entfernen euch immer weiter vom evolutionären Weg der Entwicklung und nötigen euch dazu, dass ihr auf den Weg der Versuchungen abrutscht, den Weg der Entwicklung des fleischlichen Verstandes. Und euer Intellekt dient euch in diesem Falle nicht in der besten Weise. Ihr versucht, komplexe göttliche Aufgaben vom Standpunkt eures Intellekts zu lösen. Aber göttliche Lösungen stellen sich erst dann ein, wenn ihr die irdische menschliche Logik aufgebt und euch selbst, euer ganzes Wesen, dem Dienst am höheren Gesetz unterordnet.

Ich bin also heute mit einer nicht sehr erfreulichen Nachricht gekommen. Und um das Gleichgewicht der Energien in eurem Bewusstsein wiederherzustellen, möchte ich eine weitere Information geben, die erfreulicher ist.

Für diejenigen unter euch, die den Weg der evolutionären Entwicklung gewählt haben und diesem Weg folgen, trotz aller Schwierigkeiten, denen sie im Leben begegnen, bringe ich die Nachricht von einer neuen Möglichkeit und einer neuen Dispensation. Für euch eröffnet sich die Möglichkeit einer beschleunigten Entwicklung eures Bewusstseins. Und viele von euch werden bereits bis zum Ende dieses Jahres bemerken, wie schnell sich euer Bewusstsein verändert, und diese Veränderungen eures Bewusstseins werden Menschen zu euch hinziehen, die mit euch in die gleiche Richtung gehen. Ihr werdet einander am Leuchten eurer Augen, am Schlag eurer Herzen und an der erstaunlichen und großzügigen Hingabe erkennen, mit der ihr allem Leben dient.

Ihr werdet in der Lage sein, euch auf der Basis neuer Grundsätze zu vereinigen und das Leben auf neuen Gesetzen aufzubauen, die im Himmel existieren.

Für euch bereiten wir die Projekte unserer Gemeinschaften auf der feinstofflichen Ebene vor. Und indem ihr euch auf der physischen Ebene vereint, werdet ihr als Prototypen für neue Siedlungen, neue Gemeinschaften und neue Städte dienen können.

Ich bin froh, die heutige Botschaft mit dieser erfreulichen Note zu beenden!

Immer, zu allen Zeiten gab es die Möglichkeit der Wahl. Und die einen Menschen wählten einen Weg, und die anderen zogen eine andere Wahl vor.

Und dies ist derselbe Prozess, der in der Bibel als Prozess der Trennung von Spreu und Weizen beschrieben wurde[28].

Es ist nur so, dass sich die Zeiten geändert haben, und diesen Prozess, der früher viele Leben umfasste, könnt ihr im Laufe eures jetzigen Lebens beobachten.

Ich wünsche euch, dass ihr in eurem Leben nur die richtigen Entscheidungen trefft und dem Weg der evolutionären Entwicklung folgt.

Mit Gott!

ICH BIN Sanat Kumara.

---

[28] Matth. 13:25-30, 36-43.

Eine Lehre über den wahren Glauben

Der Geliebte Jesus
8. Januar 2007

ICH BIN Jesus, und ich bin an diesem Tag zu euch gekommen.

Damit ihr die Absicht meines Kommens versteht, möchte ich auf einige allgemein bekannte Dinge eingehen, die in eurer Gesellschaft auf der für sie charakteristischen Entwicklungsstufe anerkannt werden. Ihr lebt also in eurer Welt und stoßt selten auf die Dinge, über die ihr vor allem nachdenken solltet. Ihr seid um alles besorgt, was euch in eurem Leben umgibt. Ihr denkt darüber nach, wie ihr eure Familie versorgen, was ihr anziehen oder was ihr essen sollt. Es gibt viel Geschäftigkeit und Hektik in eurem Leben. Und es scheint euch, dass ihr völlig berechtigt so lebt wie alle anderen.

Wenn ihr jedoch darüber nachdenkt, was ihr in eurem Leben tut und inwieweit es aus der Sicht der Lehre berechtigt ist, die ich euch vor 2000 Jahren gab, so hat sich nichts geändert. Es scheint notwendig zu sein, dass ich wieder in die Verkörperung komme und euch die gleichen Dinge sage, die ich euch damals sagte.

Erinnert euch, wie ich davon sprach, dass ihr euch nicht um das tägliche Brot sorgen sollt, dass die Lilien auf dem Feld weit besser aussehen als ihr. Die Vögel des Himmels pflügen nicht, sie säen nicht, und doch werden sie satt. Und Gott kann ebenso für euch sorgen.[29]

---

[29] Matth. 6:25-33.
25 Darum sage ich euch: Sorgt euch nicht um euer Leben, was ihr essen und trinken werdet; auch nicht um euren Leib, was ihr anziehen werdet. Ist nicht das Leben mehr als die Nahrung und der Leib mehr als die Kleidung?
26 Seht die Vögel unter dem Himmel an: Sie säen nicht, sie ernten nicht, sie sammeln nicht in die Scheunen; und euer himmlischer Vater ernährt sie doch. Seid ihr denn nicht viel kostbarer als sie?

Warum widmet ihr, die ihr ganz oben auf der Evolutionsleiter der irdischen Evolutionen steht, euren ganz alltäglichen Bedürfnissen so viel Aufmerksamkeit? Ihr habt buchstäblich Kleidung, Essen, prestigeträchtige Dinge zum Kult erhoben.

Nichts hat sich geändert, seit ich vor 2000 Jahren in die Verkörperung kam. Ihr habt viele moderne Dinge zu nutzen gelernt. Ihr verfügt über moderne Technik, Autos, Computer, doch euer Bewusstsein befindet sich immer noch auf der gleichen Stufe wie vor 2000 Jahren. Das ist bedauerlich.

Versteht ihr, worauf ich hinaus will? Ihr sorgt euch um eine Menge unnötiger Dinge, die in eurer Welt existieren, und 99 Prozent eurer Zeit seid ihr mit diesen Dingen beschäftigt. Denkt darüber nach, wie ihr zu eurem Vater im Himmel kommen könnt, wenn ihr ständig mit irdischen Problemen beschäftigt seid.

Selbst wenn ihr, wie es euch scheint, euch Gott widmet, in die Kirche oder in den Tempel geht, betet, die Regeln des Heiligtums befolgt, selbst dann denkt ihr nicht so sehr an Gott, sondern seid vielmehr darum besorgt, was andere über euch denken. Wie ihr ausseht, wenn ihr in der Kirche seid,

---

27 Wer ist aber unter euch, der seiner Länge eine Elle zusetzen könnte, wie sehr er sich auch darum sorgt?
28 Und warum sorgt ihr euch um die Kleidung? Schaut die Lilien auf dem Feld an, wie sie wachsen: Sie arbeiten nicht, auch spinnen sie nicht.
29 Ich sage euch, dass auch Salomo in aller seiner Herrlichkeit nicht gekleidet gewesen ist wie eine von ihnen.
30 Wenn nun Gott das Gras auf dem Feld so kleidet, das doch heute steht und morgen in den Ofen geworfen wird: Sollte er das nicht viel mehr für euch tun, ihr Kleingläubigen?
31 Darum sollt ihr nicht sorgen und sagen: Was werden wir essen? Was werden wir trinken? Womit werden wir uns kleiden?
32 Nach dem allen trachten die Heiden. Denn euer himmlischer Vater weiß, dass ihr all dessen bedürft.
33 Trachtet zuerst nach dem Reich Gottes und nach seiner Gerechtigkeit, so wird euch das alles zufallen.

und wie die anderen Leute aussehen, die mit euch in die Kirche gekommen sind. Wenn ich die Möglichkeit habe, bei Gottesdiensten in der Kirche gegenwärtig zu sein, und ich kann nicht bei jedem Gottesdienst gegenwärtig sein, höre ich mit Erstaunen eure Gedanken und nehme eure Gefühle wahr. Und, wisst ihr, man kann bei den Menschen sehr selten wahrhaft göttliche Gefühle antreffen. In der Regel kommt ihr in die Kirche oder den Tempel, um eure irdischen Probleme zu lösen, damit ihr ein besseres Leben habt und ihr und eure Verwandten gesund seid. Und manchmal wünscht ihr umgekehrt anderen Menschen, mit denen ihr bekannt seid, etwas Böses.

In der Kirche befasst ihr euch auch weiterhin mit euren irdischen Angelegenheiten. Ihr denkt nicht an Gott. Und wenn ihr an mein Bildnis herantretet, dann nur, um etwas zu erbitten, was euch in eurem irdischen Leben fehlt.

Denkt über meine Worte nach. Es scheint euch, dass ich in Rätseln spreche, dass nicht klar ist, worauf ich hinaus will.

Ich spreche von den gleichen Dingen, von denen ich auch vor 2000 Jahren sprach. Ich versuche, euch verständlich zu machen, dass ihr über eure Seele nachdenken müsst, über eure Beziehung zu Gott und vor allem zu Gott in eurem Inneren. Ich lehrte, dass ihr während des Gebets mit Gott allein sein sollt, und ich tadelte die Heuchelei.[30] Ich rebellierte gegen den Buchstaben des Gesetzes, und ich brachte euch dazu, über den Geist nachzudenken. Und jetzt spreche ich über dasselbe. Ihr solltet an nichts anderem interessiert sein als an eurer Beziehung zu Gott. Und wenn ihr Gott

---

[30] Matth. 6: 5-6.
5 Und wenn ihr betet, sollt ihr nicht sein wie die Heuchler, die gern in den Synagogen und an den Straßenecken stehen und beten, um sich vor den Leuten zu zeigen. Wahrlich, ich sage euch: Sie haben ihren Lohn schon gehabt.
6 Wenn du aber betest, so geh in dein Kämmerlein und schließ die Tür zu und bete zu deinem Vater, der im Verborgenen ist; und dein Vater, der in das Verborgene sieht, wird dir's vergelten.

sucht, um den Sinn des Lebens zu finden und zu beginnen, anderen diesen Sinn zu lehren, so kommt ihr nicht zu Gott, sondern entfernt euch nur von ihm.

Erst wenn ihr völlige Genugtuung von der Kommunikation mit Gott in eurem Inneren findet, und wenn ihr eure stille Freude mit niemandem teilen müsst, weil ihr vollkommen zufrieden und glücklich seid, erst dann werdet ihr den wahren Gott finden. Und ich habe die Möglichkeit, euch mit Rührung zu beobachten. Und ihr beginnt, meine Gegenwart zu spüren.

Ich bin stets bei euch. Aber euer Bewusstseinszustand und eure Besorgtheit um weltliche Probleme trennen uns voneinander.

Ich sehne mich so sehr danach, mit euch zu kommunizieren! So selten sind die Momente, in denen es mir gelingt, mit einem von euch in direkte Kommunikation zu treten. Ich bin so glücklich über diese Momente. Ich bin mir sehr wohl bewusst, dass ein Mensch, der diese Erfahrung des direkten Kontakts mit mir hatte, nicht mehr so leben kann wie alle anderen. Er wird die Abgeschiedenheit und die innere Kommunikation mit mir suchen. Und ohne diese Kommunikation wird er sich sein Leben und sich selbst nicht länger vorstellen können.

Die stille Freude und der Seelenfrieden, den ein solcher Mensch im Leben um sich verbreitet, sind besser als alle Predigten und Belehrungen. Er ist ein lebendiges Beispiel für die Einheit mit mir und mit Gott, der in seinem Inneren wohnt.

Die besten und ergebensten Christen haben diese innere Einheit in der Stille ihres Herzens erreicht. Aber es gab andere, die versuchten, Seelenfrieden, Liebe und Gnade vorzuspielen. Ein kurzer Blick auf sie genügte jedoch, um das Ausmaß ihrer Heuchelei zu bestimmen und sich fernzuhalten.

Ich wünsche mir, dass ihr in der Lage seid, in eurem Herzen die Gabe der Unterscheidung zu finden und alle Wölfe im Schafspelz zu erkennen, hinter welch schönen Worten sie sich auch verstecken mögen und was immer sie auch tun. Viele von ihnen tun dem Anschein nach die rechten Dinge, sie reden von Gott, gehen in die Kirche, doch in ihrem Herzen sind sie viel weiter von mir entfernt als viele von denen, die ihren Glauben nicht zur Schau stellen, aber in ihrem Herzen die Gebote des Vaters erfüllen.

Ich bin an diesem Tag zu euch gekommen, um euch an die Lehre zu erinnern, die ich vor 2000 Jahren gab, die aber bis heute nichts an Aktualität verloren hat. Ich möchte euch daran erinnern, dass ich für die Lehre, die ich trug, gekreuzigt wurde. Und wenn ich heute kommen und anfangen würde, meine Lehre zu geben, so würde ich ebenso von den Schriftgelehrten und Pharisäern verfolgt werden, die in den Kirchen sitzen.

Es gibt wahre Diener, aber es gibt noch mehr falsche Diener. Daher möchte ich, dass ihr in eurem Bewusstsein unterscheidet und nicht wahllos über diese oder jene Kirche, diese oder jene Lehre schimpft.

Die richtige Lehre kann in den unreinen Herzen der Menschen falsch reflektiert werden. Doch dies bedeutet nicht, dass die Lehre falsch ist. Sucht Gott vor allem in euch selbst, in eurem Herzen. Und wenn ihr innere Harmonie mit Gott findet, werden die Wölfe im Schafspelz und die falschen Hirten keine Macht über euch haben.

Es war mir eine Freude, an diesem Tag zu euch zu kommen und euch an meine Lehre zu erinnern, die ich schon früher gegeben hatte und mit der ich erneut durch diese Gesandte komme.

ICH BIN Jesus.

Eine Warnung an die, die den Weg gehen

Gott Maitreya
9. Januar 2007

ICH BIN Maitreya, und ich bin durch meine Gesandte zu euch gekommen!

ICH bin gekommen, um euch einige dringende Dinge mitzuteilen, mit denen ihr vertraut sein müsst.

Ihr wisst, dass wir zu euch kommen und die Möglichkeit haben, dank einer besonderen Dispensation zu kommen. Diese Dispensation erlaubt uns, mit euch zu kommunizieren und unsere Botschaften durch besonders vorbereitete Individuen zu übermitteln, die uns dienen und das Amt unserer Gesandten oder Boten innehaben. Und jetzt haben wir die Möglichkeit, durch eine unserer Gesandten zu sprechen.

Wir sind froh, dass die von uns gegebene Lehre ausreichend weit verbreitet wurde und Anklang in euren Herzen findet. Doch leider ist nicht alles so gut, wie man es sich gewünscht hätte. Und sehr viele von euch, die diese Lehre finden, die wir durch unsere Gesandte geben, und deren Flamme entfacht wird, entfernen sich nach einiger Zeit. Ihr Bewusstsein erlischt allmählich und beginnt sich für Dinge zu interessieren, die vom Weg wegführen. Für viele nichtige Dinge eurer Welt.

Ihr müsst lernen, zwischen der wahren Lehre und dem minderwertigen Ersatz zu unterscheiden, den Surrogaten, die man in eurer Welt in Hülle und Fülle antrifft.

Wir haben gesagt, und ich wiederhole es erneut – 90 Prozent der Regale in euren Buchläden sind mit Lehren gefüllt, die nicht mehr als 10 Prozent Wahrheit enthalten. Und ihr trefft eure Wahl zugunsten dieser Surrogate und wendet euch von den feinen Speisen unseres Tisches ab, die euch freundlicherweise serviert wurden.

Warum? – Weil man bei den vielen Lehren, die in eurer Welt existieren, keine Wahl treffen muss. Man braucht nicht die Disziplin eines Schülers einzuhalten, und man braucht keine Verpflichtungen zu übernehmen. Von euch wird nichts anderes verlangt als eure Energie, eure göttliche Energie, die ihr unkontrolliert gebraucht, wenn ihr den Surrogaten eure Aufmerksamkeit schenkt. Und die ganze illusorische Welt der Pseudolehren existiert, weil ihr sie mit eurer Energie nährt.

Und ich wiederhole noch einmal jene Bestimmung der Lehre, die euch zuvor gegeben wurde und die besagt, dass ihr für jedes Erg der von euch verbrauchten göttlichen Energie verantwortlich seid. Es scheint euch so, dass ihr nichts Besonderes tut. Ihr besucht einfach Seminare oder nehmt an Schulungen teil, die euch nützlich erscheinen. Ihr gebt euer Geld aus, doch am schlimmsten ist, dass ihr die göttliche Energie verschwendet, die euch von Gott gegeben wurde. Ihr trefft eure Wahl, und diese Wahl führt dazu, dass ihr Karma verursacht.

Ja, Geliebte, ihr verursacht Karma, wenn ihr falsche Lehren unterstützt. Tatsache ist, dass ihr euch auf unterschiedlichen Entwicklungsstufen befindet. Und manche von euch sind so unschuldig, dass sie die ihnen bereitwillig angebotenen Fälschungen, die äußerlich glänzen, aber keinen inneren Wert besitzen, für kostbare Edelsteine halten.

Aber diejenigen von euch, die die Möglichkeit hatten, von der Wahrheit zu kosten, die unsere Lehren gelesen haben und dann plötzlich das Bedürfnis verspürten, noch irgendwo etwas anderes zu suchen, diese Menschen tragen das Karma der falschen Wahl und der falschen Verwendung der göttlichen Energie. Und in der Regel werdet ihr in diesem Falle von eurem Ego geleitet. Ihr empfindet nur deswegen Unzufriedenheit, weil ihr euch nicht von dem Teil eurer selbst trennen wollt, der euch suggeriert: „Es gibt viele Wege. Man sollte sich nicht auf eine Sache beschränken. Alle Wege führen zu Gott".

Dies ist jedoch ein Irrtum, der in eurer Zeit sehr weit verbreitet ist. Denn es gibt Wege, die zu Gott führen, und es gibt Wege, die von Gott wegführen.

Und ich werde euch eine wahre Orientierungshilfe geben, die euch helfen wird, nicht von eurem Weg abzukommen.

Ihr müsst euch im Klaren sein, was euch dazu bewegt, nach irgendeiner neuen modischen Lehre suchen zu wollen. Was ist euer Motiv? – In der Regel flüstert euer Ego euch zu, dass ihr nicht nur auf eine Sache konzentriert sein sollt und dass es nichts Neues in diesen Botschaften gibt, die die Meister durch ihre Gesandte geben.

Und tatsächlich ist in unseren Botschaften nichts Neues enthalten. Wir haben diese Lehre über viele Jahrtausende hinweg durch viele unserer Gesandten gegeben. Und wenn ihr euch diese Lehre auch nur zu 10 Prozent zu eigen gemacht hättet, würdet ihr diese Lehre niemals gegen den Abklatsch eintauschen, der euch vorgeblich als unsere Lehre angeboten wird.

Sucht den Grund in eurem Inneren, warum ihr den Weg verlasst. Nur ihr selbst trefft die Wahl und die Entscheidung. Leider können wir euch nicht zwingen, dem von uns aufgezeigten Weg zu folgen. Ihr habt die Wahl, und ihr habt einen freien Willen, von dem ihr euch in all euren Entscheidungen auf der physischen Ebene leiten lassen könnt.

Die Zeit eurer Wahl ist jedoch durch einen Zeitrahmen begrenzt. Und wenn ihr nichts lernt und euch eine Verkörperung nach der anderen weiter von eurem Ego gängeln lasst, anstatt euch von ihm zu trennen, werdet ihr äußerst stark vor eurer falschen Wahl gewarnt. Doch wenn ihr eigensinnig bleibt und auch weiterhin verbissen und mit verschlossenen Augen eurem Weg folgt, wird man euch in Ruhe lassen.

Und nur das Eingreifen eurer Fürsprecher im Himmel, mit denen ihr mehr als eine Verkörperung gemeinsam verbracht habt, kann euch helfen. Doch häufiger lässt man euch einfach in Ruhe, und ihr werdet gezwungen sein, viele Verkörperungen in der Illusion dahinzuvegetieren, bis die Evolution euren Lebensstrom als hoffnungslos aufgibt und ihr als unnötiger Ballast erkannt werdet. Gott befreit sich von toten und kranken Zellen. Wenn ein gesunder Körper sich nicht von Krebszellen befreit, die nur auf sich selbst bedacht sind, kann der ganze Organismus krank werden.

Daher kommen wir und warnen euch mit erstaunlicher Beharrlichkeit immer wieder, damit ihr alle eure Schritte, die ihr in eurem Leben unternehmt, sorgfältig überdenkt.

Die Menschen, die noch nie von unserer Lehre gehört haben und noch nie unseren Unterricht besucht haben, tragen eine Last der falschen Wahl des Weges.

Aber diejenigen, die einmal den Entschluss gefasst haben, ihre Verkörperung dem Dienst an der Bruderschaft zu widmen, und ihre Verpflichtung nicht erfüllt haben, werden als Verräter betrachtet, und ihr Karma wiegt schwerer als das Karma von Verbrechern und Mördern.

Ich bin heute mit dieser Botschaft gekommen. Vielleicht habe ich einigen von euch die Stimmung verdorben. Doch ich musste euch diese Chance geben, über alles nachzudenken und, nachdem ihr euer Ego entthront habt, eine wohl durchdachte Entscheidung zu treffen, die auf dem Standpunkt der göttlichen Vernunft in euch beruht.

Gern werde ich denen von euch eine helfende Hand reichen, die mich um Hilfe bitten und sich in einem Moment des schweren Nachdenkens über ihr Schicksal an mich wenden.

ICH BIN Maitreya.

Eine Lehre über die Hingabe

Der Geliebte El Morya
10. Januar 2007

ICH BIN El Morya, und ich bin an diesem Tag zu euch gekommen!

Ich bin gekommen, um euch über den Abschluss des jetzigen Zyklus von Botschaften zu informieren, die wir durch unsere Gesandte gegeben haben.

Der Zyklus geht also zu Ende. Und wir hoffen aufrichtig, dass unsere Bemühungen und unsere Energie, die wir für die Übermittlung unserer Botschaften aufgewendet und in den Text unserer Botschaften selbst hineingelegt haben, nicht verloren gehen. Und ihr werdet unsere Botschaften wiederholt lesen, und was sich euch beim ersten Mal nicht offenbart, werdet ihr beim zweiten, dritten oder vierten Mal wahrnehmen können. Glaubt mir, dass viele offensichtliche Wahrheiten, die ihr mit eurem Blick nicht einmal mehr wahrnehmt, weil es euch so scheint, als hättet ihr all dies schon viele Male gehört und wüsstet es bereits, einige Zeit später eine neue Bedeutung erlangen, wenn sie von euch aus einem anderen Blickwinkel betrachtet werden. Denn ihr habt diese Momente der Wahrheit in eurem Leben durchlebt. Ja, Wahrheiten werden ganz unterschiedlich wahrgenommen, wenn ihr sie lest, und wenn ihr sie in eurem Leben durchlebt. Und der Unterschied besteht darin, dass diese Wahrheit euch nie wieder verlassen wird, wenn ihr durch euer Herz die göttliche Wahrheit für euch erschließt und sie nicht bloß mit euren Augen im Text überfliegt. Und ihr werdet zu Trägern dieser Wahrheit. Diese Wahrheit wird euch als ein untrennbarer Teil eurer selbst innewohnen. Und dies ist der Zustand eures Bewusstseins, den wir bei euch zu erreichen suchen. Ihr sollt nicht Wahrheiten nacherzählen, die so alt wie die Welt sind, sondern zu Trägern der Wahrheit werden, zu Trägern unseres Wortes und zu den Menschen, die unsere Lehre im Leben verwirklichen.

Leider gibt es nur wenige solcher Menschen. Nur wenige von euch sind in der Lage, ihr Leben ganz der Erfüllung unserer Gebote zu unterstellen und selbstlos zu dienen, indem sie ihr ganzes Leben in ein Dienen verwandeln.

Wir wissen von euch. Wir kennen jeden von euch, der in der Lage ist, unsere Aufträge zu erfüllen und unsere Arbeit auf der physischen Ebene zu tun.

Jeder von euch steht unter unserer aufmerksamen Kontrolle und Aufsicht. Und viele von euch, die bereits in vollem Umfang unser Vertrauen und unsere Auszeichnung erhalten haben, finden trotzdem nicht die Kraft in sich, die begonnene Arbeit fortzusetzen, und sie verlassen den Weg.

Jedes Mal, wenn ihr mit uns in Kontakt kommt und unser Vertrauen gewinnt, denkt nicht, dass dies ein Zufall ist. Im Laufe vieler Verkörperungen habt ihr euch das Recht verdient, einfach mit uns in Kontakt zu treten und die Verpflichtungen zu erfüllen, die ihr selbst vor eurer Verkörperung auf euch genommen habt.

Besonders enttäuschend ist es jedoch, wenn ihr unser Vertrauen verdient und unsere Beauftragung erhaltet, doch euch dann euren Verpflichtungen entzieht. Euer Verstand wird euch stets bereitwillig eine Menge logischer Beweise dafür liefern, dass ihr Recht habt. Doch euer Herz wird euch niemals täuschen. Und bis zum Ende dieser Verkörperung werdet ihr immer eine Schwere in eurem Herzen spüren. Die Last eurer nicht erfüllten Pflicht.

Ich würde nicht an eurer Stelle sein wollen. Denn es gibt in eurer Welt nichts Schwerwiegenderes, kein Handeln, das in Bezug auf die Schwere des Vergehens vergleichbar wäre mit dem Verrat an der Sache, die ein heiliges Werk im Namen des Lebens auf der Erde ist.

Ich bin heute auch deswegen zu euch gekommen, um euch an die Verpflichtungen zu erinnern, die ihr übernommen habt. Und wenn ihr bis zum Ende dieses Jahres noch eure Entscheidung ändert und zur Erfüllung der von euch übernommenen Verpflichtungen, eurer Pflicht, zurückkehrt, werden wir als eure Verteidiger vor dem Karmischen Rat auftreten und versuchen, die karmischen Folgen eurer falschen Wahl in der Vergangenheit so weit wie möglich zu mildern.

Sehr wenige wahre Diener sind in der Verkörperung. Und es ist unerträglich mit ansehen zu müssen, wie sie sich einer nach dem anderen weigern, ihre Pflicht zu erfüllen, und den Trugbildern eurer Welt nachjagen.

Glaubt mir, es gibt nichts in eurer Welt, was sich auch nur annähernd mit der Freude des Dienens vergleichen ließe, mit der Zufriedenheit durch die erfüllte Pflicht und geleistete Arbeit. Und wenn ihr die physische Ebene verlasst und in die ätherischen Oktaven des Lichts zurückkehrt, werden Millionen von Lichtwesen aus dem ganzen Universum zu euch eilen und euch ihren Respekt bezeugen, und sie werden euch für eure selbstaufopfernde Arbeit während eurer irdischen Verkörperung danken.

Nehmt euch kein Beispiel an denen, auf die alle Blicke gerichtet sind. Viele unserer ergebenen Diener warten ihr ganzes Leben darauf, ihre kleine Rolle zu spielen. Und diese scheinbar unbedeutende Rolle führt manchmal zu einer Veränderung der Situation im ganzen Land und manchmal auf der ganzen Welt.

Daher hört genau auf euer Herz. Ist nicht die Zeit für euch gekommen, euren Dienst am Leben zu leisten?

Gern erweisen wir euch alle nötige Hilfe. Wir werden eine Möglichkeit finden, eurem äußeren Bewusstsein die Aufgabe zu übermitteln, deren Erfüllung jetzt notwendig ist. Doch wenn ihr handeln müsst, jammert nicht und sagt nicht, dass es euch schwer fällt, und eure alten Wunden schmerzen, und nicht genug Lebensmittel vorrätig sind.

Es gibt nichts in eurer Welt, was die wahren Mitarbeiter davon abhalten könnte, ihre Lebensaufgabe zu erfüllen.

Daher bemüht euch, immerzu eure Hingabe und Bereitschaft zu bewahren. Trainiert ständig. Trainiert die inneren Muskeln, die es euch erlauben zu handeln, wenn ihr scheinbar keine Kraft und Möglichkeit mehr habt.

In eurem Leben ist immer Platz für eine heroische Tat. Und eure heroische Tat wird vom äußeren Bewusstsein der Menschen nicht geschätzt werden, doch wird sie im Himmel geschätzt werden. Denn nur im Himmel kennt man den Wert einer heroischen Tat, die ihr in der Verkörperung vollbringt, wenn ihr eure Hingabe in bisweilen unerträglichen Bedingungen bewahrt, die euch auf der physischen Ebene umgeben.

Es war mir eine Freude, euch diese kleine Lehre über die Hingabe zu geben. Und ich freue mich umso mehr, dass ich diese Lehre in der letzten Botschaft dieses Zyklus geben konnte, den wir durch unsere Gesandte verwirklicht haben.

Ich werde mich freuen, wenn in der Zukunft die Möglichkeiten für uns günstig bleiben und wir auch weiterhin unsere Lehre durch unsere Gesandte geben können.

Ich möchte Tatyana für ihren Dienst danken.

ICH BIN El Morya,
mit Glauben und Hoffnung in euch,
und mit Liebe zu euch.

Botschaften der Aufgestiegenen Meister zwischen dem fünften und dem sechsten Zyklus

Über die aktuelle Situation auf der Erde

Gautama Buddha
7. März 2007

ICH BIN Gautama Buddha, und ich bin heute zu euch geeilt, um euch eine wichtige Botschaft zur aktuellen Situation auf dem Planeten Erde zu geben.

Wie immer sind diejenigen von euch, die diese Botschaften lesen, gerade die Menschen, die am meisten zu konkretem Handeln bereit sind. Daher komme ich am heutigen Tag zu euch, um die Situation zu erklären und euch um Hilfe zu bitten. Euer heimischer Planet braucht jetzt eure Hilfe. Nicht die Hilfe, die ihr in euren täglichen Gebeten erweist, sondern eine andere Hilfe, an der ihr euch alle beteiligen müsst. Denn die Situation ist sehr angespannt, und eine Reihe von Erdbeben kann große Zerstörung verursachen und zu einer großen Anzahl von menschlichen Opfern führen. Daher komme ich als Meister, der für die Lage auf der Erde und für das Gleichgewicht der Energien auf dem Planeten Erde verantwortlich ist. Kein anderer Meister kann sich in dieser Situation an euch wenden.

Ich bitte euch um eine Hilfe, die alle von euch leisten können, die diese meine Botschaft lesen.

In dieser Stunde, in der ihr meinen Hilferuf lest, macht bitte unverzüglich leise in eurem Herzen oder laut ausgesprochen die folgende Anrufung:

„Oh, Erde, ich weiß, dass es schwer für Dich ist, ich weiß, dass Du am heutigen Tag meine Hilfe brauchst. Ich bitte mein Höheres Selbst im Namen des ICH BIN WAS ICH BIN, die göttliche Energie, die heute in meinen Tempel einströmt, für die Stabilisierung der Lage auf der Erde zu geben".

Tausende von euch, die zu einem solchen Opfer bereit sind, können die Situation auf dem Planeten Erde sofort ändern.

Ich empfehle euch, diese Anrufung in Momenten jeglicher Kataklysmen und Naturkatastrophen zu machen, die den Planeten Erde befallen.

Und nun möchte ich die Gelegenheit nutzen, um euch noch einige Informationen zur Sonnenfinsternis am 19. März 2007 zu geben. Die Sonne symbolisiert den göttlichen Verstand, und jede Verfinsterung der Sonne, die sich ereignet, bedeutet eine zusätzliche Belastung für eure feinstofflichen Körper. Wenn sich eine Sonnenfinsternis ereignet, empfehle ich euch, einige Tage vor und nach der Sonnenfinsternis sorgfältig auf euch selbst und euren Tagesablauf zu achten. Ihr solltet mehr ausruhen und mehr schlafen, und natürlich eure Harmonie bewahren.

Eure unvollkommenen Energien, die in euren niederen Körpern vorhanden sind, werden aktiviert, und ihr mögt weniger angenehme Zustände erleben. Für manche wird es eine grundlose Gereiztheit und Disharmonie sein, während andere unter Depressionen leiden oder unkontrollierbare Handlungen begehen mögen. Besonders gefährlich sind Sonnenfinsternisse für psychisch unausgeglichene und psychisch kranke Menschen. Sorgt daher für das seelische Wohlbefinden eurer nahen Verwandten. Versucht, sie vor jeglichen negativen Zuständen zu schützen.

Sehr nützlich werden Meditationen und Gebetspraktiken sein, die auf Harmonie, Frieden und Liebe ausgerichtet sind.

Ich bin gekommen, um euch vor den ungünstigen Energieströmen auf der Erdoberfläche zu warnen. Ich bin gekommen, um euch zu versichern, dass alles in euren Kräften steht und ihr imstande seid, die Situation auf dem Planeten aus eigenen Kräften zu harmonisieren, auch ohne die Hilfe der Aufgestiegenen Lichtwesen zu erbitten.

Ihr müsst euch nur vorstellen, dass die Energie, die euch von Gott gegeben wird, auf euren Wunsch hin darauf ausgerichtet werden kann, die Situation auf dem Planeten zu harmonisieren und jegliche Naturkatastrophen abzuwenden.

Die Elemente sind nicht blind. Wenn eure Gedanken und Gefühle unharmonisch sind, so geraten die Elemente unter diesem Einfluss aus dem Gleichgewicht. Ebenso können die Elemente in einen Zustand des Gleichgewichts versetzt werden, wenn ihr euch bemüht, euch selbst und die Menschen um euch in einen harmonischen Zustand zu bringen.

Achtet darauf, dass eure Gedanken und Gefühle in einem ruhigen, ausgeglichenen Zustand bleiben, nicht nur im Laufe des heutigen Tages, sondern mindestens bis zum Ende dieses Monats.

Wir behalten sorgfältig die Situation auf dem Planeten im Auge und leisten alle erforderliche Hilfe. Aber heute bin ich gekommen, um euch um Hilfe zu bitten, damit ihr unsere Unterstützung spürt und wir uns auf euch in jenen Situationen verlassen können, wenn dem Planeten ein Kataklysmus droht.

Ich habe mich gefreut, dass unser heutiges Treffen stattgefunden hat, und dass es mir gelungen ist, eurem äußeren Bewusstsein so wichtige und notwendige Informationen nahezubringen.

ICH BIN Gautama Buddha,
mit Liebe und Hoffnung auf euch.

Zyklus VI: Botschaften der Aufgestiegenen Meister
vom 20. Juni bis zum 10. Juli 2007

Freudige Nachrichten

Sanat Kumara
20. Juni 2007

ICH BIN Sanat Kumara, und ich bin erneut durch meine Gesandte gekommen. Ich bin an diesem Tag zu euch gekommen, um den Beginn eines neuen Zyklus von Botschaften zu verkünden, den wir durch unsere Gesandte geben wollen. Ich bin an diesem Tag gekommen, und ich kann die Freudentränen nicht zurückhalten, die auf meinen Wangen erscheinen. Oh, ihr könnt euch nicht einmal vorstellen, wie der Himmel an diesem Tag jubelt!

Es scheint euch, als sei um euch herum alles wie zuvor, und nichts deutet auf irgendwelche Veränderungen hin. Nach wie vor scheint die Sonne, die Vögel singen, und eure täglichen Sorgen erscheinen unablässig vor euch. Doch ich kann euch versichern, dass sich sehr vieles geändert hat, seit wir das letzte Mal Botschaften durch unsere Gesandte gaben. Es ist nicht einmal ein halbes Jahr vergangen. „Was könnte sich in dieser Zeit geändert haben?", werdet ihr fragen.

Es ist das geschehen, was geschehen sollte. Und wir sind glücklich, dass die Bedingung, die wir im März dieses Jahres durch unsere Gesandte übermittelten, praktisch erfüllt wurde. Wir brauchten ein Zeichen auf der physischen Ebene, das uns bestätigte, dass unsere Gesandte von den Völkern Russlands anerkannt wurde. Wir brauchten ein Zeichen auf der physischen Ebene, das uns bestätigte, dass die Menschen der Erde uns hören und bereit sind, mit uns zusammenzuarbeiten.

Wir haben dieses Zeichen erhalten. Und dieses Zeichen ist für uns der Beginn des Baus eines Ashrams für unsere Gesandte. Und jetzt können wir die freudige Nachricht der Großen Zentralsonne überbringen und um neue Dispensationen und neue göttliche Gnadengaben bitten, nicht nur für die Völker Russlands, sondern auch für alle anderen Völker, die den Planeten Erde bewohnen.

Wir sind froh, und ich bin froh, dass der härteste Test und die schwierigste Prüfung abgeschlossen sind. Und das Zeichen für das Bestehen dieser Prüfung ist die Fortsetzung unserer Botschaften, die wir gemäß der göttlichen Möglichkeit durch unsere Gesandte geben.

Ich habe vor dem Beginn der Botschaft sorgfältig über den Inhalt unseres Gesprächs nachgedacht. Und wisst ihr, was ich euch sagen muss? – Ich verstand, mir wurde klar, dass unsere Hoffnungen, so wie wir die Zusammenarbeit mit den Menschen der Erde erwartet hatten, nicht erfüllt wurden. Wir hatten einen Akt der bedingungslosen wohltätigen Hilfe ohne jegliche Vorbehalte erwartet, die unserer Gesandten von einem einzelnen Menschen erwiesen werden konnte. Und ein solcher Akt der selbstlosen Hilfe hätte dazu dienen können, dass wir neue Gnadengaben und neue Möglichkeiten für den Planeten Erde erbitten konnten. Dies ist nicht geschehen. Kein einzelner Mensch konnte eine solche Bewusstseinsebene erreichen, um unserer Gesandten diese bedingungslose Hilfe zu erweisen.

Warum aber, werdet ihr fragen, freuen wir uns, und warum jubeln wir?

Das russische Volk beschloss, das kosmische Gesetz zu überlisten. Es fanden sich Hunderte und Tausende von Menschen, die uneigennützig ihren Beitrag zum Bau des Ashrams für unsere Gesandte leisteten. Es gab Menschen, die sehr bescheidene Summen spendeten. Doch wir sehen und lesen in ihren Herzen. Der Beitrag kam einer königlichen Summe gleich, weil sie dieses Geld von ihrer Familie genommen hatten, die nicht im Wohlstand lebt. Es gab Menschen, die beträchtliche Summen spendeten, und es gab Menschen, die die Energie ihrer Gebete gaben, die wir verwenden konnten, um zu helfen.

Wir danken allen, die sich am Bau des Ashrams beteiligt haben. Euer Beitrag ist in den Augen Gottes von unschätzbarem Wert, denn er wird es uns erlauben, neue göttliche Gnadengaben und Möglichkeiten nicht nur für Russland, sondern für den ganzen Planeten zu erhalten.

Ich bin glücklich, euch bekanntgeben zu können, dass die Sitzung des Karmischen Rates jeden Augenblick beginnen wird. Und ich hoffe aufrichtig, dass alle von euch, die am Bau mitgewirkt und ihren Beitrag geleistet haben, sich mit Briefen an den karmischen Rat wenden und um Gnadengaben bitten können, die sie für sich und ihre Nächsten wünschen.

Zögert nicht, eure Bitten zu stellen. Wenn eure Bitten nicht vollständig erfüllt werden können, werdet ihr gewiss von karmischer Last befreit werden, von dem größten Maß, das das göttliche Gesetz nur zulassen kann.

Und nun möchte ich all denen meine Anerkennung und Dankbarkeit zum Ausdruck bringen, die zur Erfüllung unseres Ultimatums beitrugen, das wir den Menschen im März dieses Jahres gestellt haben. Und ich hoffe, dass die Anstrengungen, die ihr unternommen habt, nicht die letzten sein werden. Oh, ich sage euch, dass Gott große Wunder für euch vorbereitet! Und die Perspektiven, die sich euch bald eröffnen, werden alle eure Erwartungen übertreffen.

Man muss jedoch berücksichtigen, dass ihr euch ganz am Anfang des Weges befindet. Und vor euch liegt ein schwieriger und gefährlicher Weg. Und wenn ihr bisher mit Begeisterung gegangen seid, voller Kraft und von einem göttlichen Impuls erfüllt, der aus eurem Inneren kommt, so werdet ihr all eure Kräfte anspannen müssen, um den Rest des Weges zu bewältigen.

Wir beabsichtigen, die Veränderung des Planeten Erde innerhalb kurzer Zeit zu vollziehen. Und das bedeutet, dass der Widerstand der Kräfte, die die Änderungen nicht wünschen, katastrophal zunehmen wird. Seid wachsam und vorsichtig auf eurem Weg. Lasst nicht zu, dass die Illusion so sehr euer Bewusstsein beherrscht, dass ihr Gott und die Meister vergessen könntet und den rutschigen und gefährlichen Pfad abwärts dahineilt, in die Schlucht des Leids und Schreckens.

Wir rufen euch zu den himmlischen Gipfeln. Gestattet euch keinen Blick hinab in die schwindelerregenden Schluchten des Jammers, der noch immer die Erde erfüllt.

Wir hoffen, dass ihr alle Gefahren, denen ihr auf eurem Weg begegnet, mit Ehre überwinden werdet. Es wird schwer für euch sein. Ihr werdet kolossale Belastungen und die Anspannung all eurer Kräfte erfahren. Wenn es euch besonders schwerfällt, wenn ihr die Hoffnung verliert und keinen

Lichtstrahl mehr vor euch seht, erinnert euch bitte an mich, erinnert euch an diese Botschaft, erinnert euch daran, dass ihr ein unsterbliches Lichtwesen seid und euch nichts bedroht, solange ihr Glauben, Hoffnung und Liebe in eurem Herzen bewahrt!

Es reicht, wenn ihr nur ein Körnchen Glauben in euch bewahrt und mit diesem Körnchen zum Himmel, zu mir persönlich, zu einem anderen Aufgestiegenen Meister oder zum Erzengel Michael eine Anrufung macht. Und selbst wenn es euch so scheint, als wäret ihr tot, wird ein Wunder geschehen, und alle Hindernisse auf eurem Weg werden sich wie Nebel auflösen. Vergesst nie, dass ihr euch in einer illusorischen Welt befindet. Und alle Ängste und Schrecken eurer illusorischen Welt werden sich eines schönen Tages vollständig auflösen. Denn so ist das göttliche Gesetz. Und wer sich an das Alte, Vertraute, Abgelebte und Schimmlige klammert, riskiert es, mitsamt der illusorischen Welt aufgelöst zu werden und ins Nichtsein zu gehen. Lasst daher von euren Zweifeln und eurer schlechten Laune ab und strebt dorthin, wo der frische Wind des Wandels weht, dorthin, wo große Veränderungen und Errungenschaften bevorstehen, dorthin, wohin wir euch rufen.

Ich bin mir sicher, dass viele von euch nach dieser Botschaft von mir ihr Leben neu betrachten und sich für die Veränderungen entscheiden werden, wie schrecklich sie ihrem fleischlichen Verstand auch erscheinen mögen.

Nichts kann euch Schaden zufügen. Fürchtet euch nicht davor, euch von eurem Körper zu trennen, doch bewahrt eure Seele. Es ist weitaus schlimmer, wenn ihr die Wahl trefft, euren Körper und das, was ihr in der physischen Welt erlangt habt, zu bewahren, doch eure Seele verliert.

Ich bin an diesem Tag gekommen, und ich werde euch nun verlassen.

ICH BIN Sanat Kumara.

Empfehlungen für die Menschheit der Erde

Der Geliebte Surya
21. Juni 2007

ICH BIN Surya, und ich bin erneut von der Großen Zentralsonne zu euch gekommen.

ICH BIN wieder zur Menschheit der Erde gekommen, um euch eine Unterweisung zu geben, damit die Verbindung zwischen den Welten gestärkt und vervollkommnet wird. Wie immer möchte ich auf die Neuigkeiten zu aktuellen Ereignissen eingehen, die jetzt enthüllt wurden und in eurer Welt geschehen oder dafür vorbereitet werden, bald in eure Welt hinabgelassen zu werden; denn auf der feinstofflichen Ebene sind diese Ereignisse schon zur Präzipitation auf der physischen Ebene bereit.

Ihr wisst, dass wir dank der göttlichen Gnade mit der Menschheit der Erde arbeiten, dank der Dispensation, die es uns ermöglicht, den Verlauf der Evolution auf dem Planeten zu korrigieren. Und ihr wisst, dass die Menschheit der Erde vor Millionen von Jahren vom Weg der evolutionären Entwicklung abwich, und dadurch wurde es möglich, dass einige Unordnung in den allgemeinen Gang der Evolution eingeführt wurde. Viele Lebensströme verlangsamten ihre Entwicklung, und umgekehrt viele Lebensströme beschleunigten ihre Entwicklung dank der göttlichen Gnadengaben und Möglichkeiten. Jeder von euch kann selbst wählen, ob er dem göttlichen Gesetz folgt oder weiter nach den Gesetzen lebt, die auf dem Planeten Erde herausgebildet wurden und die zum gegenwärtigen Zeitpunkt nicht vollständig dem Plan für den Planeten entsprechen, der auf der göttlichen Ebene existiert und bald umgesetzt werden muss.

Bitte versteht, dass wir euch keinen Schmerz und kein Leid verursachen wollen. Millionen von Lichtwesen aus dem ganzen Kosmos sind bereit, euch zu helfen. Doch ihr selbst und nur ihr selbst verlangsamt den Gang der Evolution auf dem Planeten. Ihr erlaubt es euch, Handlungen zu begehen und unvollkommene Bewusstseinszustände zu erfahren, die in eurem Stadium der evolutionären Entwicklung nicht zulässig sind. Und wir sind gezwungen, zu solchen Maßnahmen zu greifen, bei denen eure unvollkommenen Taten und Handlungen, Gedanken und Gefühle sich buchstäblich vor euren Augen in den äußeren Umständen materialisieren, wie beispielsweise in schlechten Wetterbedingungen, Kataklysmen und Schwierigkeiten, denen ihr im Leben begegnet: Krankheit, Leid und Unglück.

Ihr selbst seid die Ursache für das, was mit euch und um euch herum geschieht. Wir sind alle auf der feinstofflichen Ebene verbunden, und wir gehören alle einer gemeinsamen Kette von Evolutionen im Universum an. Es gibt keinen besonderen Unterschied zwischen euch und mir. Ich stehe einige hundert Stufen höher als ihr. Und darin besteht der ganze Unterschied zwischen uns. Daher solltet ihr auf die Ratschläge von mir und den anderen Aufgestiegenen Meistern hören, die ihre Botschaften durch unsere Vertreterin auf der Erde, unsere Gesandte Tatyana, geben.

Ihr habt jetzt die Möglichkeit einer beinahe direkten Kommunikation. Nutzt diese Möglichkeit und versucht, unsere Botschaften nicht als Märchen zu betrachten, wie man sie euch in der Kindheit vor dem Schlafengehen erzählte, sondern als Anweisungen, von denen ihr euch leiten lasst und die ihr im Leben umsetzen sollt. Glaubt mir, dass die Möglichkeit, die ihr jetzt erhalten habt, euch einen enormen Vorteil verschafft. Und auf diese Weise beabsichtigen wir, Millionen von Lebensströmen den Netzen der Illusion zu entreißen, verirrte Seelen, die von Verkörperung zu Verkörperung im Dschungel der Illusion umherstreifen und einer Unmenge von Ängsten, Zweifeln, Leid und Krankheiten begegnen.

Wir werfen ein weiteres Mal unsere Netze aus, um Tausende und Millionen verirrter Seelen den Wassern der Astralebene zu entreißen.

Wir kommen, um euch einen Impuls zu geben, jenen energetischen Impuls, der es euch ermöglicht, zu erwachen und euren Blick zum Himmel zu richten, zur strahlenden Sonne des neuen Tages, dessen Morgendämmerung bereits begonnen hat.

Ich bin an diesem Tag zu euch gekommen, um euch notwendige Anweisungen für die Zukunft zu geben. Ihr seid jene Wesen des Lichts, die sich im Dickicht der Materie verirrt haben, und wir reichen euch eine helfende

Hand. Bitte weist unsere Hilfe nicht zurück, und legt nicht jene Vermessenheit an den Tag, die vor allem für Heranwachsende typisch ist, hört auf unseren Rat.

Dank des im Kosmos wirkenden Gesetzes des freien Willens habt ihr die Möglichkeit, eure Zukunft selbst zu wählen. Ihr habt die Möglichkeit, auf meine und unsere Ratschläge zu hören, und ihr habt die Möglichkeit, die helfende Hand zurückzuweisen, die wir euch reichen.

Ich muss euch warnen, dass ihr jetzt über einem Abgrund hängt. Und wenn der Nebel um euch herum euch die Sicht verdeckt und ihr eure beklagenswerte Lage nicht seht, so bedeutet das nicht, dass für euch keine Gefahr besteht, jeden Augenblick in den Abgrund zu stürzen.

Ihr mögt mir nicht glauben. Ihr könnt weiterhin hartnäckig die angebotene Hilfe zurückweisen. Das ist euer Recht. Aber es gibt unter euch Individuen, die uns um Hilfe bitten, und wir können nicht anders, als ihnen zu helfen, denn der Ruf muss beantwortet werden. Wir können euch nicht gegen euren Willen retten, doch denen eine helfende Hand zu reichen, die Hilfe benötigen, ist unsere Pflicht. Wir sind während eures ganzen langen Weges aus der Materie zurück in die göttliche Welt mit euch.

Wir sind während eures ganzen Weges bei euch. Und sehr bald, wenn ihr unseren Ratschlägen folgt, werdet ihr uns erkennen und bewusst unsere Hilfe annehmen können. Aber jetzt müsst ihr unseren Botschaften und den Informationen vertrauen, die wir durch unsere Gesandte geben.

Immer und zu allen Zeiten gab es Menschen, die sich Gesandte des Himmels nannten. Und sie sprachen im Namen Gottes. Es gab Menschen, die auf den Rat von oben hörten und ihn befolgten, und es gab Menschen, die darüber spotteten und ihren eigenen Weg gingen.

Eure Wahl. Euer freier Wille.

Meine und unsere Aufgabe ist es nur, euch vor den Folgen eurer Wahl zu warnen. Und meine und unsere Aufgabe ist es, euch darauf hinzuweisen, dass sich die Zeit beschleunigt hat, und die Folgen eurer falschen Entscheidungen werden für euch buchstäblich innerhalb weniger Tage sichtbar sein, nachdem ihr eine falsche Wahl getroffen habt. Dies wird gerade deswegen getan, damit ihr mit eurem äußeren Bewusstsein die Wirkung des großen kosmischen Gesetzes dieses Universums nachverfolgen könnt, das in alten Zeiten so formuliert wurde: „Was der Mensch sät, das wird er auch ernten".

Es ist ein sehr vernünftiges Gesetz, das zugleich als Lehrer wirkt und euch ermöglicht, aus euren eigenen Fehlern in der Vergangenheit zu lernen. Dieses Gesetz muss von euch in den Schulen studiert werden. Für die Generation, die jetzt ins Leben tritt, ist es einfach notwendig, dieses Gesetz zu kennen. Und wenn es Schwierigkeiten dabei gibt, die Gesetze des Universums als Fach in der Schule einzuführen, so könnt ihr jederzeit euren Kindern und Enkelkindern die Wirkung dieses Gesetzes erklären. Und je mehr Menschen über dieses Gesetz informiert sind, desto einfacher wird die Situation auf dem Planeten Erde, denn diejenigen, die dieses Gesetz kennen, werden sich davor hüten, es zu brechen. Nicht aus Angst, sondern aus dem Wunsch, unnötige Schwierigkeiten auf ihrem Weg zu vermeiden.

Glaubt mir, manchmal ist es besser, ein Hindernis zu umgehen, als einen steilen Felsen ohne Absicherung hinaufzuklettern.

Wir kommen, um euch unsere kleinen Anweisungen zu geben. Bitte bringt euren Kindern und Enkelkindern die Sicherheitsregeln für das Leben auf dem Planeten Erde bei.

Ich hoffe aufrichtig auf eure Hilfe und Unterstützung.

ICH BIN Surya,
mit all meiner Liebe zu euch.

Eine Unterweisung für den heutigen Tag

Meister Morya
22. Juni 2007

ICH BIN El Morya, und ich bin erneut durch meine Gesandte zu euch gekommen.

ICH BIN gekommen!

Und wie immer möchte ich eine Unterweisung geben, die ihr auf diesem Abschnitt eures Weges benötigt.

Jedes Mal, wenn ich komme, möchte ich euch meinen Zustand und meine Anspannung, die ich empfinde, übermitteln, denn ich gebe mir unglaublich viel Mühe, um meinen Schülern mitunter sehr wichtige und für sie notwendige Informationen nahezubringen. Ich sende meine Gedanken, ich gebe Zeichen, ich sende Engel. Und jedes Mal, wenn ihr meinen Zeichen auf dem Weg begegnet, tut euer Verstand aus einem mir unbekannten Grund so, als gebe es keine Zeichen, oder er verbucht das Geschehene als Missverständnis oder Zufall.

Immer wieder komme ich, und immer wieder lehre ich, die Zeichen zu lesen. Ich kann nicht durch Worte mit euch kommunizieren. Dazu müsst ihr euer Bewusstsein ständig auf einem hohen Niveau halten. Am einfachsten ist es, Zeichen in eure Welt zu senden. Es fehlt euch aber an der nötigen Feinfühligkeit, an der Wahrnehmung der feinstofflichen Welt, der Empfindung der feinstofflichen Welt.

Ihr habt ein gutes Gespür für die Astralwelt und seid bereit, mit ihr zusammenzuarbeiten. Doch die höheren Ebenen des Seins entziehen sich eurer Aufmerksamkeit, und die äußeren Umstände eures Lebens verschließen die göttlichen Ebenen vor euch und erschweren die Kommunikation mit unserer Welt.

Ich lehre Feinfühligkeit und das Lesen von Zeichen. Jedes Mal, wenn ich komme, gebe ich konkrete Anweisungen. Jedes Mal hört ihr mich und vergesst buchstäblich innerhalb einiger Minuten oder Stunden, was gesagt wurde. Euer Bewusstsein schaltet auf die Angelegenheiten eurer Welt um, auf das, was euch umgibt, und mit erstaunlicher Beharrlichkeit weicht ihr von Entscheidungen ab, die ihr selbst in einem Impuls der Hingabe und des Glaubens getroffen habt, und ihr jagt den kurzzeitigen Freuden und Vergnügungen eurer Welt nach. Ihr müsst lernen, die Vorstellung von unserer Welt ständig in eurem Bewusstsein zu bewahren. Ihr müsst ständig spüren, dass unsere Welten einander berühren. Und jedes Mal, wenn ihr es euch erlaubt, die umgebende Realität zurückzulassen und euren Blick zum Himmel zu richten, kommt der Himmel euch näher. Und jedes Mal, wenn ihr allzu sehr auf die illusorischen Probleme eurer Welt konzentriert seid, entfernt sich der Himmel von euch.

Glaubt mir, die Schwingungen eurer Welt bleiben nicht den ganzen Tag konstant. Es gibt Stunden, besonders früh morgens und spät abends, wenn der Trubel eurer Welt sich beruhigt und unsere Welt sich nähert. Und in solchen wunderbaren Momenten können viele von euch Engel und Elementarwesen sogar mit ihrem gewöhnlichen physischen Blick sehen. In solchen Momenten der Nähe unserer Welt empfinden viele Menschen, deren Schwingungen noch nicht genügend Harmonie und Reinheit erlangt haben, im Gegenteil eine unerklärliche Apathie, Depressionen und eine Sinnlosigkeit des Lebens.

Daher möchte ich euch sagen, dass ihr in eurem Leben alle diese Situationen beobachten sollt. Es wird nach irdischen Maßen nicht mehr so viel Zeit vergehen, bis eine Aufspaltung oder Differenzierung in der Erdbevölkerung stattfinden wird. Menschen mit höheren Schwingungen werden ihren Exodus aus dem Sodom und Gomorrha der modernen Städte vollziehen, aus den Kloaken des Massenbewusstseins und der niederen Schwingungen. Sie werden sich an den reinen Orten ansiedeln, die es auf der Erdkugel noch gibt. Und die Menschen, deren Schwingungen mit den modernen Städten im Einklang sind, werden in ihnen bleiben. So wird sich auf natürliche Weise der Exodus der neuen Menschenrasse ins gelobte Land vollziehen. Und die Engel werden die Möglichkeit erhalten, schmerzlos ihre Arbeit zu erfüllen, den Planeten von allem kosmischen Unrat zu befreien, der nicht zur weiteren Evolution fähig ist.

Diese Prophezeiung wurde durch viele Propheten gegeben. Und jedes Mal, wenn die Menschen davon hören, gehen sie weiter ihren alltäglichen Dingen nach und hören es nicht in ihrem Bewusstsein. Nur eine kleine Anzahl von Menschen, die hören können, wenden sich dem Himmel zu und erhalten Zeichen auf ihrem Weg. Sie eilen in das gelobte Land, und dies ermöglicht es ihnen, ihre Evolution fortzusetzen.

Ich möchte euch keine Angst machen, sondern ich gebe eine Unterweisung. Denn gerade jetzt ist es Zeit für ein offenes Gespräch mit denen von euch, die hören können und zu konkreten Schritten auf der physischen Ebene bereit sind. Ich zwinge euch nicht, alles sofort aufzugeben und an entlegene Orte zu ziehen. Nein, der Vektor eures Strebens wird mit der Zeit göttliche Möglichkeiten zu euch hinziehen. Und eines Tages werdet ihr ein unergründliches Verlangen nach Veränderungen empfinden, und ihr werdet euer Leben entsprechend dem Verlauf der göttlichen Evolution ändern. Von euch wird verlangt, dass ihr euch dem höheren Gesetz unterordnet und den Wunsch habt, dem Weg der evolutionären Entwicklung zu folgen. Und dazu müsst ihr euer Leben und eure Einstellung zum Leben ändern.

Der Grund für das Verlassen des evolutionären Weges ist die Konzentriertheit auf die eigene Person, eine übermäßige Selbstbezogenheit und Egoismus. Was ihr daher in der nächsten Zeit in euch entwickeln müsst, ist die Fähigkeit, euch selbst aufzuopfern, Mitgefühl zu empfinden und euren Nächsten zu helfen. Wenn ihr in der Lage seid, Taten und Handlungen zu vollbringen, die vom Gesichtspunkt der meisten Menschen unvernünftig sind, aber uneigennützig und voller Ergebenheit an die Bruderschaft erfüllt werden, steht ihr fest auf dem Weg, und wir nehmen eure Hand fest in unsere Hände. Von euch wird eine sehr kleine Bekundung der Selbstlosigkeit, des Strebens und der Hingabe verlangt, und diese Eigenschaften allein werden göttliche Möglichkeiten zu euch hinziehen, die euch aus dem Sodom und Gomorrha eurer Zeit auf den Weg des Lichts und der Freude führen werden.

Denkt darüber nach, wie viel ihr gewinnt, wenn ihr den Weg geht, den wir euch aufzeigen, und wie wenig ihr opfern müsst: nur eure Selbstbezogenheit und den Wunsch, etwas für euch persönlich zu erhalten.

Das Niveau eures Bewusstseins muss so weit angehoben werden, bis ihr versteht, dass ihr, wenn ihr etwas für euren Nächsten tut, tatsächlich auch für euch selbst sorgt. Ihr arbeitet entweder eure karmische Schuld ab, oder ihr schafft einen Vorrat an gutem Karma, das es euch ermöglicht, einer gefährlichen Situation augenblicklich zu entkommen, sofern ihr nur eine Anrufung macht.

Wir geben euch Unterweisungen in der Hoffnung, dass viele von euch unsere Worte wahrnehmen können. Und dass ihr nicht nur unsere Worte wahrnehmt, sondern auch beginnt, in Übereinstimmung mit der Lehre zu handeln, die wir euch geben.

Es ist sehr wichtig, theoretisches Wissen in der Praxis zu verankern. Wenn ihr das Gesetz kennt, es aber in eurem Leben nicht erfüllt, so wird euer Karma dadurch nicht vermindert, sondern vermehrt. Ihr vermehrt euer Karma, denn es gibt eine solche Art von Karma wie das Karma der Untätigkeit[31]. Ihr habt diese Lehre erhalten, und das bedeutet, dass ihr in der Lage seid, sie wahrzunehmen und in Übereinstimmung mit ihr zu handeln. Wenn ihr nicht gemäß der erhaltenen Lehre handelt, weicht ihr dadurch vom Weg ab. Ihr weicht selbst dann vom Weg ab, wenn ihr nichts tut. Und schuld an alledem ist eure duale Welt, eine Welt, die ihr selbst durch jene Energien geschaffen habt, die ihr nicht für die Manifestation der göttlichen Vorbilder verwenden wolltet, sondern um etwas für euch persönlich zu erhalten.

Die Zeit für die Veränderung eurer Welt ist gekommen. Und das Erste, was ihr tun müsst, ist, in eurem Leben in Übereinstimmung mit der Lehre zu handeln, die wir geben.

Ich war sehr hart und unnachgiebig. Denn die Zeiten haben sich geändert. Es ist nicht möglich, noch länger zu warten.

ICH BIN El Morya Khan.

---

[31] „Eine Lehre vom Karma der Untätigkeit". Der geliebte Kuthumi, 24. Juni 2005.

Eine Lehre über die Einweihung der Kreuzigung

Der Geliebte Zarathustra
23. Juni 2007

ICH BIN Zarathustra, und ich bin erneut zu euch gekommen!

ICH BIN an diesem Tag gekommen und ich bin glücklich, dass die Möglichkeit, die göttliche Möglichkeit für unsere Kommunikation mit euch durch diese Gesandte fortgesetzt wurde. Ihr wisst höchstwahrscheinlich nicht, dass es für die Fortsetzung unserer Arbeit notwendig war, auf der physischen Ebene eine Bestätigung für die Bereitschaft zur weiteren Arbeit zu erhalten. Einerseits erfolgte eine solche Bestätigung durch das Volk Russlands, des Landes, das unsere Gesandte beherbergt. Und diesen Test, diese Prüfung hat das Volk bestanden. Wir können nicht sagen, dass alles reibungslosverlaufen ist, aber wir sehen, dass unsere Lehre in den Herzen vieler Menschen in Russland Unterstützung gefunden hat. Viele Herzen wurden vom Feuer entfacht, und dieses Feuer ist für uns Aufgestiegene Lichtwesen sichtbar. Denn die Flamme, die Feurigkeit eurer Herzen ist für uns auf unserer Ebene sichtbar. Wir sehen jede Flamme im Herzen eines jeden Menschen, wo immer er sich auch befindet. Und an dieser Flamme, an diesen Flammen beurteilen wir die Bereitschaft und entscheiden über die weitere Arbeit.

Andererseits durchlief unsere Gesandte gleichzeitig eine sehr schwere Prüfung, die wir die Kreuzigung nennen. Diese Prüfung durchläuft jeder, der eine bestimmte Bewusstseinsebene erreicht hat. Die Prüfung ist ein ganz natürlicher Abschnitt des Weges. Ich möchte bei dieser Prüfung verweilen und euch ein wenig darüber erzählen, denn jeder von euch wird diesen Test durchlaufen müssen, wenn nicht in diesem Leben, dann in einem späteren.

Es ist ein ganz natürlicher Abschnitt des Weges. Dieser Abschnitt ist damit verbunden, dass jeder, der ihn erreicht hat, mit jenen Prüfungen und Tests allein gelassen werden muss, die der geliebte Jesus durchstehen musste, als er sein Kreuz nach Golgatha trug und dann seine Kreuzigung durchmachte. Ich möchte euch von dieser Prüfung erzählen. Jedes Mal, wenn ihr an diesen Punkt des Weges gelangt, werdet ihr mit dieser Prüfung allein gelassen. Ihr müsst unter Bedingungen voranschreiten, in denen niemand euch versteht. Menschen, die dem Massenbewusstsein unterworfen sind, sind einfach nicht in der Lage, zu verstehen, was vor sich geht.

Und es geschieht folgendes. Die Schwingungen eines Menschen, der die Einweihung der Kreuzigung erreicht hat, steigen so stark an, dass die Kräfte, die uns entgegenstehen, durch jeden Menschen zu wirken beginnen, der sich im Umfeld des Probanden befindet. Und es scheint, als sei die ganze Welt in Zorn geraten oder habe den Verstand verloren. Natürlich fand diese Prüfung zu Zeiten Jesu auf der physischen Ebene statt. Und alle Peinigungen, Schmähungen und Schwierigkeiten ereigneten sich auf der physischen Ebene. Heute, in eurem aufgeklärten Zeitalter, sind alle Prüfungen auf die psychologische Ebene verlagert. Natürlich tun die Menschen Dinge, die die Lage für den Probanden noch verschlimmern, doch der wichtigste Test erfolgt auf der feinstofflichen Ebene. Es entsteht der Eindruck einer wirklichen Kreuzigung, als befinde man sich wirklich am Kreuz der Materie.

Es ist schwierig für euch, sich dies vorzustellen, aber dieser Test ist der schwerste. Ihr habt nicht die Möglichkeit, euch auch nur für eine Minute zu entspannen, weder bei Tag noch bei Nacht. Alle nur denkbaren und undenkbaren Situationen werden über euch hereinbrechen, sowohl auf der physischen Ebene als auch auf der Ebene der Gedanken und auf der Astralebene.

Ihr steht ständig unter dem Ansturm der Kräfte, die die Illusion verteidigen. Und jene Kräfte, die euch von unserer Bewusstseinsebene aus unterstützt haben, sind jetzt isoliert. Wir können euch nicht helfen, wir können weder die Wunden waschen, die den feinstofflichen Körpern zugefügt werden, noch Schutz bieten. Alle Körper des Probanden erleiden Verwundungen, und von ihnen wird Blut, Licht, göttliche Energie rinnen, die verschiedene Wesenheiten der Astralebene anzieht, die kommen, um zu peinigen und ihre Portion Licht zu erhalten.

Das Gleiche gilt für die Menschen. Sie kommen und nehmen von dem Licht, das unkontrolliert aus der verwundeten Aura strömt. Und nur wenige können erkennen, was vor sich geht. Das äußere Bewusstsein der anderen kann den Sinn dessen, was sich ereignet, nicht erfassen. Und wenn der Proband diesen Test nicht aushält, wenn er zu kämpfen beginnt oder in Verzweiflung gerät, den Glauben und die Liebe verliert, so heißt dies, dass er seine Einweihung der Kreuzigung nicht bestanden hat.

Erinnert euch an Jesus und seine Worte: „Vater, vergib ihnen, denn sie wissen nicht, was sie tun[32]". Und das ist die Wahrheit, denn das äußere Bewusstsein der Menschen kann den Sinn dessen nicht erfassen, was vor sich geht. Und sie alle erfüllen ihre Rolle: Manche rufen Schmähungen, andere schlagen Nägel in die Hände und Füße des Probanden, andere begehen Verrat, und wieder andere helfen, das Kreuz zu tragen.

In der Materie spielt sich ein grandioses Schauspiel ab. Und keines der Aufgestiegenen Lichtwesen hat das Recht sich einzumischen. Der Proband wird mit den Umständen der äußeren Welt allein gelassen und bleibt allein mit dem höheren Teil seiner selbst. Und es gibt keine Möglichkeit, die Kräfte zu erneuern, keine Möglichkeit, den Balsam der Gnade aus der höheren Welt zu empfangen. In den schlimmsten Momenten des Tests wird auch die

---

[32] Lukas 23:34.

Verbindung mit dem höheren Teil des eigenen Selbst gestört. Und dies ist wie eine schreckliche finstere Nacht des Geistes.

Es ist eine furchtbare Prüfung. Doch diese Prüfung ist unvermeidlich auf dem Weg, denn ohne die endgültige Trennung von den Überresten des Egos und von den Bindungen an die physische Welt ist es nicht möglich, auf dem Weg weiter fortzuschreiten.

Nur wenige Menschen auf der Erde sind dafür bereit, diese Prüfung zu durchlaufen und sie zu bestehen. Zu diesen Menschen gehört auch unsere Gesandte.

Doch erzähle ich euch all dies nicht deswegen, damit ihr euch in leerem Geschwätz und klugen Reden ergeht. Ich erzähle euch all dies deshalb, damit auch ihr bereit seid, eure Kreuzigung in der Materie zu durchlaufen und zu bestehen und endgültig alle Bindungen aufzugeben.

Wir wollen euch wegen der Härte und Strenge der Prüfungen keine Angstmachen. Wir warnen nur davor, dass dies ein erforderlicher Abschnitt des Weges ist. Und jeder von euch, der dem Weg folgt, den die Aufgestiegenen Meister weisen, wird früher oder später seine Kreuzigung in der Materie vollziehen und danach zum Gipfel des Geistes aufsteigen.

Bevor Gott euch eine Arbeit von größter Verantwortung anvertraut, muss Er sicher sein, dass ihr für diese Arbeit bereit seid und dass nichts, keinerlei Bindungen an die physische Welt zum Hindernis dafür werden, dass ihr eure Arbeit für Gott erfüllt.

Probiert jetzt nicht diesen Test an euch selbst aus. Denkt daran, was ich gesagt habe: Nur wenige auf der Welt sind jetzt dafür bereit, sich diesem Test zu unterziehen. Für die übrigen Menschen sind Prüfungen meistens mit der Rückkehr ihres eigenen Karmas verbunden. Der Test der Kreuzigung ist damit verbunden, das Kreuz des planetaren Karmas zu tragen, und bevor euch anvertraut werden kann, dieses Kreuz zu tragen, müsst ihr noch sehr viel an euch selbst und an euren Unzulänglichkeiten, Bindungen und Gewohnheiten arbeiten.

Die Menschen neigen dazu, ihre Errungenschaften auf dem spirituellen Weg zu überschätzen. Sobald sich jedoch nur die Gelegenheit bietet, vergesst ihr sogleich unsere Botschaften und eure vermeintlichen Errungenschaften und stürzt euch lustig und munter in die Wasser der Illusion und ins Dickicht des Massenbewusstseins.

Bevor ihr die Gewänder Christi anprobiert, seid daher ehrlich mit euch selbst und analysiert sorgfältig eure Lebensweise, eure Bindungen und eure Gewohnheiten. Ich sage nicht, dass ihr alle eure Mängel und Gewohnheiten sofort aufgeben müsst. Vielleicht steht dies nicht in euren Kräften. Aber die richtige Richtung zu wählen und zu versuchen, sie in eurem Leben beizubehalten, steht in den Kräften vieler von denen, die unsere Botschaften lesen.

Ich möchte euch daran erinnern, dass unsere Botschaften jetzt wie ein Seil sind, das euch aus den Wassern der Illusion retten kann. Nehmt diese Gabe des Himmels mit aller Sorgfalt und Ehrfurcht an, zu der ihr fähig seid.

Und jetzt verabschiede ich mich von euch. Und ich bin froh, dass es mir gelungen ist, euch einen weiteren verborgenen Teil unserer Lehre nahezubringen – die Lehre von der Kreuzigung.

ICH BIN Zarathustra.

Eine Unterweisung zur rechten Zeit

Der Geliebte Serapis Bey
24. Juni 2007

ICH BIN Serapis Bey, und ich bin erneut zu euch gekommen.

Ich bin an diesem Tag gekommen, um eine weitere Botschaft zu geben, die die Lehre enthält, die so alt ist, wie diese Welt.

Wir kommen immer wieder, nicht um eine neue Wahrheit zu offenbaren, sondern damit ihr euch an die alte Wahrheit erinnert, die ihr vor langer Zeit kanntet, aber vergessen habt, weil ihr zu sehr in die Materialität gesunken seid. Und jetzt ist es an der Zeit, dass ihr euch an eure Quelle erinnert und zu ihr zurückkehrt. Wir sind froh, dass trotz der vielen Faktoren, die euch in der Materie ablenken, dennoch eine ausreichende Anzahl von Individuen ein Interesse an unserer Lehre zeigt. Es gibt viele andere, wie es euch scheint, modische Lehren, die euch viele Dinge zur Betrachtung und zum Studium anbieten. Wenn ihr jedoch unvoreingenommen die von uns dargebotene Wahrheit betrachtet und sie mit den Lehren vergleicht, die euch in Hülle und Fülle auf dem spirituellen Markt angeboten werden, so werdet ihr nur eines verstehen – dies ist die Wahrheit, die immer bei euch war. Es ist die Wahrheit, die ihr im alten Lemurien und Atlantis studiert habt, in allen Mysterienschulen der Vergangenheit und Gegenwart, die je auf der Erde existierten.

Es gibt nichts Neues in der euch angebotenen Lehre, abgesehen von einem: Diese Lehre ist dazu bestimmt, euch in die höhere Realität zurückzuführen. Durch diese Lehre müsst ihr den aufsteigenden Zyklus beginnen, eine aufsteigende Spirale, die euch aus der Materie heraushebt und euch erlaubt, in jene Welt zurückzukehren, aus der ihr einst in die Materie hinabgestiegen seid. Ihr müsst euch an euren Ursprung und eure

Bestimmung erinnern. Ihr müsst die einfache Wahrheit verstehen, dass es nichts in eurer Welt gibt, was für euch der Sinn des Lebens wäre. Denn eure Welt wurde für eine bestimmte Zeit geschaffen, für die Zeit, in der ihr eure Lektionen absolvieren und erwachsen werden müsst.

Und diese Zeitspanne, die für euer Erwachsen werden zugelassen wurde, neigt sich dem Ende zu. Es ist bedauerlich, dass zu viele Seelen sich noch im Zustand eines tiefen Schlafs befinden und trotz aller Versuche, die wir unternehmen, nicht aufgeweckt werden können. Wir läuten die Glocken der Freiheit, wir rufen euch zu eurer Freiheit, zur Befreiung von den Fesseln der Materie. Und wir betrachten es als unsere Pflicht, euch nahezubringen, dass die Zeit, in der ihr im Schlafzustand verweilt, zu Ende ist. Sehr viele von euch werden grob geweckt werden, denn es ist nicht möglich, noch länger zu warten. Ihr beachtet unsere Ermahnungen nicht, ihr irrt weiterhin in der Illusion umher und ignoriert unseren Ruf.

Der Himmel ruft euch eindringlich. Wir brauchen eure Hilfe. Und diejenigen von euch, die bereit sind, unsere Lehre wahrzunehmen, die nicht nur unsere Botschaften lesen, sondern auch bereit sind, wirklich etwas für die Bruderschaft zu tun, müssen als erste auf den Ruf antworten. Wir rufen euch nicht nur zum Gebet auf, wir rufen euch dazu auf, bereit zu sein, wirkliche Arbeit auf der physischen Ebene zu leisten. Das bedeutet nicht, dass ihr alles stehen und liegen lassen und dorthin eilen müsst, wohin wir euch sagen. Ihr müsst in erster Linie das göttliche Bewusstsein und die göttlichen Vorbilder an jenen Ort auf der Erde tragen, wo ihr lebt, zu eurer Familie, an euren Arbeitsplatz. Ihr und nur ihr könnt das neue Bewusstsein in die Welt tragen. Und ich sehe voraus, dass es euch nicht leichtfallen wird, dies zu tun. Von euch wird verlangt, eine heroische Tat zu vollbringen, viele heroische Taten, denn alles, was um euch ist, wird euch Widerstand leisten. Und vor euch wird eine Schwierigkeit nach der anderen aufkommen, ein Hindernis nach dem anderen. Es ist sehr schwer, in der Welt zu handeln, die euch umgibt, und es ist sehr schwer, ein neues Bewusstsein und eine neue Denkweise in die Welt zu bringen.

Alles muss verändert werden. Und alles muss in Übereinstimmung mit den göttlichen Mustern und Vorbildern verändert werden, in Übereinstimmung mit dem Gesetz, das von den Propheten geboten wurde und sich in vielen heiligen Schriften der Vergangenheit widerspiegelte.

Jetzt ist die Zeit gekommen, wenn die göttlichen Vorbilder und das göttliche Gesetz auf der physischen Ebene präzipitiert werden müssen. Erwartet nicht, dass es leicht sein wird. Erwartet nicht, dass alle Menschen um euch herum das Neue mit offenen Armen empfangen werden. Nein, jeder Schritt in die richtige Richtung wird unglaublich schwerfallen. Und es werden euch Zweifel an der Richtigkeit der von euch gewählten Bewegungsrichtung auf dem Weg kommen. Man wird euch ins Ohr flüstern und direkt darauf hinweisen, dass die Arbeit für Gott keine solchen Schwierigkeiten verursachen und keinem solchen Widerstand begegnen könne. Ich möchte euch jedoch daran erinnern, dass eure Welt sich so weit von den göttlichen Vorbildern entfernt hat, dass eine Rückkehr zu den göttlichen Vorbildern von sehr vielen als Angriff auf die Grundsätze wahrgenommen wird. Und tatsächlich hat die Menschheit im Laufe vieler Jahrtausende so viel Eigenes entwickelt, was vom Göttlichen abweicht und zerstört werden muss, dass die Trennung von diesen alten Dingen bei zu vielen Menschen Widerstand hervorruft.

Erinnert euch daran, wie schwer es euch selbst fällt, euch dazu zu bringen, in eurem Leben etwas zu verändern, und sei es nur, eine schädliche Gewohnheit aufzugeben. Und nun stellt euch vor, dass die Lebensweise von Millionen von Menschen in kurzer Zeit geändert werden muss. Wie, glaubt ihr, werden unvorbereitete Individuen auf die von euch eingeführten neuen Verhaltensmuster reagieren? Natürlich wird jeder Schritt überaus schwerfallen. Und jeder Schritt, den ihr in die richtige Richtung unternehmt, wird natürlich den Widerstand jener Kräfte hervorrufen, die ihre Lebensweise, ihr eigenes Verständnis des göttlichen Gesetzes verteidigen.

In den vielen Jahrtausenden der Existenz menschlicher Zivilisation gelang es den Menschen, Verzerrungen und Entstellungen in alle Lebensbereiche einzubringen, einschließlich in den Bereich der Religion. Und viele religiöse Dogmen und Regeln werden die Menschen dazu zwingen, das bestehende System religiöser Weltanschauung zu verteidigen. Daher erwartet nicht, dass es leicht für euch sein wird. Ihr müsst euch der ganzen Größe der Arbeit bewusst sein, die vor euch liegt. Ihr müsst bewusst die göttlichen Vorbilder in allem verteidigen: in der Moral, Ethik, im Bildungsbereich, in der Religion und im Gesundheitswesen. In allen Bereichen menschlicher Aktivität sind Veränderungen notwendig. Es wird eine Revolution im Bewusstsein sein. Daher werden die Menschen, die nicht zu Veränderungen bereit sind, Widerstand leisten und ihre Lebensweise, ihr Verständnis von Gott verteidigen.

Ihr werdet die göttlichen Verhaltensmuster verteidigen müssen, ohne euch auf einen Kampf einzulassen. Ihr müsst das göttliche Gesetz verteidigen. Und ihr werdet dieses Gesetz in eurem Leben demonstrieren müssen. Viele haben in der Vergangenheit neue Vorbilder und Muster, eine neue Lebensweise so vehement verteidigt, dass sie in Intoleranz und religiösen Extremismus abglitten. Ich warne euch, dass ihr lieber euer Leben opfern müsst, als irgendeine Form von Intoleranz und Fanatismus zuzulassen.

Von euch wird verlangt, dass ihr die heroische Tat Christi wiederholt, als er sich entschied, seine Kreuzigung zu durchschreiten, anstatt das Gesetz mit einer Waffe in den Händen zu verteidigen.

Jeder von euch muss bereit sein, sich selbst zu opfern, doch darf er keines der göttlichen Gebote[33] brechen, die Mose auf den Steintafeln niederschrieb. Und nun ist die Zeit gekommen, in der ihr nicht nur diese zehn Gebote einhalten müsst. Ihr müsst das wichtigste Gebot erfüllen: euren Körper zu opfern, aber im Geiste die Grundsätze zu bewahren, die wir euch lehren.

Seid bereit, euch vom Körper zu trennen, aber eure Seelen zu bewahren.

Nicht alle werden sterben, aber alle werden verwandelt werden[34].

Es war mir eine Freude, euch an diesem Tag zu helfen und meine Unterweisung zu geben.

ICH BIN Serapis.

---

[33] 1. Ich bin der HERR, dein Gott. Du sollst keine anderen Götter haben neben mir. 2. Du sollst dir kein Bildnis machen. 3. Du sollst den Namen des HERRN, deines Gottes, nicht missbrauchen. 4. Den Sabbattag sollst du halten. 5. Du sollst deinen Vater und deine Mutter ehren, auf dass du lange lebest. 6. Du sollst nicht töten. 7. Du sollst nicht ehebrechen. 8. Du sollst nicht stehlen. 9. Du sollst nicht falsch Zeugnis reden wider deinen Nächsten. 10. Du sollst nicht begehren deines Nächsten Frau. Du sollst nicht begehren deines Nächsten Haus, Acker, Knecht, Magd, Rind, Esel noch alles, was sein ist. (vgl. Deuteronomium 5: 6-21.)
[34] „Ich sage euch ein Geheimnis: Wir werden nicht alle sterben, wir werden aber alle verwandelt werden" (1. Kor. 15:51).

Über die spirituelle Mission Russlands

Die Geliebte Mutter Maria
25. Juni 2007

ICH BIN Mutter Maria, und ich bin an diesem Tag zu euch gekommen. Ich bin so froh, dass die göttliche Möglichkeit unserer Kommunikation mit euch fortgesetzt wurde, ich bin so froh, erneut für ein Gespräch zu euch zu kommen.

Oh, wenn ihr wüsstet, wie viel ich euch sagen möchte. Und wenn es euch nichts ausmacht, beginnen wir mit dem Wichtigsten. Wir beginnen mit der neuen göttlichen Gnade, die buchstäblich in diesen Tagen auf der Sitzung des Karmischen Rates gewährt wurde, die jetzt stattfindet.

Ich beeile mich, euch die frohe Nachricht zu überbringen! Ihr wisst, dass ich die Schutzpatronin Russlands bin, und ihr wisst, dass das Volk dieses Landes mir seit alters her in Gebeten seine Aufmerksamkeit schenkt. Ich helfe bei der Heilung, meine Ikonen haben eine wundertätige Wirkung, sie beschützen und heilen die, die Schutz und Hilfe brauchen.

Ich lege meine Gegenwart in viele meiner Bildnisse in Form von Ikonen, und im Ausdruck meines Gesichts, meiner Augen könnt ihr immer Antworten auf die Fragen finden, die euch beschäftigen. Ich versuche, mit euch zu kommunizieren, und ich erweise euch, alle mögliche Hilfe, meine geliebten Kinder.

Ich bin gerade von der Sitzung des Karmischen Rates zurückgekehrt. Und die freudige Nachricht, die ich euch bringen möchte, betrifft mein geliebtes Russland. Ihr wisst, dass diesem Land eine große Mission vorbestimmt ist – die Völker auf dem spirituellen Weg zu führen. Und nun steht endlich der Weg offen, und Russland hat den Punkt auf seinem Weg erreicht, von dem aus die zukünftige Mission bereits sichtbar ist, an jenen Punkt auf seinem Weg, der die Offenlegung der Mission bedeutet.

Ihr wisst, dass viele Propheten der Vergangenheit von der großen Rolle und Mission dieses Landes sprachen. In der Praxis entwickelte sich jedoch alles genau umgekehrt, und das Bild von Russland, das im Westen in den letzten Jahrzehnten geformt wurde, war nicht besonders attraktiv.

Wir haben aufmerksam die Entwicklung jener Individuen verfolgt, deren Schicksal mit Russland verbunden ist und die sich seit vielen Jahrhunderten in Russland verkörpern. Und wisst ihr, wir sind zu dem Schluss gekommen, dass Russland dank seiner besten Vertreter das Recht verdient hat, den Weg der geistigen Führerschaft der Welt zu gehen. Ich bitte euch, diese Rolle und Mission nicht mit der Rolle zu verwechseln, die die ganze Welt noch vor kurzem Russland zuschrieb, oder der Sowjetunion, wie man es zu jener Zeit nannte.

Die jetzige Rolle ist in gewissem Sinn das genaue Gegenteil der Mission, die es zuvor auf sich genommen hatte. Und der Unterschied besteht darin, dass Russland dazu berufen ist, zu einem höchst spirituellen Land zu werden. Gerade jetzt, bei allem scheinbaren Mangel an Spiritualität, werden die Grundlagen für das zukünftige spirituelle Land gelegt. Gerade jetzt ist das Volk Russlands der Hoffnungslosigkeit und des Unglaubens müde und bereit, sich zur Quelle der göttlichen Gnade hinzuwenden, niederzuknien und im Herzen zu sagen:

„Herr, bitte vergib mir, Herr, vergib uns, himmlischer Vater. Wir wussten nicht, was wir tun. Wir verließen uns auf unseren fleischlichen Muskel, und wir verursachten in unserer Unvernunft viel Leid. Herr, bitte erhöre unser Gebet. Vergib uns alles, Herr, was wir getan haben, alles Leid und Unglück, welches wir der Welt gebracht haben. Herr, wenn es Dein Wille ist, bitte komm in unser Land, lass uns zur Einsicht kommen und hilf uns, Deinem Weg zu folgen".

Und gerade dann, wenn das Volk Russlands, vertreten durch seine besten Söhne und Töchter, in seinem Herzen zur Reue fähig ist, wird sich eine göttliche Möglichkeit ohnegleichen für dieses Land eröffnen.

Ihr werdet sehr bald eine gewaltige Explosion der Spiritualität in Russland erleben. Und es wird für euch keine Bedeutung mehr haben, in welchen Tempel ihr geht und in welchem Tempel ihr niederkniet. Denn in eurem Bewusstsein werdet ihr zu jener göttlichen Höhe emporsteigen, von der aus die früheren Widersprüche zwischen den verschiedenen Glaubensrichtungen und Religionen nicht länger sichtbar sind. Eure Herzen werden so sehr von der Gnade des Herrn erfüllt sein, dass ihr nicht länger irgendwelche negativen Reaktionen gegenüber euren Nächsten erleben werdet, die anders sind als ihr. In einem einmütigen Impuls der Herzen müsst ihr euch vereinigen. Ihr müsst euch unter der Losung der spirituellen Einheit der Nation vereinigen. Erst nach der Reue ist spirituelle Vereinigung möglich, und erst nach der spirituellen Vereinigung wird Russland jene Vorbilder der Geistesschöpfungen der besten Vertreter der Menschheit auf der physischen Ebene zur Präzipitation bringen können, die jetzt auf der feinstofflichen Ebene geschaffen und zur Präzipitation bereit sind.

Ich muss euch sagen, dass die Zukunft Russlands nicht mit der Anhängerschaft eines bestimmten Glaubens verbunden ist, sondern mit religiöser Toleranz gegenüber jeder wahren Manifestation der Verehrung Gottes. Ich spreche nicht über jene Manifestationen religiöser Intoleranz, die es in der Vergangenheit gab. Ich spreche über eine neue, eine qualitativ neue Ebene des Bewusstseins, die das Göttliche erfassen kann und alle Widersprüche glättet, die der listige menschliche Verstand im Laufe der letzten Jahrtausende absichtlich verschärft hat.

Ich bin an diesem Tag zu euch gekommen, um eurem Bewusstsein nahezubringen, wie notwendig es ist, die Mission des Landes Russland zu erkennen. Ich bin nicht mit dem Zweck gekommen, damit ihr von Stolz erfüllt seid, sondern damit ihr den Mut aufbringen und zu einer neuen Stufe der Entwicklung aufsteigen könnt.

Die Nacht, die finstere Nacht für Russland ist vorüber. Tretet in die Morgendämmerung hinaus und seht, wie die Sonne aufgeht. In gleicher Weise hat die Sonne des göttlichen Bewusstseins ihren Aufgang in den Menschen Russlands begonnen.

Hört auf, nach Westen zu schauen. Hört auf, euch Dinge zum Vorbild zu nehmen, die nicht nur unnütz, sondern obendrein schädlich sind. Eure Mission ist es, neue Vorbilder zu bringen. Sehr bald werden die Völker der ganzen Welt mit Erstaunen zuhören und genau beobachten, welche

Veränderungen sich in Russland ereignen. Die Veränderungen in diesem Land werden nicht von den Mächtigen kommen, nicht von Politikern und Ökonomen; die Veränderungen in diesem Land werden aus den Herzen der Menschen kommen, und es wird unmöglich sein, diese Veränderungen nicht zu bemerken.

Jedes Mal, wenn ihr in die Augen der kleinen Menschen schaut, die neu in die Verkörperung gekommen sind, versucht, die Botschaft zu verstehen, die diese Augen in sich tragen.

Eure Pflicht ist, der neuen Generation nicht nur zu helfen, alles Notwendige auf der materiellen Ebene zu erhalten; eure Aufgabe ist auch, jedem neu in die Verkörperung gekommenen Menschen zu helfen, seine göttliche Bestimmung zu erfüllen.

Gerade jetzt haben die Individuen begonnen, in die Verkörperung zu kommen, die Russland zum spirituellen Zentrum der Welt machen werden. Verpasst nicht eure Chance, der Welt zu dienen. Helft diesen Kindern der Erde, den Vertretern der neuen Rasse.

Jetzt bin ich bereit, mit der Segnung zu beginnen. Ich bin an diesem Tag gekommen, um euch ein Teilchen meines Herzens zu geben, einen himmlischen Segen für die, die meine Botschaft lesen. Ich bin gekommen, um euch das ganze Momentum meiner Liebe, meines Glaubens und meiner Hoffnung zu übermitteln.

Ich bitte euch um eines: Vergesst inmitten der alltäglichen Dinge niemals euren göttlichen Ursprung und eure göttliche Bestimmung.

Ich liebe euch von ganzem Herzen und bin bereit, auf euren ersten Ruf hin zu kommen, um denen zu helfen, die meine Hilfe benötigen.

**ICH BIN Mutter Maria,
und ich war an diesem Tag bei euch.**

Unterweisungen für jeden Tag

Der Geliebte Kuthumi
26. Juni 2007

ICH BIN Kuthumi, und ich bin an diesem Tag zu euch gekommen.

Der Zweck meines heutigen Kommens ist, euch ein gewisses Verständnis und eine Vorstellung von den weiteren Plänen der Bruderschaft für den gegenwärtigen Moment zu geben.

Wir kommen immer wieder, und wir erklären und vermitteln euch eine Vorstellung von vielen Dingen, die euch bereits bekannt sind. Aber die Facetten, die ein wenig vor euch enthüllt werden, erlauben euch, den neuen Glanz der kostbaren Edelsteine des guten alten Wissens zu genießen.

Wir kommen, und ihr werdet wieder von unserer Energie und unserer Liebe erfüllt. Denn es ist nicht möglich, die Lehre zu geben und nicht zu lieben. Alles Wissen und alles Verstehen kommt aus dem Gefühl einer tiefen und bedingungslosen Liebe. Wir geben unser Wissen in dem Gefühl der Liebe, und ihr könnt die euch gegebenen Informationen nur dann wahrnehmen, wenn ihr von dem Gefühl tiefer und bedingungsloser Liebe für mich, für andere Meister, für unsere Gesandte durchdrungen sein könnt.

Nur in dem Gefühl der göttlichen Liebe könnt ihr die Wahrheit wahrnehmen. Dies ist ein Gesetz, das beim Energieaustausch zwischen den Oktaven unumstößlich wirkt. Und wenn ihr Angst, Zweifel und andere unvollkommene Gefühle empfindet, werdet ihr nicht in der Lage sein, die göttliche Wahrheit in ihrer ganzen Vollkommenheit wahrzunehmen. Und umgekehrt, wenn es euch gelingt, dieses Gefühl der bedingungslosen göttlichen Liebe in euch zu entwickeln, werdet ihr die große Wahrheit erkennen können, die in nur einem Satz verborgen ist. Für die meisten Menschen wird dieser Satz nichts bedeuten, doch für euch wird er eine ganze Fülle der göttlichen Wahrheit eröffnen, weil ihr den Schlüssel zu seiner Offenbarung erhalten habt, nämlich die göttliche Liebe in eurem Herzen. Daher versucht nicht, das Streben nach Wissen in euch zu kultivieren; strebt vor allem danach, die göttliche Liebe in euch zu kultivieren. Eure Vervollkommnung in Gott ist nicht möglich, wenn ihr nicht die Eigenschaft der göttlichen Liebe in euch entwickeln könnt.

Ihr könnt euch nicht vorstellen, wie schnell und offen sichtbar die Menschheit auf dem Weg der göttlichen Entwicklung fortschreiten wird, wenn ihr die Bedeutung des allumfassenden Gefühls der Liebe verstehen könnt. Viele, um nicht zu sagen, fast alle Prüfungen, denen ihr auf eurem Weg begegnet, können nur mit dem Gefühl der Liebe überwunden werden. Und wenn euch die göttliche Liebe verlässt, so kann dies mit einer schweren Krankheit verglichen werden. Und niemand wird euch bei dieser Krankheit helfen, wenn ihr nicht selbst den Wunsch verspürt, zu einem höheren Bewusstseinszustand und einem Gefühl der allumfassenden Liebe zurückzukehren. Das Gefühl der bedingungslosen Liebe ist gerade das, woran es euch am meisten fehlt, und es ist die beste Medizin für euch auf dem spirituellen Weg.

Es ist nicht möglich, Liebe zu empfinden, wenn ihr von anderen, unvollkommenen Gefühlen beherrscht seid. Zum Beispiel entsteht das Gefühl der Angstdurch einen Mangel an Liebe. Ihr habt Angst, etwas zu verlieren, oder ihr habt Angst, dass euch jemand Schaden zufügt, aber eure Ängste beherrschen euch deshalb, weil ihr keine Liebe in eurem Herzen habt. Daher ist die beste Medizin gegen Angst die Liebe, die in ihrem Wesen göttliche Liebe. Wenn ihr eine nicht-göttliche Liebe empfindet, dann kann diese unvollkommene Eigenschaft euch an das Objekt eurer Liebe binden. Ihr müsst eine bedingungslose Liebe empfinden, die nicht an eine bestimmte Person gebunden ist, sondern eine allgemeinere Liebe ist. Ihr müsst jedes Wesen in eurer Welt und jedes Wesen in der göttlichen Welt lieben.

Und wenn ihr in anderen Menschen zu viele Mängel seht, deutet dies auch darauf hin, dass es euch an Liebe mangelt. Ihr könnt nicht Fehler bemerken und gleichzeitig lieben; das sind unvereinbare Eigenschaften.

Anfangs wird es euch schwerfallen, das Gefühl bedingungsloser Liebe zu empfinden. Weil das Verständnis der Liebe selbst bei euch allzu sehr von menschlichen Gefühlsäußerungen geprägt ist. Daher geratet nicht in Verlegenheit, wenn eure Liebe zunächst von Unvollkommenheit geprägt ist.

Wichtig ist auch noch die Stärke eurer Liebe. Denn Liebe ist die Eigenschaft, die es euch ermöglicht, in eurer Welt zu handeln. Stärke ohne Liebe verkommt zu Arglist und Feindschaft. Deshalb muss alles in eurem Leben nur mit dem Gefühl der Liebe begonnen und getan werden. Wenn ihr irgendein persönliches Motiv habt, wird es jede eurer Handlungen mit Unvollkommenheit prägen. Und wenn ihr versucht, eine gute Tat nur mit dem Verstand zu vollbringen, aber in eurem Inneren nicht das Gefühl der göttlichen Liebe habt, das wie eine Stimmgabel erklingt, so wird euer Handeln nicht zu einem guten Resultat führen, sondern zu einem schlechten.

Vergesst nicht, was Jesus euch lehrte: „An ihren Früchten sollt ihr sie erkennen"[35].

Eure Handlungen können absolut richtig sein, ihr mögt beten, wohltätig sein, euren Nächsten helfen, doch was immer ihr auch tut, alles wird zu kläglichen Resultaten führen. Und dies geschieht, weil eure Absicht ursprünglich, in dem Moment, in dem ihr euch zum Handeln entschlossen habt, nicht von Liebe geprägt war. Und die Frucht, das Resultat eurer Handlungen, erwies sich als faul. Daher würde ich an eurer Stelle lieber

---

[35] Matth. 7:16: „Es gibt keinen guten Baum, der schlechte Früchte bringt, noch einen schlechten Baum, der gute Früchte bringt. Denn jeden Baum erkennt man an seinen Früchten" (Lukas 6:43-44).

nichts tun, als eine Handlung zu beginnen, ohne von dem Gefühl der Liebe erfüllt zu sein. Denn das Karma, als Resultat eures Handelns, wird in diesem Fall negativ sein.

Versteht ihr, wie das Gesetz des Karma funktioniert? Und wie sich euch immer feinere Facetten dieses Gesetzes offenbaren, je weiter ihr auf dem Weg voranschreitet? Deshalb geben wir unsere Lehre. Und für diejenigen, die erst vor kurzem begonnen haben, unsere Botschaften zu lesen, ohne alle Botschaften ganz von Anfang an gelesen zu haben, und die erst mit der Lektüre des letzten Zyklus der Botschaften angefangen haben, wird vieles, worüber wir sprechen, unverständlich sein.

Ich muss noch einmal die Analogie zu einer Bildungseinrichtung heranziehen. Wenn ihr in die Schule geht, so geht ihr zunächst in die erste Klasse, gefolgt von der zweiten und dritten Klasse. Nur sehr eingebildete Menschen werden direkt zur zehnten Klasse kommen und verlangen, dort unterrichtet zu werden. Wissen kann nicht in ein Gefäß gefüllt werden, wenn das Gefäß nicht vorbereitet ist. Und wir tragen Verantwortung dafür, dass ihr die von uns gegebene Lehre wahrnehmt. Daher geben wir euch in sehr einfachen Worten sehr komplexe Wahrheiten. Dies führt bei vielen Menschen zu Irrtümern. Es scheint ihnen, dass für sie alles, was wir sagen, wie von gestern ist.

Gestattet mir, euch darauf hinzuweisen, dass ihr in diesem Fall von Stolz getrieben werdet, und der Mangel an göttlicher Liebe wird euch eines schönen Tages einen bösen Streich spielen. Daher geben wir unsere Botschaften in einem Gefühl tiefer und bedingungsloser Liebe, aber ihr müsst den Nektar unserer Lehre auch empfangen, während ihr auf die göttliche Harmonie eingestimmt und von Liebe erfüllt seid. Ich kann euch keinesfalls empfehlen, mit dem Lesen unserer Botschaften zu beginnen, bevor ihr nicht in einen ausgeglichenen Bewusstseinszustand eintretet. Denkt darüber nach, was ich gesagt habe, und versucht, im Leben um euch herum jene Mechanismen zu finden, die euch helfen, in einen ausgeglichenen Bewusstseinszustand zu kommen.

Ich würde euch empfehlen, auf jede Kleinigkeit zu achten, die euch in eurem Leben umgibt. Ihr müsst zu Hause und am Arbeitsplatz Ordnung halten, ihr müsst die Nahrung, die ihr esst, sehr sorgfältig auswählen, und ihr müsst auf die Reinheit eures Körpers achten. Beachtet, dass euch im Laufe des Tages außer physischem Schmutz auch viel astraler und mentaler Schmutz anhaftet. Und das beste Mittel, um euch von diesem Schmutz zu reinigen, ist ein Bad in einem reinen natürlichen Gewässer, oder ihr solltet zumindest zweimal am Tag duschen oder baden, morgens und abends.

Ich war an diesem Tag bei euch, um euch einige Anweisungen für das tägliche Leben zu geben. Denkt nicht, dass das Gesagte nicht jeden einzelnen von euch betrifft.

ICH BIN Kuthumi.

Eine Warnung vor der Gefahr von Kontakten mit der feinstofflichen Welt

Gott Maitreya
27. Juni 2007

ICH BIN Maitreya, und ich bin erneut durch meine Gesandte zu euch gekommen.

ICH BIN gekommen, und wie immer bin ich bereit, euch neue Informationen über euren Abschnitt des Weges zu geben. Ihr mögt dem nicht vertrauen, was gegeben wird, aber es ist vernünftiger, wenn ihr das Gegebene zur Kenntnis nehmt und sorgfältig darüber nachdenkt. Denn wir haben nicht so oft die Möglichkeit, mit euch zu reden. Und ihr werdet zustimmen, dass ihr in letzter Zeit nicht allzu sehr mit Informationen verwöhnt wurdet, die euch der Himmel gibt.

Ich bin heute zu euch gekommen, um eine weitere Botschaft zu geben, die direkt eure Beziehung zu uns, den Aufgestiegenen Lichtwesen, betrifft. Ihr wisst, dass in letzter Zeit sehr viele Menschen erklären, dass sie unsere Botschaften empfangen. Aber etwas in eurem Inneren lässt euch gegenüber solchen Botschaften und Gesandten auf der Hut sein.

Warum? – Weil der Prozess der Kommunikation zwischen uns und der nicht aufgestiegenen Menschheit immer noch sehr schwierig ist. Und die meisten, um nicht zu sagen, fast alle Menschen, die glauben, dass sie unsere Botschaften empfangen, sind höchstwahrscheinlich dem Einfluss der Astralwelt und der dort befindlichen Wesenheiten ausgesetzt. Nicht alle Bewohner der Astralwelt sind den Menschen feindlich gesinnt. Viele von ihnen stecken sozusagen zwischen Himmel und Erde fest. Sie können sich nicht erneut verkörpern, weil sie eine recht hohe Stufe in ihrer Entwicklung erreicht haben, aber es gibt ein gewisses Karma, das sie noch nicht abgearbeitet haben, und dieses Karma können sie nur durch Menschen abarbeiten, die sich jetzt in der Verkörperung befinden. Und solche Wesenheiten müssen unter den Menschen Kanäle suchen und finden, um der Menschheit bestimmte Informationen und Wissen zu vermitteln. Auf diese Weise können sie in Zusammenarbeit mit den Menschen ihre verbleibende karmische Schuld abarbeiten.

Es gibt andere Bewohner der feinstofflichen Welt, die sich bewusst von Gott getrennt haben und nicht in die Verkörperung kommen wollen. Viele von ihnen nennen sich aufgestiegene Meister und verwenden sogar unsere Namen.

Es gibt auch unsere astralen Doppelgänger, die vom menschlichen Egregor geschaffen wurden. Sie sind keine vollständig bewussten Wesenheiten, aber sie können durchaus zusammenhängende Botschaften geben, die allgemein bekannte Aussagen und Wahrheiten enthalten.

Ihr könnt diese Wesenheiten immer an der Ebene der Schwingungen und am Inhalt ihrer Botschaften unterscheiden. In der Regel reden solche Wesenheiten ihre auf einem bestimmten Schwingungsniveau, und ihre Botschaften zeichnen sich nicht gerade durch besondere Vielfalt aus.

Ich gebe euch so detaillierte Informationen über die Bewohner der Astralebene, weil wir mit zu großen Problemen konfrontiert werden, wenn manche Individuen, die mit den Aufgestiegenen Lichtwesen zu kommunizieren glauben, in Abhängigkeit von Wesenheiten der Astralwelt geraten. Und wenn dann diese Individuen selbst oder die Menschen um sie herum die ganze Gefahr einer solchen Verbindung zu verstehen beginnen, kann es schwierig sein, sich von dem Einfluss solcher Wesenheiten zu befreien. Es kommt zu dem, was eure Psychiater gewöhnlich Schizophrenie nennen, und die Vertreter der Kirchen Besessenheit. Es ist nicht leicht, sich von solchen Wesenheiten zu befreien, die geistig von einem Menschen Besitz ergreifen, denn ihr selbst habt sie aus freiem Willen in eure Tempel gerufen und wolltet mit ihnen zusammenarbeiten.

Wenn ihr es mit jenen Wesenheiten zu tun habt, die sich nicht von Gott getrennt haben und mit eurer Hilfe ihr Karma abarbeiten, dann helft ihr diesen Wesenheiten und schafft kein eigenes Karma. Eine solche Zusammenarbeit ist auf eure karmischen Verbindungen zurückzuführen, die aus der fernen Vergangenheit stammen. Wenn ihr euch aber dazu entschließt, mit jenen Vertretern der Astralebene zusammenzuarbeiten, die sich von Gott getrennt haben, dann schafft ihr Karma, wenn ihr ihre

Botschaften empfangt. Und je mehr Anstrengungen ihr unternehmt, ihre Botschaften zu verbreiten, desto mehr Karma schafft ihr.

Deshalb müssen wir die Hilfe besonders ausgebildeter Gesandter in Anspruch nehmen, die unsere Mäntel tragen und mit der besonderen Mission in eure Welt kamen, den Weg wiederherzustellen, auf dem wir die Menschheit der Erde führen.

Daher werden euch alle Informationen und die völlige Freiheit der Wahl gegeben, auf wen ihr hört und wem ihr folgt.

Ich bin heute mit dem konkreten Ziel gekommen, euch Wissen und Informationen über eure Kontakte mit der feinstofflichen Welt und ihren Bewohnern zu geben.

Unsere Gesandten tragen die Schwingungen der höheren Oktaven, und an dem Niveau der Schwingungen könnt ihr immer unsere Gesandten von den selbst ernannten Gesandten und verirrten Seelen unterscheiden.

Es gibt noch ein weiteres Kriterium, das ich euch geben werde und das ihr zur Unterscheidung nutzen könnt. Jede Errungenschaft auf der feinstofflichen Ebene, von der man euch erzählt, muss auf der physischen Ebene ihre Bestätigung finden.

Wenn man euch daher sagt, dass ihr Jesus seid, oder Gott Maitreya, oder ein anderer Meister, betrachtet bitte euch selbst und das, was euch umgibt, analysiert sorgfältig eure Beziehungen zu anderen Menschen, zu euren Nächsten. Nicht immer ist alles offensichtlich, doch wenn ihr in eurem Leben nicht der Lehre folgt, die Jesus, Mose und andere Propheten und Gesandte der Vergangenheit gaben, dann seid ihr wohl kaum der, von dem man euch sagt, dass ihr es seid. In eurem zivilisierten Zeitalter sind die Menschen immer noch zu unwissend in Fragen des Glaubens und in Fragen der Beziehungen zur feinstofflichen Welt. Daher tauchen verschiedene Schwindler auf, die eure Unwissenheit ausnutzen. Deshalb senden wir unsere Gesandten, um euch Unterscheidungsvermögen zu lehren und die wahre Lehre zu geben.

Ihr habt die Möglichkeit der Wahl. Ihr habt die Möglichkeit, euren Irrtümern zu folgen oder auf den Weg zurückzukehren, den wir euch während der gesamten Entwicklung der Menschheit lehren.

Ich war heute sehr offen, denn es ist an der Zeit, nicht um den heißen Brei herumzureden, sondern euch die Informationen zu geben, die es euch ermöglichen, Irrtümer zu vermeiden.

Eine klarere Botschaft über die Gefahren von Verbindungen mit der feinstofflichen Welt haben wir noch nicht gegeben. Doch der Moment ist gekommen, und wir können eure Hilferufe nicht länger tolerieren, wenn ihr in die Fänge böswilliger Wesenheiten geratet. Glaubt mir, es ist vieleinfacher, einer Gefahr vorzubeugen, als im Nachhinein alle himmlischen Heerscharen zu rufen, um euch von der Gefahr zu befreien.

Damit ihr euch nicht zu sehr ängstigt, muss ich noch dazusagen, dass zumeist jene Individuen, die in der Vergangenheit Karma mit Gott hatten, Kontakte mit den Wesenheiten der Astralebene eingehen, die sich von Gott getrennt haben. Und dieses Karma zwingt sie, solche Kontakte einzugehen. Und die Besessenheit, die sie befällt, ist die Folge ihres Karmas mit Gott. Es ist nicht möglich, der Rückkehr des Karmas zu entgehen, doch ihr könnt in eurem Bewusstsein die Fehler der Vergangenheit erkennen, sie bereuen und darum bitten, dass die Schutzengel euch vor dem Einfluss der Astralebene schützen. Gott möchte nicht, dass ihr leidet. Gott möchte, dass ihr die Lektionen von euren Fehlern in der Vergangenheit lernt und diese Fehler nicht wiederholt.

Euch wird ein Mechanismus für die Arbeit mit eurem Karma gegeben, durch die Briefe an den Karmischen Rat und durch die Arbeit mit dem Karma des nächstfolgenden Monats am 23. eines jeden Monats. Warum nutzt ihr die Möglichkeiten, die euch gegeben werden, nicht in vollem Umfang?

Wenn ihr die Gnadengaben, die euch gegeben werden, nicht nutzt, kann es sein, dass die göttliche Möglichkeit abgeschwächt oder ganz beendet wird.

Ich erinnere euch daran, dass ihr jetzt und noch bis zum 1. Juli[36] die Möglichkeit habt, euch mit Briefen an den Karmischen Rat zu wenden, in denen ihr um die Erleichterung eurer karmischen Last bitten könnt. Ihr müsst nur dazu für die kommenden sechs Monate bis zur nächsten Sitzung des Karmischen Rates bestimmte Verpflichtungen auf euch nehmen, die euch die Möglichkeit geben, gutes Karma zu verdienen und eure karmische Last zu verringern.

Ihr könnt um Hilfe für eure Nächsten bitten, und euer gutes Karma wird dann dazu verwendet, um ihnen zu helfen.

Ich betone besonders, dass das Karma mit Gott sich auf der physischen Ebene als Geisteskrankheit oder Besessenheit manifestiert, und wie jede andere Art von Karma kann dieses Karma gemildert oder abgearbeitet werden. Ihr müsst euch eures falschen Handelns in der Vergangenheit bewusst sein und den Wunsch haben, es nicht zu wiederholen.

Wie ihr seht, ist im Hinblick auf eure Kontakte mit der feinstofflichen Welt nicht alles so einfach. Und ihr müsst euch ständig der ganzen karmischen Verantwortung bewusst sein, wenn ihr mit der feinstofflichen Welt in Kontakt tretet, aus der feinstofflichen Welt Botschaften empfangt und diese verbreitet.

**ICH BIN Maitreya,
ich liebe euch aufrichtig,
und ich sorge für euch.**

---

[36] Gemäß den Lehren der Aufgestiegenen Meister tagt der Karmische Rat auf der Erde zweimal im Jahr für zwei Wochen in der Zeit der Winter- und Sommersonnenwende, etwa vom 20. – 22. Dezember bis zum ersten Januar und vom 20. – 22. Juni bis zum ersten Juli. In dieser Zeit kann man sich mit Briefen und Bitten an den Karmischen Rat wenden. Die Regeln für das Schreiben von Briefen an den Karmischen Rat wurden in der Botschaft des geliebten Surya vom 21. Dezember 2006 dargelegt.

Über den Schutz vor den niederen Ebenen der feinstofflichen Welt

Der Heilige Erzengel Michael
28. Juni 2007

ICH BIN der heilige Erzengel Michael, und ich bin an diesem Tag zu euch gekommen.

ICH BIN mit meinen Legionen der blauen Flamme des Schutzes gekommen. Und ICH BIN gekommen, um euch zu sagen, dass wir bei aller Komplexität und Unvorhersehbarkeit der Situation, die sich auf der Erde entwickelt hat, unseren Dienst leisten und für den Schutz aller verantwortlich bleiben, die uns um Hilfe und Schutz bitten.

Ich werde euch sagen, worin sich eure Zeit von vergangenen Zeiten unterscheidet. In vergangenen Zeiten gab es auch Momente, in denen die feinstoffliche Ebene und insbesondere die unteren Schichten der Astralebene nahe an die Erde herankamen, aber jetzt wird diese Annäherung der Welten durch den Verlauf der evolutionären Entwicklung selbst verursacht.

Die höheren Ebenen wurden von dem gereinigt, was in sie eingedrungen war und ihnen nicht eigen ist, und all diejenigen, die den irdischen Evolutionen gegenüber feindlich gesinnt sind und nicht mit uns, den Aufgestiegenen Lichtwesen, zusammenarbeiten wollen, werden in die Schichten hinabgedrängt, die nahe der irdischen, physischen Ebene liegen. Daher nimmt zu dieser Zeit der Einfluss der weniger erhabenen Schichten der feinstofflichen Welt auf die Bewohner der Erde zu.

Dieser Abschnitt der Evolution ist planmäßig, und ihr müsst lernen, unter Bedingungen zu leben, in denen die Astralebene und die niederen Schichten der Mentalebene euch angenähert sind. Auf diesen Schichten sind nicht die besten Dinge konzentriert, die die Menschheit hervorgebracht hat. Viele Generationen von Menschen haben minderwertige Bilder und minderwertige Gedanken erzeugt, und jetzt müsst ihr mit euren eigenen Erzeugnissen konfrontiert werden. Es ist wie ein Kampf, in dem ihr nicht nur mit eurem eigenen unwirklichen Teil konfrontiert werdet, sondern auch mit dem unwirklichen Teil des kollektiven Unbewussten der Menschheit, der von vielen Generationen von Menschen erzeugt wurde.

Die Welten sind einander nähergekommen, und das Karma kann nur von euch selbst abgearbeitet werden. Und jene Ansammlungen negativer Energie, die existieren, müssen jetzt von euch selbst abgearbeitet werden. Es gibt Individuen, die ihre Aura und Chakren in einem solchen Maße gereinigt haben, dass sie eine große Menge an Licht in die dichte physische Welt leiten können, und wenn dieses Licht in eure Welt kommt, kann es dazu dienen, die Finsternis zu löschen, die sich in den feinstofflichen Ebenen nahe der Erde angesammelt hat.

Wenn die Schwingungen eurer Körper wesentlich höher liegen werden als die durchschnittlichen Schwingungen der Menschheit, werdet ihr in der Lage sein, die Astralebene und ihre Bewohner wahrzunehmen. Jene Menschen, die bei der Reinigung ihrer vier niederen Körper keine bedeutenden Fortschritte erzielt haben, leben weiterhin in der physischen Welt, ohne die feinstoffliche Ebene zu spüren.

In eurer Zeit gibt es Orte, an denen sich die Welten sehr nahekommen und einander durchdringen. Nicht alle menschlichen Individuen sind in der Lage, die feinstoffliche Ebene zu spüren, aber um dem Weg der evolutionären Entwicklung weiter folgen zu können, müsst ihr eine bestimmte Sicherheitstechnik für den Kontakt mit den niederen Schichten der feinstofflichen Welt, den niederen Schichten der Astral- und Mentalebene kennen.

Es gibt zeitliche Perioden, in denen die Wesen dieser Ebenen für besonders feinfühlige menschliche Individuen sichtbar oder spürbar werden. Ihr mögt eine grundlose Unruhe erleben, Schlaflosigkeit, ihr mögt mit eurem peripheren Sehen die Bewegungen schmutzig-grauer Figuren wahrnehmen. Ihr müsst wissen, dass kein Bewohner der Astralebene und keine Energie der Astralebene euch Schaden zufügen kann, solange ihr euch eurer eigenen Unverwundbarkeit und Sicherheit gewiss seid. Daher müsst ihr lernen, keine Angst zu empfinden, in welche Situation ihr auch hineingeratet und was immer ihr auch wahrnehmt. Nur eure Unvollkommenheiten können die Astralebene dazu bringen, euch anzugreifen und Schaden zuzufügen. Solange ihr euer Bewusstsein auf die göttliche Welt konzentriert haltet und ein Gefühl der Unverwundbarkeit bewahrt, habt ihr nichts zu befürchten. Die meisten Bewohner der Astralwelterzittern vor der Feurigkeit eurer Chakren. Ihr seid für sie eine Quelle der Gefahr, und tatsächlich reinigen diejenigen von euch, die das Feuer in eure physische Welt leiten, die Astralebene mit dem Kundalini-Feuer, mit dem Kundalini-Schwert. Das unwillkürliche Aufsteigen der Kundalini-Energie neutralisiert ganze Horden von Bewohnern der Astralebene.

Ihr seid für die Astralebene unverwundbar. Wenn ihr jedoch unvollkommene Bewusstseinszustände wie Traurigkeit, Niedergeschlagenheit, Angst, Hass und Feindseligkeit zulasst, sinken eure Schwingungen, und ihr werdet für die Astralebene verwundbar. Daher kommen wir immer wieder und bitten euch, auf die Hygiene eures Bewusstseins zu achten, es von allem zu reinigen, was niedere Schwingungen besitzt und mit der göttlichen Welt unvereinbar ist.

Jeder von euch ist für den Zustand seines Bewusstseins verantwortlich. Es gibt einige Menschen, die die Lehre, die wir geben, nicht verstehen. Viele empfinden Gereiztheit beim Lesen unserer Botschaften. Das bedeutet nur, dass ihre Schwingungen und ihr Bewusstseinsniveau nicht ausreichen, um die Lehre wahrzunehmen, die wir durch unsere Gesandte geben. Versteht, dass es in eurer Welt sehr viele Ebenen der Entwicklung des Bewusstseins gibt. Und es gibt Individuen, die sich hartnäckig weigern, sich zu entwickeln, und eine kosmische Möglichkeit nach der anderen verpassen.

Jetzt ist die Zeit gekommen, in der sich Menschen, die ein erweitertes Bewusstsein haben, zusammenschließen müssen, um neue Vorbilder der Moral und Ethik zu kultivieren. Ihr erinnert euch, was in der Bibel über Sodom und Gomorra gesagt wird. Es gab immer Menschen, die ein höheres Bewusstsein hatten, und es gab immer Menschen, die den göttlichen Verhaltensmustern nicht folgen wollten. Und ihr wisst nur zu gut aus der Bibel, wie allesendet[37]. Was wir lehren, betrifft daher alle und jeden einzelnen, der jetzt auf der Erde lebt. Und glücklich sind diejenigen, die unsere Lehre verstehen und ihr folgen. Ihr habt bemerkt, dass wir bewusst jegliche Religiosität, jegliche religiösen Dogmen und Regeln vermeiden. Unsere Aufgabe ist es, euch ein neues Vorbild für das moralisch-sittliche Gesetz zu geben, und indem ihr ihm folgt, könnt ihr euren Auszug in die neue Realität vollziehen.

Ich und meine Engel sind stets zu euren Diensten, und in besonders schwierigen Momenten eures Lebens, wenn ihr die Kontrolle über euch selbst verliert und für die Mächte der Finsternis verwundbar werdet, könnt ihr uns immer um Hilfe bitten. Ganze Legionen meiner Schutzengel sind bereit, euch rund um die Uhr zu helfen und zu beschützen. Scheut euch nicht, uns um Hilfe zu bitten, es ist unsere Pflicht und unsere Aufgabe, den Menschen zu helfen. Wir können erst dann mit der Erfüllung unserer

---

[37] Sodom und Gomorra sind zwei Städte, deren Erwähnung in der Bibel vor allem mit der außergewöhnlichen Lasterhaftigkeit ihrer Bewohner verbunden ist. Die Zerstörung von Sodom und Gomorra durch Gott erfolgte, nachdem es Abraham nicht gelungen war, auch nur zehn rechtschaffene Menschen in Sodom zu finden. Nach dem Buch Genesis (19: 24-28) ließ der Herr „Schwefel und Feuer" auf die „Städte der Ebene" regnen.

Aufgaben beginnen, wenn ihr uns ruft, doch auf euren Ruf müssen wir antworten und euch in einer schwierigen Situation zu Hilfe kommen.

Und jetzt möchte ich euch eine kurze Anrufung geben, die ihr in jeder kritischen Situation verwenden könnt:

„Im Namen des Herrn, des allmächtigen Gottes, Erzengel Michael, bitte komm mir jetzt zu Hilfe!!!"

Im Anschluss an diese Anrufung könnt ihr die Situation beschreiben, die ein Eingreifen und Hilfe erfordert. Habt keine Angst, uns mit euren Bitten und Anrufungen zu belasten, denn es ist unsere Aufgabe, der Menschheit zu helfen.

Und jetzt, bevor ich mich von euch verabschiede, muss ich euch noch einmal daran erinnern, dass der beste Schutz für euch ist, ein hohes Schwingungsniveau zu bewahren. Folgt den Ratschlägen, die die Meister euch geben, um euer Bewusstsein ständig auf einem hohen Niveau zu halten.

ICH BIN der heilige Erzengel Michael!

Eine Lehre über das Handeln auf der physischen Ebene

Gautama Buddha
29. Juni 2007

ICH BIN Gautama Buddha, und ich bin an diesem Tag für eine neue Unterweisung zu euch gekommen.

Ich bin gekommen, um euch eine Lehre zu geben, die ihr sicherlich schon gehört habt, aber jedes Mal, wenn ihr die göttliche Wahrheit wahrnehmt, die so alt wie die Welt ist, seid ihr fähig, sie auf einer immer höheren Ebene zu erkennen.

Es gibt diejenigen unter euch, die nicht bereit sind und nichts von der Wahrheit wissen wollen, und sie sind völlig zufrieden mit der Welt, die sie umgibt. Aber sie sind es nicht, an die ich mich wende. Ich wende mich an diejenigen von euch, in deren Herzen das Feuer des Strebens nach einer besseren Welt brennt, die bereit sind, vieles zu opfern, sogar das Leben selbst zu opfern, um neue Vorbilder in die physische Welt zu bringen, gleich um was für Vorbilder es sich handeln mag und in welchem Tätigkeitsbereich sie sich manifestieren. Es gibt zu viele Unvollkommenheiten in eurer Welt, die durch vollkommenere Muster ersetzt werden müssen. Daran arbeiten wir gemeinsam mit unseren ergebenen Schülern, die seit Jahrtausenden mit uns sind und sich immer wieder verkörpern, um bei der Manifestation der göttlichen Vorbilder in der physischen Welt zu helfen.

Es gibt verschiedene Ebenen der Wahrnehmung der Wahrheit, und es gibt verschiedene Ebenen des Dienens. Manchen Menschen reicht es völlig aus, Gebete und Rosenkränze zu lesen und Dekrete und Mantras zu rezitieren. Es gibt andere Menschen, die ihre Körper durch langen Dienst am Leben harmonisiert haben, und sie sind bereit, Arbeit für die Bruderschaft zu leisten. Sie sind bereit, den Dienst zu erfüllen, der in konkreter Arbeit auf der physischen Ebene zum Ausdruck kommt. Viele kommen in die Verkörperung, um eine sehr kleine Arbeit zu erfüllen. Es ist notwendig, unsere Sache zum richtigen Zeitpunkt zu unterstützen und für ihren Schutzeinzutreten. Und eine kleine Sache, die im richtigen Moment getan wird, kann das Bewusstsein von Millionen Menschen von Hass, Feindschaft und Misstrauen abwenden und es auf göttliche Liebe, Harmonie und göttliche Ordnung richten.

Es gibt keine kleinen Dinge, die unsere ergebenen Schüler tun. Alle Taten, die dem Kurs der göttlichen Evolution entsprechen, sind gleichermaßen ehrenvoll, und das menschliche Bewusstsein kann nicht beurteilen, um wie viel bedeutender diese oder jene Aufgabe der Bruderschaft ist, die ausgeführt wird.

Es gibt keine Kleinigkeiten im göttlichen Dienen. Und jedes Mal, wenn es euch so scheint, als sei euer Beitrag unbedeutend und nichts hinge von euch ab, erinnert euch an diese Botschaft von mir, erinnert euch an meine Worte über die Größe jeder Handlung, die in einem Akt uneigennützigen Dienens für das Gemeinwohl ausgeführt wird. Erinnert euch, erinnert euch immer wieder daran, dass nicht die Tat selbst wichtig ist, sondern der Impuls, das Momentum, das ihr in euer Handeln auf der physischen Ebene legt.

Wenn ihr das ganze Momentum der Liebe hineinlegt, das ihr besitzt; wenn ihr eine sehr kleine Sache tut, aber mit großer Liebe, dann kann dieser Beitrag von euch sehr viel auf dem Planeten Erde ändern.

Ihr solltet nicht vergessen, dass ihr nicht nur ein physischer Körper seid. Und während es für euren physischen Körper von Bedeutung ist, was ihr mit eigenen Augen seht und was ihr berühren könnt, ist für eure feinstofflichen Körper euer Zustand sehr wichtig, in dem ihr handelt. Und die feinstoffliche Welt ist sehr empfänglich für euren inneren Zustand und eure innere Stimmung. Selbst wenn ihr auf der physischen Ebene richtig handelt, aber nicht im allerbesten Zustand eures Bewusstseins, könnt ihr daher auf der feinstofflichen Ebene ein solches Hindernis schaffen, dass im unpassendsten Moment alle von euch unternommenen Anstrengungen über den Haufen geworfen werden.

Vergesst nicht, dass sich alle eure Körper im Gleichgewicht befinden müssen, während ihr auf der physischen Ebene handelt.

Und ich möchte noch auf jene Praktiken eingehen, bei denen ihr versucht, etwas durch eure Gedanken zu tun, wenn ihr euch auf die Ausführung einer Aufgabe auf der feinstofflichen Ebene konzentriert. Wenn ihr ein Adept eines sehr hohen Grades seid, kann tatsächlich jeder eurer Gedanken und jede eurer Gedankensendungen nicht nur auf der feinstofflichen Ebene, sondern auch auf der physischen Ebene verwirklicht werden. Wenn ihr aber versucht, auf der feinstofflichen Ebene durch Gedanken und Gefühle schöpferisch tätig zu werden, ohne die Vollkommenheit eines Adepten zu besitzen, ‚bringt ihr die gleichen unvollkommenen Muster hervor, von denen eure Welt überflutet ist, aber nur auf der feinstofflichen Ebene. Und nach einiger Zeit werdet ihr dann auf denjenigen Schichten der feinstofflichen Welt Ordnung schaffen müssen, die ihr durch euer falsches Handeln verunreinigt habt.

Ist es nicht einfacher für euch, Dinge auf der physischen Ebene zu tun, aber im richtigen Bewusstseinszustand? – Dann werden sich alle eure richtigen und falschen Bewusstseinszustände widerspiegeln, und ihr werdet mit euren physischen Sinnesorganen die Unvollkommenheit in dem von euch Geschaffenen sehen und sie korrigieren können.

Es ist sehr schwer, blind zu erschaffen. Wenn ihr euch auf der physischen Ebene befindet, ist es daher am einfachsten für euch, mit dem Handeln auf der physischen Ebene zu beginnen, aber im richtigen Bewusstseinszustand. Und dann werdet ihr das Resultat eures Handelns deutlichsehen und die Fehler korrigieren und rechtzeitig beheben können.

Lernt an der praktischen Arbeit, die darauf ausgerichtet ist, eure physische Welt zu verändern.

Wenn ihr euch mit eurem unvollkommenen Bewusstsein einmischt und versucht, die feinstoffliche Welt zu verändern, wird in 99 Prozent der Fälle nichts Brauchbares dabei herauskommen. Glaubt mir, es gibt auf der feinstofflichen Ebene und auf den höheren Ebenen des Seins eine ausreichende Anzahl von Wesen, die ihre Arbeit auf der feinstofflichen Ebene verrichten. Und dann, wenn euer Bewusstsein euch erlaubt, die irdische Welt zu verlassen und euch nicht länger in einen dichten Körper zu inkarnieren, wird sich vor euch ein neuer Horizont der Arbeit auf einer anderen Ebene des Seins öffnen.

Aber jetzt seid ihr in eure Welt gekommen, um konkrete Taten auf der physischen Ebene zu vollbringen.

Das Erfordernis zu beten, bevor eine konkrete Arbeit ausgeführt wird, bleibt auch weiterhin bestehen, denn wenn ihr in einem betenden Zustand des Bewusstseins seid, könnt ihr euch harmonisieren und die vor euch liegende Aufgabe in der besten Weise erfüllen.

Und jetzt möchte ich noch auf den Punkt eingehen, der die Manifestation minderwertiger Gedanken betrifft, die ihr gegen andere richtet. Glaubt mir, dass jede eurer negativen Gedankenformen aus dem umgebenden Raum andere Gedankenformen anziehen kann, die gleichartige Schwingungen haben. Und ohne es selbst zu bemerken, geratet ihr in eine solch übelriechende Wolke aus minderwertigen menschlichen Erzeugnissen, dass ihr aufhört, die Wahrheit zu sehen und sie zu erkennen. Daher ist es das Beste für euch, euer Bewusstsein ständig auf die göttlichen Vorbilder und Modelle abgestimmt zu halten. Und viele Menschen, die keiner Lehre folgen und keine religiösen Praktiken ausüben, sondern sich in ihrem Leben nur von den göttlichen Normen und Grundsätzen leiten lassen, sind weitaus besser vorangekommen als viele, die glauben, dass sie große Erfolge auf dem Weg erreicht hätten, obwohl sie noch keinen einzigen Schritt in Richtung des göttlichen Gipfels unternommen haben.

Ich bitte euch, in aller Ruhe über diese Botschaft von mir nachzudenken. Und seid nicht vorschnell, das Gehörte im Zorn abzulehnen oder zu verurteilen. Denn es gibt einen Unterschied zwischen euch und mir, und es wäre gut für euch, einen kleinen Teil der Demut zu erlangen, die ich besitze.

ICH BIN euer Bruder Gautama.

Eine Lehre über unseren Weg

Babaji
30. Juni 2007

ICH BIN Babaji, und ich bin erneut zu euch gekommen.

In den Minuten, in denen mir die Möglichkeit gegeben wird, mit euch zu kommunizieren, möchte ich so vieles unterbringen, aber nicht immer gelingt das. Und die Energien, die zusammen mit diesen Botschaften in eure Welt kommen, lassen es nicht zu, mehr Informationen zu geben, als bewilligt wurde. Unsere Welten kommunizieren noch dank der besonderen Dispensationen, oder göttlichen Gnaden. Und für die Aufrechterhaltung einer jeden solchen Dispensation wird eine bestimmte Menge an Energie bereitgestellt, die dazu bestimmt ist, den Schutz unserer Gesandten während des Empfangs einer Botschaft von äußeren Einwirkungen und inneren Unvollkommenheiten zu gewährleisten.

Und wie sehr wir uns auch bemühen, unsere Möglichkeiten sind durch die Wirkung der Dispensation begrenzt. Und ich werde euch sagen, wie ihr unsere Möglichkeiten erweitern könnt, wie ihr unsere Welt euch näher bringen könnt. Wir können erst dann handeln, wenn es auf der physischen Ebene einen Menschengibt, der ein reiner Kanal ist und unsere Energien leiten kann. Und um zu einem solchen Kanal zu werden, muss jeder von euch seinen Weg durchschreiten und seine menschlichen Bindungen und Unvollkommenheiten überwinden. Doch sobald unter euch ein Kanal für uns erscheint, beginnen wir durch ihn unsere Arbeit zur Veränderung der physischen Ebene, und jeder Mensch, der sich unserer Gesandten nähert, erhält unsere Energie und Hilfe. Nicht immer könnt ihr das Wesen der ablaufenden Prozesse erkennen. Ich bin heute dazu aufgerufen worden, einige Dinge zu erklären.

Wenn ihr beginnt, mit unserer Gesandten zu interagieren, erhaltet ihr in eure Körper und eure Aura zusätzliche Energie aus der Aura unserer Gesandten, und je länger ihr mit unserer Gesandten kommuniziert und durch sie mit uns, desto mehr werden sich eure Schwingungen erhöhen. Und jedes

Mal, wenn ihr eine zusätzliche Menge an Energie in eure Aura erhaltet, beginnt diese Energie, alle Unvollkommenheiten aus euch zu verdrängen, alle Negativität, die ihr im Laufe eurer vielen Verkörperungen angesammelt habt. Daher mag es euch so erscheinen, dass die Schwierigkeiten in eurem Leben zunehmen, sobald ihr diese Lehre findet und in eine Beziehung zu unserer Gesandten tretet. Doch in Wirklichkeit erhaltet ihr einfach eine Beschleunigung auf eurem Weg, und vor euch treten die negativen Energien, die ihr selbst in der Vergangenheit erzeugt habt, und eure negativen Eigenschaften verstärken sich.

Dies ist eine Eigenschaft unserer Gesandten – die Rückkehr eures Karmas zu beschleunigen und eure Schwingungen zu erhöhen. Daher sagen wir euch und warnen euch: Bevor ihr den Kontakt aufnehmt, und insbesondere, bevor ihr die Verpflichtungen eines Schülers auf euch nehmt, wägt sorgfältig ab, ob ihr die zusätzlichen Schwierigkeiten aushalten könnt, die in euer Leben kommen, sobald ihr in eine Schüler-Guru-Beziehung mit unserer Gesandten tretet. Und beschuldigt niemand anderen für das, was geschehen wird. Denn jeder Schritt auf dem Weg nach Hause wird nur mit Mühe erreicht.

Ihr erwartet ein Wunder, und ihr erwartet Gnade. Ein Wunder geschieht. Euer Fortschreiten auf dem Weg beschleunigt sich, und was ihr bei einer natürlichen Rückkehr des Karmas in vielen Dutzenden von Verkörperungen durchleben müsstet, kehrt im Laufe einiger Jahre zu euch zurück, in Fristen, die von der Schwere eures Karmas abhängen. Aber auf Gnade im Sinne eines Zustands ständiger Glückseligkeit solltet ihr nicht hoffen, zumindest so lange nicht, bis ihr den Löwenanteil eures Karmas abgearbeitet habt.

Ohne diese Erklärung der Prozesse, die mit euch geschehen, werdet ihr die Wirkung der Mäntel unserer Gesandten nicht verstehen und unangenehme Empfindungen verspüren. Alles muss euch so klar wie nur möglich sein. Deshalb erklären wir euch in einer verständlichen Weise den Mechanismus, wie die Mäntel unserer Gesandten wirken, und den Mechanismus der Wirkung der Dispensation.

Ihr nähert euch, und ihr tretet in bestimmte Beziehungen mit der ganzen Hierarchie von Lichtwesen, deren Vertreterin auf der Erde unsere Gesandte ist. Und das ist eure Wahl und euer Wunsch. Ohne euren freien Willen und ohne euren ausdrücklichen Wunsch, dem Weg zu folgen, könnt ihr nicht auf die Stufen unserer Hierarchie steigen. Daher erklären wir euch sorgfältig alle Mechanismen, wie die göttliche Möglichkeit wirkt, die euren Weg beschleunigt. Dieser Weg der beschleunigten Entwicklung wird auch der Weg der Einweihungen genannt. Und während früher, in den guten alten Zeiten, dieser Weg nur wenigen zugänglich und verständlich war, ist jetzt die Zeit gekommen, in der die göttliche Möglichkeit Millionen von Menschen offensteht, die die verbleibenden Stufen der Evolution schnell überwinden und zur neuen kosmischen Möglichkeit übergehen wollen, die sich für die Evolutionen des Planeten Erde öffnet.

Es gibt diejenigen, die nicht bereit sind, und es gibt diejenigen, die sich mit aller Kraft den Veränderungen widersetzen. Nun, das ist euer Recht und euer freier Wille. Aber im Gegensatz zu unseren Nachfolgern verlangsamen solche Menschen die evolutionäre Entwicklung auf der Erde und treten in direkte Opposition zum göttlichen Gesetz.

Ich möchte euch daran erinnern, dass alles in diesem Universum Gott ist, und wenn ihr euch von Gott trennt, verurteilt ihr euch dazu, dem Feuer übergeben zu werden wie der Unrat, den ihr im Frühjahr im Garten verbrennt.

Wenn sich das Universum nicht von kosmischem Unrat befreit, kann es sich nicht weiterentwickeln. Die gleichen Prozesse finden in eurem Organismus statt. Wenn ihr keine Maßnahmen ergreift, um euch von Schlacken und Toxinen zu befreien, so werdet ihr krank werden und sterben.

Gott handelt durch eine Hierarchie von vernunftbegabten Wesen. Und unsere Gesandte ist die Vertreterin unserer Hierarchie. Trefft daher eure Entscheidung und fasst den Entschluss in eurem Bewusstsein, der eure weitere Entwicklung betrifft.

Nicht immer sind die Entscheidungen, die ihr trefft, verhängnisvoll für euch. Es gibt viele verschiedene Möglichkeiten, die Gott bietet. Doch wenn es um kosmische Fristen geht, Ist jeder Aufschub nur mit großen Schwierigkeiten möglich.

Vielleicht werdet ihr euren Weg nicht bis zum Ende gehen können, aber ich an eurer Stelle würde wagen, den Versuch zu unternehmen. Und es ist eure Pflicht, Bedingungen auf der Erde zu schaffen, unter denen wir unsere Energien übermitteln und unsere Lehre geben können, und insbesondere Bedingungen für die Arbeit unserer Gesandten zu schaffen.

Denkt immer daran, dass der Himmel anhand eurer Einstellung gegenüber unserer Gesandten eure Einstellung zur Hierarchie der kosmischen Wesenheiten beurteilt, die als die Große Weiße Bruderschaft oder die Hierarchie der Mächte des Lichtes bekannt ist.

Wir sind für die ganze Dauer eures Weges mit euch. Denkt also nach und wägt alles ab, was dafür und dagegen spricht. Es wird von euch verlangt, eine bewusste Entscheidung zutreffen– der göttlichen Evolution zu folgen oder zu versuchen, euren eigenen Weg zu finden.

Es gibt viele Wege, die zu Gott führen, jedoch ist es unmöglich, allen Wegen gleichzeitig zu folgen.

Manchmal, wenn ihr versucht, euren eigenen einzigartigen Weg zu finden und ihm zu folgen, werdet ihr von elementarem menschlichen Stolz getrieben. Aber ihr erinnert euch daran, dass die wichtigste Eigenschaft auf dem Weg Demut und Gehorsam vor dem Willen Gottes ist. Ihr versucht, euren eigenen besonderen Weg zu finden, solange ihr euch in eurem Bewusstsein von Gott trennt. Wenn ihr eure Einheit mit jedem Teilchen des Lebens erkennt, hört ihr auf zu streiten, ihr hört auf herumzurennen, und erreicht endlich jenen Zustand der Glückseligkeit, der euch nie zuvor zuteilgeworden ist.

Ihr werdet alle zu Gott kommen. Wir zeigen euch nur den kürzesten und seit Jahrtausenden bewährten Weg.

ICH BIN Babaji,
mit Liebe und Fürsorge für euch.

Die Zeit der Wahl

Meister Nicholas Roerich
1. Juli 2007

ICH BIN der Aufgestiegene Meister Nicholas Roerich, und ich bin erneut durch unsere Gesandte zu euch gekommen.

ICH BIN nach einer langen Pause in unserer Kommunikation gekommen. Der Grund für diese Pause war, dass ich in meinen früheren Botschaften[38] bestimmte Anweisungen und ein Streben in die Zukunft für Russland gegeben hatte, und ich wartete geduldig auf eine Antwort der Menschen in Russland auf meinen Ruf. Leider muss ich sagen, dass zu wenige heute in Russland lebenden Menschen meinen Ruf mit ihrem Herzen wahrgenommen haben. Sehr viele haben gelesen und vergessen, während andere einfach Verurteilung empfanden. Ich bin gekommen, um einen weiteren Versuch zu unternehmen, euch die Essenz der Lehre nahezubringen, die mit der großen Zukunft Russlands verbunden ist. Ihr mögt mir nicht glauben, aber es gibt einen Plan Gottes für dieses Land, und ob ihr wollt oder nicht, dieser Plan muss umgesetzt werden.

Wir kommen, um die heute lebende Generation von Menschen zu wecken und sie dazu zu bewegen, unsere Pläne für dieses große Land zu erfüllen. Das bedeutet nicht, dass wir die Einzigartigkeit dieser Nation verkünden. Es bedeutet nur, dass es auf der Erdkugel einen Punkt geben muss, von dem aus sich eine neue Denkweise, eine neue Ideologie auszubreiten beginnt, die nach irdischen Maßstäben sehr bald in der Welt

---

[38] „Die dunkle Zeit für Russland ist zu Ende!". Nicholas Roerich, 14. April 2005.
„Der Plan Gottes für Russland ist eine Gemeinschaft des Heiligen Geistes".
Nicholas Roerich, 9. Mai 2005.
„Ich glaube an die große Zukunft Russlands, und ich möchte jeden von euch mit einem Teilchen meines Glaubens ausstatten". Nicholas Roerich, 30. Mai 2005

vorherrschen wird. Diese Ideologie hat nichts mit Politik oder mit der Ausführung irgendwelcher Pläne auf der physischen Ebene zu tun. Diese Ideologie hat mit dem Kommen des Geistes in die Materie zu tun. Es ist die Ideologie, die von den Propheten der Vergangenheit gelehrt wurde. Und wenn die Menschen in ihrem Bewusstsein früher bereit gewesen wären, die göttliche Wahrheit wahrzunehmen und weithin zu verbreiten, so wäre alles einige Jahrhunderte früher geschehen. Nur wegen des Widerstands der Mächte der Finsternis, die durch unwissende Menschen handeln, verzögerte sich alles.

Und jetzt sagen wir, dass die Zeit gekommen ist, und die Gesandte in Russland ist bereit, das Geplante umzusetzen. Es ist nur eure Unterstützung erforderlich. Und nur das Fehlen eurer wahren Hilfe und Unterstützung hält die Präzipitation unserer Pläne auf.

Wir werden beginnen, sobald es vorbereitete Herzen gibt, die bereit sind, dem himmlischen Feuer standzuhalten. Und sobald wir in Russland beginnen, wird auch Interesse in der ganzen Welt aufkommen. Man braucht ein Vorbild. Der Anfang muss gemacht werden.

Die neue Ideologie ist schon zur Präzipitation bereit. Und die Geburtswehen haben sich hingezogen. Die Geburt und Ankunft eines neuen Bewusstseins auf der Erde wird beginnen.

Wir erwarten sehnlichst diesen Moment.

Euer Denken ist an eure physische Welt gebunden, und es kann die Möglichkeiten nicht erfassen, die der Himmel für euch vorbereitet. Ihr müsst nur daran glauben, dass wir existieren und dass alle himmlischen Lichtwesen bereit sind, euch zu Hilfe zu kommen. Wir warten auf euren Ruf und darauf, dass ihr bereit seid.

Erwacht aus eurem langen und tiefen Schlaf! Steht auf und handelt!

Hört auf zu schlafen und träge dazuliegen, und euch von einer Seite auf die andere zu drehen!

Das russische Volk war stets träge, bis es einen kräftigen Anstoß zum Handeln erhielt. Wir kommen, um euren schlafenden Geist zu wecken, um euch einen Impuls für die Entwicklung eures Bewusstseins und zum zielgerichteten Handeln zu geben, um eure Welt nach den Grundsätzen der göttlichen Zweckmäßigkeit zu verändern.

Die ganze Schwierigkeit besteht darin, dass euer Bewusstsein auf irgendeinen äußeren Impuls, eine äußere Organisation und einen äußeren spirituellen Führer wartet. Doch dieses Mal setzt der Himmel auf das Kommen einer neuen Art der Führung. Und diese Führung wird durch euer eigenes Höheres Selbst erfolgen. Ihr müsst nur auf die Stimme desrealen Teils eurer selbst hören. Die Berührung der höheren Welten fühlen. Hört auf, so zu tun, als ob ihr nichts hört und nichts fühlt! Wir wecken euch jeden Tag! Wir geben Zeichen und läuten die Glocken!

Wie eine Sturmglocke ertönt unser Ruf über Russland.

Die Zeit zum Handeln ist gekommen! Und wie sehr auch euer äußeres Bewusstsein den Gedanken an die Notwendigkeit göttlicher Handlungen zu vertreiben versucht, ihr müsst dennoch beginnen.

All euer Handeln muss auf einem tiefen inneren Impuls beruhen. Und alle eure Handlungen müssen auf einem völlig makellosen Motiv beruhen, einem Motiv, das aus eurem Herzen kommt. Jede Bindung oder schädliche Gewohnheit wird euch hinderlich sein. Trennt in eurem Bewusstsein das Physische, die Bindungen an die niederen Schichten der feinstofflichen Welt und das höhere Bewusstsein.

Diese Trennung muss unweigerlich im Herzen eines jeden aufstrebenden Menschen erfolgen. Der ganze Kampf und der ganze Sieg sind bereits in eurem Inneren angelegt. Armageddon[39] findet in euren Herzen statt. Und die Trennung der Spreu vom Weizen vollzieht sich in euren Herzen. Und ihr haltet über euch selbst Gericht, indem ihr entweder eure endgültige Wahl für die Unsterblichkeit trefft, oder aber für den Tod, mitsamt dem Alten und Abgelebten, das euch umgibt und aus euren fleischlichen Gedanken und Gefühlen besteht.

Wir rufen euch zu den himmlischen Gipfeln des göttlichen Bewusstseins. Hört auf zu schlafen! Schöpft neuen Mut! Der Kampf geht um Leben und Tod! Ein Kampf um jeden Menschen, um jede Seele, die sich jetzt in der Verkörperung befindet. Aber ihr schlaft friedlich weiter...

Alle eure Handlungen auf der physischen Ebene müssen mithilfe des inneren Kompasses genauer bestimmt werden, der in eurem Herzen bewahrt ist. Hört auf, die Aufmerksamkeit auf die äußeren Umstände zu richten, die euch in eurem Leben umgeben. Alle Umstände werden sich bald ändern. Gott wird euer ganzes Leben und alle Umstände eures Lebens ändern. Sobald das Segelschiff eures Wesens den richtigen Kurs wählt, werden wir euch mit frischem Wind füllen, und ihr werdet in der Lage sein, euch mit einer solchen Geschwindigkeit in die richtige Richtung zu bewegen, von der die Propheten und Hellseher in alten Zeiten nicht einmal zu träumen wagten. Ich sage euch: „Neue Möglichkeiten liegen voraus!"

Und der ganze Himmel wartet jetzt nur auf eure Wahl und eure Fähigkeit zu handeln.

Die göttliche Möglichkeit steht für Russland offen, und durch dieses Land auch für die restliche Welt. Und diese Möglichkeit ist mit einem neuen Bewusstsein verbunden, das das alte Bewusstsein ersetzen muss.

---

[39] „Harmagedon" ist der Begriff, der in den meisten deutschsprachigen Bibelübersetzungen verwendet wird. „Armageddon" (aus dem Englischen) scheint aber heute gebräuchlicher (d. Ü.).

Alles wird sich um euch herum ändern, sobald ihr den Vektor eurer Bestrebungen ändert. Sobald ihr die Wahl trefft und nach Göttlichkeit strebt, und den Unrat eurer früheren Bindungen und Abhängigkeiten beseitigt.

Ich rufe euch auf den Weg! Ich weise euch die Richtung. Ich warte auf euch, auf jeden von euch, der aufstrebt.

Ich bin bereit, euch meine helfende Hand zu reichen und euch an den gefährlichsten Abschnitten eures Weges aufzufangen. Und alle Aufgestiegenen Meister, die jetzt euch, eure Wahl und die Richtung eurer Bewegung mit angehaltenem Atem beobachten, sind bereit, das Gleiche zu tun.

Ein kritischer Punkt auf eurem Weg. Verfehlt das Ziel nicht, und weicht nicht ins Dickicht zurück, um für die nächsten hundert Jahre ohne Licht umherzuirren.

Ich hoffe auf euch.

ICH BIN Nicholas Roerich.

Ein Gespräch über das Gesetz des Karmas

Der Geliebte Lanello
2. Juli 2007

ICH BIN Lanello, und ich bin an diesem Tag durch unsere Gesandte zu euch gekommen.

Wie immer freue ich mich sehr über unser Treffen! Und wie immer steht unser heutiges Treffen im Zeichen der großen Liebe, die ich für die Menschheit der Erde empfinde, für euch, meine Brüder und Schwestern, die ihr jetzt in der Verkörperung seid.

Von meinem jetzigen aufgestiegenen Zustand des Bewusstseins erscheint vieles, was sich in meinem Leben ereignete, in dem ich als Mark Prophet verkörpert war, als ein unnötiger Zeit- und Kraftaufwand. Wenn sich das Bewusstsein von menschlichen Gefühlen und Anhaftungen befreit, sehen viele Umstände und viele Dinge ganz anders aus. Und wenn ihr negative Bewusstseinszustände erlebt, kehrt bitte zu dieser Botschaft von mir zurück und lest sie erneut. Denn euer Bewusstsein prägt sehr stark alles. was mit euch geschieht. Und jedes Mal, wenn ihr zu den gleichen Ereignissen in eurem Leben zurückkehrt, bewertet ihr sie anders, weil sich euer Bewusstseinszustand ändert. Geradediese Veränderung eures Bewusstseinszustands müsst ihr in eurem Leben verfolgen. Ihr müsst verstehen, wie euer Bewusstsein, euer Bewusstseinsniveau mit allem verbunden ist, was in eurem Leben geschieht.

Euer Karma, als in der Vergangenheit falsch verwendete göttliche Energie, kehrt unweigerlich zu euch zurück. Aber wenn ihr mit Wissen ausgerüstet seid und versteht, dass alles, was mit euch in eurem Leben geschieht, gerade deswegen geschieht, weil es in eurer Vergangenheit, in dieser Verkörperung oder in vergangenen Verkörperungen Gründe dafür gab, dann ist die Akzeptanz der Umstände eures Lebens weitaus leichter für euch als für Menschen, die nicht mit der Wirkungsweise des Gesetzes des Karmas vertraut sind. Solche Menschen sind wie unvernünftige Wesen, die in Umstände verstrickt sind, die sie selbst geschaffen haben, und die Netze nicht entwirren können. Jede falsche Bewegung führt dazu, dass sich die Fesseln ihrer minderwertigen Zustände immer fester um sie schlingen. Und wenn es schon so scheint, als gäbe es keinen Ausweg aus der entstandenen Situation, wenden sich die Blicke der Verzweifelten endlich dem Himmel zu. Und das Herz öffnet sich in letzter Hoffnung. Und in diesem Moment kommt es zu einer Erleuchtung, einer Vorahnung der höheren Welt. Es vergeht noch einige Zeit, und der Mensch beginnt darüber nachzudenken, dass es ein höheres Gesetz gibt, das sein ganzes Leben leitet.

Natürlich muss man viel Einbildung besitzen, um zu glauben, dass ihr alles in eurem Leben selbst tut und alles selbst steuert. Ihr steuert euer Leben genau in dem Maße, wie das göttliche Gesetz es euch erlaubt.

Denkt nicht, dass ihr unendlich lange unkontrolliert die göttliche Energie nutzenwerdet, um eure Launen und Vergnügungen zu erfüllen, die ihr euren niederen Körpern bietet. Wenn der Kelch des Karmas infolge eurer vielen negativen Handlungen in der Vergangenheit überläuft, erhaltet ihr mit unerbittlicher Konsequenz die Rückkehr aller Energie, die ihr falsch verwendet habt. Ihr werdet in eurem Leben mit den Problemen konfrontiert, die ihr selbst in der Vergangenheit geschaffen habt. Und erst wenn ihr zu erkennen beginnt, dass nichts mit euch geschieht, was ihr nicht selbst irgendwann verursacht habt, wenn ihr aufhört, euch über das Schicksal zu beklagen und anderen die Schuld für eure Not und euer Unglück zu geben, wenn ihr imstande seid zu bereuen und euer Herz durch Reue zu erleichtern, dann wird der Griff des Karmas sich lösen, und ihr werdet die Welt, euch selbst und eure Lage in der Welt auf andere Weise betrachten können.

Die Kenntnis dieses einfachen Gesetzes wird euer Leben viel einfacher machen. Denn ihr lernt an Beispielen, wie dieses Gesetz funktioniert. Und ihr werdet in der Lage sein, euch gegenüber allem, was mit euch in eurem Leben geschieht, richtig zu verhalten. Und wenn ihr die Lektionen des Lebens richtig wahrnehmt, werdet ihr eure Tests, eure Prüfungen bestehen und das negative Karma abarbeiten, das ihr früher geschaffen habt.

Je bewusster ihr an alle Umstände in eurem Leben herangeht, desto einfacher ist es für euch zu leben. Und wenn ihr die Diagnose kennt, könnt ihr die richtige Behandlung erhalten, und diese Behandlung wird euren Zustand erleichtern.

Glaubt daran, dass euer Bewusstseinszustand alle Umstände eures Lebens bestimmt. Die Umstände eures Lebens ändern sich unweigerlich mit der Veränderung eures Bewusstseins. Daher empfehle ich denen von euch, die dem von uns gelehrten Weg folgen, akzeptieren zu lernen, dass sich alle Umstände eures Lebens, alles, was euch umgibt, sehr schnell ändert. Wenn ihr weder gestern, noch heute, noch morgen irgendwelche Veränderungen in eurem Leben erlebt, so bedeutet dies nur eines – euer Bewusstsein ändert sich nicht. Wenn ihr den Weg des Schülers beschreitet und ihm beharrlich folgt, beginnt sich alles in eurem Leben blitzschnell zu ändern. Und ihr braucht nur eine Eigenschaft – allen Veränderungen gegenüber gelassen zu sein und zu erkennen, dass alle Veränderungen, die guten wie die schlechten, in der Reihenfolge kommen, in der sie in Übereinstimmung mit dem unerbittlichen Gesetz des Karmas kommen müssen.

Eure Lebensumstände und eure Schwierigkeiten im Leben stehen in direktem Zusammenhang mit euren eigenen Handlungen in der Vergangenheit. Daher könnt ihr euch weder über euren Ehepartner, noch über eure Kinder, euren Chef oder eure Freunde und Bekannten beklagen. Denn alle Folgen habt ihr selbst hervorgebracht, in dem Moment, als ihr durch euer falsches Handeln euer Karma geschaffen habt.

Die Erkenntnis dieser einfachen Wahrheit und die Demut vor dem Gesetz geben euch die Möglichkeit, künftig in Übereinstimmung mit diesem Gesetz zu handeln und kein neues Karma zu verursachen.

Ihr beginnt auch vollständig zu erkennen, dass nicht nur euer falsches Handeln negatives Karma erzeugt, sondern dass auch euer richtiges und gottgefälliges Handeln Karma schafft, aber gutes Karma. Und das Verhältnis zwischen eurem guten Karma und eurem negativen Karma gibt euch die Möglichkeit, den Prozess der Rückkehr des Karmas selbst zu regulieren und zu lenken, indem ihr die Dispensationen, die göttlichen Gnaden nutzt, die euch von den Meistern gegeben werden.

Aus einem blinden Werkzeug des Schicksals wird Karma zu eurem Helfer und Lehrer.

Wenn diese göttliche Wahrheit so sehr Besitz von euch ergreift, dass ihr jede Tat und Handlung, die ihr im Leben ausführt, aus der Sicht des Gesetzes des Karmas betrachtet, versteht ihr, dass ihr euch von der Wirkung dieses Gesetzes befreit und wahre göttliche Freiheit erlangt.

Genau die gleiche Analogie existiert in eurer Welt. Wenn ihr euch dem Gesetz unterordnet, das in der Gesellschaft existiert, so lebt ihr in Freiheit. Wenn ihr aber gegen das Gesetz verstoßen wollt, landet ihr früher oder später im Gefängnis und müsst eine Strafe abbüßen.

Ihr alle seid im Gefängnis der Materie. Und eure Befreiung wird unweigerlich kommen, wenn ihr euch das göttliche Gesetz zu eigen macht und es in eurem Leben befolgt.

Es war mir eine Freude, euch diese kleine Erklärung über die Wirkungsweise des Gesetzes des Karmas zu geben. Und ich hoffe aufrichtig, dass unser Gespräch für euch alle von Nutzensein wird.

ICH BIN Lanello.

Eine Lehre über den Wechsel der Epochen

Der Geliebte Jesus
3. Juli 2007

ICH BIN Jesus, und ich bin zu euch gekommen.

Heute bin ich glücklich, euch eine weitere Lehre geben zu können, die ihr sicherlich kennt, an die ihr aber dennoch erinnert werden müsst.

Das menschliche Bewusstsein ist so agil und entzieht sich so unmerklich allen unseren Unterweisungen, dass wir uns unaufhörlich bemühen, euch zu eurer Bestimmung zurückzuführen, eure Erinnerung an euren Ursprung zu wecken.

Ihr kamt vor Millionen von Jahren in diese Welt. Ihr kamt, um die notwendigen Evolutionsstufen zu durchlaufen und unschätzbare menschliche Erfahrungen zu sammeln. Und als ihr euren Weg in der physischen Welt antratet, wart ihr wie kleine Kinder. Und jetzt seid ihr groß geworden. Und genau wie kleine Kinder, die in eure Welt kommen, sich noch an ihre Bestimmung erinnern und sie später vergessen, wenn sie erwachsen werden, so habt auch ihr vergessen, wozu ihr in diese Welt gekommen seid. Und wir kommen, um euch in die reale Welt zurückzurufen, aus der ihr einst kamt.

Diese Wahrheit, die wir seit Millionen von Jahren lehren, ist sehr einfach. Doch ihr erwartet von uns etwas sehr Kompliziertes. Euer Verstand sucht unermüdlich immer neue unlösbare Aufgaben in eurer Welt. Eure Gefühle versuchen, in eurer Welt einen Ersatz für die wunderbarsten Erlebnisse zu finden, die für die Kommunikation mit der göttlichen Welt charakteristisch sind. Ihr sucht in eurer Welt, und ihr sucht weiterhin nach der Wahrheit. Ich bin aber gekommen, und ich sage euch: „Es gibt in eurer Welt keine Wahrheit". Eure Welt wurde als eine riesige Bühne geschaffen, damit ihr Erfahrungen sammeln und diese eure Welt verlassen könnt.

Wenn ihr in den Kindergarten kommt, nehmt ihr Spielzeuge vom Regal und spielt damit. Später, wenn ihr heranwachst und den Kindergarten verlasst, interessieren euch die Spielzeuge nicht länger, mit denen ihr als Kinder gespielt habt.

Jetzt ist es Zeit für euch, die irdische Schule zu verlassen und auf eine höhere evolutionäre Entwicklungsstufe überzugehen. Diese Stufe wird nicht durch jene Unvollkommenheiten gekennzeichnet sein, mit denen sich die Menschheit während ihrer Entwicklung belastet hat. Und deshalb können zu dieser Stufe nur jene von euch aufsteigen, die ihr Leben völlig dem göttlichen Gesetz unterordnen. Wenn ihr in einer irdischen Schule unterrichtet werdet, dürft ihr in einem bestimmten Zeitraum verschiedene Verstöße und Verfehlungen begehen. Aber ihr werdet auf die richtigen Vorbilder und Musterhingewiesen. In der Pädagogik ist man mit dem Prinzip vertraut, dass sich ein Individuum erst dann Kenntnisse angeeignet hat, wenn es sie in der Praxis anwenden kann. Daher wird euch die Möglichkeit gegeben, göttliches Wissen zu erhalten und es in der Praxis anzuwenden.

Es gibt diejenigen, die erfolgreicher darin sind, sich die göttliche Wissenschaft anzueignen, und es gibt diejenigen, die noch nicht in der Lage waren, das Grundwissen dieser Wissenschaft zu verstehen. Jedoch müsst ihr alle die irdische Schule abschließen. Und jeder von euch muss unter Beweis stellen, dass er für den weiteren Unterricht bereit ist. Wir sprechen von wahren Vorbildern, von Vorbildern und Mustern, die für die Welt charakteristisch sind, in die ihr übergehen müsst. Ihr könnt nicht in die nächste Klasse übergehen, solange ihr euch die Lektionen der vorherigen Klasse nicht zu eigen gemacht habt. Daher wird von euch verlangt, dass ihr jene Eigenschaften manifestiert, die der göttlichen Welt innewohnen. Nach und nach müsst ihr alle negativen Eigenschaften aufgeben, die ihr im Laufe eurer irdischen Evolution erworben habt. Nur ihr selbst könnt das Alte und Abgelebte durch das Neue ersetzen, indem ihr Entscheidungen in eurem Leben trefft.

In eurem Leben ist alles durcheinandergeraten. Das Gute und das Schlechte, das Göttliche und das Nicht-Göttliche. Nur ihr selbst könnt in eurer Welt Ordnung schaffen, indem ihr die nicht-göttlichen Manifestationen aufgebt und zur Göttlichkeit strebt. Wir können dies nicht für euch tun. Wir können Empfehlungen geben, unsere Lehre geben, aber ihr selbst müsst das erhaltene theoretische Wissen in der Praxis festigen.

Denkt nicht, dass ihr viel Zeit habt. Die Lage in eurer Welt verschlimmert sich jeden Tag. Die Schwingungen der physischen Ebene werden zwangsläufig erhöht, und ihr geratet in Bedingungen eines Tests, wenn ihr versucht, zu den gewohnten Stereotypen des Verhaltens zurückzukehren, aber alles, was euch früher Freude bereitete, hat für euch seinen Reiz verloren. Ihr könnt nicht verstehen, warum Dinge, die ihr früher genossen habt, euch nicht länger das gleiche Vergnügen bringen. Ihr lasst euch in eurem Leben weiterhin von den alten Stereotypen des Verhaltens leiten, aber ihr versteht, dass all dies bereits keinen Sinn mehr hat.

Ihr müsst in eurem Verhalten den immer höheren Schwingungen der physischen Welt folgen, sonst werdet ihr aus Raum und Zeit fallen und eure Evolution nicht fortsetzen können.

Alles, was euer Bewusstsein erhöhen kann, wird euch von nun an Zufriedenheit bringen. Alles, was eure Schwingungen senkt, wird Abscheu und Ablehnung hervorrufen.

Natürlich sind nicht alle Menschen in der Lage zu verstehen, was vor sich geht. Den meisten Menschen wird jedoch bereits klar, dass weder Alkohol, Hardrock-Musik, die sich zerstörerisch auf den umgebenden Raum auswirkt, noch frühere Lieblingsbeschäftigungen ihnen Zufriedenheit bringen. Die Suche nach etwas Neuem zieht immer weitere Kreise.

Euch werden Empfehlungen gegeben, wie ihr euch vor den Auswirkungen von allem schützen könnt, was niedrige Schwingungen trägt. Wenn ihr in der Lage seid, die göttlichen Vorbilder in euer Leben zu bringen, werdet ihr Zufriedenheit und Harmonie empfinden. Natürlich werden nicht alle Menschen in der Lage sein, nach den richtigen Vorbildern zu streben. Und dies ist ein natürlicher und notwendiger Entwicklungsabschnitt, in dem gleichzeitig Menschen mit so unterschiedlichen Schwingungen existieren, dass sie einander so wahrnehmen werden, als seien sie von einem anderen Planeten, wenn sie sich auf der Straße begegnen.

Die Vermischung von Gutem und Schlechtem auf der Erde muss allmählich abgebaut werden. Der Prozess, die Spreu vom Weizen zu trennen, findet im göttlichen Drescher statt.

Und ihr lebt jetzt in dieser Zeit. Daher ist es sehr schwer für euch. Aber dieser Prozess hat einen Anfang und ein Ende, wie alles in der physischen Welt.

Und ganz gesetzmäßig ist der Prozess, wobei sich auf der Erde zunächst kleine Regionen bilden, in denen Menschen mit einem neuen Bewusstsein und einer neuen Denkweise leben, und im Weiteren werden immer mehr solcher Regionen entstehen. Allmählich wird sich die Erde von jenen Orten auf der Erdkugel befreien, an denen niedrige Schwingungen vorherrschen. Wasser und Feuer werden mit der Zeit jene Orte auf der Erdkugel hinwegfegen, an denen Menschen mit einer alten Denkweise und niedrigen Schwingungen konzentriert sind.

Neue Orte auf der Erdkugel werden die Vertreter der neuen Rasse aufnehmen können, die bereits auf dem Planeten einzutreffen beginnen.

Jetzt ist eine sehr schwierige Zeit, in der buchstäblich jeder Mensch mit seiner Wahl spürbar die Situation auf dem Planeten verändert.

Wir geben euch unsere Unterstützung und unsere Hilfe. Noch nie gab es eine so enge Zusammenarbeit zwischen eurer Welt und der Welt der Aufgestiegenen Meister. Wir warten darauf, bis sich die Situation auf der Erde so weit ändert, dass wir euch endlich besuchen und unsere Unterweisungen direkt geben können, ohne auf Vermittler angewiesen zu sein. Und ihr selbst schafft solche Bedingungen jetzt für uns, indem ihr euer Bewusstsein ändert und euch in neue Gewänder kleidet, reine Gewänder, die aus euren vollkommenen Gedanken und Gefühlen gewebt sind.

Ich bin als Vertreter eurer älteren Brüder und Schwestern zu euch gekommen, die die irdische Schule bereits abgeschlossen haben und auf den höheren Ebenen des Seins auf euch warten.

ICH BIN euer älterer Bruder Jesus.

Eine Lehre über die Notwendigkeit, eure niederen Körper reinzuhalten

Der Geliebte Kuthumi
4. Juli 2007

ICH BIN Kuthumi, und ich bin wieder gekommen, um den Menschen der Erde eine weitere Botschaft zu geben. Ich bin an diesem Tage gekommen, um euch an eure Pflicht zu erinnern. Viele von euch haben vor der Verkörperung eine spezielle Ausbildung in unseren Schulen und Ashrams auf der feinstofflichen Ebene durchlaufen.

Ihr habt unseren Unterricht besucht und euch auf die Mission vorbereitet. Viele von euch bewahrten in ihrer Jugend noch eine vage Erinnerung an die Notwendigkeit, etwas für die Welt zu tun. In euren Herzen brannte die Flamme des Dienens, aber nichts um euch herum erinnerte euch an eure Pflicht.

Und jetzt bin ich gekommen, um euch an den Zweck eurer Verkörperung zu erinnern. Die ganze Hektik des Lebens muss in den Hintergrund treten. Ihr müsst in der Lage sein, in eurem Leben Prioritäten zu setzen. Es gibt das Wichtigste, und es gibt Zweitrangiges. Es gibt ewige Aufgaben, es gibt Aufgaben für die gegenwärtige Verkörperung, und es gibt die Geschäftigkeit des Tages. Wenn ihr zulasst, dass ihr Tag für Tag, Jahr um Jahr von den nichtigen Dingen des Alltags in Besitz genommen werdet, verlieren eure Sinnesorgane die Fähigkeit, die feinstofflichen Welten wahrzunehmen, und ihr überladet euer Bewusstsein mit so vielen unnötigen Informationen, dass ihr einfach nicht imstande seid, euch zurückzuziehen und in die Stille unserer Welt einzutreten.

Ihr seid sehr feinfühlige Geschöpfe. Eure feinstofflichen Körper, wenn sie auf die höheren Welten abgestimmt sind, gleichen einer Stradivari-

Violine. Viele von euch ziehen es jedoch vor, mit dieser Geige Nägel einzuschlagen. Stellt euch eine echte Stradivari-Violine vor. Generationen von Menschen haben sich an ihren bezaubernden Klängen erfreut. Man lehrt euch, den Wert dieses wahren Kunstwerks zu erkennen. Warum schätzt ihr euch selbst geringer als eine Violine ein? Ihr seid ein weitaus besserer Kanal für die Energien der feinstofflichen Welt. Ihr seid in der Lage, die Energien der höheren Welten in eure Welt zu leiten. Jedoch habt ihr viel mehr Wertschätzung und Respekt für die Dinge eurer Welt als für euch selbst.

Die mangelnde Bereitwilligkeit, auf euch selbst zu hören und auf eure Reinheit zu achten, hängt mit euren psychologischen Problemen zusammen, und an der Wurzel dieser eurer Probleme liegt ein Mangel an Liebe für euch selbst. Ihr müsst euch selbst lieben, aber nicht als physischen Körper, sondern als eine Manifestation Gottes auf Erden. Ihr seid ein Teil Gottes, und ihr müsst für alle eure Körper sorgen und sie als eine Manifestation der Gottheit reinhalten.

Alle eure Körper brauchen die richtige Pflege. Euer physischer Körper muss die richtige, vollwertige Nahrung erhalten. Und je höher die Schwingungen der Nahrung, desto weniger Essen braucht ihr.

Euer emotionaler Körperbraucht zur Ernährung feinstoffliche Energien, die aus den höheren Welten kommen. Euer emotionaler Körper muss ständig mit feinstofflicher Energie gespeist werden. Ihr versucht, den Hunger eures emotionalen Körpers zu stillen, indem ihr ihn mit Surrogaten aus minderwertiger Musik und mit Fernsehprogrammen füttert. Ihr verschmutzt euren emotionalen Körper, indem ihr ihn ständig den schädlichen Bedingungen aussetzt, die in eurer Welt existieren. Versucht, euch vor Lärm und Geräuschen zu schützen, die von allen Seiten auf euch eindringen. Eine Stunde Radiohören oder Fernsehen am Tag reicht aus, um euch für einen Monat der Möglichkeit der Kommunikation mit den höheren Welten zu berauben.

Denkt darüber nach, womit ihr euch in eurem Leben umgebt. Wie weit ist all dies in seinen Schwingungen von unserer Welt entfernt.

Ein Glas Alkohol, das ihr trinkt, oder eine Zigarette, die ihr raucht, berauben euch für mehrere Tage der Möglichkeit, zu den höheren ätherischen Oktaven aufzusteigen. Ihr seid gezwungen, euch ständig auf den Ebenen der Astralwelt aufzuhalten, weil ihr euch durch eure schädlichen Gewohnheiten wie mit Stricken an sie gebunden habt.

Analysiert sorgfältig, womit ihr euren Mentalkörper belastet. Wie viel Zeit ihr damit verbringt, endlose Seifenopern zu schauen und euch mit Leuten zu unterhalten. Habt keine Angst davor, allein mit euch selbst zu bleiben. Lernt, auf die Stille zu hören und das Alleinsein zu genießen.

Es müssen gesetzliche Maßnahmen gegen diejenigen ergriffen werden, die versuchen, die Welt mit abgehackten Rhythmen zu betäuben. Jeder, der gerne Rockmusik oder andere Musik mit falschen Rhythmen hört, senkt die Schwingungen des umgebenden Raums meilenweit. Diesem Hooliganismus muss ein Ende gesetzt werden.

Während der Alkohol, den ihr trinkt, oder eine Zigarette, die ihr raucht, nur eure eigenen Schwingungen und die Schwingungen der Menschen senkt, mit denen ihr zusammenlebt, beeinflusst dröhnend laute Musik Tausende von Menschen. Und wenn ihr von den Folgen eines solchen Hooliganismus für eure feinstofflichen Körper wüsstet, würdet ihr als Erstes euren Kindern für immer verbieten, solche Musik zu hören. Es gibt sehr einfache Maßnahmen, die es erlauben, die Schwingungen der physischen Ebene schnell zu erhöhen, und eine dieser Maßnahmen ist das Verbot, dröhnend laute Musik zu hören.

Ihr könnt euch gar nicht vorstellen, welchen Einfluss Musik auf euch hat. Jede Nacht gehe ich zu meiner Orgel, und von Gott inspiriert spiele ich bezaubernde Melodien. Es gibt eine sehr kleine Anzahl von Menschen, die in meine heilige Lichtstätte kommen, um diese Musik zu hören. Und eine noch kleinere Anzahl von Menschen ist in der Lage, in ihrem Wachbewusstsein diese Musik wiederzugeben, sie in Noten festzuhalten und der Welt zu schenken.

Oh, wie wünsche ich mir, dass euch die Harmonie mit der höheren Welt zugänglich wird, indem ihr die Musik hört, die ich auf meiner Orgel spiele.

Und wenn ihr im Laufe des Tages der Einwirkung eurer schrecklichen Musik ausgesetzt wart, und sei es auch nur flüchtig im öffentlichen Verkehr oder in einem Geschäft, so werdet ihr in jener Nacht nicht mehr zu den Oktaven aufsteigen können, in denen meine Orgel zu hören ist.

Ihr begrenzt euch selbst. Ihr müsst euch an eure Mission erinnern und alle notwendigen Maßnahmen ergreifen, um euch selbst so weit zu reinigen, dass ihr eure Mission erfüllen könnt, für die ihr in die Verkörperung gekommen seid. Ihr habt alles vergessen, und die Schuld für euer Vergessen liegt allein bei euch selbst, weil ihr der Pflege eurer vier niederen Körper nicht die nötige Aufmerksamkeit schenkt.

Denkt darüber nach, wie viel leichter es für die nächste Generation wäre, ihre Missionen zu erfüllen, wenn ihr schon jetzt anfangen würdet, über die Schaffung von Orten auf der Erde nachzudenken, an denen die neue Generation in die Verkörperung kommen und ihre ersten Lebensjahre in Ruhe und im Umgang mit der Natur verbringen könnte. Wenn solche Orte auf der Erdkugel schon jetzt geschaffen würden, könnte die neue Menschenrasse in die Verkörperung kommen. Glaubt mir, sehr viele fortgeschrittene Seelen sind zur Verkörperung bereit, um der Welt ihren Dienst zu erweisen. Und nur die mangelnde Vorbereitung der Bedingungen auf der physischen Ebene bringen sie dazu, ihre Verkörperung um Jahre und Jahrzehnte aufzuschieben.

Viele hohe Geistwesen gehen das Risiko ein und kommen unter unvorbereiteten Bedingungen in die Verkörperung. Und was, glaubt ihr, geschieht dann? – Sie sind gezwungen, sich gleich nach der Geburt mit einer solchen Menge an Karma zu belasten, welches sie von den Menschen ihrer Umgebung anziehen und in ihre Aura aufnehmen, dass diese einzigartigen Kinder bereits ab dem Alter von vier Jahren und bis zum Ende ihrer Verkörperung nicht in der Lage sind, ihre Fähigkeiten zu offenbaren und der Welt zu dienen.

Es ist schmerzhaft für uns zu sehen, wie die besten Söhne und Töchter der Menschheit unter euch vergehen, indem sie eure Last tragen und unter ihr zugrunde gehen.

Habt ihr wirklich all das, was ich euch heute gesagt habe, noch nie gehört und gelesen? Wie viele Male müsst ihr diese einfachen Wahrheiten hören, um sie in die Praxis umzusetzen?

Ich bin bereit, noch so oft zu euch zu kommen, wie es nötig ist, bis ihr euch meine Lehre verinnerlicht habt. Doch werdet ihr erfolgreicher sein, wenn ihr euch vor dem Schlafengehen wünscht, in den Saal auf der ätherischen Ebene zu kommen, in dem ich auf meiner Orgel spiele, und wenn ihr im Vorhinein im Laufe des Tages versucht, euch vor allem zu schützen, was euch daran hindern könnte, meine Orgel zu hören.

ICH BIN Kuthumi,
der euch immer liebt.

Letzte Warnung

Der Geliebte Alpha
5. Juli 2007

ICH BIN Alpha, und ich bin an diesem Tag zur Menschheit der Erde gekommen. Ich bin zu euch gekommen und möchte meine Botschaft mit einem freudigen Ereignis beginnen, das ihr wahrscheinlich in euren Herzen erwartet habt. Dieses Ereignis ist mit neuen Möglichkeiten und neuen göttlichen Gnadengaben für den Planeten Erde verbunden.

Gemeinsam mit dem Karmischen Rat wurde beschlossen, die Dispensation fortzusetzen, die mit der Möglichkeit einhergeht, durch diese Gesandte zu arbeiten. Ihr wisst, dass eine sehr schwere Prüfung bestanden werden musste, um das Recht zur Fortsetzung der Arbeit zu bestätigen.[40] Unsere Gesandte durchlief diese Prüfung, und diese Prüfung erstreckte sich auf viele Individuen, die sich in der Verkörperung befinden. Es war eine Reifeprüfung, die das Recht prüfte, für Gott zu arbeiten.

Jedes Mal, wenn eine neue göttliche Möglichkeit zur Erde kommt, ist dies mit dem Einströmen neuer Energien, neuer und höherer Schwingungen für den Planeten verbunden.

Es kommt euch so vor, als beträfen euch meine Worte nicht, als würde ich über irgendwelche abstrakten Dinge reden. Doch diese meine Botschaft und die Möglichkeit, die auf Erden gekommen ist, betreffen jeden Erdbewohner, jeden einzelnen, der auf dem Planeten Erde lebt.

Die Schwingungen der physischen Ebene und der Ebenen, die nahe an der irdischen Ebene liegen, erwartet eine weitere Erhöhung. Und dies ist mit einem neuen und notwendigen Abschnitt der evolutionären Entwicklung

---

[40] "Eine Lehre über die Einweihung der Kreuzigung". Der Geliebte Zarathustra, 23. Juni 2007.

verbunden. Und für euch bedeutet dies eine Umstrukturierung eures Organismus und eine Erhöhung der Schwingungen eures physischen Körpers und eurer feinstofflichen Körper.

Die Veränderung der Schwingungen ist mit großen Veränderungen auf dem Planeten verbunden. Vor allem diejenigen, die der Veränderung der Schwingungen und deren Erhöhung nicht folgen können, werden sich unter den neuen Bedingungen nicht sicher fühlen können. Glaubt mir, wir wollen nur Gutes für euch, nur euer Wohl. Und wir wissen, dass diejenigen von euch, die dem Willen Gottes gehorchen und bereit sind, Gott in ihrem Herzen zu folgen, einen beispiellosen Impuls für ihre Entwicklung erhalten werden, und der Planet wird die Möglichkeit zum Aufblühen und zur Fülle erhalten. Aber diejenigen, die sich entschieden haben, sich von Gott zu trennen, die sich wie eine Seifenblase aufgebläht haben, werden die Folgen ihrer falschen Entscheidungen und Handlungen ernten müssen. Dies ist das Gesetz, das evolutionäre Gesetz dieses Universums.

Daher wird die Freude, die die Aufgestiegenen Lichtwesen und gleich nach ihnen die besten Vertreter der Menschheit empfinden, von vielen Seelen nicht geteilt werden, die aus ihren eigenen Gründen beschlossen haben, ihren eigenen Weg zu wählen, der sich von dem göttlichen unterscheidet. Ihr dürft nie vergessen, dass ihr alle euch im Leib Gottes befindet, alles ist Gott. Und es gibt kosmische Fristen, vor denen gewarnt wird. Und es gibt eine Zeit für die Wahl. Niemand kann sagen, dass es nicht gesagt und nicht davor gewarnt wurde.

Die Zeit der Wahl geht zu Ende. Die Fristen sind abgelaufen, und die kosmische Erntezeit nähert sich dem Ende.

Die Zeit ist gekommen, dass die gutherzigen Söhne und Töchter Gottes für ihre guten Taten ihren Lohn erhalten; und diejenigen, die ihren eigenen Weg gewählt haben, werden ebenfalls ihren gerechten Lohn erhalten, jedoch ganz anderer Art.

Ich möchte euch keine Angst machen. Alle Fristen für Warnungen sind verstrichen. Die Entscheidung ist gefallen. Die Entscheidung muss erfüllt werden.

Es gibt immer die Möglichkeit, einen anderen Weg zu wählen. Selbst im letzten Moment reicht ein reuevoller Schrei, um die göttlichen Mahlsteine zurückzuhalten.

Wir warten und geben die Möglichkeit. Das Warten hat bald ein Ende.

Ich bin gekommen, um Freude zu verkünden. Doch für viele wird diese Freude in Leid umschlagen. Denn zu viele Kräfte und Energien sind verschwendet worden. Und alles muss ersetzt werden.

Die Zeit der Ernte kommt. Und jeder muss das erhalten, was er sich in vielen, vielen Jahrtausenden des Umherirrens auf der physischen Ebene des Planeten Erde verdient hat.

Es wird kein Geheimnis sein, wenn ich euch sage, dass die Fristen, vor denen bereits der geliebte Jesus seine Jünger gewarnt hat, erst jetzt beginnen, sich zu nähern und auf der physischen Ebene präzipitiert zu werden.

Ich versuche, euch ein Verständnis zu geben und eure Zeit der Wahl zu verlängern. Ich bin darum bemüht, dass ihr die Wirkung des Gesetzes vollständig versteht und dasjenige in euch selbst überwindet, was murrt und das göttliche Gesetz nicht erfassen kann. Ich bin in einem Gefühl großer Liebe für jeden von euch gekommen. Ich bin gekommen, um den Menschen der Erde meine Botschaft zu geben. Es wird mir sehr leid tun, wenn ich die Seelen nicht erreichen kann, die mich noch hören können, aber nicht hören, weil sie lieber der Trompete folgen, die ins Nirgendwo ruft.

ICH BIN Alpha.

Ein Gespräch über das Streben zum Sieg

Das Kosmische Wesen Mächtiger Sieg
6. Juli 2007

ICH BIN das kosmische Wesen Mächtiger Sieg, und ich bin an diesem Tag zu euch gekommen!

ICH BIN aus den fernen Weiten des Universums gekommen. Es ist schwer für euch, dies zu verstehen, und für mich, es zu erklären, doch sobald euer Bewusstsein eine höhere Stufe erreicht, werdet ihr imstande sein, euch von eurem Heimatplaneten zu lösen und zu den Schichten der ätherischen Oktaven des Lichtes hingezogen zu werden, die euch erlauben, die Freiheit zu erlangen, durch die Weiten dieses Universums zu ziehen. Ihr werdet den Zustand der Freiheit und Unabhängigkeit von der Materie und von der Anziehungskraft eines jeden Planeten und Planetensystems erlangen. Dies wird euch jedoch erst dann geschehen, wenn ihr in der Lage seid, in eurem Bewusstsein die Anziehungskraft der Materie eures eigenen Planeten zu überwinden.

Euer Bewusstsein ist jetzt durch den räumlichen und zeitlichen Rahmen eures Planeten begrenzt. Ihr denkt im Rahmen eurer dreidimensionalen Welt. Und jetzt ist der Entwicklungsabschnitt gekommen, wenn ihr euer Bewusstsein verändern und ihm erlauben müsst, auf die nächste Stufe der evolutionären Entwicklung aufzusteigen. Dieser Prozess der Geburt eines neuen Bewusstseins in euch ist nicht immer schmerzlos. So wie die Geburt eines neuen Wesens in eurer Welt unter Schmerzen erfolgt, so müsst auch ihr unter Leid und Qualerneut geboren werden, um das neue Bewusstsein tragen zu können. Es ist wirklich eine Last, es ist die gleiche Last, die alle heiligen Märtyrer der Vergangenheit trugen. Zu stark ist der Widerstand der Materie, und es gibt zu viele Kräfte, die sich der Ankunft des neuen Bewusstseins und neuen Denkens in eurer Welt widersetzen. Daher fällt euch dieses Neue so schwer. Und die meisten Erdbewohner werden wohl kaum verstehen, wovon ich rede.

Vor vielen Millionen Jahren befand ich mich in eurem Stadium der evolutionären Entwicklung. Und jetzt versuche ich mich an die Hauptschwierigkeit zu erinnern, die als unlösbares Problem vor mir stand. Und wisst ihr, was das ist? – Es ist die Anziehungskraft der Materie. Es fehlt der Wille, sich von der dichten Welt zu trennen. Es ist wie bei einem Kleinkind, das seine Wiege verlassen muss, um den ersten Schritt in eine unbekannte Welt zu tun. Ihr habt einfach Angst, euch von dem alten und gewohnten Zustand eurer Bindung an die Materie zu trennen. Die Materie ist eure Mutter. Aber es gibt auch den Vater, der euch zum Aufstieg auf eine höhere Ebene des Bewusstseins ruft. Andernfalls riskiert ihr, für immer in eurer Wiege zu bleiben.

Das Neue ist immer beängstigend. Ihr müsst jedoch Furchtlosigkeit in euch entwickeln und die Fähigkeit, euer Bewusstsein zu ändern. Ihr sollt euch vor nichts fürchten. Ihr müsst ständig in eurem Bewusstsein bewahren, dass ihr unsterblich seid und dass Gott für euch sorgt. Und der Übergang in eurem Bewusstsein, von dem wir reden und den ihr vollziehen müsst, wird unweigerlich geschehen, und dieser Übergang wird euch erlauben, in eine neue Runde in eurer evolutionären Entwicklung überzugehen.

Jetzt befindet ihr euch in einer dichten Welt. Wir rufen euch in die kosmischen Weiten, wir möchten, dass ihr in eurem Bewusstsein lernt, die Grenzen der dichten Welt zu verlassen. Und dazu müsst ihr die Bindungen an das Materielle aufgeben und mit eurem Bewusstsein höher emporsteigen.

Es ist nichts Schreckliches an der Veränderung der Form, an der Suche nach feinstofflichen Erfahrungen. Lernt, die verschiedenen Zustände zu erkennen, in denen ihr euch im Laufe des Tages befindet. Und lernt, an den feinsten Manifestationen eurer Gefühle festzuhalten, die fast unmerklich sind wie ein leises Lüftchen an einem heißen Nachmittag. Ihr könnt schon jetzt in eurem Bewusstsein die Manifestationen der feinstofflichen Welt unterscheiden, und ihr könnt das Wissen dieser Welten in eurer Welt zur Geltung bringen.

Ihr müsst verstehen, dass jenseits der Grenzen eurer dichten Welt ein ganzes Universum liegt.

Ihr seid wie die Bewohner des Waldes – wie Insekten, die nur ihre Welt vor sich sehen. Als Analogie stellt euch vor, dass ein Menschenwesen in euren Wald kommt. Wie viele Millionen Jahre trennen euch die Stufen eurer evolutionären Entwicklung voneinander? Könnt ihr euch vorstellen, Insekten eine Botschaft zu geben? Jedoch trennt mich eine ebensolche evolutionäre Zeitperiode von euch, wie sie euch von den Insekten eurer Welt trennt. Und ich versuche, euch meine Botschaft zu geben. Es ist nicht so sehr eine Botschaft, die voll von Worten oder innerer Bedeutung ist, es ist vor allem eine Botschaft, die für euch ein Streben in die Zukunft enthält und euch zu eurem Sieg über das sterbliche Bewusstsein ruft.

Ich erfülle euch mit dem Gefühl der Liebe, meiner Liebe, einer Liebe, die für meine Bewusstseinsebene charakteristisch ist. Und ich versuche, euch einen Impuls des Vertrauens in eure Kraft und Stärke zu geben. Alles wird euch gelingen, und euer Sieg wird zu euch kommen.

Ihr müsst einfach das Streben nach den höheren Welten in euren Herzen bewahren. Ihr müsst ständig versuchen, die irdische Anziehung der euch umgebenden Illusion zu überwinden. Glaubt mir, es gibt für euch jetzt keine wichtigere Aufgabe als diejenige, euer Bewusstsein über alle Manifestationen eures etablierten, eingespielten Lebens zu erheben.

Ständige Veränderung und ständige Anspannung der Kräfte. Und in dieser ständigen Überwindung eurer selbst werdet ihr imstande sein, den nächsten Abschnitt der evolutionären Entwicklung zu erklimmen. Nichts lässt sich ohne Anstrengung erreichen. Macht euch keine Illusionen, dass der nächste Entwicklungsabschnitt wie von selbst zu euch kommen wird und ihr dafür nichts tun müsstet. Nein, es wird euch nicht gelingen, das göttliche Gesetz zu täuschen und die nächste Stufe auf den Schultern anderer und dank der Anstrengungen anderer zu bewältigen.

Ihr müsst alle Anstrengungen selbst unternehmen und euch in eurem Bewusstsein immer höher und höher emporschwingen. Und darüber hinaus müsst ihr euch noch für jene Menschen verantwortlich fühlen, mit denen ihr karmisch verbunden seid. Ihr müsst ihnen eine helfende Hand reichen, so wie ich euch jetzt eine helfende Hand reiche, indem ich diese Botschaft gebe.

Jeder, der ein höheres Bewusstseinsniveau hat, ist verpflichtet, denen zu helfen, die auf dem Weg zurückgeblieben sind oder zögern. In der Kindheit hat man euch beigebracht, den Jüngeren zu helfen. Und jetzt müsst ihr euch daran erinnern. Es gibt viele Menschen um euch herum, die eure Hilfe und euren Rat brauchen.

Glaubt mir, es gibt nichts Wichtigeres, was euch auf eurem Weg des Aufstiegs zum Gipfel des göttlichen Bewusstseins helfen kann, als eure Hilfe für eure Nächsten. Ihr mögt den Weg nicht einmal selbst gehen, sondern einfach den Menschen um euch herum helfen, ihn zu gehen, und gemeinsam mit ihnen werdet ihr alle Hindernisse und alle Schwierigkeiten auf eurem Weg überwinden.

Es war mir eine Freude, euch die heutige Unterweisung zu geben.

ICH BIN der Mächtige Sieg,
und ich wünsche euch den Sieg auf eurem Weg!

Ein Gespräch über die Veränderung der physischen Ebene durch die Veränderung des Bewusstseins

Der Geliebte Surya
7. Juli 2007

ICH BIN Surya, und ich bin wieder durch unsere Gesandte zu euch gekommen.

Ich bin gekommen, um noch einmal zu bezeugen, dass wir die Entscheidung getroffen haben, unsere Arbeit auf der physischen Ebene durch unsere Gesandte fortzusetzen. Und diese Arbeit hängt nicht nur mit dem Empfang unserer Botschaften zusammen. Tatsächlich ist die Übermittlung von Diktaten oder Botschaften der Meister nur ein Teil der Mission, die wir auf der Erde ausführen. Die Botschaften geben euch die Möglichkeit, euch mit der Richtung vertraut zu machen, in die ihr euch bewegen sollt, um nicht am Wegesrand des evolutionären Prozesses zu landen. Aber genauso, wie es theoretischen Unterricht oder Vorlesungen gibt, gibt es auch die Praxis. Ihr wisst, dass Theorie ohne Praxis tot ist. Und wenn ihr eine Wissenschaft oder Lektüre nur studiert, ohne sie im Leben anzuwenden, werdet ihr nicht weiterkommen. Es ist als würdet ihr auf der Stelle treten.

Daher kommen wir und schaffen Bedingungen für euch in Form unserer Energien, und indem ihr sie aufnehmt, erhaltet ihr göttliche Energie und mit ihr die göttliche Möglichkeit zur Veränderung eures Bewusstseins, und damit zur Veränderung eurer physischen Welt.

Es ist zu wenig, meine Geliebten, in eurer Zeit nur unsere Botschaften zu lesen. Ihr müsst euer Leben nach den Grundsätzen gestalten, die ihr von uns erhaltet. Ihr müsst euer ganzes Leben analysieren und verstehen, wie ihr es ändern könnt. Es wird euch schwerfallen, denn das von euch geschaffene Karma und die karmischen Verpflichtungen werden euch nicht erlauben, euer Leben sofort zu verändern. Solange ihr jedoch nicht das richtige Bild in euch selbst gefunden habt, nach dem ihr streben solltet, wird sich in eurem Leben nichts ändern. Zuerst werdet ihr euch bewusst, in welche Richtung ihr euch bewegen müsst, und dann beginnt ihr zu verstehen, was euch in eurem Leben daran hindert, der vorgegebenen Richtung zu folgen. Und danach beginnt ihr, in eurem Leben ein Hindernis nach dem anderen zu überwinden.

Glaubt mir, dass die Hindernisse außerhalb eurer selbst, mit denen ihr in eurem Leben konfrontiert werdet, von eurem unvollkommenen Bewusstsein erzeugt werden. Und wenn ihr die unvollkommene Energie aus eurem Unterbewusstsein und Bewusstsein entfernt, wenn ihr eure innere Orientierung und Richtung ändert, den Vektor eurer Bestrebungen, beginnen sich alle äußeren Umstände eures Lebens zu verändern.

Ihr gelangt nicht von Anfang an unteroptimale Wachstumsbedingungen und erhaltet nicht sofort die Möglichkeit, euch gemäß den göttlichen Grundsätzen zu entwickeln. Nein, ihr überwindet den unvollkommenen Zustand eures Bewusstseins, und die äußeren Umstände eures Lebens beginnen, sich ebenfalls zu verändern. Die Trägheit der Materie erlaubt es nicht, dass sich die äußeren Umstände eures Lebens schnell verändern. Es dauert immer eine gewisse Zeit, bis sich die äußeren Umstände in Übereinstimmung mit eurem veränderten Bewusstsein umgestalten. Aber das Prinzip bleibt immer dasselbe: Zuerst ändert ihr euch selbst, dann ändern sich die äußeren Umstände.

Es wurde viele Male gesagt, und ich wiederhole es jetzt: Jeder von euch hat Karma, das mit der falschen Verwendung der göttlichen Energie in der Vergangenheit verbunden ist. Und es geht nicht nur um diese Verkörperung, sondern auch um eure Verkörperungen in der Vergangenheit. Daher hält dieses Karma eure Entwicklung zurück und erlaubt euch nicht, blitzschnell alle Umstände eures Lebens zu ändern. Ihr müsst manchmal unglaubliche Anstrengungen in eine Richtung unternehmen, um auch nur einen Aspekt eurer noch nicht abgearbeiteten Energien zu bewältigen. Und es gibt viele solcher Aspekte. Jeder von euch hat in der Vergangenheit Taten begangen, die das göttliche Gesetz verletzten. Jetzt ist es an der Zeit zu erkennen, dass ihr die göttliche Energie falsch verwendet habt, und Maßnahmen zu ergreifen, dass diese falschen Taten und Handlungen nicht wiederholt werden.

Zuerst entfernt ihr die falsche Eigenschaft aus eurem Bewusstsein, dann ändert sich euer Leben proportional zu den Anstrengungen, die ihr in die richtige Richtung unternehmt.

Auf gleiche Weise sollt ihr euch bei der Ausführung jeglicher Aufgaben auf der physischen Ebene leiten lassen. Wenn ihr euch bemüht, etwas auf der physischen Ebene zu tun, selbst wenn es eine sehr gute Tat ist, eine Handlung, die darauf ausgerichtet ist, die Pläne der Meister auf der physischen Ebene umzusetzen, ihr aber eine karmische Last in eurem Energiefeld tragt, so wird euer Karma euch nicht erlauben, die begonnene Arbeit zu vollenden. Ihr müsst euch zuerst von euren Unvollkommenheiten trennen und dann die Arbeiten Gottes tun. Ihr werdet die Werke Gottes nicht tun können, solange ihr nicht zu vollkommenen Baumeistern geworden seid.

Ihr werdet sagen, dass es in eurer Welt keine vollkommenen Baumeister gibt. Und das ist wirklich so. Daher wird von euch ein ständiger Einsatz von Kräften in die richtige Richtung verlangt. Und selbst wenn eure Unvollkommenheiten euch nicht erlauben, die Arbeit für Gott zu erfüllen, könnt und müsst ihr eure Anstrengungen weiterhin in die richtige Richtung unternehmen. Nach einiger Zeit werden alle Energien, die ihr in der Vergangenheit falsch qualifiziert habt, vom göttlichen Feuer eurer guten Bestrebungen verzehrt werden.

Daher lehren wir euch, auf eurem Weg nicht stehen zu bleiben. Handelt, macht Fehler, verbessert euer Handeln, doch setzt eure Bemühungen fort. Denn wenn ihr anfangt, etwas zu tun, haben wir die Möglichkeit, euch zu helfen, eure Bemühungen zu korrigieren und sie in die richtigen Bahnen zu lenken. Wenn ihr nichts tut, können wir nicht eingreifen. Die Energie muss fließen, sie muss sich verändern, dann ist es leichter, sie zu lenken und zuleiten.

Die Veränderung eures Bewusstseins und das Handeln auf der physischen Ebene sind ein kontinuierlicher und gegenseitig durchdringender Prozess. Wenn ihr handelt, habt ihr die Möglichkeit, im Laufe eurer Tätigkeit euer Karma abzuarbeiten. Karma lässt sich nicht nur durch Gebete und die von euch getroffenen Entscheidungen abarbeiten. Karma lässt sich durch die richtigen Taten und Handlungen abarbeiten, die auf die Veränderung eurer physischen Welt gerichtet sind. Und wenn ihr das richtige Motiv habt und euch in die richtige Richtung bewegt, könnt ihr sehr schnell euer Karma abarbeiten. Zum Vergleich würde ich sagen, dass ihr 10.000 Stunden kontinuierlicher Gebete braucht, um das gleiche Karma abzuarbeiten, wie wenn ihr Arbeit für Gott verrichtet und beispielsweise einen Ashram für unsere Gesandte baut.

Ich bin bei einem wichtigen Thema angekommen, das die Umsetzung unserer Pläne auf der physischen Ebene betrifft. Wir benötigen einen reinen Ort, der als Ausgangspunkt für unsere Arbeit dienen kann, die vollkommenen Vorbilder und Muster in eurer Welt zu präzipitieren. Wir benötigen einen Ort auf der Erdkugel, an dem wir zu handeln beginnen können. Und einen solchen Ort müsst ihr vor allem in eurem Bewusstsein schaffen. Zuerst bereitet ihr euer Bewusstsein darauf vor, nach den Plänen der Meister zu leben und zu arbeiten, und dann werden die Meister euch das Vertrauen schenken, für sie zu arbeiten.

Daher habt ihr sehr viel Arbeit vor euch, um euer Bewusstsein und die physische Ebene des Planeten Erde zu verändern.

Wir werden dort sein, wo ihr unsere Gegenwart erlaubt. Wir werden dort sein, wo eure Schwingungen es erlauben, die Schwingungen des Ortes so zu erhöhen, dass wir unter euch sein und mit euch reden können.

Ich habe einen Blick in die Zukunft geworfen. Ihr könnt jedoch diese Zukunft schneller herbeiführen, indem ihr die Veränderung eures Bewusstseins beschleunigt.

ICH BIN Surya,
und ich war an diesem Tage bei euch.

Eine Lehre über den Übergang

Gott Shiva
8. Juli 2007

ICH BIN Shiva, und ich bin erneut zu euch gekommen!

Shiva BIN ICH!

Ich bin an diesem Tag zu euch gekommen! Ich bin gekommen!

Ich bin heute sehr glücklich, dass ich wieder die Möglichkeit habe, durch meine Gesandte zu sprechen!

Jedes Mal komme ich, um die Verbindung zwischen unseren Welten aufrechtzuerhalten und euren Unterricht fortzusetzen. Ihr wisst, dass jetzt die Zeit kommt, in der ihr euch von den Illusionen eures Bewusstseins trennen müsst. Ihr wisst, dass euer Sieg über den Tod unvermeidlich ist, wenn ihr nur euer Bewusstsein auf die Ebene des unsterblichen Teils eurer selbst erheben könnt.

Ihr gleicht einer Matroschkapuppe. Und jedes Mal, wenn ihr eine weitere Matroschka öffnet, seht ihr eine neue. Das Prinzip eurer Entwicklung ist genau das gleiche. Wenn ihr euch von eurem physischen Körper trennt, geht ihr in eurem Bewusstsein einfach auf eine höhere Schwingungsebene über. Und ihr werdet so lange in die Verkörperung kommen und einen physischen Körper annehmen, bis ihr lernt, ständig auf einem höheren Energieniveau zu bleiben.

Daher ist es unsere Aufgabe, euer Bewusstsein dazu zu bewegen, auf eine höhere Energiestufe überzugehen. Dieser allmähliche Prozess wird sich jetzt einfach beschleunigen. Ihr seid ein wenig hinter den kosmischen Fristen zurückgefallen, und daher müssen wir euch zur Eile drängen.

Ihr folgt uns, solange ihr imstande seid, euer Bewusstsein zu verändern. Wenn ihr dann, wie es euch scheint, anfangt, viele Dinge besser zu verstehen als wir, und es vorzieht, nach neumodischen Lehren und Praktiken zu suchen, so hindern wir euch nicht daran. Es ist sehr amüsant zu beobachten, wie ihr euch einbildet, große kosmische Wesen zu sein. Ihr denkt, dass ihr große kosmische Wesen seid. Bevor ihr jedoch wirklich zu diesen großen kosmischen Wesen werdet, müsst ihr die irdische Schule beenden und Schritt für Schritt alle Abschnitte des Weges durchlaufen.

Wenn man euch zu einer sofortigen Erhöhung eures Bewusstseins und zum Übergang auf ein anderes Energieniveau ruft, würde ich an eurer Stelle sehr gründlich darüber nachdenken, wie real dasjenige ist, was man euch anbietet.

Seit Millionen von Jahren verfolgen wir die evolutionäre Entwicklung der Menschheit. Und was das Verständnis der göttlichen Wahrheit betrifft, so ist euer Bewusstsein in den letzten Jahrtausenden nicht viel vorangekommen. Ihr dürft die Entwicklung eures Intellekts nicht mit der Entwicklung des göttlichen Bewusstseins verwechseln. Es fällt euch immer noch sehr schwer, die einfachen göttlichen Wahrheiten zu verstehen, die mit der Wiederverkörperung und dem Gesetz des Karmas verbunden sind. Es ist äußerst schwierig für euch, eine kleine Bindung oder unbedeutende Gewohnheit zu überwinden. Dies liegt daran, dass die größte Schwierigkeit darin besteht, die Bindung an die physische Ebene zu überwinden.

Und es scheint merkwürdig, wenn man euch anbietet, sofort große Einweihungen zu erhalten und bedeutende Fortschritte auf dem Weg zu erzielen. Ich an eurer Stelle würde darüber nachdenken, wie dieses großartige Weiterkommen zustande kommen wird. Wer wird euch die Energie dafür geben, eure karmischen Ablagerungen zu transformieren? Und unter welchen Bedingungen werden sich eure Wohltäter für euren schnellen Fortschritt einsetzen? Sieht das alles nicht so aus, als würdet ihr eure Seele, eure Lebensenergie an den Teufel verkaufen?

Versucht die Wirkungsweise des kosmischen Gesetzes zu verstehen.

Ihr steigt in die Materialität hinab, wenn ihr nach dem Gesetz des freien Willens eure Entscheidungen trefft und eure Schwingungen senkt und dabei immer mehr in die Materie einsinkt. Danach werdet ihr eine große Menge an Energie benötigen, die der ganzen göttlichen Energie entsprechen muss, die ihr jemals falsch verwendet habt. Und diese Energie muss unter bestimmten Bedingungen zu euch kommen.

Stellt euch vor, dass ein Wunder geschehen ist und alle Energie, die ihr im Laufe von Jahrmillionen falsch verwendet habt, mit einem Mal zu euch zurückgekehrt ist. Wie könntet ihr bei der Dichte eures physischen Körpers und bei euren Schwingungen diese Energie aushalten? – Für euer Wesen käme es der Explosion einer Supernova gleich. Euer Bewusstsein könnte sich nicht augenblicklich an das neue Energieniveau anpassen. Daher lehren wir euch, den Evolutionsweg Schritt für Schritt zu gehen. Bei einer beschleunigten Evolution würde beinahe die gesamte Menschheit umkommen. Wir haben nicht den Wunsch, zu eurem Untergang beizutragen. Wir haben den Wunsch, dass ihr eure Evolution auf einem höheren Energieniveau fortsetzt.

Denkt gründlich nach und vergleicht das, was ich sage, mit den vielen Lehren und Theorien, denen ihr begegnet und die sich auf einen sofortigen und sprunghaften Übergang beziehen. Wer wird die Energie für einen solchen sprunghaften Übergang geben?

Ich spreche zu euch als ein Wesen, dem Macht gegeben ist und das den Auftrag hat, die Illusion zusammenzuziehen. Und ich sage euch, dass ein sofortiger Übergang auf eine qualitativ höhere Bewusstseinsebene nicht möglich ist, ohne dabei den Tod fast aller menschlichen Individuen zu verursachen, die den Planeten Erde bevölkern. Wir lehren den Evolutionsweg, und wir geben Wissen, durch das ihr euer Bewusstsein auf natürliche Weise auf ein höheres Energieniveau anheben könnt. So kann eine größere Anzahl der Lebewesen, die die Erde bevölkern, die Evolution fortsetzen. Zu einer drastischen Veränderung könnte es nur dann kommen, wenn die Bemühungen, die wir unternehmen, nicht in der nächsten Zeit von Erfolg gekrönt sind.

Wir glauben, dass die meisten von euch bereit sind, die Evolution fortzusetzen und die Schwingungen ihres Körpers so weit zu verändern, dass sie unter den neuen Bedingungen überleben können. Jedoch müsst auch ihr Anstrengungen unternehmen, um die Evolution fortzusetzen und nicht in solch ungünstige Bedingungen zu geraten, wie sie auf den Planeten herrschen, die sich von Gott trennen wollten.

Alles, was dem göttlichen Gesetz in diesem Universum folgt, muss mit allem versorgt werden, was für seine evolutionäre Entwicklung notwendig ist. Alles, was dem göttlichen Gesetz nicht folgen will, wird mit immer größeren Schwierigkeiten konfrontiert werden, bis ein völliger Stillstand der Entwicklung eintritt und die Todesengel die Überreste der Seele zur Repolarisierung begleiten.

Euch wird genau so viel gegeben, wie ihr für eine bewusste Wahl des Weges und zur Fortsetzung eurer Evolution braucht. So ausführlich und so deutlich haben wir durch keinen anderen Gesandten in der Vergangenheit und Gegenwart gesprochen.

ICH BIN Shiva! Ich bin heute gekommen, um euer Bewusstsein mit wichtigen Informationen zu versorgen, damit ihr sie in der Stille eures Herzens überdenken und eine Entscheidung treffen könnt.

ICH BIN Shiva.

Eine Lehre über das Buddha-Bewusstsein

Gautama Buddha
9. Juli 2007

ICH BIN Gautama Buddha, und ich bin wieder zu euch gekommen.

Ich bin an diesem Tag zu euch gekommen, um über das Wichtigste in unserer Arbeit zu sprechen, die wir auf der Erde tun. Dieses Wichtigste hängt mit der Veränderung des Bewusstseins der Erdbewohner zusammen. Im Grunde genommen bleibt dieses Prinzip unserer Arbeit im Laufe von vielen Millionen Jahren unveränderlich.

Sobald ein Mensch in seinem Bewusstsein die Ebene des Buddhas erreicht, nimmt alles, was ihn im Leben umgibt, einen völlig anderen Sinn und eine andere Bedeutung an. Denn was für einen gewöhnlichen Menschen nur eine Reihe von Ereignissen und eine Veränderung von Gedanken- und Gefühlszuständen ist, ist für einen Buddha das Buch des Lebens, das er lesen kann, indem er Seite für Seite umblättert. Wenn ihr die Bewusstseinsebene eines Buddhas erreicht, vollzieht ihr in eurem Bewusstsein den Übergang zum nächsten Abschnitt der evolutionären Entwicklung.

Ich richte meine Botschaft nicht nur an Buddhisten oder nur an diejenigen, die an mich als den Herrn der Welt Gautama Buddha glauben. Ich richtemeine Botschaft an die ganze Menschheit, an jene Menschen, die in der Lage sind, sie zu verstehen, zu verinnerlichen und im Leben umzusetzen. Denn es ist wirklich nicht so wichtig, wie man die nächste Stufe in der Evolution eures Bewusstseins nennt. Wichtig ist, dass ihr mit möglichst wenigen Verlusten auf diese Stufe eurer evolutionären Entwicklung aufsteigt.

Ich habe mich dieses Jahr an euch gewandt[41], als die Erde einen weiteren kritischen Moment, einen weiteren Krisenpunkt erlebte. Von Zeit zu Zeit entstehen auf der Erde Situationen, die ein dringendes Eingreifen vieler

---

[41] „Über die aktuelle Situation auf der Erde". Gautama Buddha, 7. März 2007.

Legionen des Lichtes erfordern. Und ich habe in diesem kritischen Moment um eure Hilfe gebeten, denn ihr müsst von einer Verantwortung für alles durchdrungen sein, was auf dem Planeten Erde geschieht.

Die Ebene des Buddha-Bewusstseins ermöglicht euch, in eurem Bewusstsein zu jener Ebene emporzusteigen, auf der keine Trennung nach Nationalität, Vermögen, Religion oder politischer Zugehörigkeit für euch von Bedeutung ist. Denn ihr erhebt euch über alle vom menschlichen Bewusstsein geschaffenen Trennungen, und ihr seid in der Lage, hinter der ganzen Vielfalt des Lebens nur die Einheit zu sehen.

In eurer Welt können sich Menschen, die den Zustand des Buddha-Bewusstseins erreicht haben, nicht lange in großen Menschenmengen aufhalten. Denn die Ebene des Buddha-Bewusstseins bedeutet, allen menschlichen Individuen zu helfen, die Hilfe brauchen. Und sobald ein wahrer Buddha in eure Städte kommt, opfert er seine Bewusstseinsebene und alle erworbenen Errungenschaften, um sicherzustellen, dass den Bedürftigen geholfen wird. So viele in euren Städten brauchen unsere Hilfe. So viel Elend und Leid gibt es in eurer Welt. Und daher vollbringen Buddhas, die in eure Welt kommen, einen Akt der Selbstaufopferung, indem sie sich in euch auflösen, indem sie ihre vollkommenen Energien im Ozean des Menschenmeeres auflösen und dadurch das Bewusstsein der Menschheit erhöhen und den Menschen ermöglichen, die Existenz des höheren Gesetzes zu erkennen, das in diesem Universum wirksam ist.

Es gibt andere menschliche Individuen, die in eure Welt gekommen sind, um die Verbindung zwischen den Welten herzustellen. Um als Quelle des Lichtes für eure Welt zu dienen, als ein Leuchtfeuer, das inmitten der Unbilden und Wechselfälle des Lebens den Weg weist. Es gibt immer Menschen, die das Feuer in ihrem Herzen tragen und bereit sind, der Menschheit zu dienen. Und wenn ihr euch aufmerksam umschaut, so werdet ihr hinter gewöhnlichen menschlichen Erscheinungsformen die Bewusstseinsebene eines Buddhas erkennen können.

Ich bin heute gekommen, um euch verstehen zu helfen, dass euer Bewusstsein sehr veränderungsfähig ist, und im Laufe des Tages sind viele von euch in der Lage, sich in ihrem Bewusstsein zur Buddha-Ebene aufzuschwingen. Wichtig ist nur, dass ihr diesen Bewusstseinszustand möglichst lange aufrechterhalten könnt. Dazu müsst ihr euch solche Lebensbedingungen schaffen, die euch erlauben, selbst wenn ihr aus dem Gleichgewicht geratet, so schnell wie möglich wieder zur Harmonie zurückzukehren. Viele von euch erleben sehr erhabene Zustände der inneren Harmonie und des Friedens. Es gibt nicht viele buddhistische Klöster, in denen Mönche in der Lage sind, solch erhabene Bewusstseinszustände zu erreichen. Jetzt müsst ihr diesen Zustand ausweiten und ihn zum vorherrschenden Zustand in eurem Leben machen. Ihr müsst erreichen, dass nichts, was in eurem Leben geschieht, euch aus dem Zustand der göttlichen Harmonie und des Friedens bringen kann. Ihr müsst solche Versuche einen nach dem anderen fortsetzen, denn inwieweit ihr wirklich in der Lage seid, einen Zustand des Friedens und der Harmonie in eurem Inneren aufrechtzuerhalten, davon wird es abhängen, wie vielen Menschen um euch herum ihr diesen Zustand der Harmonie, des Friedens und des Glücks vermitteln könnt. Und wie viele Menschen in der Lage sein werden, sich ständig in einem harmonischen Bewusstseinszustand zu befinden, davon wird die Situation auf dem ganzen Planeten abhängen. Alle Orkane, Kataklysmen und Naturkatastrophen sind nur eine Manifestation der Disharmonie im Bewusstsein der Menschheit insgesamt.

Ihr könnt nicht alle mit dem Buddha-Bewusstsein ausstatten, aber ihr könnt euren inneren harmonischen Zustand auf die Menschen in eurer Umgebung ausweiten. Eure Aura kann sich ausdehnen, und diejenigen, die ins Wirkungsfeld eurer Aura kommen, spüren diese Wirkung an sich. Vielen scheint es, dass sie aus dem gewohnten Bewusstseinszustand gebracht wurden, und sie werden versuchen, ihre Schwingungen zu senken, indem sie zu den universellen Mitteln zur Senkung der Schwingungen greifen: Alkohol, Nikotin, laute Musik mit falschem Rhythmus. Aber der Prozess, durch den höhere Schwingungen in eure Welt vordringen, wird zunehmen. Die Qualität des Bewusstseins der Individuen, die die Harmonie in großen Städten aufrechterhalten werden, wird zunehmen. Die Macht eures Bewusstseins auf der feinstofflichen Ebene wird den Widerstand ganzer

Legionen von Kräften hervorrufen, die Mara[42] unterstützen, die die Illusion unterstützen. Vergesst aber nie, dass eure Stärke darin liegt, dass ihr euch nicht auf einen Kampf einlasst. Ihr treibt die negativen Energien dieser Welt durch die Macht der Liebe eurer Herzen aus, und mit der Macht eurer Liebe schmelzt ihr negative Energien in einen positiv ausgerichteten Vektor der Harmonie, des Friedens und der Liebe um.

Ihr müsst euch ständig eurer Verbindung mit vielen, vielen lichterfüllten Seelen auf dem Planeten bewusst sein. Zusammen bildet ihr ein Netz des Lichtes, das über den ganzen Planeten ausgebreitet ist. In jedem Land, in jeder Siedlung gibt es Menschen, die sich bereit erklärt haben, das Licht zu tragen, um den Weg für diejenigen zu erleuchten, die noch in der Finsternis wandern.

Das Buddha-Bewusstsein zu erlangen, ist nicht das Endziel eurer Verkörperung. Ihr solltet nicht nach persönlichen Errungenschaften streben. Ihr müsst euch bemühen, denen zu helfen, die eure Hilfe brauchen. Und wenn ein wahrer Buddha vor der Frage steht, sich weiterhin in Gott zu vervollkommnen, oder alle seine Errungenschaften zu opfern, damit die Menschheit ihre Evolution fortsetzen kann, wird ein wahrer Buddha alle seine Errungenschaften für die Fortsetzung der irdischen Evolutionen opfern. Die Fähigkeit, sich für das Gemeinwohl zu opfern, ist eine Eigenschaft aller Buddhas und Bodhisattwas der Vergangenheit und Gegenwart.

Ich wünsche euch viel Erfolg beim Erlangen des Bewusstseinszustands eines Buddhas.

**ICH BIN Gautama Buddha,
euer Bruder.**

---

[42] Mara (Buddhismus): das Prinzip des Todes und des Unheils (d. Ü.).

Abschließende Botschaft des Sommerzyklus

Der Geliebte El Morya
10. Juli 2007

ICH BIN El Morya, und ich bin an diesem Tag zu euch gekommen.

Ich bin gekommen, um euch darüber zu informieren, dass der Sommerzyklus von Botschaften, den wir durch unsere Gesandte gegeben haben, zu Ende geht. Heute habe ich die Ehre, euch die letzte Botschaft dieses Zyklus zu geben.

Wie immer sind wir traurig, unsere Kommunikation beenden zu müssen. Während der Zyklen unserer Botschaften kommen wir einander näher. Wir sehen, wie viele Menschen jeden Tag mit angehaltenem Atem ins Internet gehen, um unsere Botschaft zu lesen. Und das Wunder unserer Kommunikation setzt sich an allen Tagen fort, die für die Übermittlung unserer Botschaften vorgesehen sind.

Heute möchte ich in dieser abschließenden Botschaft noch einmal die Bedeutung des Ereignisses betonen, dass es uns gelungen ist, diese Dispensation fortzusetzen. Auf der Großen Zentralsonne wurde es für notwendig erachtet, dass wir unsere Arbeit durch diese Gesandte fortsetzen. Ich bin froh, und der Himmel ist froh, dass diese Möglichkeit fortgesetzt wird.

Jetzt, bei unserer weiteren Arbeit, möchten wir euch noch näher kommen. Wenn wir fern sind, kann euer Bewusstsein unsere Existenz und unsere Gegenwart nicht vollständig erfassen. Daher ist es unsere Aufgabe, euch näherzukommen, und eure Aufgabe ist es, euer Bewusstseinsniveaus uns näherzubringen; und dann können wir gemeinsam auf der physischen Ebene handeln und Werke vollbringen.

Man fürchtet das Unbekannte. Was man nicht versteht, ruft Angst und Unbehagen hervor. Unsere Aufgabe ist es, die Kommunikation zwischen den Welten zu etwas Alltäglichem zu machen.

Wir möchten, dass unsere Kommunikation keinen Anflug von Religiosität und Dogmen hat. Es ist an der Zeit, die Kommunikation mit uns, den Lehrern der Menschheit, auf eine neue Grundlage der Zusammenarbeit und gegenseitigen Hilfe zu stellen. Wir kommen nicht mit der Absicht zu euch, dass ihr eure Zeit nutzlos mit dem Lesen unserer Botschaften vertut. Wir kommen zu euch, um euch zum Handeln auf der physischen Ebene zu inspirieren. Alle eure gewöhnlichen Angelegenheiten müssen auf eine neue Basis gestellt werden und in Übereinstimmung mit den göttlichen Grundsätzen erledigt werden.

Es muss nichts Übernatürliches getan werden, und ihr braucht nicht zu befürchten, dass ihr unter den Einfluss einer weiteren Sekte geratet. Eine Sekte unterscheidet sich von der wahren Lehre vor allem darin, dass bei einer Sekte Exklusivität für die Anhänger geschaffen wird. Es gibt keine Exklusivität. Jeder kann ein Anhänger der Lehre der Aufgestiegenen Meister werden. Dazu müsst ihr nur die göttlichen Prinzipien und die moralisch-sittlichen Verhaltensnormen in eurem Leben umsetzen, die wir euch lehren.

Ihr müsst in eurem gewöhnlichen Leben die Akzente anders setzen und alles aus einem neuen Blickwinkeltun - dem Gemeinwohl, der Sache der Meister und den Evolutionen des Planeten Erde zu dienen.

Es gibt nichts, was wir euch verbergen möchten. Und die Begrenztheit der Informationen, die ihr erhaltet, hängt nur mit der Begrenztheit eures Bewusstseins und mit der Begrenztheit des Bewusstseins unseres Kanals, unserer Gesandten zusammen. Und diese Begrenztheit erlegt ihr euch selbst auf, weil ihr euch nicht bemüht, euch selbst, euer Bewusstsein zu ändern, und anschließend euer ganzes Leben zu ändern, die richtigen

Prioritäten in eurem Leben zu setzen und in Übereinstimmung mit der euch gegebenen Lehre zu handeln.

Wir kommen, damit ihr immer wieder prüft, ob eure Schwingungen und der Kompass eures Herzens den Orientierungspunkten entsprechen, die wir für euch festlegen.

Wenn ihr aufmerksam alle Botschaften von der allerersten Botschaft, die wir am 4. März 2005 durch unsere Gesandte gaben, bis zur heutigen Botschaft erneut lest, und wenn ihr alle diese Botschaften mit einem Ziel lest, nämlich zu verstehen, was ihr in eurem Leben jetzt tun müsst, so werdet ihr Antworten auf alle eure Fragen erhalten. Alles, was ihr braucht, wurde euch gegeben. Jetzt seid ihr an der Reihe. Zeigt uns, dass ihr euch unsere Lehre zu eigen gemacht habt. Zeigt uns, was ihr auf der physischen Ebene tun könnt, geleitet von unserer Lehre.

Jede eurer Handlungen auf der physischen Ebene, die ihr erfolgreich auf der Basis unserer Grundsätze ausführt, erlaubt es uns, die Wirkung dieser Dispensation zu erweitern.

Denkt also darüber nach, wie ihr unsere Arbeiten gemeinsam tun könnt. Wenn ihr unsere Hilfe braucht, so wendet euch mit Briefen an uns. Wenn ihr unseren Rat braucht, so wendet euch an uns, und ihr werdet in euren Herzen Rat erhalten.

Wir zögern nie mit unserer Hilfe. Die ganze Frage ist, ob ihr unsere Energien aushalten könnt, die wir euch geben, um die Arbeit auf der physischen Ebene zu tun.

Jedes Mal, wenn einer von euch bereit ist, Verantwortung auf sich zu nehmen und unsere Arbeit auf der physischen Ebene zu tun, geben wir unseren Segen, unsere Hilfe und unsere Energie. Ihr schreitet freudig zur Tat. Doch es vergehen nur einige Monate, und von euren Bestrebungen und eurem Wunsch, für Gott zu arbeiten, bleibt keine Spur. Es finden sich

Tausende von Ausreden und Tausende von Gründen, warum ihr unsere Arbeit aufgebt und zu den Dingen zurückkehrt, die, wie es euch scheint, wichtiger und lukrativer sind und direkt für euch persönlich etwas bringen.

Ich warne euch, bevor ihr die Verpflichtung auf euch nehmt, Arbeiten für die Meister zu tun, wägt bitte tausendmal alles ab, denn wir geben euch Energie, und wenn ihr die Energie, die wir euch geben, falsch verwendet und sie darauf richtet, eure persönlichen Angelegenheiten zu erledigen, so wird in diesem Fall alle von euch falsch verwendete Energie als Karma der Nichterfüllung eurer Verpflichtungen vor Gott und den Meistern qualifiziert werden, oder mit anderen Worten, als Karma des Verrats. Und ihr wisst, dass diese Art von Karma am schwierigsten abzuarbeiten ist und mit großen Erschwernissen nicht nur in diesem Leben, sondern auch in einer Reihe zukünftiger Leben einhergeht.

Wenn ihr aber selbstlos und reinen Herzens unsere Arbeiten tut, verdient ihr dadurch eine enorme Menge an gutem Karma, das es euch erlaubt, in Zukunft mit noch größerem Erfolg unsere Aufträge zu erfüllen.

Gott möchte nicht, dass ihr Armut leidet und kaum über die Runden kommt. Wenn ihr die richtigen Entscheidungen trefft und eure Anstrengungen in der richtigen Richtung unternehmt, wird Fülle in euer Leben kommen. Ihr müsst lernen, die göttliche Energie richtig zu verwenden und sie richtig einzusetzen. Und wenn ihr das Gleichgewicht zwischen einer vernünftigen Lösung für eure persönlichen Angelegenheiten und der Erfüllung der Aufgaben der Meister finden könnt, werdet ihr in eurem Leben nie einen Mangel an Energie verspüren, einschließlich der Energie des Geldes.

Gott verlangt euch voll und ganz. Euer ganzes Leben muss dem göttlichen Dienst untergeordnet sein. Es gibt jedoch zu wenige Individuen unter euch, die die Rechnungen ihres persönlichen Karmas und des Familienkarmas beglichen haben. Daher bleiben euch immer noch karmische Schulden in Form der Fürsorge für eure Nächsten, eure Kinder, Eltern und alle anderen, mit denen ihr karmisch verbunden seid. Hier müsst ihr ein sinnvolles Gleichgewicht zwischen der Energie finden, die ihr für die Arbeitender Meister aufwendet, und der Energie, die ihr der Fürsorge für eure Familie und andere Menschen widmet, die mit euch karmisch verbunden sind.

Dies ist keine leichte Aufgabe. Doch von ihrer erfolgreichen Bewältigung hängt eure Zukunft ab.

Ich bin heute gekommen, um die abschließende Botschaft zum Ende des Sommerzyklus zu geben. So vieles möchte ich euch sagen, doch es gibt nicht mehr die Möglichkeit dazu.

Ich danke all denen von euch, die die Erfüllung unserer Pläne auf der physischen Ebene unterstützen und die Last der Erfüllung unserer Aufgaben auf sich nehmen.

**ICH BIN El Morya,
und bis zu unserem nächsten Treffen!**

Anhang zum sechsten Zyklus

Aufruf der Meister an das Volk Russlands

(Auszug aus einer Rede von Tatyana N. Mickushina am 27. März 2007 in Moskau)

Gestern, als ich mit Gott Maitreya meditierte, sagte er etwas zu mir...

Jedes Mal, wenn eine Veranstaltung zu Ende ist, die unter der Leitung der Meister durchgeführt wird, mache ich eine Anrufung zu meinem Lehrer, und Er sagt mir, worauf ich mich als Nächstes vorbereiten soll.

Etwa vor einem Monat musste ich einfach nach einem Seminar in Bulgarien fragen, und ich stellte ebenfalls diese Frage. Und Gott Maitreya sagte folgendes: „Nach dem Seminar ‚Weg der Einweihungen' kann sich alles sehr stark ändern."[43]

Ich verstand nicht, worauf sich dies bezieht. Doch dann meditierte ich gestern wieder, und ich stellte wieder die gleiche Frage: „Was kommt als Nächstes?"

Bevor die Ecke nicht erreicht ist, kann man nicht sehen, was weiter auf uns zukommt...

Und es folgte ein Strom von Gedanken, der sich etwa eine Stunde lang fortsetzte, und er nahm nicht die Form einer Botschaft an, sondern es waren Gedanken, die sehr ernst waren. Und ich kann es nur so wiederholen, wie ich es verstanden habe...

Tatsächlich wurde mir im März 2004 der Mantel der Gesandten der Großen Weißen Bruderschaft verliehen. Es sind also drei Jahre vergangen, in denen die Gesandte der Großen Weißen Bruderschaft und ihr Mantel die Möglichkeit hatten, in Russland anwesend zu sein. Und dies ist nun eine bestimmte Frist, die für die Nation, für das Land gegeben worden war.

---

[43] Das Seminar "Der Weg der Einweihungen" fand in einem Moskauer Vorort vom 15. – 18. März 2007 statt.

Ihr kennt die Geschichte von Jesus. Er zog auf einem Esel in Jerusalem ein. Und bis dahin hatte er drei Jahre lang dem Volk Israels gepredigt. Sie begrüßten ihn mit Palmenzweigen und riefen „Halleluja!" – Und dann... am Freitag kreuzigten sie ihn. So traf die Nation in Gestalt der Menschen, die Jesus gefangen nahmen, folterten und hinrichteten, ihre Wahl. Und das Volk Israel zerstreute sich über die Erde.

Russland ist ein sehr wichtiges Land. Und jetzt wird klar, warum. Denn Russland hatte im Laufe von 70 Jahren die Möglichkeit, die Bewusstseinsebene zu erreichen, auf der es als Nation seine Prüfungen durchlief ... (Das heißt, nicht nur einzelne Menschen durchlaufen Einweihungen, sondern auch ganze Nationen.) ... und Russland hatte die Möglichkeit, die Bewusstseinsebene zu erreichen, die es ihm erlaubt, im Weiteren eine wichtige Wahl zu treffen.

Und ihr wisst, dass Blavatsky und die Roerichs nicht in Russland sein konnten. Sie gaben ihre Lehre außerhalb von Russland. Und während des gesamten 20. Jahrhunderts gab die Große Weiße Bruderschaft ihre Lehre auf dem Territorium Amerikas. Dort gab es viele Gesandte und Bewegungen, durch die diese Lehre gegeben wurde. Und aus den Botschaften der Meister wissen wir, dass der Fokus des Lichtes aus dem Land Amerika genommen und nach Russland verlegt wurde.[44] Der Fokus des Lichtes ist nicht etwas, was man berühren kann. Er ist etwas, was im Inneren liegt. Er ist einfach die Fähigkeit eines Menschen, das göttliche Licht zu leiten, das für die ganze Nation empfangen wird.

Im Jahr 2004... 3 Jahre... Und die Veränderungen, die jetzt in Russland stattfinden, sind mit bloßem Auge sichtbar. Die göttliche Energie manifestiert sich auf der physischen Ebene als die Energie des Geldes. Und Russland ist dazu bestimmt, ein reiches Land zu werden, unter der Bedingung, dass es seine Einweihung besteht.

Als die Lehre auf dem Territorium Amerikas gegeben wurde, wurde Amerika ein reiches Land. Die Frage war, wie die Nation über das Licht

---

[44] Siehe die Botschaft des geliebten Lanello vom 6. April 2005: „Wir legen unseren Fokus des Lichtes auf dem Boden Russlands".

verfügen würde, das gegeben wurde. Und Amerika ging den Weg der Anbetung des goldenen Kalbs. Das heißt, dass das Licht, das die Meister praktisch das gesamte 20. Jahrhundert in Amerika gegeben haben, dazu verwendet wurde, dass die Menschen ihre Wahl für äußere Dinge trafen, dass sie die Reichtümer dieser Welt und den Dienst an dieser Welt wählten.

Und jetzt ist keine Zeit mehr. Und was für Amerika Jahrzehnte dauerte, ist jetzt für Russland gegeben. Drei Jahre – und das Land steht vor der Wahl. Und genauso wie Amerika [muss] jetzt auch Russland [seine Entscheidung treffen]. Was wird es wählen? Wird es den spirituellen, den göttlichen Weg wählen oder den Weg der Anbetung des goldenen Kalbs? – Das ist die Entscheidung, die die Nation trifft.

Ich fragte, was weiter? – Für Juni und Juli war ein Sommerzyklus von Botschaften geplant, und ein weiteres Seminar sollte stattfinden. Aber Maitreya gibt mir nicht… Sie geben mir nicht die Möglichkeit zu arbeiten.

Sie sagen, dass Russland mir in dieser Zeit nichts gegeben hat. Ich habe nicht einmal einen Ort, an dem ich leben kann. Wie das Volk sich gegenüber einem Gesandten der Meister verhält und ihn behandelt, sagt viel aus…

Und es geht nicht um mich. Es fällt mir wirklich schwer, das alles zu sagen. Denn auf der menschlichen Ebene scheint es, dass ich nach etwas für mich selbst suche. Tatsächlich brauche ich nichts. Aber dies ist wirklich sehr ernst.

Und wenn die Meister den Fokus des Lichtes fortnehmen, wird Russland seine Prüfung nicht bestehen. Und in der Regel trifft eine Nation die Wahl durch Menschen, durch jene Menschen, die bei der Hinrichtung Jesu anwesend waren, und durch jene Menschen, die die Möglichkeit haben, bei diesem Treffen anwesend zu sein. Gott spricht also zu euch.

Gott spricht zu euch…

Und vielleicht wird dieses Treffen das letzte sein. Ich weiß es nicht.

Dies ist es, was ich gestern von der Meditation mit Gott Maitreya verstanden habe.

Erklärung zum „Aufruf der Meister an die Menschen in Russland"

Ich bin kein Mensch ohne ein Zuhause. Ich habe eine Einzimmerwohnung im Zentrum von Omsk, nicht weit von der Irtysch-Uferpromenade. Und wenn in meinem Leben in der letzten Zeit nicht so bedeutende Veränderungen stattgefunden hätten, so würde ich dort weiterhin ein ruhiges Leben führen.

Alles begann in dem Moment, als ich anfing, Botschaften der Meister zu empfangen. Es war der erste Zyklus von Botschaften. Die Botschaften kamen jeden Tag, eine Botschaft am Tag, vom 4. März bis zum 30. Juni 2005. Am Ende dieses Zyklus von Botschaften war ich extrem müde und erschöpft. Es war niemand in meiner Nähe, der erklären konnte, was geschah. Ich empfing eine Botschaft, platzierte sie auf der Webseite, schickte sie an alle Interessenten auf dem E-Mail-Verteiler, fuhr zur Datscha oder ging in den Park, setzte oder legte mich ins Gras und konnte mich stundenlang nicht bewegen. Ich blickte einfach in die Sonne.

Ich fragte die Meister, was vor sich gehe. Sie sagten mir, ich könne nicht in der Stadt leben, ich müsse umziehen, um in der Natur zu leben. Doch ich hatte weder die Möglichkeit, ein Haus zu kaufen, noch konnte ich mich damit befassen, meine Wohnung gegen ein Haus einzutauschen, da ich die ganze Zeit damit beschäftigt war zu dienen.

Die Meister sagten, ich könne nicht in einem Dorf oder einer gewöhnlichen Siedlung leben. „Wenn du in der Gesellschaft lebst, musst du dich an die Gesellschaft anpassen. Wir wünschen, dass es einen Ashram gibt, in dem wir unsere eigenen Regeln zugrunde legen können."

Im Herbst 2005 begannen die Meister, von einem neuen Zyklus von Botschaften zu sprechen. Sie sagten auch, dass sie die Botschaften nicht mehr in Omsk geben würden. Die Leute fanden ein Haus für mich im Altai, in Tschemal, wohin ich am 11. Dezember 2005 zog. Am 12. Dezember begannen die Botschaften. Und so konnte ich den Zyklus von Botschaften im Winter 2005-2006 empfangen.

Die Eigentümer des Hauses waren von der Lehre weit entfernt, und sie erlaubten es mir nicht länger, in diesem Haus Botschaften zu empfangen. Als im Frühjahr 2006 der nächste Zyklus von Botschaften empfangen werden sollte, musste ich nach einem neuen Ort suchen. Wie durch ein Wunder wurde ein Ort gefunden. Diesmal in der Moskauer Region.

Während ich immer weitere neue Botschaften empfing, verstärkte sich auch der Energiestrom. Und obwohl die Länge der Zyklen von Botschaften abnahm, erlebe ich die ganze Zeit, während die Botschaften kommen, verschiedene merkwürdige Schmerzen und Beschwerden in verschiedenen Körperteilen und Organen. Das Gleiche erleben die Menschen, die sich beim Empfang der Botschaften mit mir im selben Haus befinden. Sobald die Botschaften aufhören, hören auch alle Schmerzen auf.

Jeder Empfang der Botschaften ist für mich eine enorme Arbeit an den Grenzen des physisch Möglichen. Jedes Mal sind immer reinere Bedingungen für den Empfang der Botschaften erforderlich, weil immer mehr Energie durchgeleitet wird.

Jedes Mal wird es immer schwieriger, einen Ort für den Empfang der Botschaften zu finden. Als wir in Bulgarien waren, suchten wir 9 Tage lang nach einem Ort und übernachteten jedes Mal an einem anderen Ort. Wie durch ein Wunder gelang es trotz allem, einen Ort zu finden und Botschaften zu empfangen, obwohl ich mich auch nach 9 Tagen des Umherreisens durch Bulgarien und mehreren Tagen der Reise von Omsk über Moskau nach Bulgarien in einem sehr schlechten Zustand befand.

Wenn Gott möchte, dass die Menschen auf ein Problem aufmerksam werden, führt Er die Situation bis ins Absurde. Und als wir nach einem Ort für den Empfang der Botschaften des Winterzyklus dieses Jahres suchten, verbrachten wir insgesamt eineinhalb Monate damit, einen Ort zu finden.

Zuerst suchten wir nach einem Ort in der Nähe von St. Petersburg und verbanden diese Suche mit der Vorbereitung des Seminars „Der Innere Weg". Die Leute in St. Petersburg atmeten erleichtert auf, als sie erfuhren, dass mir angeboten wurde, die Botschaften in Zypern zu empfangen, und sie begleiteten mich gern zum Zug. Aber ich reiste nicht nach Zypern. Ich besuchte Lipezk und die Krim. Die Meister waren bereit, die Botschaften an jedem geeigneten Ort zu geben, doch ein solcher Ort ließ sich nicht finden.

Wir kamen in Moskau an. Im Laufe der Woche reisten wir durch die Umgebung von Moskau und suchten nach einem Ort, und wiederum fanden wir auf wundersame Weise einen Ort in der Region Wladimir. All diese Reisen erschöpften mich so sehr, dass ich in den ersten Tagen des Empfangs der Botschaften mühsam versuchte, wieder zu Kräften zu kommen. Und ich hatte kaum Kräfte, um bis zum Ende des Zyklus durchzuhalten.

Als Nächstes sollte das Seminar „Der Weg der Einweihungen" vorbereitet werden. Ich danke aufrichtig den Menschen, die mir geholfen und für das Ferienhaus in der Region Wladimir in der Datscha-Genossenschaft bezahlt haben. Im Winter war hier praktisch niemand, mit Ausnahme der Feiertage um Neujahr. Aber jetzt, als das warme Wetter einsetzte, kamen die Leute und schalteten Musik ein. Es wurde laut. Das Ferienhaus, in dem wir waren, stand zum Verkauf. Käufer kamen, und bald würden wir abreisen müssen. Die Frage war: Wohin?

In all den Jahren, in denen ich als Gesandte der Großen Weißen Bruderschaft gearbeitet habe, erhöhten sich meine Schwingungen ständig. Und ich konnte längere Aufenthalte in der Stadt nicht mehr ertragen. Ich werde krank und unfähig zu arbeiten.

Aber meine Anwesenheit wirkt sich auch auf die Menschen um mich herum aus. Als ich das letzte Mal in Omsk war, hatte ich nicht einmal die Möglichkeit zu meditieren. Meine Wohnung befindet sich im ersten Stock eines alten fünfstöckigen Wohnhauses, das salopp „Chruschtschowka"[45] genannt wird. Sobald ich anfange zu meditieren, schalten die Nachbarn augenblicklich laute Musik ein. Und es ist kein Bach, Beethoven oder Mozart, wie man sich denken kann. Und man kann sie verstehen. Aufgrund der Enge berühren sich unsere Auren ständig. Die Menschen wollen einfach zu ihren

---

[45] eine umgangssprachliche Bezeichnung für sowjetische Plattenbau-Wohnhäuser der 60er und 70er Jahre (d.Ü.)

natürlichen Schwingungen zurückkehren. Dies kann mit Hilfe von Nikotin, Alkohol oder moderner Musik geschehen.

Selbst wenn ich keine Botschaften empfange, unterscheiden sich meine Schwingungen sehr von den Schwingungen des umgebenden Raumes. Auch meine Feinfühligkeit ist stark gestiegen. Ich fühle Menschen mit niederen Schwingungen auf große Entfernung, ich fühle die Schwingungen von Orten, und ich spüre die Auswirkung moderner Musik auf eine Entfernung von bis zu einem Kilometer.

Ich spüre die Schwingungen von Häusern. Nicht jedes Haus ist für mich geeignet. Bei manchen Häusern muss ich mich buchstäblich dazu zwingen hineinzugehen. Jedes Haus ist von den Energien der Menschen durchdrungen, die in ihm gelebt oder sich dort aufgehalten haben. Da aber nicht alle Menschen vollkommen sind, bedecken ihre unvollkommenen Schwingungen die Wände des Hauses. Ich spüre dies. Daher kann ich nur in relativ neuen Häusern wohnen.

Man kann nicht aufhören, sich zu entwickeln. Man kann sich entweder vorwärts bewegen, oder rückwärts, das heißt degenerieren.

Das Wichtigste ist die Ebene meiner Schwingungen. Gerade sie ermöglicht es den Meistern, durch mich zu arbeiten und die Lehre auf einer völlig anderen, neuen Ebene zu geben. Der Empfang der Botschaften ist nicht das Wichtigste, aber man könnte von einem Nebeneffekt sprechen. Das Wichtigste ist, die göttlichen Schwingungen aufrechtzuerhalten und in diese physische Welt zu leiten.

Ich muss mich selbst, meinen Zustand sorgfältig überwachen. Denn mein Zustand prägt den Empfang von Informationen aus der ätherischen Ebene. Und wenn ich Disharmonie oder Unvollkommenheit zulasse, so wird dies zu einer Verzerrung der Botschaft führen, und das Karma wird auf mir lasten. Das gilt auch für den Ort, an dem ich wohne. Jede Disharmonie, die mich umgibt, hinterlässt Spuren.

Was meine Lebensweise, meine Ernährung betrifft, so kann ich dies kontrollieren. Doch es ist nicht möglich, die äußeren Umstände und andere Menschen zu kontrollieren.

Ich brauche Ruhe und die Abwesenheit von Menschen, doch mir scheint, dass dies am schwierigsten zu erreichen ist. Denn um auf einem zeitgemäßen Niveau arbeiten zu können, braucht man alles, was hilft, unnötigen Zeitaufwand für die Instandhaltung, Beheizung und Pflege der Unterkunft zu vermeiden. Ich brauche das Internet für meine Arbeit. Daher kann ich mich nicht weit von der Zivilisation entfernen. Außerdem brauchen die Menschen den Kontakt zu mir. Es macht keinen Sinn, sich mit individueller Selbstvervollkommnung zu beschäftigen. Man kann sich wie eine Blase aufblähen und platzen. Es ist notwendig, ständig den Kontakt mit Menschen zu halten, die den Weg gehen und Hilfe und Rat brauchen.

Die Meister wollen, dass Dinge auf der physischen Ebene getan werden. Dafür ist es notwendig, Kontakt mit der Gesellschaft zu haben. Daher waren die Meister mit einer Situation auf der physischen Ebene konfrontiert, die gelöst werden muss. Ich selbst kann die Situation nicht lösen, weil ich nicht weiß, wie sie gelöst werden kann. Hier ist eine kollektive Entscheidung der Nation erforderlich. Eine kollektive Wahl der Nation.

Ich bin bereit, auch weiterhin jegliche Schwierigkeiten zu ertragen und mich selbst zu überwinden, aber die Meister glauben, dass die Zeit der Wahl für das russische Volk gekommen ist. Daher Ihr Ultimatum.

Und diese Prüfung ist nicht nur für das Land, sondern auch für mich persönlich. Denn es ist für mich sehr schwierig, all dies zu erklären, und um etwas zu bitten, ohne zu wissen, um was…

Ich bekomme Angebote aus anderen Ländern. Aber ich bin in Russland geboren. Ich liebe Russland. Und ich werde es nur im äußersten Fall verlassen, wenn ich hier nicht länger arbeiten kann.

Tatyana Mickushina
Licht und Liebe!

Die Botschaften der Aufgestiegenen Meister

**Worte der Weisheit
Band II**

Tatyana N. Mickushina

https://sirius-de.net/buch.html